생애주기에서의 종교와 영성, 심리치료

생애주기에서의 종교와 영성, 심리치료

2019년 7월 25일 초판 인쇄
2019년 7월 30일 초판 발행

지은이 | 제임스 골닉(James Gollnick)
옮긴이 | 김용환 · 김승돈 · 김희년 · 문다현 · 오봉희 · 이순비
교정교열 | 정난진
펴낸이 | 이찬규
펴낸곳 | 북코리아
등록번호 | 제03-01240호
주소 | 13209 경기도 성남시 중원구 사기막골로 45번길 14
우림2차 A동 1007호
전화 | 02-704-7840
팩스 | 02-704-7848
이메일 | sunhaksa@korea.com
홈페이지 | www.북코리아.kr
ISBN | 978-89-6324-664-2 (93180)

값 20,000원

* 이 도서의 국립중앙도서관 출판예정도서목록(CIP)은 서지정보유통지원시스템 홈페이지(http://seoji.nl.go.kr)와
국가자료종합목록 구축시스템(http://kolis-net.nl.go.kr)에서 이용하실 수 있습니다. (CIP제어번호 : CIP2019029647)

Religion & Spirituality in the Life Cycle

생애주기에서의
종교와 영성, 심리치료

제임스 골닉(James Gollnick) 지음

김용환 · 김승돈 · 김희년 · 문다현 · 오봉희 · 이순비 옮김

북코리아

이 책의 모든 주(註)는 독자들의 이해를 돕기 위해 옮긴이들이 작성했으며,
저자가 작성한 주(註)는 몇 개 되지 않으므로 '저자 주'라고 표기했다.

감사의 글

이 책을 쓰는 데 도움을 주신 데이비드 셀리악(David Seljak), 수전 브리언트(Susan Bryant), 아를렌 슬레노(Arlene Sleno), 폴 쿠프(Paul Koop), 도린 앰브루스터(Doreen Armbruster), 스티브 이즈마(Steve Izma), 피터 로렌스(Peter Laurence), 헤이디 브룬스(Heidi Bruns)에게 감사를 드린다.

이 책의 몇 가지 자료는 「암묵적 종교(Implicit Religion): 종교와 동시대 영성 연구의 함의에 관한 저널」에 있는 내용을 참조했다. 같은 저널 「종교심리학의 암묵적 종교(Implicit Religion in the Psychology of Religion)」[1]에서 참고한 자료들은 Maney Publishing Ltd.에서 사용허가를 받았고, 「아동기 종교를 강조하는 암묵적 종교(Implicit Religion Highlights Religion in Childhood)」[2]와 「암묵적 종교는 영성으로 위장될 수 있을까?(Is Implicit Religion Spirituality in Disguise?)」,[3] 그리고 「심리치료에서 종교 · 영성 · 암묵적 종교(Religion, Spirituality, Implicit Religion in Psychotherapy)」[4]에서 참조한 자료는 Equinox Publishing Ltd.에서 허가를 받았다.

---

1) Implicit Religion (2002), 5(2), pp. 81–92.

2) Implicit Religion (2003), 6(2), pp. 70–85.

3) Implicit Religion (2003), 6(3), pp. 146–160.

4) Implicit Religion (2004), 7(2), pp. 116–138.

CONTENTS

CONTENTS

CONTENTS

표

그림

개요

세상은 모두 하나의 무대,
모든 남녀는 단지 배우일 뿐……
한 사람은 일생 동안 많은 역할을 담당한다.
일곱 단계로 나뉜 그의 연극
처음은 보모의 팔에서 옹알거리고 토하는 유아,
그러고 나서 책가방을 메고 반짝이는 아침의 얼굴을 한 칭얼거리는 학생……
그다음은 슬픈 발라드와 함께 용광로와 같이 한숨 쉬는 사랑에 빠진 연인,
그러고는 이상한 맹세들로 가득하고 수염이 난 군인,
그다음으로는 거세한 수탉 같은 풍만한 배를 내민 법관,
여섯 번째 단계는 불룩한 눈 밑과 코 위의 안경, 그리고 슬리퍼에 판탈롱 바지를 입은 노인,
마지막 장면은 다시 찾아온 유치함과 단순한 망각이라는 이상하고도 파란만장한 역사로 마무리된다.

– 윌리엄 셰익스피어, 『뜻대로 하세요(As You Like It)』

셰익스피어(Shakespear)가 쓴 위의 글에서 삶의 마지막 단계는 시작단계와 비슷하지만 미래가 더 짧을 뿐인 것으로 드러난다. 다시 찾아온 유치함과 망각은 우리 모두가 인생에서 많은 역할을 감당한 후에 기대할 수 있는 단계인 것 같다. 이 책은 인간의 전 생애에 걸친 종교적이며 영적 차원에서의 변화를 확인해봄으로써 이러한 견해를 점검해본다. 종교는 가장 오래된 인본주의의 관심분야 중 하나이지만, 최근 사람들이 종교를 바라보는 방식과 삶의 단계 내에서 그 위치는 상당한 도전을 받고 있다. 종교에서 가장 핵심적인 부분으로 고려되는 영성은 많은 사람들에게 더 이상 구조화된 종교에 얽매일 필요 없이 그냥 하나의 관심사가 되기 시작했다. 점차로 사람들은 영화나 텔레비전에서 토크쇼를 시청하거나 자조집단, 회복 프로그램 또는 뉴에이지[1] 관련 책을 판매하는 서점 같은 곳에서 영성을 발견하거나 개발하고 있다. 심리학자 데이비드 엘킨스(David Elkins, 1998: 9)는 영성이 전통적인 종교로부터 분리되는 현상을 "이 시대의 주요한 사회학적 변화들 중 하나"로 설명했다. 이 책에서는 지금까지 한 번도 탐구되지 않았던 이러한 변화를 알아보고 이것이 생애주기 속에서 종교와 영성의 역할에 미치는 의미를 확인해볼 것이다.

또한 이 책은 생애주기를 통한 성격발달에서 분명치 않은 종교의 역할을 확인하고자 노력하면서 '암묵적 종교(implicit religion)'라는 개념을 발견하도록 돕는다. '암묵적 종교'라는 말은 그것이 전통적인 개념으로는 종교로 간주될 수 없는 것처럼 보이더라도 종교와 같은 기능을 하는 모든 것을 말

1) 뉴에이지(New Age): 20세기 이후 기존의 서구식 가치와 제도적 종교, 문화를 배척하고 종교 · 의학 · 철학 · 환경 · 음악 등의 분야에서 새로운 가치를 추구하는 영적인 운동 및 사회활동, 뉴에이지 음악 등을 종합해서 부르는 용어이다. 뉴에이지라는 이름으로 서로 단합된 활동을 하지는 않으므로 정확히 어떤 사람들이 어떤 운동을 하는지 정의하기는 어렵다. 뉴에이지 운동의 공통점을 찾기는 어렵지만, 대부분이 갖고 있는 속성이라면, 유일신 사상을 부정하고 범신론적이며, 개인이나 작은 집단의 영적 각성을 촉구하는 새로운 문화운동을 말한다.

한다. 지금까지 암묵적 종교라는 개념은 일차적으로 종교사회학에서 사회 현상과 조직을 연구하기 위해 적용되어왔다. 여기서는 심리학적인 차원에 초점을 맞춰 암묵적 종교의 개념을 확장하여 생각해볼 것이다. 이를 통해 지금까지 쉽게 발견하거나 측정할 수 없었던 종교가 성격발달에 미치는 영향에 대해 알아볼 수 있을 것이다. 심리학적인 방향에서 암묵적 종교의 이러한 적용은 이전에는 한 번도 이루어지지 않았던 일이다.

지금까지 이러한 노력이 수행되지 않았던 데는 많은 이유가 있다. 첫 번째로 종교적인 전통으로부터 분리된 인본주의적인 영성의 등장은 비교적 최근의 현상이다. 이는 지난 20년 사이에 종교심리학 분야에서 적용되어온 암묵적 종교의 개념에서도 마찬가지일 것이다. 그러나 아직도 여전히 주류 심리학자들은 종교를 무시하거나 폄하하려는 경향을 나타낸다. 종교에 관심을 가진 심리학자들조차 그들 대부분이 경험적인 것을 지향하므로 영성과 암묵적 종교의 쉽게 드러나지 않는 특징들을 연구하는 데 어려움을 겪는다. 이 책은 새롭게 등장하는 영성과 종교의 변화하는 관련성에 관심을 갖는 사람들이 영성에 관한 생각을 체계적으로 정립하고 인간의 정신뿐 아니라 실제 속에서도 구체적으로 존재하는 근거를 찾도록 돕기 위한 것이다.

또한 이 책은 종교를 진지하게 고려하고자 하는 심리학자들과 현대 서구사회에서 사람들이 삶을 살아가는 방식에 영성이 미치는 중요성을 이미 알고 있는 사람들을 위해 쓰였다. 어떤 심리학자들은 연구의 초기부터 어떻게 영혼과 몸이 함께하는지, 그리고 어떻게 영성이 삶의 실제적인 경험 속에 기초하는지를 이해하는 데 어려움을 겪는다. 우리는 어떻게 영성과 종교가 생애주기에 걸쳐 인간의 성격을 형성하도록 돕는지를 이해하기 위해 그들의 관점에서 살펴볼 것이다.

우리의 연구는 사회 · 경제 · 기술이 개인의 생애주기 속에서 엄청난 역할을 한다는 사실을 인식함과 동시에 인간이 나이가 들어감에 따라 자신의 나이를 초월하고 보편적인 가치를 수용하며, 모든 것의 상호연관성을 경험하기 위해 자신의 세계관을 확장하는 법을 배울 수 있다는 것을 보여주기 위해 심리학과 심리치료에 기초하여 설명한다. 이러한 영적인 발달은 저절로 되거나 모든 사람에게서 나타나는 것은 아니지만 다양한 심리학자들과 심리치료사들이 건강한 성장이라고 여기는 것과 같은 맥락을 갖고 있다.

이 책에서는 먼저 1장에서 주요 개념들에 대해 알아보고 그다음 장에서부터는 아동기, 청소년기, 초기 성인기, 중년기 그리고 노년기로 불리는 삶의 주요 단계 속에서 종교와 영성의 위치를 확인하고자 한다.

변화하는 종교와 영적 조망

1990년대 초기부터 몇몇 연구를 통해 북미(北美) 종교와 영성 분야에서 중요한 변화가 보고되어왔다. 나이스빗(John Naisbitt, 1990)은 『메가트렌드(Megatrends) 2000』[2)]에서 미국에서 발생한 종교 형태의 특징적인 변화를 종교의 부흥이라고 언급했다. 그는 연합감리교, 장로교, 성공회, 루터교회, 사도교회(Disciples of Christ) 같은 주류 교회들의 교인 수가 눈에 띄게 감소하는 것을 보여주는 통계자료를 언급했으며, 가톨릭교회의 신부와 수녀들의

---

2) 나이스빗은 21세기는 영성의 시대로 포스트모던 시대에 절대적인 가치관을 상실한 현대인은 더욱 갈망을 가지고 영성을 추구할 것이며 세계적으로 영적 르네상스가 다시 찾아올 것이라고 말한다. 『메가트렌드』에서 주장한 것은 첫째, 앞으로는 이미지문화로 전환된다. 20세기가 인쇄매체 중심의 사회였다면 21세기는 영상매체 중심의 사회이다. 그는 이미지 문화, 즉 영상문화에서는 인터넷과 게임이 중요한 역할을 하며, 가상현실이 일반화되고, 교육은 사이버상에서 게임 형태, 곧 여가 놀이 형태로 이루어질 것이라고 주장한다. 두 번째로, 아시아의 부활을 전망하고 있다. 20세기 후반에 아시아의 네 마리 용인 한국 · 대만 · 홍콩 · 싱가포르에 의해 경제사회 발전이 크게 이루어졌다면 21세기는 중국과 인도가 그 뒤를 이어받아 미국을 맹추격하여 언젠가는 미국보다 더 큰 경제 규모를 가지는 시대가 올 것이라고 예측한다.

수가 급격히 감소했다고 했다. 나이스빗은 안정된 시대에는 주류 교회들이 번성했지만 20세기 말과 같이 많은 변화를 겪는 시대에는 쇠락한다는 사실을 발견했다. 그는 같은 시기에 주류 교회 출석률의 감소와는 대조적으로 영성에 대한 관심의 증가에 주목했고, 이렇게 점차로 영성에 몰두하는 현상을 동시대 미국 사회에서의 열 가지 큰 흐름 중 하나로 보았다.

캐나다에서는 사회학자 레지널드 비비(Reginald Bibby)가 집중적인 설문조사와 인구조사 자료를 바탕으로 같은 현상을 설명했다. 『파편화된 신: 캐나다에서 종교의 빈곤과 가능성(In Fragmented Gods: The Poverty and Potential of Religion in Canada)』(1987)에서 그는 그리스도교회에 대한 캐나다인의 헌신이 급격히 감소했다는 사실을 보고했다. 비비에 의하면, 캐나다인은 선택적으로 결혼식이나 장례식 같은 특별한 경우에는 그리스도교회와 성직자들을 점점 더 많이 찾아가지만 정기적으로 매주 예배에 참석하거나 적극적인 교회의 구성원이 되는 경우는 감소하고 있다고 했다. 『알려지지 않은 신들: 캐나다에서 계속되고 있는 종교 이야기(Unknown Gods: The Ongoing Story of Religion in Canada)』(1993)에서는 여전한 교회 참석률의 감소 추세를 언급하지만 동시에 삶의 의미 추구와 사후의 삶에 관한 질문에 몰두하며 개인적이고 사회적인 삶의 다양한 요소를 통합하는 방식을 탐구하는 영적인 측면에 관심이 많으며, 증가하고 있다는 사실에 주목했다. 마찬가지로 4천 명의 청년과 성인을 대상으로 연구한 『활동적인 신들: 캐나다에서 종교의 부흥(Restless Gods: The Renaissance of Religion in Canada)』(2002)에서 비비는 2000년에 들어와서 이전 10년간의 주류 개신교 참석률이 감소 추세로부터 조금씩 회복되고 있지만 교회 참석과 무관한 영성에 대한 강한 갈망이 나타나고 있다고 했다.

다양한 연구들(Elkins, 1998; Paloutzian, 1996; Zinnbauer 외, 1999)이 주류 종교의 쇠퇴와 동시에 개인적 영성개발에 대한 증가된 관심에 주의를 기울이고 있다. 갤럽조사에 의하면 94퍼센트의 미국인이 '신을 믿는다'고 했고, 88퍼센트가 '기도'를 하고, 53퍼센트가 '종교가 자신의 삶에 매우 중요한 영역'이라고 응답했다. 루프(Wade Roof)의 영향력 있는 연구인 「구도자들의 세대(A Generation of Seekers)」(1993)에 의하면 1,600명의 베이비부머 세대 인구를 대상으로 한 설문조사 결과 1960년대와 1970년대에 조직화된 종교를 떠난 많은 수의 사람들이 종교기관과는 접촉을 끊었지만 명상, 미국 인디언 전통이나 신화, 융학파의 심리학, 뉴에이지 철학, 샤머니즘이나 요가 같은 형태의 영성에 깊은 관심을 갖고 있었다. 후드(Hood 외, 1996)는 1980년대에만 400개의 새로운 영적 · 종교적 조직이 생겨난 것으로 추정하고 있으며 이러한 흐름이 지속되고 있다는 것을 보여주었다.

종교에 대한 심리학계의 변화된 태도

현대 심리학의 특정 분야에서는 점점 더 종교와 영성의 중요성을 인식하고 있으며, 이러한 상황은 관찰 가능한 것과 명백하게 정의된 규칙의 측면에서 엄격하게 인간의 사고와 행동을 이해하는 자연과학과 같은 입장에서 출발한 초기 심리학과는 매우 달라진 것이다. 인간 기능의 역동성과 목표에 대한 가장 초기의 심리학적 이해는 인간의 의미와 가치에 대한 전통적이고 종교적인 설명의 대안으로 보였다. 그 시대의 몇몇 사람은 심지어 심리학이 종교를 대체하려는 노력이라고 믿었다. 19세기 말 북미의 하버드 대학교에서 가장 먼저 심리학연구소를 설립했던 윌리엄 제임스(William James)는 영성과 종교적 경험에 깊은 관심을 갖고 있어서 이러한 흐름에 두드러진 예외였다. 그러나 전반적으로 심리학에서 현대 지식사회에서의 인간 존재를 종교적이며 영적으로 해석하는 것은 매우 예외적인 경우이다.

영적이며 종교적인 관점은 거의 1세기 동안 주류 심리학과 정신의학 그리고 심리치료에서 배제되거나 심지어는 공격받기도 했다(Richards 외, 1999). 빛의 환상, 몸을 투과하는 신성한 에너지의 흐름을 느끼는 것, 죽은 후 다시 태어나는 경험, 우주와 일치된 느낌 등과 같은 직접적인 영적 경험은 일부를 제외하고는 모두에 의해 병리적인 것으로 여겨졌다. 일반적으로 정신의학에서는 종교적 믿음이 많은 사람들에 의해 공유되는 경우에는 병리적인 것으로 공격받지 않았다. 카를 융(Carl Jung)의 분석심리학과 아사지올리(Roberto Assagioli)의 정신통합치료(psychosynthesis)[3]에서는 정신의 종교적이며 영적인 차원을 무시하거나 헐뜯는 이러한 흐름에 반대하지만 이것은 일부이며, 심리학계에 중요한 영향을 미치지 않았다. 황홀경(ecstasy)과 세계와의 무아(無我)적인 융합과 같은 초자연적인 경험을 병리가 아니라 건강한 것으로 해석할 수 있다고 본 에이브러햄 매슬로(Abraham Maslow)의 절정 경험에 대한 연구가 주류 심리학에서 최초로 의미 있는 것으로 인정을 받았다.

인본주의심리학이 건강한 심리적 기능을 강조하고 자아초월 심리학(Transpersonal psychology)이 의식의 초자연적인 특별한 상태에 초점을 맞추면서 성격의 종교적이며 영적인 측면을 포함하도록 심리학 영역이 점차 확장되었다(Bergin, 1980). 특히 자아초월 심리학은 영성을 심리학 이론과 연구의 중요한 초점으로 만듦으로써 심리학 분야에서 혁명적인 발전을 보였다. 이것은 매우 확장된 우주적 실체로 나아가도록 현대 심리학의 문을 열었으며, 종교와 영성의 측면을 심리적 건강과 치료의 핵심적인 기초로 인정하도록 만들었다(Tarnas, 2001). 기존의 주류 심리학이 갖고 있던 실증주의 및 환원주의(reductionism)[4]와는 반대로 자아초월이론가들은 영적인 현상이 인간

3) 이탈리아의 정신과의사 아사지올리의 명상법과 정신분석을 배합한 심리치료법.

4) 환원주의는 다양한 현상을 하나의 기본원리나 개념으로 설명하는 시도로, 복잡한 현상을 좀 더 단순하고 명확하게 설명할 수 있다고 믿는 입장이다. 특히 과학철학에서 관찰이 불가능한

의 존재와 세계에 대한 중요하고 타당한 지식을 제공한다고 보았다(Ferrer, 2002).

지난 몇 세기에 걸쳐 종교심리학은 사람들의 종교가 그들의 태도와 발달 및 중요한 인생 경험에 대한 반응에 어떤 영향을 미치는지에 관해 방대한 양의 경험적 연구를 축적해왔다. 이러한 많은 연구 결과들이 배스턴(Baston 외, 1993), 후드(Hood 외, 1996), 팔루지안(Paloutzian, 1996), 파가먼트(Pargament, 1997), 울프(Wulff, 1996)와 같은 종교심리학의 주요 교과서에 요약되었다. 이러한 연구들의 많은 부분은 종교기관에 대한 재정적 기여도와 소속뿐 아니라 종교행사 참석률, 기도의 빈도 같은 종교의 양적인 측면에 초점을 두고 있었다. 그러나 점차 이러한 종교의 측정 가능한 요소들에 대한 한계와 내면적 영성에 대한 연구의 중요성이 점점 더 인식되고 있다. 불행하게도 영적인 질문은 정의하거나 측정하거나 평가하기가 더 어렵다. 그렇다고 하더라도 영성에 대한 초점은 종교심리학이 종교에 대한 관점을 확장하도록 하며, 따라서 연구의 영역도 확장될 것이다. 친바우어(Zinnbauer 외, 1999)에 의하면 종교심리학에서 일차적인 개념으로서 영성의 도입은 연구자들에게 명상, 12단계 프로그램, 새로운 종교적 움직임들과 치유집단, 춤, 음악, 사회행동 등과 같은 종교에 대한 대안적 방식에 대해 연구하도록 했다.

종교심리학 분야의 주요 교재 세 권의 최신판에서는 종교가 성격의 구조와 발달에 영향을 미치지 않는 것으로 보이지만, 사실상 중요한 영향을 미치고 있다는 사실을 인식하고 이러한 관점에서의 변화를 반영하고 있다. 이 교재들은 최신판에 영적인 문제를 정의하고 이에 대한 증가하는 관심을 평가하는 것이 어려운 일이라는 것을 쉽게 인정하면서도 영성에 대해 언급하고 있다. 친바우어(1997: 551)는 "종교적이며 영적인 영역은 최근 변

이론적 개념이나 법칙을 직접적으로 관찰 가능한 경험명제의 집합으로 바꾸어놓으려는 실증주의적 경향으로 환원주의의 문제는 다양한 현상이나 전체를 이해하는 데 방해가 될 수 있다.

화를 겪고 있지만, 연구자들의 종교와 영성에 대한 개념화는 이를 반영하지 못하는 것 같다"고 했다. 관련 논문에서 친바우어(1999)는 종교와 영성의 의미에 관한 사회과학자들과 설문지 작성자들 사이에 생각의 차이가 증가하고 있는 것은 경험적 연구를 훨씬 더 복잡하게 만들며, 심지어는 종교심리학이 초점을 잃어버린 분야가 될 가능성을 갖고 있다고 강조했다. 스필카(Spilka, 1993)는 영성이 불명확하고 모호한 개념이며, 측정에 기반을 둔 연구에 적용되기 어렵다고 비판했다. 종교기관에서 구성원의 수를 셀 수 있으며, 예를 들면 신에 대한 믿음, 영혼 또는 사후세계 등과 같은 표현된 믿음의 요소들은 측정될 수 있겠지만, 반면 인간 영성의 존재나 정도를 평가하기 위해 사용될 수 있는 척도는 분명치 않다. 따라서 1장에서는 영성을 정의하고 연구할 때 발생하는 문제에 대해 논의할 것이다.

아직도 다른 심리학자들, 특히 심리학적인 문제들을 다루는 사람들은 영성은 너무나 중요한 문제이므로 명확하게 정의하고 측정하기가 어려워도 다루지 않을 수 없다고 주장한다. 임상심리학자인 데이비드 엘킨스 등은 인간 경험의 이러한 예외적인 차원을 평가하기 위해 영적 지향척도(Spiritual Orientation Inventory)를 개발했다. 아직까지는 이러한 조사도구가 많은 경험적 자료를 생산하지는 않았지만, 영성 측정에 기초한 연구를 소개하기 위해서는 바람직한 시도이다. 치료적인 맥락에서 가장 최근의 『정신장애진단통계편람(DSM-IV)』[5]에서는 처음으로 종교적 · 영적 문제를 단순한 병리가 아니라 인생의 과정에서 일반적인 사람들이 경험하는 어려움 중의 하나로 인식했다. 이러한 문제는 종종 가치 갈등, 죄책감, 자기수용, 용서 같은 것들이다.

---

5) DSM-IV(Diagnostic and Statistical Manual of Mental Disorder)는 미국 정신의학회에서 공식적으로 사용하는 정신장애 진단분류체계로 전 세계적으로 정신과의사 및 심리상담자들이 가장 널리 사용하고 있으며, 2013년에 다섯 번째로 개정된 DSM-5가 출간되었고, 우리나라에도 번역판이 나와 있는데, 심리장애의 유형을 20가지로 구분하고 있다.

밀러(Miller, 1999)는 임상심리학의 기본적인 훈련과정에서는 아직도 이러한 핵심적 치료 영역에 대한 인식을 따라잡지 못한다고 했다. 그는 현재 임상훈련에서 사용하고 있는 교재에서는 찾아보기(index) 부분에 '영성'과 '종교'라는 용어가 거의 등장하지 않으며, 영성이 고려되는 경우에도 여전히 강박충동장애와 같은 병리와 관련해서 보는 관점을 유지하고 있다고 언급했다. 그럼에도 불구하고 그는 모든 건강관리서비스 제공자는 서비스 이용자의 어려움을 포괄적으로 이해하고 효과적인 치료계획을 세우기 위해 그들의 영성에 관해 알아야 한다고 주장한다. 치료자나 심리학자가 개인의 영성이 그 사람의 성격기능에 어떤 영향을 미치는지를 인식하기 위해 서비스 이용자의 영성의 일부인 특정한 세계관이나 가치관을 공유해야 하는 것은 아니다. 이러한 사실은 특히 심리학자들이나 의사, 과학자들은 영적 및 종교적 신념에 관한 서비스를 제공하는 대표적인 사람들이 아니므로 더욱 명확히 인식해야 한다. 연구를 통해 정신건강서비스 제공자는 서비스 이용자나 환자보다 훨씬 덜 종교적인 경향을 갖고 있다는 사실이 드러났다(Pargament, 1997: 38-39). 우리는 생애주기의 성인기 단계를 다루는 장에서 치료적인 맥락으로 종교와 영성에 관한 요소들을 다룰 것이다.

생애주기에 대한 연구

이 연구의 기본 틀은 생애주기에 관한 것이다. 이러한 심리학적인 아이디어의 철학적이며 문학적인 기원은 고대로부터 발견된다. 모든 사회는 아동, 성인 그리고 노인 사이의 차이점과 관련된 생애주기의 기본적인 단계를 인식하고 합리화해왔다(Neugarten, 1985). 우리는 1장에서 고대로부터 내려온 두 가지 전형적인 생애주기에 관한 생각에 대해 알아볼 것이다. 블레이저(Dan Blazer, 1998)는 생애주기 접근법은 연구자가 인간발달 연구에서 다양한 관점을 통합할 수 있으므로 특별한 가치를 갖고 있다고 주장했다. 그의 관점에 의하면 생애주기에 대한 이해에는 생물학, 심리학, 사회학 그리고 환경적 관점들이 포함되지만, 생애주기에 관한 생각은 수십 년 동안 주류 심리학에서는 높은 평가를 받지 못했다. 제2차 세계대전 이전에 발달한 심리학에서 대부분의 연구들은 다른 연령대와 상관없이 유아와 아동에 대한 서술적 관찰에 초점을 두었다(Youngman, 1999).

융(Carl Jung)과 에릭슨(Erik Erikson) 같은 심리분석적 연구자들은 대중에게 '생애주기'라는 개념을 인식시키는 데 특별한 영향을 미쳤다. 융은 「삶의 단계(Stage of Life)」(1930)라는 논문에서 삶에서 주요한 전환기를 드러내는 포괄적인 경향을 지적했다. 그는 생애주기의 주요한 두 가지 구분을 인생의 아침과 오후로 묘사한다. 융에 의하면 인생의 아침 시기에 일차적인 심리학적 과업은 안정된 자아를 개발하고 외적인 세계에 적응하는 것이며, 인생의 오후의 주요 과업은 완전한 경험과 내적인 심리세계로의 반영, 특히 꿈과 직관으로 제공된 것들에 대한 경험과 반영이다. 융은 생애주기에서 이러한 두 가지 일반적인 시기를 서술하면서 사람들이 외적인 것으로부터 내적인 것에 대한 지향으로 바뀌는 핵심적인 중년기의 전환에 주의를 기울인다. 이러한 전형적인 중년기의 발달은 심리적 혼란과 불안, 불안정 또는 우울을 동반할 때, '중년기 위기'라고 불린다.

생애주기에 대한 에릭슨(1985)의 관점은 정신분석학에 의해 형성되었으며, 임상가는 환자들을 치료하는 데 지침이 되는 삶의 과정과 그 일반적인 순서에 대해 잘 이해하고 있어야 한다는 확신을 갖게 되었다. 생애주기의 기본 틀을 검증하기는 불가능하지만, 분석가와 환자 모두를 위한 전체적인 방향을 제시한다. 에릭슨은 일반적인 순서에 따라 진행되는 인간의 생애주기를 8단계로 정의했다. 그의 관점은 8단계 각각에 주요 과업이 있으며, 각 단계의 연령에서 발달한 강점들은 그다음 단계의 도전을 다루기 위한 기초가 된다는 것이다. 에릭슨에게 '생애주기'라는 용어는 인간발달의 두 가지 중요한 경향을 바탕으로 하는 이점을 갖고 있다. 첫째로 개인은 자신의 삶을 일관적인 경험으로 해석하고자 하며, 둘째로 개인은 세대들 간의 연결과 조상들과의 연관성을 실현하고자 한다는 것이다(p. 36).

최근 20년 동안 생애주기에 관한 사람들의 생각에 중요한 변화가 있었다. 이러한 변화는 1970년대의 달라진 태도를 대표적으로 나타내며, 생애주기와 그 단계에 대한 명확한 생각을 반영하는 쉬히(Gail Sheehy)의 『행로: 성인의 삶에서 예견할 수 있는 위기들(Passages: Predictable Crises of Adult Life)』(1978)과 1990년대를 대표하며 제시된 생애주기를 따른다는 개념이 사라진 베이트슨(Mary Catherine Bateson)의 『인생 설계하기(Composing a Life)』에서 찾아볼 수 있다(Shotter, 1993: 5).

좀 더 최근의 입장은 생애주기적인 유형보다는 일상적인 삶 속에서 변화와 불연속성에 지속적으로 적응할 필요를 강조하는 것이다. 쉬히의 좀 더 최근의 저서인 『시간을 가로지르는 인생지도(New Passages: Mapping Your Life Across Time)』(1996)에서는 다양한 힘들이 생애주기에 대한 우리의 감각을 어떻게 변화시키는지를 인식하며, 표준적인 생애주기에 대한 생각이 변화하고 있다는 사실을 인정한다. 이 저서에서 그녀는 결혼, 중년기, 은퇴 그리고 기대수명 같은 삶의 주기에서의 핵심 시기에 대한 10년의 변화를 말하고 있다. 쉬히는 삶의 주기에 대한 기본 틀을 수정하고 있지만, 그것을 모두 포기하는 것은 아니다.

융, 에릭슨 그리고 쉬히와 달리 몇몇 학자는 생애주기에 대한 생각이 이제는 별로 유용한 것이 아니라는 견해를 갖고 있다. 세터스텐(Settersten, 2003: 16)은 '생애주기'라는 용어는 불가역적이고, 그 순서가 정해진 단계로 되어 있으며, 한 세대로부터 다음 세대로 반복되는 순환적인 삶의 변화를 적용한다는 점에서 문제가 된다고 논박했다. 그는 인간발달을 설명하는데 생애주기가 부적절하다는 것을 증명하면서 순차적 단계로서 가족의 삶을 구성한 가족생활주기 모델을 설명했다. 그는 가족의 수가 줄어들고, 전통적인 가족의 형태에 변화가 생기며, 이혼율이 기록적으로 증가하고 있으며, 빈 둥지로 돌아오는 자녀들이 늘어나고, 수명이 길어지는 등 정해진 순서의 삶의 주기 모델의 적절성에 의문을 갖게 하는 개인적이며 사회적인 형태의 많은 변화를 지적했다. 세터스텐에 의하면 이러한 가족의 모델은 오늘날 삶의 방식에서 많은 다양성을 무시하며 변화의 여지를 남기지 않는다. 그는 내면에서 일어나는 현상을 강조하는 발달심리학 용어인 '생애주기(life span)'라는 말보다 외적이고 사회적인 영향을 강조하는 사회학적 용어인 '생의 과정(life course)'이라는 말을 더 선호한다.

엘더(Elder 외, 2003)는 발달심리학에서의 수명 접근법과 사회학에서의 생애주기 관점은 모두 어떻게 삶이 사회적으로 조직되고 시간에 걸쳐 발전하는지를 이해하고 사회적 영향력과 심리학적 발달, 그리고 사회의 변화 사이의 관련성을 인식하기 위해 서로 다른 삶의 단계들 사이의 관계를 이해하려는 노력으로 주로 1970년대에 등장했다고 본다. 그들은 이러한 접근법들이 모두 실천에서 다학제 간 접근의 한계(통합의 시도 없이 다양한 학문분야에서 얻은 통찰력을 그대로 사용하는 한계), 또는 학제 간 접근의 한계(서로 다른 학문 분야에서 얻은 통찰력을 통합하는 한계)를 갖고 있지만, 학문의 날카로운 경계를 넘어서는 지적인 지평을 넓히는 데 기여했다고 강조했다. 뮈센(Mussen 외, 1979)에 의하면 1970년대까지만 해도 심리학에서의 일차적인 관심은 초기 발달에 집중되어 있었으므로 생애주기에 대한 접근은 이루어지지 않고 있었다. 발달심리학의 초기의 많은 이론들에 따르면 발달은 신체적인 성숙이 이루어지면 멈추며 청소년기를 발달의 마지막으로 보았다(Fitzgerald, 1986). 1970년대에 청소년기, 성인기 그리고 노화에 대한 연구가 증가하면서 인간 존재의 전체적인 모습이 강조되고 아동발달을 전체적인 생애주기의 맥락에서 보기 시작했다.

기든스(Anthony Giddens, 1991)는 '생애주기'라는 개념은 비현대에서 더욱 적절히 적용되며, 개인적인 삶들 사이의 연관성과 세대 간의 주기가 더 이상 명백히 드러나지 않는 현대사회에서는 적합하지 않다고 했다. 그는 '생애주기'라는 개념이 각 세대는 앞 세대의 삶의 방식을 재발견하고 반복하는 것을 내포하고 있다고 생각했다. '세대의 주기'라는 개념은 현재의 합리적인 것에 바탕을 둔 정도로만 반복되는 현대사회에서는 많은 의미를 갖지 못한다. 다른 사람들은 현재 서구에서도 성(性)과 여가와 관련된 삶이나 아동양육과 노인에 대한 지역사회의 돌봄, 경력 발달 개념들에 관한 서구사회의 가정들과 같은 이전 세대의 경험이 마찬가지로 개인에게 계속 관련되며 영향을 미친다는 사실을 강조하면서 기든스의 생각에 반대한다(Coupland 외, 1993).

특히 삶 속에서 펼쳐지는 순서와 다양성을 이해하는 좀 더 융통성 있는 방식의 필요성이라는 측면에서 생애주기 관점의 한계를 인식하는 것이 중요하지만, 생애주기라는 개념은 여전히 개인의 종교적이거나 영적인 발달의 더 큰 맥락을 이해하는 효과적인 방식이다. 생애주기 개념은 세대 간의 공통적인 가치 · 생각 · 태도의 연결성과 우리 삶의 경험에 대한 과거 세대의 영향력을 중요한 위치에 둔다. 생애주기는 우리의 개인적인 발달이 인류의 시간을 초월한 열정으로부터 따로 떼어 생각할 수 없다는 것을 상기하도록 하자. 에릭슨(1977)은 적절한 관점으로 종교와 영성의 발달을 알아보는 적절한 모델을 개발하기 위한 우리의 연구에 도움을 준다. 그는 우리에게 심각한 농담 또는 농담 같은 심각함으로 발달에 관한 이론적 모델을 이해하라고 하면서 우리의 모든 이론적인 기초는 한계가 있다는 사실을 기꺼이 인정했다.

저자의 입장

우리의 성향, 의도 그리고 경험은 모두 우리가 어떠한 것을 이해하고 해석하는 데 영향을 미치므로 이 책에 서술된 저자의 관점에 영향을 미치는 저자의 전문적 · 개인적 배경에 대해 간략히 서술할 것이다. 오늘날 사회과학 분야에서는 자신의 주관적인 입장을 명확히 하는 것의 중요성이 점점 더 부각되고 있다. 심지어 자연과학에서도 질문하고 배우는 과정에서의 주관적인 요소가 인식되고 있다. 노박(Michael Novak, 1971)은 이러한 개인적인 입장으로서의 주관성이 종교와 영성의 영역을 탐구하는 데 핵심적인 역할을 한다고 주장한다. 그에게 자신의 입장이라고 하는 것은 개인의 현실감을 대표하는 경험, 상상, 기대 그리고 가정(假定) 같은 것들의 복합체이다.

심리학자 엘킨스(David Elkins, 1996)는 사회과학에서는 이론과 연구에서 개인적인 입장이 미치는 주관적인 영향력을 무시할 수 없다고 지적했다. 그는 일반적으로 사회과학, 특히 심리학에서는 객관과 주관이 명확히 분리되지 않으므로 물리적인 과학에서처럼 객관적일 수 없다고 주장했다. 사회과학은 주관과 객관 모두에 관한 것이며, 결코 이러한 이중적인 면을 완전히 넘어설 수 없다. 가다머(Hans-Goerg Gadamer, 1989)는 모든 과학에서 주관적인 영향과 해석의 불가피성을 강조했다. 그에게 이러한 근본적인 편향은 우리의 역사적 현실의 일부분이며, 비평적 이성과 과학적 방법으로 극복될 수 없는 것이다. 특히 인간 과학에서 현재의 역사, 문화 그리고 언어는 연구의 주제와 영역을 제공하며 결정한다. 가다머는 이러한 지식의 중재되고 해석되는 특징은 반성해야 할 장애물이 아니며, 우리가 세상에 자기를 열어 보일 때 참여하는 바로 그 수단으로 인식했다.

샘 킨(Sam Keen, 1978)은 연구하는 대상에 대해 질문하는 주관의 영향력에 대한 현대 물리학적 통찰력은 개인발달에 대한 탐구에도 직접적으로 적용될 수 있다고 했다. 그는 생애주기와 같은 현상을 살펴보는 것은 우리 자신의 특별한 인식 방식을 반영하는 편견으로 그것에 영향을 미치고 왜곡하고 걸러내는 것이라고 확신했다. 프란츠(Franz)와 스튜어트(Stewart, 1994)는 사회과학 분야의 연구자들은 연구과정에 영향을 미치는 자신의 역할이나 입장을 지속적으로 분석해보아야 한다고 주장했다. 많은 페미니스트 사회과학자들과 마찬가지로 그들은 연구와 해석에서 인구학적 또는 이데올로기적 특성을 완전히 배제할 수 없다고 믿는다. 길리건(Caral Gilligan, 1982: 5)은 대부분 삶의 주기적 개념들은 남성적 견해를 나타내는 것이라고 논쟁하면서 다음과 같이 비판적인 관점을 표현했다.

> 인간 생애주기의 개념들은 변화하는 소망과 일상적인 삶의 변화 경험과 인식에 일치하며, 그것에 질서를 부여하기 위한 시도를 표현한다. 그러나 그러한 개념들의 특성은 어떤 면에서는 관찰자의 입장에 따라 달라진다.

우리 삶의 정서적인 면도 우리가 한 주제에 대해 시험해보고 평가 내리는 것을 바탕으로 하는 주관적인 견해에 속하는 요소이다. 골먼(Goleman, 1995)은 경험의 모든 수준에서 우리의 인식을 형성하는 데 감정의 핵심적인 역할을 잘 보여주는 사례를 제시했다. 그의 결론은 인간에 대한 탐구 영역에서 주관성과 감정의 불가피하고도 핵심적인 역할을 나타내어온 페미니스트 사회과학으로부터 지지되었다(Ferrer, 2002: 59).

특히 자아초월 심리학은 종교적 경험과 영성을 연구하는 데 적절한 방법을 반영해왔다. 바흐(Christopher Bache, 2000)는 자아초월적 연구에서 자전적인 요소는 불가피한 것이라는 견해를 갖고 있었다. 그는 영성에 대한 깊은 지식은 내적인 탐구와 경험에 대한 반영으로부터 얻을 수 있다고 주장했다. 바흐는 이러한 것에 대해 이차적으로 얻은 지식만 갖고 있는 것은 매우 불리한 조건에서 노력하는 것이라고 했다. 그는 또한 어떤 종류의 종교적이고 영적인 경험이 실제로 나타난다는 것에 대해 누군가가 우리에게 확신을 주지 않는 이상 인간 존재와 세상에 대해 이해하는 데 이러한 경험들의 의미를 심각하게 생각하지 않는 경향이 있다고 덧붙였다.

윌버(Ken Wilber, 1995)는 자아초월 심리학에서는 영적인 문제를 이해하기 위해 영적인 훈련이 필요하다고 확신했다. 그는 심혼적(psychic)이고 미묘하여 의식의 더 높은 수준이라고 일컫는 경험을 위해서는 오랜 기간의 연습이 필요할 것이라고 믿었다. 그는 이러한 영역을 "새로운 자료가 스스로를 열어 보이는 공간세계(1995: 276)"로 설명했다. 윌버에 의하면 그러한 자료는 경험과 그것이 드러내는 실체에 대한 견해의 타당성을 확인하기 위해 더 넓은 영적 공동체 내에서 다른 경험들과 대조하여 확인될 수 있을 것이다. 윌버는 '특정상황 연구와 과학'이라는 타트(Charles Tart)의 개념에 영향을 받았다. 타트(1975)는 명상, 최면, 꿈, 신비적인 경험 같은 변화된 의식의 상태로부터 유추된 지식은 다음과 같은 과학적 방법의 기본적인 원칙에 의해 검증될 수 있다고 제시했다.

- 관찰
- 관찰의 공적인 비교
- 논리적 이론화
- 관찰 가능한 내적 · 외적 결과에 의한 이론의 검증

타트에 의하면 어떤 특정한 상태에만 해당하는(state-specific) 지식은 적절히 훈련된 관찰자들의 상호 주관적인 합의를 통해 타당해질 수 있다.

본 저자에 대해 설명하자면 종교와 영성 연구에 대한 공식적인 학문 배경은 종교심리학과 심리치료, 꿈의 분석이라는 세 가지 분야에 기초하고 있다. 이러한 학문분야들은 생애주기 속에서 종교와 영성을 이해하고자 하는 나의 접근법에 도움을 주었다. 나는 1960년대에 토론토대학교에서 대학원 공부를 시작하면서 종교적 경험의 역사적 뿌리에 관심을 갖게 되었다. 그때 나는 그리스도교 전통의 가장 위대한 신비론자 중 한 명이던 캔터베리(Canterbury)의 안셀무스(Anselm)의 삶과 업적에 심취해 있었다. 나는 오랫동안 그의 종교와 영적인 질문의 핵심에서 놀라운 이성과 감성 및 의지의 뒤섞임에 흥미를 느꼈다. 또한 종교적 경험의 역동에 대한 그의 심리학적 통찰력에 놀라움을 느꼈다.

동시에 나는 종교적 경험에 대한 현대 심리학적 관점을 연구했다. 심리학적인 건강에 대한 영성과 종교의 가치를 예리하게 평가한 카를 융과 윌리엄 제임스의 업적에 이끌렸다. 종교적 경험과 영성을 이해하기 위한 제임스의 접근은 수 세기 동안 종교심리학의 기초가 되었다. 나는 가르치고 글을 쓸 때, 계속해서 다시 그의 고전 『종교경험의 다양성(The Varieties of Religious Experience)』(1961)으로 되돌아가곤 했다. 융의 발자취를 따라가면서 취리히에 있는 융연구소(Jung Institute)를 방문했고, 캐나다의 첫 번째 융학파 분석가였던 보아(Fraser Boa)와 함께 3년 동안 분석을 지속하는 과정으로 융학파 분석가들을 위한 훈련프로그램에 참가했다. 마침내 나는 토론토의 게슈탈트연구소에서 심리치료 훈련과정을 마쳤고, 10년 동안 개인적으로 심리치료 활동을 했다.

꿈의 분석에 대한 나의 연구는 심리치료 경험과 훈련에 밀접히 연관되어 있다. 심리치료에서 융학파와 게슈탈트 접근법은 모두 꿈을 임상치료의 최전선에 있는 것으로 본다. 나는 꿈이 우리의 심리적 갈등과 고민을 표현하는 드라마틱한 방식에 놀랐다. 지난 30년 동안 나는 나 자신의 5천 편 이상 되는 꿈을 범주별로 정리했고, 다른 사람들의 꿈을 1천 편 이상 연구했다. 나는 이러한 상당한 분량의 꿈에 대한 연구를 통해 꿈이 종교적이고 영적인 개념을 어떻게 표현하고 있으며, 어떻게 그런 개념들과 씨름하고 있는지를 관찰했다. 이러한 경험을 통해 나는 생애주기에 걸친 심리학적 기능에서 영성의 중요성에 대해 확신하게 되었으며, 이러한 경험이 이 책에서 다루고 있는 논의와 이슈들의 지침이 되었다. 이 책에서는 특정한 점을 설명하기 위해 적절한 경우 꿈에 관련된 자료들을 소개하고자 한다.

나는 주로 기도, 요가 그리고 명상 같은 영적인 영역에 관심이 많았다. 십대 중반이었을 때, 수련회와 친구들을 통해 기도를 알게 되었다. 이그나티우스 로욜라(Ignatius Loyola)의 영적인 훈련은 교회 수련회에서 접하게 된 특별한 방식이었다. 로마가톨릭 전통에서 기도의 일반적인 계획은 그리스도인이 되기 위함을 의미한다는 경험을 하기 위해 지성, 상상, 의지 그리고 감정을 사용한다. 대부분의 방법은 성경에서 묘사한 예수의 삶에서 나타난 장면을 생각하고, 말과 행동의 의미를 반영하며, 현재의 삶에 모든 영적인 실천적 함의를 적용하는 것이다. 오랜 기간 동안 나는 이러한 방식을 계속 받아들였고, 이것이 나의 가치를 형성하고 삶의 의미에 대한 감각을 강화하는 기초가 되었다.

대학원 2학년 때, 나는 전염성 단핵증[6]에 걸렸다. 그 질병은 수개월 동안 지속되었고, 그로 인해 몸이 약해져 학업에 집중하기가 어려웠다. 이 기간 동안 체중이 많이 감소했고, 공부를 계속할 수 없을지도 모른다는 염려를 했다. 이러한 시점에 한 친구가 나에게 스트레스를 다루고 일과 학업을

6) 전염성 단핵증(mononucleosis): 바이러스 감염질환으로 인후통, 열, 오한, 무력감과 피로, 림프선 종양 확대 등의 증세가 나타난다.

효과적으로 할 수 있고 건강을 회복하는 방법으로 요가를 해보라고 권했다. 나는 친구의 권유를 받아들여 외부 세계로부터 마음을 분리하는 상태에 도달하기 위해 몸을 숙련하는 데 초점을 두는 요가의 한 종류인 하타요가(hatha yoga)[7]를 하기 시작했다. 다양한 자세를 체계적으로 익히면서 스스로 이완할 수 있게 되었으며, 내 몸의 리듬을 더 잘 인식하고, 몸이 지닌 자체적인 능력에 대한 신뢰를 회복했다. 나는 수년간 공부에 빠져 있는 동안 정신적인 노력만 강조하면서 내 몸의 상태를 무시했다. 하타요가의 기초적인 목표가 궁극적으로 몸속에 숨겨진 잠자고 있는 에너지를 깨우는 것임을 배웠는데, 내 몸에 더 많은 관심을 기울이고 건강한 기능을 위한 신체의 능력에 대한 자신감을 개발하는 즉각적인 목표에 만족했다.

하타요가를 시작한 지 얼마 되지 않았을 때, 명상에 대해 알아보고 싶었다. 초월명상(transcendental meditation: TM)[8]은 그 당시에는 매우 새로운 것이었으며, 인도에서 유럽 그리고 북아메리카로 퍼져나갔다. 이러한 형태의 명상은 배우기 쉽고 깊은 이완과 내적인 즐거움을 가져다주었다. 나는 초월명상의 심리학적 효과에 대한 초기 연구에 관해 읽은 후 토론토에 명상센터를 열기로 결심했다. 마하리시(Maharishi, 1963)는 초월명상의 효과가 이러한 기술의 배경에 인도의 영성적 교리에 대한 지식과 설명에 의존하지 않는다고 주장했지만, 수 세기에 걸친 인도의 영적 전통의 가르침과 지혜에서 나온 실천적 과학으로 초월명상을 제시했다. 초월명상에 대한 나의 경험은 이완과 집중, 좀 더 중심화하는 데 도움이 되는 것으로 매우 긍정적

7) 정신의 완성을 이루는 수단으로서 신체의 수련을 강조하며, 인도 철학의 요가학파에서 발전했다. 정화방법, 호흡조절, 아사나(Asana)라는 신체 자세 등을 강조하며, 서양에서 수양과 이완 수단으로 인기를 얻고 있다. 생리학자와 심리학자들은 신체의 생리작용 통제에 초점을 맞춘 요가에 관심을 갖고 있는데, 숙련된 요가 수행자는 혈압을 떨어뜨리거나 체온과 호흡 속도를 조절하는 놀라운 능력을 보여준다.

8) 초월명상은 인도의 마하리시 마헤쉬 요기가 만든 명상법.

이었다. 나는 이러한 형태의 명상을 지난 30여 년간 지속했는데, 이는 심리학적 과정이 영성이나 종교와 어떻게 관련되는지에 대한 인식을 증진하는 데 도움이 되었다.

임상적인 학문적 훈련뿐 아니라 나의 영적인 실천은 생애주기에서 종교와 영성의 중요성을 인식하는 데 임상적인 역사적 방향을 잡도록 도왔다. 이러한 요소들은 나의 입장을 형성하고, 종종 학문적 심리학에서는 고려하지 않지만 영성의 차원을 다루는 비교적 오랜 역사를 가진 치료적 관점을 통해 우리의 연구를 인도할 것이다. 우리는 생애주기에 관련된 종교와 영성을 탐구하기 시작하면서 종교, 암묵적 종교, 그리고 영성이라는 용어의 기본적인 의미를 주의 깊게 살펴볼 것이다.

1장.
출발점

영성이란 사람들이 정의해야 할 때까지 모두가 안다고 주장하는 주제 중 하나이다.

—필립 셸드레이크(Pillip Sheldrake), 『영성과 역사』

이 장에서는 책 전체에서 다루어지는 기본 용어들을 주의 깊게 살펴본다. 종교학자들 사이에서도 종교와 영성을 정의하고 연구하는 방법에 대해서는 거의 합의가 없다는 사실을 알면 위축될 수 있다. 이러한 이유로 사람들이 '영성'이라는 용어를 사용하는 광범위한 방법을 살펴보고, 이 책에서 사용된 개념 정의가 그것과 어떤 관련이 있는지 명시하는 것이 무엇보다 중요하다.

종교란 무엇인가?

종교에 대한 과학적 연구는 첫 번째는 실증적 정의, 두 번째는 기능적 정의를 구별함으로써 통상적으로 단어의 의미에 접근할 수 있다. 실증적 정의(때로는 '형식적' 또는 '필수적' 정의라고도 함)는 모든 종교의 본질이라고 생각되는 종교의 일부 요소에 중점을 둔다. 일반적으로 학자들은 신이나 신들에 대한 믿음을 종교의 근본적인 측면으로 가정하고 있다. 또 다른 학자들은 거룩하고 신성한 존재에 대한 깊은 경험 같은 핵심 경험이 종교의 본질적인 특성이라고 주장했다.

이러한 접근법에 대해 비평가들은 종교의 개념 정의들의 보편성에 이의를 제기하는데, 왜냐하면 이러한 가설적인 핵심 요소들에는 예외가 있다는 것을 아래와 같은 예를 들어 보여주기 때문이다. 첫째로 불교나 도교는 신에 대한 개념이 부족하고, 둘째로 세계 곳곳의 종교 신봉자들에게 신성한 존재로 인한 변형 체험이 없다고 주장한다.

종교에 대한 또 다른 과학적 정의는 종교가 수행할 수 있는 심리학적 또는 사회학적 기능을 고려한 기능적 정의(종종 '조작적' 정의라고도 함)이다. 예를 들어 종교는 인간의 불안, 외로움 또는 죄책감을 완화시키는 기능을 할 수 있다. 또한 종교는 어떤 사람들에게는 삶의 의미를 제공하고, 다른 사람들에게는 사회적 고립을 상쇄할 수 있다. 이러한 정의의 한 가지 문제점은 다른 분야들도 동일한 기능을 수행할 수 있으며, 따라서 우리는 종교를 다른 삶의 영역과 구분할 수 있는 고유한 기능에 도달하지 못한다는 것이다. 피터 버거(Peter Berger, 1974: 125)는 기능적 정의의 또 다른 문제는 세속화된 시대정신에서 '초월의 회피'를 합법화한다고 주장한다. 그는 초월을 언급하지 않고 이해할 수 있는 종교의 심리학적 또는 사회학적 기능에 초점을 맞춤으로써 종교가 '단조로워지고' 단순히 다른 현상과 동일시된다고 주장한다. 그러한 견해는 초월의 모든 현시(顯示)를 무의미하게 만든다. 피터 버거는 이러한 경향에 대응하기 위해 현상의 의미는 그것을 준수하는 사람들의 관점에서 '안으로부터' 이해되도록 보장하는 과학적 방법을 지지한다. 이 접근법은 종교를 수행할 수 있는 심리학적 또는 사회학적 기능으로 축소하는 것 이상의 의미가 있다.

연구하는 과정에서 종교가 생애주기와 어떤 관련이 있는지 생각하는 방법에 관심을 집중시키는 데 도움이 되므로 본질적이든 기능적이든 많은 정의를 고려해야 한다. 버거의 안내를 따르면서 삶의 여러 단계에서 종교가 심리적 과정에 어떻게 기여하는지를 이해하려고 시도할 때조차 종교나 삶의 단계(life stages)가 그것을 경험하는 사람에게 의미하는 것을 얻으려는 현상학적 및 임상적 접근을 포함시키려고 한다.

'종교(religion)'라는 단어의 어원을 고려하면 그 의미에 대한 더 깊은 이해를 얻을 수 있다. 종교학의 많은 문헌은 religion이라는 단어가 라틴어 동사 religare에서 유래했다는 성 어거스틴(St. Augstine)의 견해를 따른다. 또 다른 사람들은 원형이 동사 relegere에서 발견된다는 키케로(Cicero)의 견해를 따르는데, relegere는 모으거나, 공부하거나, 읽거나, 관심을 가지거나, 심지어 돌봐주는 것을 의미한다. 스미스(W. C. Smith, 1963)는 이러한 다양한 기원과 해석을 충분히 논의하고, religare에 기반을 둔 정의는 객관적 요소, 특정 행동을 강요하는 일부 힘을 강조하는 반면, relegere는 그 힘에 대한 감정이나 태도와 같은 주관적 요소에 초점을 맞춘다고 결론을 내린다.

이러한 구별도 어렵거나 빠른 것은 아니다. 예를 들면, 마이클 노박(Michael Novak, 1971)은 종교를 인간 삶의 모든 확산 행동(diffuse actions)에 의미를 만드는, 즉 자신의 삶을 묶게 만든다고 정의할 때, religare를 주관적인 방식으로 해석하고 있다. 팔루지안(Paloutzian, 1996)은 또한 종교라는 단어에 대한 자신의 이해를 religare에 기반을 두고, 우리가 연결되었거나 다시 연결된 것과 관련하여 단어 자체를 고찰하는 것이 전적으로 분명하지 않다는 점을 지적한다. 그것은 신, 자연, 마음의 상태, 우주의 힘, 다른 개인 또는 공동체인가? 융(Jung, 1935a: 8)은 relegere가 종교라는 단어의 기원이라고 믿는 가장 유명한 심리학자이다.

> 종교는 나에게 "능력"으로 간주되는 특정한 역동적 요소에 대한 신중한 고려와 관찰을 의미하는 단어인 religio의 원래 용법에 따라 공식화될 수 있는 마음의 독특한 태도로 보인다.

융은 이 단어의 주관적 성향을 높이 평가하면서 더 잘 '고려하거나 관찰하는 것'이 종교의 기능 방식에 대한 심리적 발견에 어울린다고 주장한다. 신적인 존재를 신중하게 고려하는 종교(relegere)는 종교의 주관적 태도의 중요성을 강조한다.

종교의 정의에 대한 이러한 전통적인 접근 방식은 인격 구조와 개발에서 종교의 위치를 추적하고자 할 때, 우리가 하려고 하는 바를 정확하게 결정하는 데 어려움이 따른다. 버거(Berger)가 올바르게 지적한 바와 같이, 개념 정의는 항상 인지적 목적에 부합하도록 고안되었다. 연결 또는 재연결(religare)로서의 종교는 종교를 인격과 관련된 방식으로 이해하는 데 도움이 된다. 그것은 정신과 그 심리적 기능에 가능한 신성한 근원과 내재적 연관성이 있을 수 있다고 제안한다. 심리학자들은 중요한 종교적 경험과 그것들에 대한 심리적 반응을 열쇠로 인용하면서 이 제안된 연결선의 가능한 심리적 위치에 대해 논평했다. 그들은 심리적 경험이 종교적 신념, 윤리 및 신화의 근원에 대한 동기를 부여했을 수도 있다는 것을 제안한다.

〈표 1〉은 다양한 심리학자들이 종교에 부여한 광범위한 정의를 요약하면서 종교가 그들의 인격이론 측면에서 심리적 기능에 기여하거나 연관

〈표 1〉 심리학자들이 종교를 보는 방식

내성심리학	윌리엄 제임스	종교는 • 개인이 무엇이건 간에 신성한 것으로 간주될 수 있는 것과 자신이 관련되어 있다고 이해하는 한 개인의 느낌, 행동 및 경험이다. • 인간의 삶에 대한 전체적 반응이다.
행동주의	존 왓슨과 스키너	종교는 행동을 통제하는 전통적인 수단이다.
정신분석	지그문트 프로이트	종교는 • 모두 환상이다(희망에 근거한 관념). • 인생 초기 단계로의 회귀(근본적으로 자기애)이다. • 사회통제 수단이다.
대인관계이론	에리히 프롬	종교는 • 개인에게 방향의 틀과 헌신의 대상을 제공하는 집단이 공유하는 생각과 행동의 모든 체계이다. • 인본주의적 종교는 인간의 자기실현을 촉진시킨다. • 권위주의 종교는 인간의 발달을 방해한다.
대상관계이론	이안 서티	종교는 • 심리치료 체계이다. • 다른 사람들과의 감정적인 관계를 개선하는 방법이다.
	해리 건트립	종교는 우주와 궁극적인 현실에 대한 개인적인 연결성과 타당성에 대한 근본적인 감각이다.
	도널드 위니콧	종교는 사람들이 외부 세계의 도전에 응전하는 데 도움을 주는 과도기적 공간이다.
자아심리학	에릭 에릭슨	종교는 사람들이 삶에 대한 기본적인 신뢰를 얻거나 재확인하는 주요 수단이다.
분석심리학	카를 융	종교는 • 환경과 무의식 가운데 나타나면서 초자연적 존재에 대해 관심을 갖는 태도이다. • 신적 존재의 경험에 대한 방어이다.
로고테라피	빅터 프랭클	종교는 궁극적인 의미를 찾는 것이다.
발달심리학	피아제	종교는 초기 성인과의 관계에 반응하고, 그것을 반영하는 태도이다.
	제임스 파울러	종교(신앙)는 삶으로 옮겨가며, 거기에 의미를 부여하는 길이다.
자아초월 심리학	켄 윌버	종교(명상으로서)는 더 높은 의식 단계로의 이동을 촉진시키는 방법이다.

시키는 방식을 보여준다. 우리는 생애주기의 다양한 단계를 연구해나가면서 이러한 관념 중 많은 부분을 더 자세하게 고려할 것이다. 여기에서 나는 심리학자들이 인간 생애주기에서 종교의 역할을 어떻게 이해하고 평가하는지에 대한 놀라운 다양성을 강조하고자 한다. 지그문트 프로이트(Sigmund Freud, 1927)는 인간의 취약성과 거기에 동반하는 두려움(사망, 불의 및 상해)에 대한 경험과 보호받으려는 소망에 중점을 두고 있으며, 에릭 에릭슨(Erik Erikson, 1950)은 최초의 신뢰관계가 기본이라고 생각한다. 해리 건트립(Harry Guntrip, 1971)은 우주와 개인적으로 연결되었다는 의식은 종교에 근거를 둔다고 생각하는 반면, 서티(Suttie, 1935)는 그 근원을 정서적 관계에 둔 것으로 본다.

카를 융(1938)과 빅터 프랭클(1975)은 삶의 의미를 종교의 중심에 두어야 할 필요성을 느낀다. 그것들에 의해 발생하는 모든 경험과 생각, 감정, 태도는 인간의 인격에서 종교가 스스로를 현시하는 지점이 될 수 있다. 이어지는 장들에서 우리는 종교에 대한 이와 같이 다양한 심리학적 견해가 생애주기에서 그 많은 역할을 어떻게 조명하는지 살펴본다. 이제 우리는 종교가 삶의 여정에 어떻게 영향을 미치는지 이해하는 데 도움이 될 수 있는 종교의 또 다른 측면, 즉 암묵적 종교로 향하고자 한다.

암묵적 종교

암묵적 종교의 개념은 지난 20년간 갈수록 더 많이 통용되었다. 암묵적 종교란 인습적으로 이해되는 종교가 아닌 것처럼 보일지라도 종교처럼 모든 기능을 하는 것을 의미한다(Hamilton, 2001). 따라서 암묵적 종교는 종교적 경험, 제도, 교리, 공동체, 윤리적 체계, 신화 및 의례(ritual)에서 표현되는 종교의 인습적인 요소를 지칭하는 명시적 종교와 대조를 이룬다. 북미 사회과학의 주요 응용 분야는 서양 문화에서 기술, 소비주의, 환경보호주의, 민주주의, 스포츠, 동물 권리[1] 및 폭력을 포함하는 광범위한 사회현상, 운동 및 조직을 조사하는 데 사용된 종교사회학에 있었다. 사회학자 윌리엄 스와토스(William Swartos, 1997)는 종교의 사회과학적 연구에서 이 용어가 일반적으로 사용되는 방식을 연대순으로 기록하면서 1960년대 후반과 1970년대에 시민종교, 보이지 않는 종교, 민간종교 및 대중종교의 개념에 대한 논쟁이 이 새로운 학제적 개념의 가치를 이해하는 길을 열었다고 본다.

이 개념의 사용을 발전시키는 데 가장 책임 있는 사람인 에드워드 베일리(Edward Bailey, 1990, 1997, 1998, 2000)는 암묵적 종교를 세 가지 기본적인 방법으로 정의한다. 첫째, 헌신, 둘째, 통합 초점, 셋째, 광범위한 영향을 가지는 집중적인 관심사이다. 베일리(1998: 10)에게 있어서 헌신(commitment)은 현 사회의 암묵적 종교가 일반적으로 인습적 종교보다는 오히려 세속적인 것으로 간주되는 것에 관련되어 있음을 시사한다. 암묵적 종교의 주요 초점은 개인이 자신의 삶의 에너지를 인식하는지 여부와 상관없이 그 에너지를 어디에 두는가이다. 베일리는 헌신이 "관련된 의식의 정도에 대해 질문을 요구하며", 따라서 헌신은 암묵적 종교가 의식에서 무의식에 이르기까지 전체 연속성을 어떻게 포함하는지 강조함을 시사한다. 헌신의 한 예는 환경 보존에 전념하는 삶이 될 것이다. 통합 초점(integrating foci)은 사람들이 그들의 경험을 통합하는 다양한 방법이 있을 수 있다는 생각을 갖는다. 베일리(1998: 10)는 복수 형태의 "초점"이 개인이나 단체가 하나의 종교만 가

1) 동물 권리(animal right)란 1978년 프랑스에서 제창된 '동물해방선언'에 뿌리를 두고 있는 동물의 권리를 의미하며, 학대받지 않을 권리, 모든 동물은 동등하게 태어나고 모든 존재에 대해 동등한 권리를 갖는다는 의미이다.

질 것이라는 가정을 배제한다고 믿으면서 여러 사람이 상황에 따라 다른 목적으로 다른 종교를 사용할 수 있다는 것을 인정한다. 예를 들면, 한 사람이 동물 권리에 전념하면서 동시에 헌신적인 소비자가 될 수도 있다. 이 다양한 초점은 개인이 자신의 삶의 경험을 이해하고 의미를 찾을 수 있도록 도와준다.

베일리에 따르면, 광범위한 영향에 대한 집중적인 관심은 암묵적 종교의 중요한 자리, 즉 종교와 세속 사이의 관계에 관심을 불러일으킨다. 암묵적 종교에 대한 이러한 정의는 우리의 궁극적인 관심이 그 관심을 신성한 것으로 생각해야 할지 아닌지를 볼 때, 신이 우리를 위해 어디에 존재하는지를 나타낸다는 신학자 폴 틸리히(Paul Tillich)의 견해와 유사하다. 암묵적 종교는 신성한 것과 모독적인 양극단 사이의 "평범한 것"의 영역을 탐구할 때 특히 중요하다. 베일리(1998: 11)는 인간의 경험과 의식의 대부분은 매우 모독적이거나 매우 신성하지 않으며, 특히 종교적이거나 특히 비종교적이지 않고 오히려 평범한 것이라고 주장한다. 표면상 그것은 종종 성스럽거나 모독적이라기보다는 중립적인 것으로 보이며, 그래서 그것의 '자기극(magnetic pole)'은 내부의 방향성에서 추론되어야 한다. 예를 들어 한 스포츠팬에게 일상적인 취미가 될 수 있는 것이 다른 사람에게는 삶의 의미를 제공할 수 있다. 이와 같이 암묵적 종교의 양상은 우리의 세속적 자아와 성스러운 자아 사이의 불분명한 경계를 강조한다(Campbell, 2001: 17).

비슷한 맥락에서 도널드 호저(Donald Horser, 1973: 9)는 암묵적 종교는 다원적인 환경에서 종교적이며 도덕적인 교육을 다루기 위한 효과적인 개념이라고 주장하는데, 왜냐하면 그것이 평범한 세속적인 경험에 내포된 종교적 질문(우리의 삶에 설정된 수수께끼)을 고찰하기 때문이다. 나는 암묵적 종교가 사회학과 교육학적 맥락에서뿐만 아니라 생애주기에 대한 심리적 접근에서 효과적인 개념이라고 믿는다. 암묵적 종교는 종교에 대한 심리학적 이해의 중심에 있는 내부 과정에 도달할 수 있다. 그것은 종교 구성원(회원), 신에 대한 한정적 믿음, 교리, 기도의 빈도, 종교 예배 출석, 또는 종교 단체에 대한 재정적 기여와 같은 기존의 조치보다 다른 수준의 종교에 침투한다. 후자는 더 쉽게 관찰되고 정량화될 수 있지만 사람들이 자신의 정신적 · 영적 삶을 조직하는 가장 강한 동기와 헌신을 반영하지 못할 수 있다. 많은 작가들은 암묵적 종교의 개념에 중심적인 세계관, 의미, 가치, 정체성을 발견한다(Gollnick, 2002; Loukes, 1965; Nesti, 1990; Stahl, 1999). 암묵적 종교의 이러한 측면은 종교의 덜 명백하고 덜 인습적인 측면에 초점을 맞추기 때문에 생애주기에서 종교와 영성을 추적하는 데 도움이 될 것이다.

윌리엄 제임스(William James, 1961: 45)는 암묵적 종교가 생애주기에서 종교와 영성에 대한 우리의 이해에 어떻게 기여하는지 평가하는 데 도움이 되는 유리한 점을 제시한다. "종교는 그것이 무엇이든 삶에 대한 인간의 총체적 반응이기에 삶에 대한 모든 총체적인 반응을 종교라고 왜 말하지 못하겠는가." 그는 삶에 대한 그러한 총체적인 반응은 '존재의 전경(前景, 전면) 뒤에 서서 그 나머지 우주에 대한 호기심의 감각에 도달하는' 근본적인 태도를 포함한다고 주장한다. 이러한 태도는 인간의 세계관, 자기의식, 가치관 및 삶의 의미에 근거를 둔다. 제임스(James, 1961: 45)는 이렇게 질문한다. "그렇다면 그들이 가지고 있을지도 모르는 특정한 성격과는 상관없이 왜 이러한 반응들을 우리의 종교라고 부르지 않을까? 이러한 반응의 일부로서의 비종교적인 것이 '종교적인'이라는 단어의 의미 안에 있을 수도 있지만, 그럼에도 불구하고 그것들은 종교적 삶의 일반적인 영역에 속하므로 일반적으로 종교적 반응으로 분류되어야 한다."

제임스는 자신의 책 『종교적 경험의 다양성』에서 종교적 경험이 그것을 가진 사람에게 무엇을 의미하는지 이해하려고 노력하는 현상학적 접근 방식을 사용한다. 그는 경험의 내적인 의미와 결과에 대한 평가를 포함하는 영적 판단은 그것이 진정한 종교적 경험인지를 결정한다고 주장한다. 우리는 제임스의 고전적인 책에서 논의된 매우 다양한 경험을 검토함으로써 거의 모든 경험은 그것이 인간에게 의미하는 바와 그 결과가 무엇인지에 따라 종교적 경험으로 여겨질 수 있다고 결론 내릴 수 있다. 이 결론은 모든 것이 암묵적 종교라는 것이 아니라, 무엇이건 그것에 대한 우리의 태도에 따라 암묵적 종교가 될 수 있다는 베일리(1998: 13)의 주장과 매우 유사하다.

정신분석학 및 심리치료의 전통은 암묵적 종교 개념의 정의와 가치를 더 많이 조명했다. 의미가 건강한 정신을 유지하는 데 중요하다는 카를 융의 견해는 암묵적 종교의 심리적 차원의 핵심이다. 이 책에서는 중년기의 종교와 영성에 할애된 장에서 더 자세히 살펴볼 것인데, 그는 인생 전반부의 대부분의 심리적 불만은 외부 현실에 적응하는 문제를 다루며, 인생 후반부에 그것은 인생의 의미와 관련이 있다고 주장한다. 융(1930)은 만년(晩年)에 정신건강과 의미를 유지하거나 회복시키는 데 "종교적 전망"이 필수라고 본다.

> 그는 모든 시대의 살아있는 종교가 추종자들에게 주었던 것을 잃어버렸기 때문에 그들 모두[인생 후반기의 그의 부모] 병에 걸렸으며, 그들 중에서 종교적 전망을 회복하지 못한 사람은 아무도 참으로 치유되지 못했다고 말하는 것이 적절하다. 이것은 물론 교회의 특정 신조 또는 회원 자격과 전혀 관련이 없다(p. 229).

융의 견해에서 종교적 전망은 본질적으로 내면의 삶에 관심을 갖는 태도와 무의식 속에, 특히 꿈을 통해 드러나는 "초자연적인" 존재로 본다. 융은 인간 경험에서 거룩하고 신성한 차원을 표현하기 위해 루돌프 오토(Rudolf Otto)에게서 "초자연적인"이라는 용어를 빌린다. 융은 초자연적인 존재는 의미 상실로 고통 받는 사람들에게 필수적인 치유 요소이며, 이 연결은 전통 종교의 교리적 및 제도적 차원에 국한되거나 심지어 필수적으로 연결되어 있지 않다고 주장한다.

정신분석학 전통에서 또 다른 중요한 인물인 빅터 프랭클은 심리적 건강에서 의미의 중요한 역할을 강조하기 위해 암묵적 종교에 가까운 개념인 "무의식적 종교성"이라는 용어를 사용한다. 그는 종교를 "궁극적인 의미를 찾는 것"(1975: 13)으로 정의하고 모든 사람에게 내재된 무의식적 종교성이 있음을 주장하지만, 불행히도 그것은 우리 사회에서 많은 사람에게 억압된다고 본다. 이 억압은 그가 무의미함과 우울함으로 특징지어진다고 말하는 "실존적 진공상태(existential vacuum)"[2]로 귀결된다. 프랭클(1975)은 사람들이 주로 초월적인 목표에 의해 만족되는, 삶에서 "의미에 대한 소망"을 가지고 있다고 주장한다. 그러한 목표는 종종 초월적인 신의 개념과 관련이 있지만, 항상 암묵적 종교와 연관되는 것은 아니다. 따라서 프랭클은 삶의 의미에 대한 추상적인 답을 찾기보다는 자신의 경험에서 특정한 구체적 의미를 찾는 것이 중요하다고 강조한다.

프랭클(1962)의 끔찍한 수용소 경험은 목적과 의미의 필요성에 대한 치료 방법에 대한 그의 통찰력의 원천이 된다. 여기에서 그는 자신의 철학적 근거가 되는 기본 원리, 즉 생존 능력은 미래를 가리키는 의미에서 찾아야 함을 발견했다. 이러한 요구 사항은 개인 및 사회 전체에 적용된다. 프랭클은 집단적 인간 생존은 인류가 미래를 향한 의미를 찾고 인류의 단일성을 인식하는 데 달려 있다고 믿는다. 이 견해는 현대사회에서 떠오르는 암묵적 종교가 인간에 대한 헌신으로 묘사될 수 있다는 베일리(1990: 495)의 결론

---

2) 뚜렷한 이유도 없이 가슴에 구멍이 뻥 뚫린 것 같은 느낌이 드는 것을 실존적 진공상태라 부른다.

을 반영한다.

암묵적 종교를 이해하기 위한 또 다른 심리적 배경은 종교를 초자연적인 것으로부터 해리되는 것으로 보는 에이브러햄 매슬로(Abraham Maslow)의 견해에서 볼 수 있다. 그는 이것을 '작은 종교'라고 부른다. 매슬로는 '심리학'이라는 학문이 특히 중요한 종교적 질문과 영적 가치를 다루는 것을 허용할 종교와 과학 양자에 대한 적절히 폭넓은 이해를 추구한다. 그는 이것을 종교와 과학 사이의 진화하는 관계의 추가적인 발전이라고 본다. 과학이 한때 조직화된 종교의 일부였다가 독립된 것처럼 가치, 윤리 및 영성에 관한 문제도 제도적 종교로부터 독립하고 있다. 매슬로(1964: 11-12)는 이러한 새로운 발전이 긍정적이라고 믿으며, 조직된 종교의 주장을 "신앙과 도덕에 관한 모든 질문의 유일한 중재자"로 여긴다.

매슬로는 자신이 제안하는 이 확장된 과학은 공부해야 할 종교적 · 영적 영역을 서술하기 위한 적절한 용어를 찾아야 한다는 것을 알고 있다. 그는 만족스러운 과학적 언어가 아직 없기 때문에 전통적인 종교적 어휘를 사용하지 않고 영적 문제를 말하는 것이 거의 불가능하다는 사실을 유감으로 여긴다. 매슬로(1964)는 전통적인 종교 언어를 재정의하고 매우 다른 방식으로 사용하는 것에 대한 불안감을 나타낸다. 비록 매슬로(1964: 5)가 매우 주관적인 경험을 표현하기 위해 종교적인, 신성한, 거룩한, 구원, 초월성, 영적인 등과 같은 단어를 사용하지만, 이러한 단어들이 초자연적인 사건을 암시하기를 원하지 않는다. 그는 절정 경험, 자기실현, 초동기 부여(metamotivation), 초인간성, 존재-가치(B-가치), 존재-인지(B-인지), 고원 경험 등과 같은 자신의 용어들이 이러한 심리적 및 영적 발전의 중요한 국면과 더불어 더욱 적절하고 덜 모호하게 다루고 있다고 믿는다.

제임스, 융, 프랭클, 매슬로는 인간의 종교적 소속을 초월하고 사람들이 실제로 살아가는 방식으로 종교와 영성을 추적하기 위해 신념을 선포한다면, 암묵적 종교를 이해해야 한다는 중요성의 인식에 공헌했다. 우리가 생애주기의 종교와 영성을 추적하기 위해서는 심리 위주의 암묵적 종교의 범주, 즉 세계관, 가치관, 자아의식, 삶의 의미를 발견해야 한다. 이제 우리는 생애주기 안에서의 종교, 즉 영성을 연구하는 데 사용할 마지막 용어에 도달할 수 있다.

영성 개념 정의

종교와 마찬가지로 영성에 대한 대부분의 연구는 이 용어의 의미에 대한 합의가 부족하다는 것을 인정한다. 영성을 정의하는 것은 적어도 종교를 정의하는 것만큼 만만찮아 보이는데, 그 이유는 20세기의 담론에서 이 단어의 사용은 복잡하고 때로는 혼란스럽기 때문이다(Copley, 2000). 버나드 스피카(Bernard Spika, 1993: 1)는 영성을 "열정으로 모호함을 포용하는" "퍼지 개념(fuzzy concept)"[3]이라고 부른다. 그는 영성에 대한 명확한 정의가 부족하기 때문에 경험적 연구를 설계하는 데 있어서 이 용어의 유용성에 대해 심각한 의구심을 가지고 있다. 후드(Hood 외, 1996) 또한 영성과 같이 정의하기 어려운 주제에 대한 연구를 수행하는 것이 어렵다는 점을 잘 알고 있다. "영성은 매우 대중적인 단어이지만 그 의미는 매우 모호하다. 전인적 관계의 관점을 향하여 모호한 개념의 요점을 명확히 하려는 노력은 그 자체로 매력적이지만, 경험적 연구에 유용하지 않은 것으로 드러났다."(Hood 외: 115)

3) 퍼지 개념(fuzzy concept)이란 미국 버클리대학의 자데(Loft A. Zedeh) 교수에 의해 제안된 이론으로 인간의 말, 의미, 사고, 측정 등에 본질적으로 포함되어 있는 애매모호함들을 수학적으로 다루는 이론이다.

'영성'이라는 용어를 둘러싼 이러한 모호성 때문에 종교심리학의 일부 학자는 이 용어를 측정기반 연구를 하기에는 충분히 정확하지 않다며 폐기했다(Gorsuch & Miller, 1999: 47). 반면에 많은 연구자들은 이 주제가 매우 중요하다고 생각하여 영성 연구와 관련된 장애물과 한계를 기꺼이 용인한다. 예를 들면, 종교사회학자 웨이드 루프(Wade Roof)는 영성이란 다소 모호한 개념이라고 동의하지만, 그럼에도 불구하고 그는 자신의 연구 계획에 대해서는 이 용어가 적절히 정의되어 있다고 본다. 윌리엄 밀러(William Miller, 1999)는 영성이라는 용어가 임상 환경에서 많은 장애를 치료하는 데 유용할 수 있는 충분한 대인관계적 의미를 갖는다고 판단한다.

이 용어의 기원을 간략하게 살펴보면, 이 용어의 의미를 둘러싼 현재의 혼란에 대한 역사적 맥락을 알 수 있다. 월터 프린시페(Walter Principe, 1983)는 라틴어 spiritualitas(우리가 사용하는 spirituality의 어원)는 그리스도교 성서의 바오로 서신(書信)에서 헬라어 '영(pneuma)'을 번역하려는 시도라고 말한다. 이 서신에서 '영(pneuma)'은 하느님을 반대하는 모든 것과 대조적인 하느님의 영을 의미한다. 12세기에 와서야 영성은 영이 육체와 대조적인 위치에 있는 것으로 고려되는 새로운 의미를 얻었는데, 이것은 신체를 경멸하는 방향으로 움직인 후기의 많은 영적 운동에 영향을 미친 변화이다. 필립 셸드레이크(Philip Sheldrake, 1991)는 중세 이후 역사 속에서 이 단어가 다양한 뉘앙스[4]와 의미를 갖게 되었다고 지적한다. 이 다양성은 영성의 관념이 천 년 넘게 변화되어왔음을 시사하며, 지난 몇 세기 동안 이 단어를 둘러싸고 다양한 의미가 발전되어왔다. 연구자들이 영성의 의미와 역할을 고정시키는 데 큰 어려움을 겪는 것은 놀라운 일이 아니다. 여기서 우리는 오늘날 사회과학자들과 일반인들이 이 다면적인 용어를 어떻게 이해하는지 간단하게

4) 뉘앙스(nuance)란 어떤 말의 기본적인 의미 이외에 문맥에 따라 달리 느껴지는 미묘한 차이를 말한다.

살펴볼 것이다.

사회학자 레지널드 비비(Reginald Bibby, 1993)는 거의 2천 명의 캐나다인을 대상으로 한 전국적인 조사에서 절반 이상이 "영적 욕구"를 갖고 있다고 말한다. 그중 절반은 영성을 하느님을 믿거나, 기도하거나, 교회 예배에 참석하는 것과 같이 일반적으로 종교적인 용어로 정의했다. 나머지는 의식, 명상, 인간 정신에 대한 관심, 하나 또는 전체의 개념과 같이 덜 전통적인 용어로 영성을 특징지었다. 루프(Roof, 1999)는 1980년대와 1990년대 영성의 부활을 추적하기 위해 설문조사와 인터뷰를 사용했다. 그의 연구에서 중요한 영성을 추구하는 사람들을 지칭하기 위해 "매우 적극적인 구도자"라는 범주를 사용한다. 그는 20세기 후반의 전인성 추구에 대해 종교를 종교기관 및 내적으로 의미를 추구하는 영성과 연관시키는 "영적 탐구 문화"의 표현으로서 기술하고 있다. 루프(1999)는 이 싹트는 영성과 윌리엄 제임스의 직접 종교 개념(자신의 경험에 기초한 종교) 사이의 연관성을 발견하고, 종교와 영성에 대한 제임스의 접근 방식은 미국인의 삶에 널리 퍼져 있는 일반적인 신비주의와의 친화력을 확립한다고 덧붙였다. 루프는 번성하는 자조운동이 영적인 것과 심리적인 것 사이의 중요한 연결고리라고 생각한다. 그는 정신과 의사인 스콧 펙(Scott Peck)의 연구를 이러한 심리적인 것과 영적인 것의 대중적 혼합의 예로 인용한다. 그는 펙의 베스트셀러인 『가지 않은 길(The Road Less Traveled)』(1978: 11)에서 영적 성장과 정신적 또는 심리적 성장이 동일한 것이라고 표현했음을 지적한다.

루프(Roof)는 익명의 알코올중독자모임(AA: Alcoholics Anonymous)인 앨아논(Alanon)에 참가하고 있는 알코올 의존증 환자 및 그 가족을 지원하는 단체 및 다른 12단계 프로그램과 같은 다양한 운동의 엄청난 성장이 영성에 대한 이 새로워진 관심의 중요한 신호라고 주장한다. 1935년에 설립된 이래 처음이자 최대 규모인 12단계 프로그램인 AA는 2000년까지 회원 수가 전 세계적으로 약 200만 명으로 불어났다. 다른 12단계 프로그램에는 Alanon(알코올 문제 외에 의미심장한 다른 문제를 가진 사람들의 경우), 익명의 도박중독자, 익명의 마약중독자, 익명의 과식자, 알코올중독 성인아이, 익명의 감정 과잉자 등이 포함된다. 토니건(Tonigan 외, 1999)은 이러한 프로그램이 회복을 위한 영적 계획을 어떻게 제공하는지 지적하며, 그 효과를 입증하는 상관연구를 인용하고 있다. 루프(1993: 69)는 그러한 프로그램들은 개인을 하느님이나 지고(至高)의 힘과 일대일 관계로 묘사하기 때문에 그러한 프로그램들이 '종교성'이라는 부상하는 형태의 수단이 되었으며, 개인들은 자신을 영적 여정에 있는 존재로 생각하게 된다고 믿는다. 루프는 자조운동과 12단계 프로그램에 나타난 영적 관심의 유형을 '심리적 영성'이라고 부른다.

영성과 종교

친바우어(Zinnbauer 외, 1997: 550)는 전통적으로 종교 연구가 영성과 제도적 신념 및 활동을 모두 포함할 수 있을 만큼 충분히 광범위해졌다고 지적한다. 그러나 영성이 점점 종교와 차별화됨에 따라 종교의 정의가 종교의 제도적 · 신학적 · 종교적 측면을 포괄하면서 더 협소해지고 덜 포용적이 된 반면, 영성은 최근에 '초월'이라는 개인적 경험에 대한 구체적이고 긍정적인 의미를 획득했다고 본다(p. 531). 그들은 이와 같은 영성과 종교 사이의 비교적 최근의 구별이 20세기의 세속주의 성장과 신성(神性)에 대한 개인적 경험을 점점 방해하는 것으로 생각되는 종교기관에 대한 대중적 환멸로 인해 발생했다고 믿는다. 종교심리학자 데이비드 울프(David Wolff, 1996)는 "새로운 영성"에 사용된 주요 은유는 '여정(또는 탐구)'과 '성장'이라고 지적한다. 그는 자신을 종교적이라기보다 영적인 사람으로 묘사하는 사람들로 전환시키는 것은 내부의 과정과 태도에 주의를 더 집중한다고 믿는다. 울프는 떠오르는 영성에 관한 두 가지 새로운 측면, 즉 첫째는 종교적 전통과의 분리이고, 둘째는 자아 외부의 명백한 초월적 대상의 빈번한 부재라는 새로운 측면을 발견했다.

데이비드 엘킨스(David Elkins)의 『종교를 넘어서』(1998)에서는 개신교 개혁자가 인간의 영성을 제도적 교회가 통제해서는 안 된다고 주장하면서 "종교와 영성 간 연대의 첫 번째 균열"을 찾아 개신교 개혁으로 거슬러 올라간다. 그는 더 나아가 종교기관과 분리된 영성의 뿌리를 개인의 자유에 중점을 둔 르네상스에서 찾는다. 엘킨스는 이와 같은 종교와 영성의 분리에 대한 가장 최근의 발전을 세 가지 변화의 물결로 확인한다. 첫째, 1960년대의 인간잠재력 운동, 둘째, 1980년대의 뉴에이지 운동, 셋째, 1990년대의 영성운동. 이 세 가지 변화의 흐름에 대해 간략히 설명하고자 한다.

인간 잠재력 운동의 창시자 중 한 명인 에이브러햄 매슬로는 첫 번째 변화의 흐름을 안내하는 데 도움을 주었다. 그는 절정 경험과 다른 특별한 현상이 개인의 발달과 건강의 중요한 신호일 수 있다는 연구 결과를 토대로 하여 영성이 정상적인 심리적 성장의 중요한 요소라고 결론지었다. 매슬로는 윤리적 가치와 초월 경험은 어떤 종교의 소속 여부와 무관하게 어느 정도 인간발달에 도달하는 모든 사람에게 중요하기 때문에 영성이 제도적 종교와 관련이 있는 사람들에만 국한되어 있다고 믿지 않는다. 이미 살펴본 바와 같이, 매슬로는 적절히 확장된 과학은 종교적 또는 초자연적 개념을 입증하기 위해 거기에 의존하지 않고도 작용하는 인격의 영적 가치를 연구해야 한다고 주장한다. 이 개념은 전통적인 종교적 신념과 관습에 명백한 연관성이 없는 영성을 위한 토대를 마련한다.

두 번째 변화는 1980년대에 수백만 명이 영적 치유, 환생, 전생치료(past-lives therapy)[5], 채널링(channeling)[6], 크리스털(crystals)[7] 및 뉴에이지 음악에 관심을 갖게 됨에 따라 발생했다. 엘킨스(1998)는 이 운동이 여러 면에서 "영적 콜라주[8] 및 많은 나라와 전통에서 수입한 잡동사니 영성이었음"을 인정한다(p. 17). 그럼에도 불구하고 그는 그것이 사람들에게 대안적인 영성을 탐구할 수 있는 많은 기회를 열었다는 것을 알게 된다. 엘킨스에 따르면, 이 운동의 지표는 뉴에이지 저널의 발행 부수가 1983년 설립 초기에 5만 부에서 1980년대 말에 거의 20만 부로 증가한 것이다. 엘킨스가 묘사하는 세 번째 변화의 물결은 1990년대 초 토머스 무어(Thomas Moore)의 베스트셀러 『영혼의 돌봄(The Care of the Soul)』의 발간과 인기로 시작하여 영혼을 주제로 한 서적, 테이프, 워크숍 및 콘퍼런스의 홍수로 이어진다. 엘킨스(1998: 17)는 "그때까지 주로 종교나 우울증(the blues)과 관련이 있었던 '영혼'이라는 단어는 이 경계에서 벗어나 영감 있는 이야기에서부터 친밀한 관계에 이르기까지 모든 것을 묘사하는 데 사용되었다"고 서술하고 있다. 무어(Moore)와 엘킨스의 작품들은 심리학이 진정한 의미에서 소명에 대해 진실해지려면 영혼의 관점에서 재조정되어야 한다고 설득력 있게 주

5) 전생치료란 전생 퇴행을 통해 심리적 · 신체적 질병의 원인을 찾아내어 치료하는 것을 말하는데, 일반적으로 최면치료와 같은 원리와 방법으로 이루어진다. 최면치료는 현생에 초점을 두지만, 전생치료는 전생의 경험을 중심으로 심리치료를 한다.

6) 채널링은 외계인 · 신 · 천사나 동식물과 교감(일종의 정신감응: telepathy)을 나누는 영적 능력을 말하는데, 고대부터 여러 문화권에서 다양한 사례들이 전해져 내려오고 있다. 예로 고대 그리스 시대의 신탁과 성경에 자주 등장하는 예언자들의 이야기, 영매와 샤먼(shaman)들이 황홀경 상태에서 미지의 존재와 교류하고 대화하는 것, 우리나라의 경우 무속인들이 기도와 접신(接神)을 통해 여러 가지 정보를 받아들이는 등이 이에 해당한다.

7) 크리스털은 수정이나 광물질의 공명과 진동을 활용하여 인체의 치유와 균형을 찾는데, 고대로부터 샤먼과 크리스털 치유자들은 크리스털 치유를 통해 에너지를 불어 넣어주거나 흥분을 가라앉히고 각종 질병을 치유해왔다.

8) 콜라주(collage)란 프랑스어로 '풀칠하여 붙이기'라는 뜻으로 잡지나 신문에서 기사나 사진 등을 오려 종이에 붙인 재치 있는 구성으로 풍자를 포함하여 작품을 만드는 미술활동을 말하는데, 여기서는 '영성'이라는 이름으로 다양한 요소들을 뒤섞어놓은 것을 의미한다.

장하는 후기 융학파의 "원형심리학(archetypal psychology)" 창안자인 제임스 힐먼(James Hillman, 1975)의 영향력 있는 글에 크게 의존하고 있다.

엘킨스는 심리학 자체를 영적 성장을 위한 매개물이자 신성한 것에 대한 주요 대안 경로 중 하나로 묘사한다. 그는 카를 융을 영성이 정신치료 과정의 핵심에 있다는 것을 인식시키는 데 중요한 영향력을 미친 것으로 생각한다. 엘킨스와 동료들(1988)은 대안(alternative) 영성을 측정하기 위한 연구 도구를 개발했다. 엘킨스가 영성의 중심으로 측정하려고 시도하는 요소들은 의미, 목적, 초월성 그리고 삶, 이타주의 및 이상주의와 같은 가치이다. 그의 목표는 미래의 연구자들이 영성의 범위와 영향을 더욱 정확하게 판단할 수 있도록 부상하고 있는 인간 영성을 명확히 하고 설명하는 것이다. 엘킨스(1998: 9)는 종교적 전통과 분리된 영성의 발달은 '개신교 종교개혁 이후 서구에서 가장 위대한 영적 혁명의 핵심'이라고 믿는다.

엘킨스가 이러한 발전을 역사적인 것과 해방적인 것으로 생각하는 한편, 다른 사람들은 위험으로 여긴다. 로버트 벨라(Robert Bellah, 1985)는 이러한 발전은 미국 사회에서 불건전한 개인주의를 반영한다고 믿는다. 그는 젊은 간호사 쉐일라 라르손(Sheila Larson)의 영성을 오늘날 신앙의 개인적 및 사적 성격을 강조하는 "쉴라교(Sheilaism)"[9]라고 묘사한다. 친바우어(Zinnbauer)와 동료들(1999)은 영성이 제도적 종교와 분리되면서 발생한 증대하는 양극화에 대해 경고한다. 그들이 인용하는 가장 주목할 만한 양극화의 세 가지는 다음과 같다.

- 조직된 종교 대 개인적인 영성

---

9) 미국 종교에 대한 로버트 벨라의 연구에서 그가 인터뷰한 그리스도인인 쉴라라는 여성은 자신의 이름을 따서 자신의 종교를 '쉴라교(Sheilaism)'라고 표현한다. 로버트 벨라 외, 김명숙 외 역, 『미국인의 사고와 관습: 개인주의와 책임감』, 나남출판사(2001), 373쪽 참조.

• 실질 종교 대 기능적 영성

• 평범하고 유해한 종교 대 숭고하고 도움이 되는 영성

이 마지막 양극화는 저자가 이 두 구조가 어떻게 재정의되고 분할되는지에 대해 반대할 만하다고 본 것의 본질을 포착한다. 간단히 말해 영성은 선한 것으로, 종교는 나쁜 것으로 간주된다. 그들은 이 두 용어의 제한적이고 협소한 정의가 오도되었으며 지나치게 단순하다고 믿는다. 한 가지 사실은 양극화는 영성이 사회적 공백 상태에서 존재하지 않으며 신성한 것의 추구는 결코 전적으로 개인적이거나 사회적 맥락이 결여된 것이 아니라는 사실을 간과한다.

그리고 이러한 뚜렷한 구별은 일부 심리학자들이 과거에 관찰한 것, 즉 종교가 긍정적이고 부정적인 잠재력을 모두 가지고 있다는 것을 간과하고 있다. 예를 들면, 에리히 프롬(Erich Fromm, 1950)은 인간의 강점을 증진시키고 자기실현으로 이끄는 휴머니즘 종교의 가치를 인정하는 한편, 죄책감과 순종에 기반을 둔 권위주의 종교를 비판한다. 고든 올포트(Gordon Allport, 1966)가 내재적 종교(인간이 종교적 신념과 가치에 따라 사는 것)와 외재적 종교(주로 자기가 관심이 있는 목표를 위해 종교를 이용하는 것) 간에 내린 구별은 종교와 관련된 모호함을 더 극명하게 보여준다. 종교와 영성 사이의 최근 구별은 프롬과 올포트가 보여주는 견해의 지혜를 간과하는 것처럼 보이는데, 종교와 영성 모두 모호하며 둘 다 건전할 뿐만 아니라 불건전한 방식으로 나타날 수 있다(Hill 외, 2000).

친바우어와 동료들(1997)은 사람들이 그들의 종교성과 영성을 어떻게 정의하는지에 대한 경험적 연구를 수행했다. 그들의 연구에 따르면 영성이 신비주의 경험, 뉴에이지의 신앙과 관습, 고소득자나 성직자에게 상처 받은 경험과 관련이 있는 반면, 종교성은 권위주의, 종교적 정통성, 내

재적 종교, 자기 의(Self-righteousness)[10], 교회 출석과 관련이 있다(p. 561). 그들의 연구 결과 이 주제 그룹은 영성이 개인적이고 체험적인 것을 의미하는 것으로 간주되는 반면, 종교는 주로 제도적 관습, 교회 출석 및 조직된 종교의 신념에 대한 애착을 나타낸다는 점에서 최근 학술 저서와 같은 맥락에서 종교와 영성을 정의하고 있음을 지적한다. 이 연구에서 대부분의 사람들(74퍼센트)이 자신을 영적이며 종교적이라고 생각하는 것은 흥미로운데, 이것은 그들이 영성을 어떻게든 전통적인 종교적 신념 및 관습과 통합할 수 있다는 것을 의미한다. 저자들은 자신들의 영적인 필요를 전통적인 종교와 조화시키는 대부분 사람들의 능력은 하나의 집단으로서 다수의 신자들보다 영성과 종교를 통합할 확률이 적은 정신 의료계 종사자와 별개라고 지적한다.

종교심리학자 랠프 후드(Ralph Hood, 2000)는 사람들이 종교와 영성을 이해하는 방식에 관해 친바우어 등과 비슷한 결론을 내린다. 영성과 종교의 관계에 관한 미국의 경험적 자료에 대한 그의 상세한 검토에서, 대부분 사람들은 자신을 종교적이고 영적인 사람으로 생각하지만, 상당한 소수는 전통적인 종교의 측면에 반대하면서 한두 가지 이유로 자신을 영적이지만 종교적이지는 않은 존재로 밝힌다고 결론지었다. 후드는 종교적이든 아니든 자신을 영적인 사람으로 생각하는 사람들은 다른 사람들보다 신비주의의 비율이 훨씬 높다는 것을 알아냈다. 그는 영성과 마찬가지로 신비주의는 종교 전통의 내·외부에서 발견된다고 덧붙인다. 후드는 소위 "영적 신비주의(spiritual-mysticism)"(종교적 전통 외부에 존재)와 "종교적 신비주의"(종교적 전통 내부에 존재)를 구별한다. 그는 영적 신비주의 범주에 속한 사람들이 점점 더 심리학에서 독립적인 정당성을 찾으며, 중요한 새로운 사회적 세력으로 간주

10) 자기 의(Self-righteousness)란 자신의 종교적인 행실을 의지하여 신 앞에서 서고자 하는 자세를 말한다. 즉, 종교에서 정해진 규정들과 규칙들을 잘 지키는 자신의 헌신과 노력을 강조한다.

될 수 있다고 생각한다. 마지막으로, 후드는 일반적으로 과학자들 중 특히 심리학자들은 스스로를 영적이지만 종교적이지 않은 존재로 식별하는 경향이 있는데, 이는 영적 신비주의 또는 비전통적 영성 범주에 속할 것임을 의미한다.

로버트 풀러(Robert Fuller)의 '영적이지만 종교적이지 않은'(2001)이라는 표현은 후드가 미국에서 "영적 신비주의"와 관련이 있는 현상의 철학적 및 종교적 뿌리를 탐구한다. 풀러는 미국 인구의 20퍼센트 정도가 아마도 '영적이지만 종교적이지 않은' 범주에 속하는 것으로 추측한다. 그는 이러한 비종교적 영성을 토머스 제퍼슨(Thomas Jefferson), 랠프 왈도 에머슨(Ralph Waldo Emerson), 헨리 데이비드 소로(Henry David Thoreau), 프리메이슨(Freemasons, 독립선언서를 발기한 56명의 서명자 중 52명으로 대표되는), 유니테리언들(Unitarians)[11], 그리고 보편구원론자(Universalists)[12]의 영향력으로까지 추적한다. 무엇보다 풀러는 윌리엄 제임스가 종교의 본질은 신성한 존재의 경험에서 발견되며 종교적 교리는 이러한 경험을 언어로 바꾸려는 시도라고 주장하면서 "영적이지만 종교적이지 않은"이 의미하는 바를 인격화한 것이라고 주장한다. 풀러(2001: 75-76)에 따르면, 자신을 "영적이지만 종교적이지 않은" 존재로 여기는 사람들은 자신들의 신앙을 실증하기 위해 자신의 경험에 의존한다. 그들은 어떤 아이디어가 그들의 삶에서 실제적인 차이를 만들어내는지 실험하고 결정하기를 원한다. 그들은 영성을 세계 내의 신성한 존재를 인식하고 그에 응답하는 방법으로 보며, 자신에 대한 무한한 잠재력과 신과의 내면적

11) 그리스도교의 정통 교리인 삼위일체론에 반하여 그리스도의 신성을 부정하고 하느님의 신성만을 인정하는 교파. 종교개혁시대에 인문주의적 그리스도교에 속하는 이탈리아 신학자 세르베투스와 소치니에서 유래되었다.

12) 개체주의 또는 개인주의와 상대되는 말로서 인류는 종국적으로 모두 구원되며 개인으로 한정되지는 않는다는 신조(보편구원설)를 주장하는데, 이 교리를 따르는 사람들을 '유니버설리스트'라 한다.

관계를 강조한다.

풀러는 비종교적 영성을 의미나 정체성을 제공하고, 죄책감을 다루며, 사회적 응집력을 육성하는 세속적 관심사 및 관행과 구별하기 위해 노력한다. 그는 그러한 활동은 종교처럼 기능할지 모르지만, 그 활동은 종종 뚜렷하게 영적인 질(質)이 결여되어 있다고 주장한다. 윌리엄 제임스의 관점에 따르면 태도, 사상, 생활양식 및 실천을 진정으로 영적인 것으로 구분 짓는 두 가지 주요 요소를 인용한다. 첫째, 보이는 세계는 그 중요성을 제공하는 더 큰 영적 우주의 일부로 간주되며, 둘째, 이 영적 세계와 조화롭게 사는 것이 인생의 주요 목표이다. 이러한 기준에 따라 풀러는 질문과 헌신의 여러 형태는 우주가 어디에서 왔는지, 왜 우리가 여기에 있는지, 또는 우리가 죽었을 때 어떤 일이 일어나는지, 보이는 세계를 초월하여 의미를 드러내는 것처럼 보이는 사랑과 아름다움 같은 가치에 어떻게 헌신하는지에 대한 궁금증과 같이 영적인 것으로 간주될 수 있다고 주장한다. 이와 동일한 기준에 따르면, 더 큰 실제에 대한 관심을 결여한 신념, 관심사 및 활동은 영적으로 간주되지 않을 것이다.

제임스의 기준은 또한 영성을 암묵적 종교와 구별하는 데 도움이 될 수 있다. 많은 작가들은 암묵적 종교와 영성 사이의 관계가 지나치게 정확하지 않은 채 밀접한 관계가 있다고 가정한다(Ashley, 2000; Papadopoulos, 1999; Swatos, 1999). 예를 들면, 맥 골드스미스(Mack Goldsmith, 2000)는 이 용어들을 동의어로 사용한다. 제임스의 논리에 따르면, 이 관계는 가령 민주주의, 스포츠, 소비자운동(consumerism)[13] 및 기술과 관련하여 암묵적 종교의 몇 가지 예는 더 넓은 영적 우주와 그 넓은 세계와의 조화의 필요성을 인정하는 요소

13) 소비자운동이란 1960년대 후반에 불량품, 과대광고, 부당한 가격 인상, 유해식품 등의 현상이 세계적인 규모로 확대되는 왜곡된 현상을 시정하기 위해 소비자의 힘을 결집시켜 권리를 수호하려는 운동을 말한다.

가 없기 때문에 영성의 형태로 자격을 갖추지 못할 것으로 보인다. 따라서 세계관, 정체성, 가치관, 의미의 요소는 스포츠나 소비자운동과 같은 현상에 내재되어 있을 수 있는 반면, 그보다 더 넓은 영적 차원을 포함하지 않는다.

영적인 것과 종교적인 것이라는 용어 사이에 많은 부분이 중복되는 것처럼(설문조사 대상인 대부분의 사람들은 자신을 두 가지 경우로 확인함) 영성과 암묵적 종교 사이에는 많은 부분이 중복될 수 있다. 다음 그림들은 오늘날 자주 사용되는 용어들 간의 복잡한 관계를 보여준다. 어떤 사람들은 〈그림 1〉에서처럼 종교를 영성보다 광범위한 용어로 간주한다.

여기서 영성은 체험적, 교리적, 신화적, 의식적, 공동체적 또는 윤리적 차원과 같은 종교의 여러 차원 중 하나로 여겨진다. 다른 사람들은 영성을 종교보다 광범위한 용어로 여기고, 〈그림 2〉에서와 같이 영성을 종종 종교와 관련이 없는 것으로 본다. 〈그림 2〉에서 영성은 종교기관의 내 · 외부 다수에 적용되는 신성한 것(인간의 정체성, 가치관, 세계관이 관여됨)을 추구하는 것으

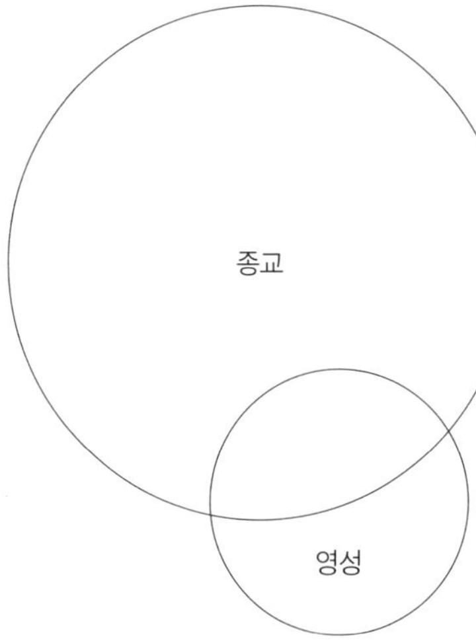

〈그림 1〉 종교와 영성 사이의 관계에 대한 전통적인 견해

로 여긴다. 〈그림 1〉과 〈그림 2〉로 대표되는 두 가지 견해는 영성과 종교가 때때로 일치한다고 인식한다. 〈그림 1〉은 영성이 그 심장과 생명의 내적 삶으로서 종교와 관련되어 있는 더 전통적인 관점으로 생각할 수 있다. 〈그림 2〉는 조직적인 종교와 관련이 없는 사람들에게 영성에 대한 관심이 점차 커지고 있음을 인정하는 좀 더 현대적인 관점을 보여준다. 이 두 가지 관점은 전통적 태도와 현대적 태도를 모두 포괄하는 다원적 사회에서 전형적인

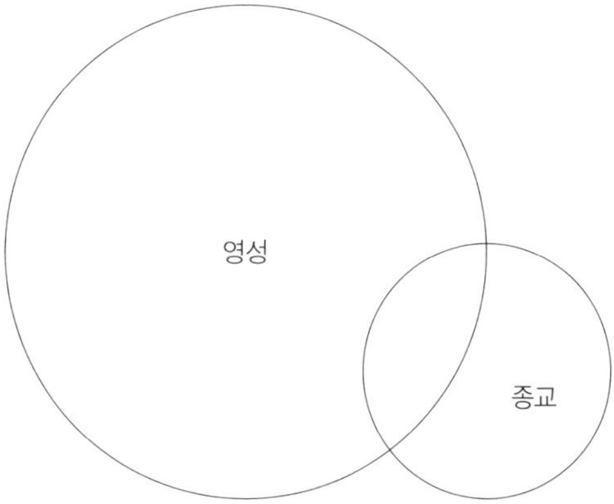

〈그림 2〉 영성과 종교 사이의 관계에 대한 현대적 전망

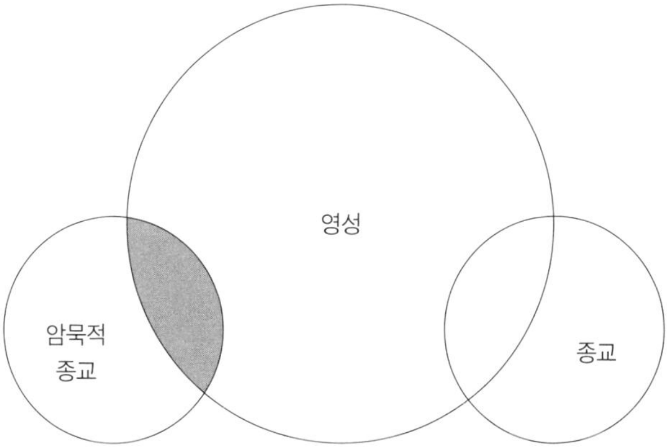

〈그림 3〉 암묵적 종교, 영성 그리고 종교의 관계

관점을 반영한다.

다른 두 용어와 관련하여 암묵적 종교를 개념화할 수 있는 가능한 방법이 〈그림 3〉에 나와 있다.

이 견해는 영성이 종교적 전통 밖에서도 존재할 수 있다는 현대적인 견해를 반영한 〈그림 2〉를 바탕으로 한다. 또한 〈그림 3〉은 비종교적 현상이 전통적으로 종교적 기능을 수행할 수 있는 종교 밖의 세속 영역을 전제로 한다. 음영 부분은 암묵적 종교와 영성 사이, 특히 정체성, 가치관 및 세계관의 요소에 공통점이 있을 수 있음을 보여준다. 예를 들면, 어떤 사람의 암묵적 종교는 지구가 신성하다고 믿기 때문에 환경을 보존하기 위해 노력하는 사람과 같이 눈에 보이는 세상에 의미를 부여하는 더 넓은 영적 세계를 인정할 수 있다. 〈그림 3〉의 음영이 없는 부분은 더 넓은 영적 세계에 대한 견해가 없거나 그러한 암묵적 종교 형태에 내재되어 있는 정체성, 가치관, 세계관의 요소에 대한 의식적 숙고가 없는 암묵적 종교 형태를 나타낸다. 암묵적 종교의 비영적 요소의 예로는 성적(性的) 황홀경 또는 축구팀을 응원할 때의 기쁨과 같은 절정의 경험이 포함될 수 있는데, 이러한 경험들은 더 큰 영적 세계의 일부로 여겨지지 않는다.

이 책에서 우리는 영성을 주로 의미에 대한 내적 탐구, 특히 신성한 것에 대한 탐구로 보는 경향을 따라야 한다. 이것은 영성의 많은 행위적 및 사회적 함의를 부정하는 것이 아니라, 영성의 기본 심리적 구조인 정체성, 가치관, 세계관의 요소에만 집중하는 것이다. 이것들과 동일한 심리적 요소가 암묵적 종교에서 관찰되지만, 이 경우에는 이러한 요소에 대한 자기 인식이나 숙고가 있을 수도 있고 그렇지 않을 수도 있다. 신성한 것에 대한 탐색은 종교적 전통과 제도의 내부 또는 외부에서 일어날 수 있다.

발달 단계: 옛 이론과 새 이론

생애주기에서 종교와 영성의 역할에 접근할 때, 필연적으로 발달단계에 대한 아이디어를 제시하는 이론을 만나게 된다. 단계의 은유는 진행 감각, 발달 순서 및 위계를 의미한다. 이 이론들에서 한 단계는 이전 단계나 후속 단계와 다른 식별 가능한 구조 또는 기능을 나타낸다. 단계들은 특정 순서로 전개되고 이전 단계들을 발판으로 삼는다. 상위 수준은 하위 수준보다 더 진보했거나 더 포괄적인 것으로 여겨진다. 심리학에서 가장 영향력 있는 단계이론은 피아제(Jean Piaget)가 개발했는데, 그는 분리된 단계들을 아동의 사고가 발달하는 방식으로 식별했다. 피아제의 이론은 수십 년 동안 인지발달에 관한 경험적 연구를 촉진시켰으며, 그중 많은 부분은 세 가지 주요 단계에 대한 설명을 정교화하고 확장했다. 이 연구의 본문은 미취학 아동, 초등학생 및 청소년의 사고 차이의 일부를 이해할 수 있게 해준다. 이러한 차이를 관찰하면서 아동이 각기 다른 학년 수준에서 생각하는 방법과 그 수준에서 배울 확률이 가장 높은 것에 대한 우리의 기대를 인도하는 데 도움이 되었다.

피아제의 뒤를 이어 로렌스 콜버그(Lawrence Kohlberg)는 도덕적 추론의 발전을 연구했다. 그의 이론 역시 아동이 도덕적인 딜레마에 대해 생각하는 방식에서 세 가지 넓은 수준을 구별한다. 제임스 파울러(James Fowler)는 피아제 및 콜버그의 연구를 신앙발달 영역으로 확장하여 다른 유형의 신앙이 어느 정도 일관된 순서로 나타나는지에 대한 이론에 도달하고 있다. 다음 장에서는 피아제, 콜버그, 파울러 이론의 세부사항을 고찰할 것이다. 여기서 나는 종교와 영성이 삶의 과정에서 얼마나 중요하게 전개되는지에 대한 우리의 생각의 방향을 정함에 있어 이 이론들의 가치와 한계에 주의를 기울이고 싶다. 이 단계이론이 지난 수십 년 동안 탁월했던 것처럼 그들에게는 비평가가 없다. 예를 들면, 단계모델은 점점 더 제한적이라고 여겨지는데, 단계가 돌이킬 수 없고, 계층적이며, 보편적이라고 주장한다. 그러한 이론이 너무 엄격하게 적용될 때, 특히 단계들이 성인기를 묘사하려고 할 때 중요한 개인차를 무시한다(Ryff, 1985). 오웬 플래너건(Owen Flanagan, 1991)은 일반적으로 계층적 단계모델과 피아제와 콜버그의 모델에 대해 질문을 던진다. 그는 피아제가 추상적이고 논리적인 구조에 너무 많이 초점을 맞추며, 구체적인 내용과 맥락의 영향을 거의 받지 않는다고 주장한다. 그는 콜버그의 방법이 가상의 경우를 포함하는 도덕적 딜레마에 대한 주제의 구두 행위를 시험하지만, 실제 행동의 핵심 요소를 무시하기 때문에 부적절하다고 본다. 그는 또한 콜버그가 도덕적 문제의 유형을 분배적 정의의 문제, 즉 윤리적 문제의 상대적으로 작은 부분에 대하여 시험하도록 제한한다고 비판한다.

하워드 가드너(Howard Gardner, 1983)는 피아제가 발달에 대한 유용한 그림을 그렸지만, 특정 사고방식에 국한된 그림을 그렸으며, 심지어 그 영역에서도 점차 결함이 인식되고 있다고 본다. 가드너는 개인 인지발달단계는 피아제가 제시한 것보다 훨씬 더 지속적이라고 주장하면서, 피아제의 이론에 위배되는 증거로서 아동이 3세만 되어도 숫자를 보존하고, 일관되게 분류하며, 자아중심주의를 포기할 수 있다는 증거를 지적한다. 더 나아가 거의 같은 시기에 합쳐놓은 일련의 전체 능력에 대한 피아제의 견해와 달리, 이론적으로 관련된 능력은 실제로 서로 다른 시점에 나타날 수 있다(p. 21). 이와 유사하게, 파울러의 연구는 주로 신앙의 인지적 측면에 대한 과도한 강조와 정서적 · 경험적 삶의 차원을 크게 무시한 것으로 비판받아왔다(Fuller, 1988; Keen, 1978).

삶의 식별 가능한 단계에 대한 일반적인 개념은 수 세기에 걸쳐 이러한 심리학 이론을 선행한다(Neugarten, 1985: 360). 삶의 단계에 대한 고대의 견해에 전형적인 두 가지 지배적 전망은 피타고라스(서양)와 힌두(동양)이다. 이후에 다루어지는 많은 심리학 이론과 달리, 이 초기 발달이론은 그들의 삶을 자연의 순환이나 신성한 생명의 근원과의 연결을 통해 사람들에게 삶의 의미를 제공하는 종교적 세계관에 담겨 있다. 서양에서는 그리스의 철학자이자 수학자인 피타고라스(Pythagoras, 기원전 58년 출생)는 세상과 인간을 구성하는 원리인 4대설(theory of the four ages)을 제시했다. 그의 견해를 뒷받침하는 근본적인 가정은 숫자가 만물의 본질이며, 자연 · 계절 · 색 · 신체 · 기질 · 성격의 근본이 된다는 사실이다. 피타고라스에 따르면, 신성한 숫자 4는 인간의 생애단계, 자연의 계절, 체액(또는 비위) 및 심리적 기질을 연결한다. 예를 들면, 유년기는 자연의 주기에서 봄의 계절에 해당하며, 혈액이 우세한 체액으로 생각되어 쾌활한(라틴어 sanguis=혈액) 또는 낙천적인 기질을 형성하는 삶의 시간이다.

고대 그리스 의학이론에 따르면, 건강은 네 가지 체액, 즉 혈액, 황담즙, 흑담즙 및 점액질 간의 균형을 필요로 한다. 체액의 균형이 깨져서 한 가지 이상의 체액이 부족하거나 초과하면 질병이 발생한다. 인간 생애주기의 각 연령은 이러한 체액 중 한 종류의 우세를 나타내어 청소년기의 과도한 황담즙은 화를 잘 내는 기질(라틴어 cholera=담즙에서 유래) 또는 성마른 기질을 생성한다고 생각되며, 성인기의 과도한 흑담즙은 우울증(라틴

〈표 2〉 생애주기의 피타고라스 이론

나이	계절	우세한 체액	기질
유년기	봄	피(혈액)	쾌활한
청년기	여름	황담즙	화를 잘 내는
성인기	가을	흑담즙	우울한
노년기	겨울	점액질	무기력한

어 melancholia=검은색 담즙)이나 비관적인 기질을 유발하며, 노년기의 과도한 담(phlegm)은 점액질(라틴어 phlegma=담)이나 무기력한 성격을 생성한다. 인간 본성, 계절, 체액 및 기질의 상호관계가 〈표 2〉에 요약되어 있다.

이 견해는 인간의 생애주기가 자연의 일부로서 자연과 신체에 뿌리를 내리고, 그것을 반영함을 강조한다. 고대 그리스와 로마의 의학은 모두 인간이 대우주의 축소판인 소우주를 대표한다는 관점에 근거를 두고 있다. 고대 그리스와 로마 의학계의 꿈 해석조차 이러한 평행에 의존하여 홍수의 꿈이 고혈압을 나타내는 것으로 생각되었고, 가뭄의 꿈 이미지가 빈혈을 진단한다고 믿었다. 피타고라스가 생각한 또 다른 차원은 인간의 영혼이 불멸하며 사후에 다른 신체로 옮겨가면서 인간의 생명을 자연의 출생 · 죽음 · 부활의 순환과 연결시키는 것이다.

동양에서 힌두교의 관점은 인생의 네 가지 중요한 단계를 본다. 첫 번째 단계는 전통적으로 8~12세 사이에 시작하여 약 12년 동안 지속되는 일종의 견습 기간이다. 학생들은 종종 교사의 집에서 살면서 교육에 대한 보상으로 그곳에서 일하는데, 이것은 도덕적인 훈련과 인격 형성을 포함하여 정보를 얻는 것 이상으로 가치가 있다. 약 20~30년 동안 지속되는 두 번째 단계 동안 그 사람의 에너지는 가족과 공동체뿐만 아니라 직업에 전념한다. 세 번째 단계는 종종 첫 손자가 태어난 지 얼마 후 시작되며, 가족과 가정을 떠나 삶과 인간의 정체성의 의미를 숙고하기 위해 숲으로 은퇴하는 것을 망라한다. 이러한 가정생활에서의 철수는 사람들이 사회적 의무와 가정을 돌보는 의무에 대한 염려에서 벗어나면서 만물을 떠받치는 더 깊은 현실을 생각하게 한다. 인생의 마지막 단계는 안정된 집이나 의무, 목표 또는 소지품 없이 종종 사발을 손에 들고 방황하는 현자(賢者)의 삶의 단계이다. 이 단계에서 모든 사회 및 가족 정체성은 인간이 영원한 자아와 어떻게든 동일하다는 것을 깨닫게 한다. 생애주기에 관한 힌두교의 관점은 이러한 궁극적인

〈표 3〉 생애주기의 힌두교 관점

단계	나이	생애 유형	목표
학생	8~20세	교사와 견습	도덕 및 인성 교육
가장(家長)	20~50세	가족과 공공 생활	가족 및 지역사회에 대한 의무
숲의 거주자	첫 손자 출생 후	가족과 사회로부터의 철수	궁극적인 실재에 대한 명상
방랑하는 현자(賢者)	노년기	안정된 집이 없는 방랑	궁극적 정체성의 실현

정체성으로 끊임없이 인도한다. 이 단계들은 〈표 3〉에 요약되어 있다. 잘만 샤흐터 샬로미(Zalman Schachter-Shalomi, 1997)는 이러한 전통적인 힌두교 모델의 배경에 있는 사상은 인생을 영적 여정으로 여기고, 중년의 영적 삶을 진지하게 개척하도록 우리를 장려하며, 노년기를 자기실현을 위한 최고의 기회로 보기 때문에 우리 시대에 여전히 가치가 있다고 생각한다.

이들 두 고대의 발달이론은 모두 자연의 삶이든 신성한 삶이든 더 큰 현실에서 개인의 생애주기를 뿌리내리게 한다. 이러한 관점에서 한 개인은 자연의 순환에 대한 관계를 인식하거나 삶의 신성한 근원에 참여함으로써 인생의 의미를 발견한다. 카를 융(1930)은 심리적 안정과 일상생활에 큰 가치를 지닌 이론이라는 점에서 이런 이론이 얼마나 현명한 것인지를 높이 평가하고 있다. 이러한 견해는 고대로부터 인간 존재에 동반되는 불안과 불안정에 대한 해결책이었던 전체적인 의미의 견고한 틀을 제공한다. 융은 육체적 · 심리적 우주의 중심에 인간을 위치시키고 자연이나 종교 세계 참여를 통해 개인적 의미를 부여하는 전통적인 세계관으로 단순히 되돌아갈 수는 없다는 것을 인정한다. 그럼에도 불구하고 융은 이 초기 태도의 어떤 것이 우리 시대에 여전히 중요하다고 주장한다. 그의 견해로는 의미와 가치를 찾는 종교와 영성이 과학기술의 도구적 합리성이 지배하는 세계에서 중요한 역할을 한다는 것이다.

성장하는 심리학의 틀과 과학적 세계관 안에서 인간의 생애주기를 파악하려고 노력할 때, 우리는 과학과 심리학의 현재 모델이 의미와 가치에 대한 끊임없는 인간의 탐구, 즉 종교와 영성의 중심에 있는 탐구를 얼마나 더 수용할 수 있는지 궁금해할 수 있다. 이러한 고대의 견해는 단계모델이 사고, 도덕적 추론, 신앙, 종교 및 영성과 같은 삶의 중요한 측면의 개발에서 인생이 전개되는 방식에 대한 우리의 사고와 시기의 중요성을 지향하는 광범위하고 유용한 은유임을 시사한다.

영적 발달의 단계

어떤 단계이론이 영적 발달에 적용되는 정도에 대해 상당한 논쟁이 있었다. 일부 사람들은 영성이 피아제의 인지발달이론과 같이 단계적으로 전개된다고 믿는 반면, 다른 사람들은 그러한 모델이 영적 성장의 복잡성을 이해하는 데 부적합한 것이라고 본다(Rothberg, 1998a). 현대 자아초월 심리학의 주요 이론가 중 한 명인 켄 윌버(Ken Wilber)는 영적 발달이론에 영향을 미치는 단계이론을 발표했다. 윌버(1998)는 인간발달이 매우 복잡하고 모든 성장 영역을 통합하기 위해 단순히 몇 가지 포괄적인 단계를 거치는 것이 아니라고 주장한다. 오히려 그것은 여러 발달 라인(lines)을 통해 진행되며, 일부 발달 라인은 서로 긴장 상태에 있을 수 있고, 일부는 논리적 단계를 나타내지 않을 수도 있다. 그는 도덕적, 대인관계, 대상관계, 인지적, 자기욕구(self-need), 자기 정체성, 세계관, 성심리, 그리고 창의적인 발달 라인을 포함하여 여러 가지 발달경로를 나열하면서 자기체계(self-system)에 의해 느슨하게 결합되었다고 믿는다.

윌버(1999)는 영성이 특정 의미에서 단계 발달모델에 따라 펼쳐지도록 이해될 수 있다고 주장한다. 그는 발달단계를 암시하는 두 가지 영성의 정의가 있다고 믿는다. 그중 첫 번째는 발달 라인 중에 가장 높은 수준의 영성이다(인지적, 도덕적, 대인관계 또는 정서적 발달과 같은). 윌버의 견해로 볼 때, 이 정의는 단계처럼 펼쳐지는 것이 있음을 의미한다. 단계의 개념을 포함하는 두 번째 정의는 인지적, 도덕적, 대인관계 및 정서적 경로와 함께 다름 아닌 독립된 발달 라인으로서의 영성의 정의이다. 윌버는 동서양의 많은 이론가들이 적어도 영성의 일부 측면이 순차적이거나 단계적으로 발달한다는 증거를 제시한다고 말한다. 그는 보편적인 단계모델에 따라 명상 경험이 특별하게 펼쳐질 것이라고 생각하는데, 적어도 그 경험은 소위 심층구조 분석 수준에서 단계 같은 특징을 나타낸다. 우리는 생애주기의 중년기에 이르렀을 때 이러한 깊은 구조와 그 전개 순서를 고려해야 한다.

윌버(1999)는 단계 인식에서의 어려움이 인간의 직접적인 경험에 있어 명백하지 않다는 것을 제시한다. 뒤로 물러서서 다른 사람들과 경험을 비교함으로써 우리는 공통된 패턴을 분별하기 시작할 수 있다. 윌버는 이렇게 위대한 종교전통에 대한 독서에서 중요한 '영적 역량'이 점점 더 미묘한 경험으로 전개되면서 발달단계를 따라가는 것을 발견한다(p. 7). 그는 자연신비주의(nature mysticism), 신성(deity) 신비주의, 비이원론적(주관과 객관의 분리가 없는 경우) 신비주의라는 이름의 광범위한 계층적 단계가 있다고 믿는다. 윌버는 이 심원한 구조들은 최고 수준인 형식적 · 비이원론적 신비주의와 더불어 오름차순으로 부상한다고 주장한다. 독서가 그러한 영적 경험의 진행에 대한 다양한 형태와 유형의 경험을 구별하는 데 도움이 될 수 있지만, 이 계층적 단계모델을 종교적 · 영적 전통의 순위를 매기는 데 사용하는 것은 어려움이 있다.

윌버는 심령(psychic)에서부터 정묘(subtle) 그리고 원인(causal)에서 비이원론적인 것에 이르기까지 심오한 구조의 보편적인 연속[14]에 대한 자신의 이해를 반영하는 방법에 따라 다양한 종교적 전통을 배열한다. 그는 영적 발달의 가장 높은 단계가 비이원론(Advaita Vedanta)의 진아(眞我: 아트만-브라만, Atman-Brahman)[15]의 실현, 대승불교의 공(空), 선(禪)의 득도(得道, satori)의 비이원론에서 발견된다고 믿는다. 비인격적인 신격(神格)을 지닌 수피(Sufi)[16]와 기독교의 신비적 연합은 인과론적 수준에 해당하는 덜 완전한 영성으로 판단된다. 신에 대한 기독교적 시각 및 카발라(Kabbala)[17]의 신비주의는 영성의 더 낮은 미묘한 수준을 대표한다. 마침내 신비주의 종교의 신비적 경험

---

14) 윌버는 『의식의 변용(Transformation of Consciousness)』이라는 저서에서 인간의식의 발달단계를 9단계인 ① 고대적, ② 마술적, ③ 신화적, ④ 신화-합리적, ⑤ 합리적, ⑥ 실존적, ⑦ 심령적, ⑧ 정묘적, ⑨ 원인적 세계관으로 묘사한다. 이 가운데 초개인적 단계들에 해당하는 7단계인 심령적 단계에 이르면 자신이 꿈꾸고 있던 이상이 세상에 실재한다고 이해하기 시작한다. 세상의 배후에 놓여 있는 단일한 신성을 느끼기 시작해 그 신성과 교류하게 된다. 이는 신화적 신앙이 아닌 내적 체험이다. 8단계인 정묘적 단계에서는 신성을 직접 알게 되고 신성과 하나인 것을 발견한다. 하지만 아직은 영혼과 신이 2개의 다른 존재론적인 실체라고 생각한다. 이는 영혼이 있고 초개인적인 신이 있지만, 그 둘이 미묘하게 분리되어 있다고 생각하는 세계관이다. 9단계인 원인적 단계에서는 이런 분리감은 파괴되고 최상의 정체성이 실현된다. 이것이 원인적 단계의 세계관, 즉 '당신은 그것이다(Tat Tvam Asi)'의 세계관이다.

15) 아트만은 '호흡'을 뜻하는 산스크리트어로 자아, 영혼, 내면의식, 자각력을 뜻하며 브라만은 우주의 궁극적 실재를 의미한다. 즉, 브라만이 대우주 · 숲 · 전체라면 아트만은 소우주 · 나무 · 개체라고 볼 수 있다. 따라서 개별적 실제인 아트만과 궁극적 실재인 브라만은 동등한 개념이다. 여기서는 '진아(眞我)'의 실현으로 번역한다.

16) 수피는 아랍어의 양모를 뜻하는 '수프'에서 파생된 말로, 초기 수도승들이 금욕과 청빈을 상징하는 하얀 양모로 짠 옷을 입었기 때문에 이렇게 불렸다. 수피즘은 이슬람의 전통적인 율법은 존중하되, 일체의 형식을 배격한다. 신도의 내면적 각성과 코란의 신비주의적 해석을 강조하며, 금욕 · 청빈 · 명상을 중요시한다. 정신적 깨달음을 얻기 위해 지성보다 체험을 중요시하며 신과의 합일을 위해 진정한 자아를 찾는 것을 수행의 목표로 한다. 수피즘의 유일한 목적인 신과 하나가 되기 위해 춤과 노래로 구성된 독자적인 의식을 갖고 있다.

17) 카발라는 유대교의 밀교(密教)적 부분, 입에서 귀로 전수된 구전 또는 전통을 의미하는 말이다. 엄격한 참여의례를 거쳐 자격을 가진 제자에게만 가르치는 것으로, 카발라는 신을 신앙의 대상이 아니라 인식의 대상으로 보고, 직접 신에 근접해서 그 목전에서 봉사하는 것, 즉 임재(臨在)에 대한 길을 가르친다. 거기에 이르는 단계가 각각 독자적인 신의 속성을 나타내고 있기 때문에 범신론과 다신교에도 통하는 체계를 지니고 있다.

과 원주민 영성의 형태는 윌버의 척도에서 가장 낮은 자아초월 수준인 심령 수준(psychic level)으로 분류된다.

호르헤 페레르(Jorge Ferrer, 2002: 105)가 관찰한 것처럼 윌버의 의식의 깊은 구조와 세계 종교에서의 표현을 사실상 신비주의 텍스트와 전기에 대한 엄격하고 공평한 분석에서 나왔다고 보는 것은 의문의 여지가 많다. 그는 윌버의 모델을 그가 개업하여 활동하고 있는 비이원적 영성 쪽으로 강하게 편향된 것으로 간주한다. 대조적으로 기독교인인 헬미니악(Helminiak, 1996)은 유신론이 비이원론보다 우위에 있다고 주장한다. 이것은 개인적 및 문화적 편향이 그러한 계층적 순위에 대해 불가피한 영향을 미친다는 것을 시사하는 것으로 보인다. 페레르(2002)는 모든 주요 종교 전통 자체가 각각의 전통이 스스로를 계층구조의 상단에 배치하는 이상하지만 이미 예견된 결과와 더불어 영적 전통의 계층적 등급의 유형을 발전시켰다고 지적한다. 그는 기독교, 이슬람교 그리고 비이원론(Advaita Vedanta)의 사례를 인용하면서 불교 전통에는 수많은 영적 통찰력과 학파의 상충되는 계급이 포함되어 있다고 덧붙인다(p. 160). 페레르는 고대 인도의 논쟁을 반영하는 그러한 영적 계급에 관한 현재의 토론을 해석한다. 비이원론이 이원론과 유신론 전통보다 더 높고 더 포괄적이라고 설득하려는 윌버의 시도는 샹카라(Sankara)[18]의 견해를 반영하는 한편, 인격적이고 유신론적인 전통이 비이원론 및 비인격적 영성보다 우월하다는 사례(헬미니악[19]에

---

18) 샹카라는 8세기에 활약한 인도 베단타(Vedanta)학파의 철학자로, 다양한 현상세계는 유일한 실재인 브라만이 마야(환: 幻)로 자기현현(自己顯現)한 것이고 실재성을 지니고 있다고 하는 불이일원론(不二一元論)을 세웠다.

19) 헬미니악(가톨릭 신부이며 철학자, 심리학자)은 종교적이며 경건한 환경 속에서도 과학적 사고와 세속적인 세계와 종교적인 현상의 관계에 관심을 가졌으며, 신학뿐만 아니라 철학과 심리학까지 학문적 관점을 넓혔다. 현재는 심리학적 관점에서 본 영성과 지구촌 사회에서의 역할에 대한 전문적인 연구와 성과 윤리, 영성발달론과 학문방법론에 대한 강의와 저술활동을 열정적으로 펼치고 있다. 대표작인 『성서가 말하는 동성애: 신이 허락하고 인간이 금지한 사랑』이 국내에서 출판되었다(해울출판사, 2003).

의해 대표되는)는 라마누자(Ramanuja)[20]의 견해를 반영한다고 주장한다.

페레르는 아이러니하게도 이러한 모순된 순위의 옹호자들이 종종 자신들의 계층을 확립하기 위해 유사한 기준을 적용한다고 보고 있다. 페레르에 따르면, 이러한 이론가들이 반대의 결론을 내리는 이유는 스스로의 전통에 유리하게 해석될 정도로 기준이 모호하다는 것이다. 그러한 해석은 거의 의식상태를 객관적으로 탐구하는 것이 아니며, 논쟁적이고 교리적인 고려에 의해 종종 착색된다. 나아가 페레르에 따르면 전통적인 종교 문헌에서 발견된 명상에 관한 지도들(maps)이 영성 발달모델의 신뢰할 만한 기초라는 윌버의 가정은 잘못된 것인데, 그 이유는 이 지도들이 변증법, 경전 주석(註釋), 학자적 사색의 혼합처럼 명상 경험에 대한 많은 현상학적 설명이 아니기 때문이다. 이 관찰은 이러한 설명들을 모욕하려는 의도가 아니라, 단지 그 설명들이 일부 자아초월 심리학자들(transpersonal psychologists)이 가정한 것과 다른 목적을 가지고 있음을 인식하려는 것이다. 페레르(2002)는 신비한 전통에 대한 설명은 인간과 세계를 변화시키는 방법에 대한 처방이기 때문에 현대 과학의 표준에 따라 실체의 묘사가 검증되거나 위조되는 것을 의도하지 않는다고 주장한다. 이 견해에서 명상에 대한 전통적인 설명은 영적 주장을 검증하기 위한 자료를 제공하는 것이 아니라 주어진 종교 전통의 가르침을 표현하기 위한 것이다.

도널드 로스버그(Donald Rothberg, 1999)도 자아초월적 · 영적 발달을 기술하기 위해 계층적으로 조직된 단계의 가치에 의문을 제기하고, 영적 발달과 변형을 묘사하고 촉진하는 데 있어서 더 적절하고 오해는 줄이는 은유가 있는지 궁금해한다. 그는 나선형, 사닥다리, 상승, 하강, 라인, 원, 출현,

20) 힌두교의 박티(bhakti: 신에 대한 끊임없는 기억과 명상)학파에 가장 큰 영향을 끼친 사상가이며 철학자 샹카라의 일원론적 베단타 사상은 인격신의 여지가 없다고 보았고, 비인격적인 브라만이 아니라 오히려 인격신인 비슈누와 동일시되는 브라만이라는 가르침을 펼쳤으며, 인격신의 숭배와 그의 영혼과의 합치가 베단타 학설의 바탕인 우파니샤드 교설의 본질이라는 가르침을 발전시켰다.

전체, 균형 및 통합 같은 은유가 인간발달을 이해하는 데 더 가치가 있는지 어떤지 묻는다. 인간은 심지어 단계 발달모델로 묘사될 수 있는 것보다 훨씬 더 복잡한 방식으로 발전하는 것처럼 보인다. 로스버그(Rothberg)에 의하면, 우리는 사람들이 발달의 일부 또는 모든 단계에서 한 번에 한 단계 이상으로 작업할 가능성을 공개해야 한다. 심리치료적 관점에서 볼 때, 코트라이트(Cortright, 1997)는 윌버가 묘사하는 단계에 따라 영적 수준이 전개되지 않으며, 영적 영역에서 불변하는 단일 서열이 있다는 명백한 증거가 없다는 것을 관찰한다. 그의 경험에서, 영성은 의식 스펙트럼의 꼭대기에뿐만 아니라 어디에서나 나타날 수 있다.

발달단계와 밀접하게 연관된 것은 발달 라인(line) 개념이다. 윌버(1998, 1999)는 발달 라인이 개별적으로 펼쳐질 수 있기 때문에 어떤 사람이 높은 정신적 단계에 있으면서 동시에 매우 낮은 심리적 단계와 또 다른 도덕적 발달단계에 있을 수 있음을 지적한다. 이 라인들은 상대적으로 독립적이기 때문에 모든 종류의 영적 발달이 다양한 심리적 발달의 전후 또는 함께 발생할 수 있다. 로스버그(1999) 역시 인지적, 도덕적, 정서적, 대인관계적, 신체적, 상상적 등 발달의 여러 라인 또는 차원을 열거한다. 그는 인간 본성에 대한 지배적인 서구모델에서 이성발달 및 인지발달에 대한 유럽과 북미의 오랜 강조를 상쇄하는 것이 중요하다고 생각한다. 지난 30년 동안 아동과 청소년의 종교연구는 종교적 사고의 발달에 초점을 맞추어왔는데, 이것은 주로 피아제의 강력한 영향에 기인한 상황이다(Hood 외, 1996; Hyde, 1990).

대니얼 골먼(Daniel Goleman)의 『정서지능(Emotional Intelligence)』(1995)과 마이클 머피(Michael Murphy)의 『미래의 신체(The Body of Future)』(1992)는 정서적이며 신체적인 요소가 우리 문화에 더 큰 관심을 기울임으로써 인간발달에 대한 우리의 이해를 넓히려는 중대한 시도를 나타낸다. 하워드 가드너(Howard Gardner, 1983)는 언어적 · 음악적 · 공간적 · 신체적 · 개인적 지능을 포함하는 최소한 일곱 가지의 독립적인 지능계통(separate line)[21]을 주장한다. 그는 이 지능들 각각이 다른 것들과 상호작용하고 그 위에 구축된다고 주장하지만, 각 지능계통의 핵심에는 특정 지능에 고유한 정보처리 장치가 있다. 이 다양한 발달계통이 어떻게 생겼는지, 그것들이 재래식 또는 초개인적 발달의 측면에서 어떻게 진행되는지, 그리고 그것들이 어떻게 상호작용하는지에 대한 지식은 주류 및 자아초월 심리학에서 아직 명확한 표현의 초기단계에 있다(Rothberg, 1999).

영적 또는 종교적 발달의 단계모델에 대한 앞선 비판은 생애주기에서 종교와 영성을 탐구하려는 우리의 노력에서 고려해야 할 이론의 잠재적인 가치와 한계를 평가하는 것을 멈추게 한다. 이 책에서 채택된 견해는 그들 가운데 공통된 요소가 있을지라도 실행 가능한 영적 진로와 목표가 많이 있다는 것이다. 달라이 라마(Dalai Lama)와 하워드 커틀러(Howard Cutler, 1998)는 상이한 심리적 · 문화적 성향에 대해 어떤 영적 경로가 더 적절할 수 있다고 주장하지만, 그렇다고 그것이 다른 영적 전통보다 열등하거나 우월하지는 않다. 단계모델은 인간발달의 다양한 영역에서 특정 자료를 구성하는 데 가치가 있지만, 구체적인 증거를 초월하여 일반화되어서는 안 된다. 초개인적 발달의 깊은 구조를 명료화하고, 위계적인 순서로 조직화하려는 윌버의 사변적인 노력은 종교와 영성의 역사에서 신비주의자, 명상가, 선견자가 제공한 제한적이고 복잡하며 논쟁적인 증거를 넘어서는 것으로 보인다.

---

21) 다중지능이론의 창시자인 가드너가 처음 제시한 인간의 지능은 음악지능, 신체운동지능, 논리수학지능, 언어지능, 공간지능, 대인관계지능, 자아지능이며 최근에 발견한 여덟 번째 지능인 자연친화지능을 새롭게 목록에 첨가했다. 아홉 번째인 실존지능(Existential Intelligence)을 제기했으나 이에 대한 증거와 자료가 더 필요하다는 생각에 현재는 8과 2분의 1 지능으로 말하고 있다. 이런 모형에 따르면 개인은 내부에 어떤 분야의 대가가 될 만한 소질을 싹으로 가지고 태어나는데, 이것만으로는 창조성을 지닌 성인으로 성장해가지 못하므로 소질을 심화하고 강화시킬 수 있는 교육과 훈련이 필요하며 이런 체험과정에서 타인(가족 · 친구 · 경쟁자 · 후원자)으로부터 격려와 지원을 받는 의미 있는 인간관계가 형성되어야 한다.

나는 단계 발달모델(stage-development models)의 한계와 잠재적인 위험을 인식하는 한편, 그럼에도 불구하고 발달의 특정 양상과 목표를 나타내기 위해 단계들을 광범위한 은유로 사용하는 것이 가치가 있다고 생각한다.

또한, 가드너(Gardner, 1998a), 로스버그(Rothberg, 1998a), 윌버(1998)의 관찰에 따르면, 여러 가지 발달계통(line)이 있는데, 특히 영성이나 암묵적 종교의 핵심 요소를 반영하는 발달계통을 선별하는 것이 우리가 생애주기를 통해 이들의 발달과정을 추적하는 데 도움이 될 수 있다. 그러한 영성의 중요한 계통이나 암묵적 종교의 구조는 앞에서 살펴보았듯이 정체성(또는 자기감각), 가치관 및 세계관이다.

이 시점에서 나는 이 책 전체에서 우리가 지켜야 할 생애주기의 종교적이며 영적 발달의 전반적인 방향을 전망하고 싶다. 이 세 가지 기본 구조(또는 발달의 흐름이나 계통)를 보여주는 표는 각각의 구조가 아동기의 초기, 대개 무의식적인 수준에서부터 후기 아동기와 청소년기의 점점 더 의식적이고 개인적인 수준으로, 그리고 성인기의 더욱더 영적이고 자아초월적인 수준으로 이동함을 보여준다.

〈표 4〉는 단순히 종교적 및 영적 발달의 광범위한 개요를 보여준다. 우리는 이 책을 통해 이러한 구조가 어떻게 펼쳐지는 경향이 있는지에 대

〈표 4〉 발달 흐름으로서의 영성 및 암묵적 종교의 운동

구분	자기 흐름	가치 흐름	세계관 흐름
자아초월적 수준	궁극적 정체성	보편적 원칙	만물의 상호 연관성
개인적 수준	개인의 정체성	의식적인 가치관 분류	세계관의 확장: 동료 및 더 큰 환경
전개인적 수준	돌보는 사람과 초기 경험에 의해 형성되는 자아	가족 가치 내면화	가족과 초기 경험의 세계관

한 세부 사항을 관찰해야 한다. 단계 은유의 한계를 염두에 두고, 우리는 이 세 가지 일반적인 단계(전개인적, 개인적 그리고 자아초월적)를 독립된 것으로, 그리고 한 단계에서 다른 단계로 온전히 한 방향으로만 움직인다고 상상해서는 안 된다. 이 표는 발달의 일반적인 추세를 보여주고, 생애주기를 통해 종교와 영성의 움직임을 더욱 쉽게 추적할 수 있도록 하기 위한 목적을 가지고 있다.

단계발달 은유는 생애 전체에 걸쳐 종교적이며 영적 발달의 어려운 요인을 파악하기 위해 사용할 수 있는 유용한 은유 중 하나일 뿐이다(Kelly, 1998; Rothberg, 1999). 나선형, 물결형, 밤하늘, 계절과 같은 가치 있는 비선형 및 비위계적 은유는 영적 발달의 다른 특징을 포착할 수 있다. 예를 들면, 계절의 은유는 어떤 한 계절이 다른 계절보다 더 우월하거나 더 좋다고 평가할 수 없기 때문에 일부 사람들에게 호소력이 있다. 각 계절은 고유한 특성과 위상, 자체의 아름다움과 어려움을 가지고 있다. 대니얼 레빈슨(Daniel Levinson)의 남성과 여성의 삶의 계절에 대한 연구 또는 에릭 에릭슨(Erik Erikson)의 인간의 8단계 연령대는 계절 은유의 유용성을 나타낸다. 이 책의 전 과정에서 우리는 다양한 은유와 이론을 검토하여 생애주기에 걸쳐 인간이 종교와 영성을 경험하는 방식을 어떻게 조명하는지 살펴볼 것이다.

자아초월 심리학

자아초월 심리학[22]은 영적 현상에 직접 초점을 맞추며, 영성이 인간

22) 자아초월 심리학 또는 트랜스퍼스널 심리학이나 초개인 심리학으로 번역된다.

본성과 우주에 대한 우리의 이해에 중심적인 위치를 차지한다고 주장하기 때문에 우리의 연구와 매우 관련이 있다(Ferrer, 2002). 그것은 심리적 학문으로서 최근의 발전이지만, 윌리엄 제임스와 카를 융의 작품에서 그 지적인 뿌리를 찾아볼 수 있다. '자아초월'이라는 용어는 주관적인 측면에서 인간의 정체성과 자아의식이 인류, 삶, 정신 및 우주의 넓은 측면을 포괄하기 위해 자아의 일반적인 감각을 초월하는 경험을 가리킨다. 객관적 측면에서 그것은 어떤 사람의 개인적인 심리 및 상황의 측면에서 엄격히 이해할 수 없는 인간의 사고, 감정 및 행동에 영향을 미치는 어떤 힘에 영향을 준다(Walsh & Vaughn, 1993).

1960년대에 에이브러햄 매슬로의 절정 경험에 대한 연구는 자아초월 심리학의 탄생을 촉진했다. 매슬로(1969)의 인간 잠재력에 대한 생각과 인간 본성의 더 넓은 범위는 『자아초월심리학저널(Journal of Transpersonal Psychology)』의 창간호에서 나타났다. 이 저널에서 앤서니 수티치(Anthony Sutich, 1969)는 신비적 경험, 통합의식, 일상생활의 신성화, 황홀경, 절정 경험, 궁극적 가치, 초월적 현상을 포함하는 자아초월 심리학에 관련된 많은 경험과 세력을 규정했다. 자아초월 심리학은 그러한 영적 경험이 인간 존재에 어떻게 영향을 미치고 변화시키는가를 조사한다. 절정 경험과 비일상적 의식상태에 대한 자아초월 심리학의 초기 초점은 점차 확장하여 비일상적인 학문을 탐구하는 일과 주류 심리학, 심리치료, 사회학, 철학, 물리학 및 의학과 자아초월 상태를 통합하는 일을 포함했다(Rothberg, 1998b).

인간과 영성에 대한 자아초월적 관점

자아초월 심리학은 우리의 "일상 세계"의 배타적 지배와 대부분의 의학 및 심리학의 근간이 되는 기계론적 또는 물질적 세계관에 의문을 제기하는 인간의 본성과 현실에 대한 비전을 제시한다. 그러한 견해는 중년기에 자주 나타나는 영적 변화를 위한 여지를 만든다. 기계론적 관점에서 발전한 광범위한 연구가 상당한 이득을 가져오기는 했지만, 인간과 실제의 불완전한 그림만을 제공한다. 유물론적 관점에서 볼 때, 인간은 개별적인 물리적 존재이고, 인체는 세포, 조직 및 기관으로 구성된 생물학적 기계이며, 의식은 뇌의 생리적 과정의 함수이다. 이러한 기계론적 관점은 평범한 의식상태에서는 관찰할 수 없는 실제의 비물질적 측면을 부인하며, 자아초월 심리학에 의해 조사된 특별한 경험과 의식상태를 설명할 수 없다.

자아초월적 경험과 비일상적인 의식상태는 생물학적 기계-인간 존재 모델(human-being-as-biologicalmachine model)을 부분적인 진리로 드러낸다. 신비주의, 유체이탈 경험, 임사체험[23], 예지(precognition)[24], 텔레파시(telepathy)[25], 영적 치유와 같은 자아초월적 경험에 대한 연구에서 나온 견해는 인간이 물질과 인과관계라는 시공간의 제약에 지배되는 기계 이상의 존재임을 보여준다. 자아초월적 관점에서 인간은 신체의 한계를 초월하는 광활한 의식의 장(場)으로서 기능할 수 있다. 이것은 인간에 대한 기계론적 견해가 허위라는 뜻이 아니라, 중요한 조정과 확장이 필요함을 의미한다.

스타니슬라프 그로프(Stanislov Grof, 1985)는 인간의 더 광범위하고 더 정확한 모델에 대한 자아초월 심리학과 의식 연구의 함의를 반영한다. 그의

---

23) 죽음에 가까워진 상태를 느끼는 체험으로 임사체험을 한 사람들은 빛 체험, 인생 회고, 지각의 확대 등을 보고하며 그것이 종교적인 것이 아니라 정신적인 것이라고 느낀다. 체험 후에는 특정 종교의 입장을 떠나 더욱 보편적인 종교심의 탐구로 향하는 경향이 있다. 이들은 건강상태가 향상되고, 치유력 등을 얻거나 배려심이 생기며, 물질주의에서 멀어져 정신적인 것을 지향하게 되는 등 큰 변화가 나타나는 경향이 있다.

24) 예지란 초감각 지각의 한 형태로 미래의 사건에 대한 비범한 인식을 말한다.

25) 텔레파시란 통상의 감각적 의사전달 통로를 이용하지 않고 한 사람(전달자 또는 행위자)의 생각이 다른 사람(받는 사람 또는 지각자)에게 직접 전이되는 초감각적 지각 현상을 말한다.

관점에서 볼 때, 인문과학의 상황은 현대 물리학자들이 아원자(亞元子)[26] 과정(subatomic process)에서 빛과 물질에 관한 파동 입자 모순에 직면하는 딜레마와 유사하다. 특정한 실험조건 하에서 빛은 파동 현상으로 작용하는 반면, 다른 실험조건에서는 입자 현상으로 작용한다. 각 견해에는 부분적인 유효성과 제한된 범위의 적용 가능성이 있다. 실험자와 실험 설정은 이 두 가지 행동 중 어느 것이 드러날지를 결정한다. 닐스 보어(Niels Bohr)는 파동의 그림과 입자의 그림이 이 역설적인 현실에 대한 포괄적인 이해를 돕기 위해 상호보완적이고 필수적이라고 주장한다.[27] 그는 상보성의 일반원칙을 "올바른 진술의 반대는 잘못된 진술이지만, 심오한 진실의 반대는 또 다른 심오한 진실일 수 있다"고 요약한다(Bohr, 1958: 66). 그로프는 아원자물리학의 역설과 인문과학과 관련된 역설 사이에 차이가 있다는 것을 인식하지만, 보어의 해결책이 시사하는 바가 있다고 본다. 그로프(1985)는 인간을 좀 더 포괄적인 방식으로 설명하기 위해 우리는 인간이 동시에 생물학적 기계와 광범위한 의식의 장이라는 사실을 어쨌든 받아들여야 한다고 주장한다.

그로프의 관점에서 볼 때, 의학, 정신의학, 심리학, 초심리학(parapsychology)[28], 인류학 그리고 죽음학(thanatology) 등의 학문에 의해 축적된 일단의 논쟁적인 자료는 이제 인문과학에서 비교 가능한 상보성 원리의 공식화를 정

26) 아원자란 원자보다 작은 입자 혹은 원자를 구성하는 기본 입자를 말한다.

27) 닐스 보어는 양자물리학의 기초를 만든 사람으로, 이중성의 양립에 관한 이론을 정립하여 이를 '상보성'이라고 불렀다. 그의 개념에 의하면 양자현상은 상보적인 성질을 가진다. 즉 빛이 입자 또는 파동으로 나타나는 이중성은 서로 전혀 다른 모습을 가지고 있으며, 실험의 종류에 따라 하나의 성질만 나타난다는 것이다. 각각의 에너지나 운동량의 변화를 조사하기 위한 실험에서는 입자의 성질이 나타나고, 공간의 에너지 분포를 조사하기 위한 실험에서는 파동의 성질이 나타난다. 파동의 성질을 나타내는 빛과 입자의 성질을 나타내는 빛은 서로 보완관계에 있어서 빛을 이해하기 위해서는 두 가지 모두가 필요하다. 즉, 두 개가 합쳐져야 전체를 나타낸다는 원리이다. 따라서 배타적인 것은 상호보완적일 수 있다. 이런 사고는 동양의 음양사상과 일맥상통하는 점이 있다.

28) 초심리학은 텔레파시, 투시, 예지력 같은 초감각적 지각이나 인간의 의지만으로도 물질세계에 영향을 주는 염력(念力) 등의 초심리학적 현상을 과학적으로 접근하는 분야이다. 이에 더해 죽은 이의 영혼과 소통하는 능력인 영매 현상(psychical phenomena)을 다루기도 한다.

당화하기에 충분하다. 현재 자아초월 연구에서 발생하는 인간의 상보적 모델(complementary model)은 인간 본성의 복잡하고 심지어 모순적인 현실을 인식하는 데 가치가 있다. 인간의 상반되는 두 개의 이미지가 병치되어 있는 이 새로운 모델은 좀 더 우아하고 포괄적인 이론의 디딤돌에 불과하다. 그로프(1985)는 이론물리학자 데이비드 봄(David Bohm)이 인간 본성의 외관상 양립할 수 없는 두 가지 이미지를 종합하고 통합하는 새로운 가능성을 열어준 것으로 믿고 있다. 그로프에 따르면, 홀로그램(hologram)[29]은 인간의 전체성을 포함하여 전체성의 본질에 대한 우리의 이해에 공헌할 수 있을 것이다. 특히, 그로프는 실제를 물질적 우주(이론의 원래 목적)뿐만 아니라 생명과 의식현상을 이해하는 데 혁명적인 함의를 지닌 끊임없는 홀로그램의 흐름("holomovement"이론) 속에서 끊어지지 않고 일관된 전체로서의 현실을 보는 봄의 개념을 발견한다. 봄(1980)의 견해에 의하면, 생명과 무생물은 절대적으로 서로 구별될 수 없다. 그것들은 분리 불가의 일치를 나타내며 서로에게 해명되거나 환원될 수 없다.[30] 과학은 실제의 일부, 즉 봄이 전개한 '질서'라고 부르는 것만 연구한다. 내재된(감추어진) 질서 속에서 존재의 다양한 측면은 실제로 전체와 관련하여 기능한다.

그로프(1985)는 봄의 사고 경향을 확장하면서 물질세계의 일상적 경험

29) 홀로그램이란 두 개의 레이저광이 서로 만나 일으키는 빛의 간섭효과를 이용하여 3차원 입체 영상을 만들어내는 것을 말한다. 여기에서 홀로그램 경험이란 다차원적이고 입체적으로 경험함을 의미한다.

30) 양자물리학자인 봄은 우주의 모든 물질적 차원에서 홀로그램적인 속성을 발견할 수 있는 이유는 우주 자체가 본질적으로 홀로그램이기 때문이라고 본다. 물질적 우주는 객관적으로 실재하는 것이 아닌 투사된 홀로그램이며, 그것도 매우 장려하고 화려한 홀로그램이라는 것이다. 원래 수많은 진동의 물줄기로 구성된 우주의 거대한 흐름에는 실제로 어떤 단절이나 경계가 없지만, 우리는 실제로 분리될 수 없는 우주만물을 서로 분리된 것으로 느낀다. 그 이유는 우리의 감각과 두뇌가 마치 모든 것이 분리된 것처럼 지각하기 때문이다. 그러므로 우리가 인지하는 물질세계는 실체가 아니라 단지 우리 두뇌를 통하여 보이는 홀로그램적 영상, 즉 일종의 환영이다. 즉 우리가 굳게 믿어 의심치 않는 우리의 존재와 이 현상계, 물질적 우주의 실체 또한 실제로는 거대한 홀로그램의 파노라마에 불과하다.

은 전개된 질서의 선택적 양상을 반영하는 반면, 초월적 경험과 자아초월 상태는 내재된 질서의 직접적인 경험 또는 감추어진 실제의 전체로 해석될 수 있다고 제안한다. 예를 들면, 일과 문제 해결의 세계에 관여하는 일상적인 의식은 전개된 질서의 수준에서 작동하는 반면, 자연이나 신과의 연합의 신비적 경험은 내재된 질서에 접근한다. 비일상적인 의식상태는 우주와 인간 실제의 전체를 상징하는 전형적이고 신화적인 이미지를 직시하면서 내재된 질서의 직접적인 경험을 중재하는 것으로 해석될 수 있다. 윌리엄 제임스(1961)의 아산화질소에 대한 경험은 비일상적인 상태가 보편적인 전체성과 질서의 이미지에 어떻게 접근할 수 있는지를 보여준다. 그는 아산화질소[31)]에 의해 유도된 변화된 의식상태가 종교적 신비주의자에 의해 묘사된 것처럼 잠시 동안 세계의 통일성을 파악할 수 있게 했다고 말한다. 의식은 최소한 원칙적으로 전개된 질서와 내재된 질서에 접근할 수 있다. 그로프는 보어와 봄의 연구에서 얻은 이미지의 상상력을 높이 평가하는 한편, 심리학, 정신의학, 심리치료 및 인류학과 같이 인간 경험을 직접적으로 연구하는 분야에서 더욱 강력한 모델이 도출될 수 있다는 희망을 제시한다. 그로프의 관점에서 볼 때, 우리는 여전히 주류 과학의 많은 부분을 지배하고 있는 기계론적 모델로부터 급진적인 이탈을 나타낼 주요 변화에 접근하고 있다.

---

31) 아산화질소(Nitrous Oxide)는 질산암모늄을 열분해할 때 생기는 화학식 N_2O의 무색투명한 기체로 물과 알코올에 잘 녹는데, 그 화학적 성질은 산과 비슷하며, 흡입하면 얼굴 근육에 경련이 일어나고, 마취성이 있어 외과수술 시 전신마취에 사용하기도 한다.

요약

요약하면, 이 장에서는 생애주기에서 종교와 영성을 추적하는 데 사용할 용어의 복잡성을 관찰했다. 종교라는 단어의 뿌리는 사람들이 우주 또는 신의 궁극적인 힘에 연결되고 동행하는 방법과 관련이 있음을 시사한다. 우리는 심리학자들이 종교를 인간의 취약성, 소망, 사망률, 신뢰, 행동, 관계 및 삶의 의미와 연결시키는 방법을 보아왔다. 우리는 종교의 기능적인 정의를 조사해야 하는데, 종교를 그러한 기능들로 환원하지 않으면서 종교가 개인의 정신과 사회에서 작동하는 방식을 강조해야 한다. 생애주기의 각 단계에서 우리는 어떤 종교가 '내면으로부터'의 모습을 띠는지, 즉 인생의 특정 시기에 종교를 고수하는 사람들에게 어떤 의미를 띠는지 보여줄 것이다.

암묵적 종교는 종교가 교리, 공동체 및 의례의 인습적인 형태에서 항상 발견되지 않는 방법을 강조하는 범주이다. 그것은 우리에게 생애 주요 부분을 만나는 사람들의 외견상 세속적인 태도와 관행에서조차 종교적 차원을 볼 수 있게 한다. 영성은 의미와 신을 추구하는 종교의 내면적 과정에 초점을 맞추기 위해 가장 자주 사용되는 대중적이지만 정의하기 어려운 용어이다. 설문조사에 참여한 대부분의 사람들은 자신이 영적이며 종교적이라고 생각하는데, 이것은 그들에게 영성과 종교는 분리할 수 없다는 것을 의미한다. 그러나 점점 더 많은 사람들이 자신을 종교적이지 않은 영적인 사람으로 규정하면서 영적 탐구가 종교적 소속에 부합할 필요가 없다고 주장한다. 많은 사람들에게 영성의 두드러진 측면은 가시적인 세계가 일상세계에 의미와 도덕적 방향을 부여하는 더 큰 영적 우주의 일부라는 견해를 포함한다.

우리는 또한 수많은 인간발달 이론가들이 생애주기를 통한 움직임을 계층적이고 불변적인 단계의 순서로 제시하는 것을 보았다. 발달단계의 은유가 인격의 특정 차원이 전개되는 방식을 암시할 수 있는 반면, 인간이 너무 복잡하여 매우 정교한 단계모델로도 적절하게 포착할 수 없다는 것을 명심해야 한다. 아직도 생애주기의 고대 이론은 사람들이 유년기에서 노년기 그리고 죽음으로의 진전을 이해하도록 돕기 위한 단계 은유의 지속적인 가치에 대해 증언한다. 게다가 피타고라스와 힌두교 같은 두 가지 전형적인 이론은 개인의 생애주기가 자연이나 신의 더 큰 실제에 어떻게 뿌리내리고 있는지를 설명한다. 이 고대의 관점은 개인이 신 또는 자연의 외관상 끝없는 순환과 관련하여 의미와 가치를 발견하는 방법을 명시적으로 제시한다. 이 이론은 현대사회와 포스트모더니즘(postmodernism)[32] 세계에 심리적인 방향을 제공하기 위해 노력하는 것과 마찬가지로 전통사회를 위한 종교적이며 영적 틀을 제공했다.

단계 유예가 발달의 다른 노선에 대해 생각하는 데 유용한 일반적인 틀을 제공할 수 있지만, 종교와 영성은 많은 구성요소와 함께 명확하거나 불변의 진행 순서로 파악될 수 없다. 그러한 단계모델의 한계를 인정하면서, 그럼에도 불구하고 무의식적 · 정서적 근원에서부터 의식적인 이해를 거쳐 종교와 영성의 자아초월적 경험에 이르는 운동과 같이 생애주기를 통한 광범위한 발전을 인식하는 것이 가능하다. 그러나 이와 같은 수준들을 통한 움직임은 종종 일관성이 없고 순환적인 경우가 많으며, 사람들은 종교와 영성의 다른 측면과 관련하여 동시에 이 세 수준 모두에 도달할 수 있다.

32) 포스트모더니즘은 20세기 인문 · 사회과학 분야에 등장한 사상적 경향으로 근대의 이성중심주의에 대해 근본적인 회의를 내포하고 있다. 18세기 이후 계몽주의를 통해 이성중심주의가 만연했는데, 두 차례의 세계대전 이후 이성중심주의에 대한 회의감으로 탈중심적 · 다원적 사고, 탈이성적 사고 중심의 포스트모더니즘이 확산되었다. 포스트모더니즘 사상가들은 인간 진보의 수단으로서의 과학과 기술에 대한 계몽주의적 신념을 부정하는 입장이며, 객관적 혹은 절대적인 도덕적 가치가 있다는 것을 인정하지 않는다.

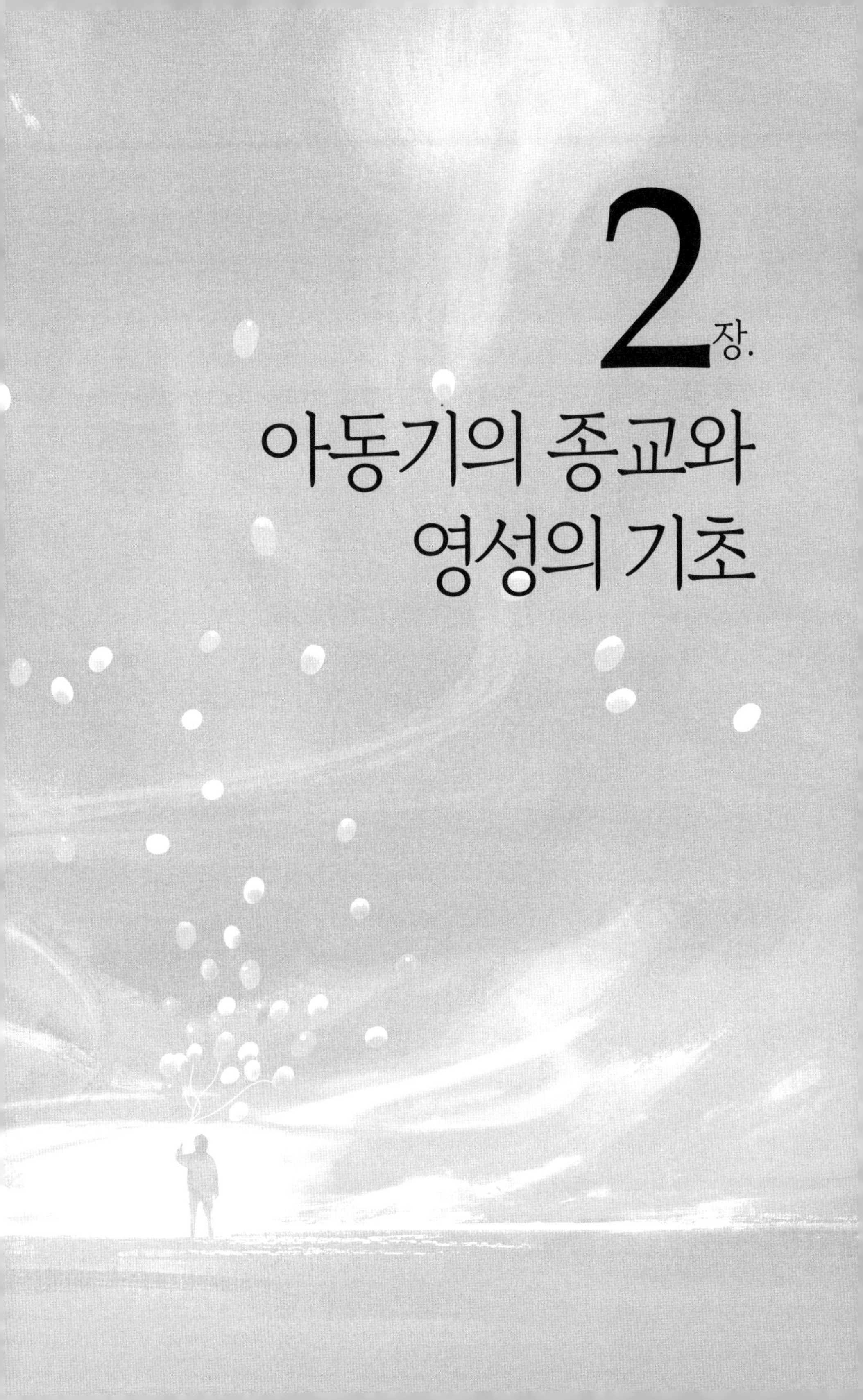

2장.

아동기의 종교와 영성의 기초

우리의 탄생은 잠과 망각에 지나지 않는다.
우리와 함께 떠오르는 영혼, 우리의 생애의 별은
어딘가에서 졌다가 멀리서 다시 나타난다.
완전한 망각으로서가 아니라
온통 발가벗은 채로서가 아니라
영광의 구름을 이끌면서 우리는 온다.
우리의 고향인 하느님으로부터;
어린 시절엔 천국이 우리 주위에 펼쳐져 있다!

– 윌리엄 워즈워스(William Wordsworth),
「어린 시절을 회상하면서 영생불멸을 깨닫는 노래」

이 장에서는 생애주기의 첫 번째 단계인 아동기의 종교와 영성의 역할을 집중적으로 다룬다. 정신분석학자들과 발달심리학자들은 이 중요한 삶의 단계에 심혈을 기울여 전념해왔고, 아동기에 종교와 영성의 토대가 어떻게 확립되어왔는지 밝히고 있다. 모든 정신분석 관점은 부모와 양육자가 이 과정의 성격 기능에 영향을 미치는 데는 차이가 있지만, 아동의 종교와 영성에 어떻게 강한 영향을 미치는지를 인식한다. 동시에 종교심리학자들 사이에서는 어린아이들에게도 종교가 존재하는가에 대한 의견차이가 있다. 많은 종교심리학자들은 아동기에 진정한 종교의 가능성을 경시하는 반면, 다른 심리학자들은 아동기의 영적 경험에 관한 출판물의 수가 증가하고 있다는 것을 지적한다.

로버트 콜(Robert Cole)의 『아동의 영적 삶(The Spiritual Life of Children)』(1990)이나 에드워드 로빈슨(Edward Robinson)의 『어린 시절의 종교 경험에 관한 연구(The Original Vision: A Study of the Religious Experience of Childhood)』(1983)와 같은 책과 아동의 영성에 대한 증거로 『아동의 영성에 대한 국제 저널(International Journal of Children's Spirituality)』의 출판은 아동 사이에서 상당한 정도의 영성의 증거를 보여주고 있다. 우리는 이러한 주장들을 살펴보고자 한다.

정신분석학의 관점들

아동기 종교의 기원에 대한 프로이트의 관점

정신과 그 발달에 대한 이해를 증가시키는 프로이트의 역사적 중요성은 의심의 여지가 없다. 풀러(Robert Fuller, 1988)는 모든 발달이론의 3분의 1은 프로이트의 관찰을 기반으로 세워졌고, 다른 3분의 1은 프로이트의 이론을 거부하고 대안을 제시하여 그들의 이론적 방향을 설정했다고 추정한다. 파울러는 프로이트의 견해를 무시하는 3분의 1조차 전체적인 성격발달의 구조를 형성하는 유아기와 아동기의 중요성을 강조하는 인간 본성에 대한 관점을 개척한 프로이트에게 빚을 지고 있다고 생각한다. 심리성적 발달단계(psychosexual stages of development)는 프로이트 자신의 평가에서 꿈의 해석방법 다음으로 인간 지식에 대한 가장 지대하고 근본적인 공헌이었다. 프로이트는 인간발달의 전반적 방향을 유아기의 비이성적 쾌락 중심의 체계에서 성숙한 성인기에는 현실 중심적인 방향으로 향한다고 보았다. 아동에서 성인으로 변화하는 여정은 매우 길고 복잡하며, 정의된 중복 단계를 거쳐 이동한다. 어린 시절 종교에 대한 프로이트의 생각이 구체화된 것은 심리성적 발달단계의 맥락 안에서 이루어지므로 이러한 단계를 먼저 고려해야 한다.

프로이트는 '성감대(erotogenic zones)'라는 신체의 세 가지 주요 부위가 쾌락의 원천으로 작용한다는 것을 알아냈고, 이를 구강기, 항문기, 남근기로 분류한다. 이 세 가지 부위에 대한 대부분의 증거들은 프로이트와 다른 분석가들이 성인 환자들로부터 이끌어낸 결과이지만, 몇몇은 아이들을 직접 관찰하여 얻어졌다. 프로이트(1905)는 성적 본능이 어떻게 복잡한 구조로 형성되는지, 그리고 발달단계 중 어느 단계에서 고착되거나 차단되었을 경우 어떻게 "분리되는지"를 설명한다. 이러한 식으로 정신병리학은 일반적으로 전체의 일부인 구성요소를 드러낸다. 심각하게 불안정한 사람들을 정상적인 사람으로 분류하는 행위의 적합성에 대한 비판이 있지만, 정신분석을 받은 많은 사람들은 다시 성인으로서 적절히 기능하고 있다고 본다.

구강기

프로이트(1905)는 발달 순서에서 첫 번째로 나오는 입이 주요 성감대로 사용되는 기간을 설명한다. 이 단계에서 발생하는 빠는 행위는 프로이트에게 단순한 영양 공급 이상의 의미가 있다. '성욕'에 대한 세 편의 논문에서 그는 이렇게 관찰했다. "젖을 문 아기가 상기된 볼에 미소를 띤 채 잠든 모습을 본 모든 사람들은 이 이미지가 이후의 삶에서 성적 안정을 표현하는 원형이라는 이미지를 제시한다는 해석에서 벗어날 수 없을 것이다."(p. 182) 아이가 젖을 뗀 후 어머니의 가슴을 포기하도록 강요당하면 엄지손가락 빨기와 같은 대체물을 찾는다. 성인기에 구강 자극의 형태는 흡연과 껌을 씹는 행동으로 나타날 수 있다. 프로이트는 이 첫 단계는 성적인 본능의 목적이 대상과의 통합이므로 "식인 풍습"이라고 부를 수 있다고 말한다. 이것은 이후의 발달에 핵심 역할을 하는 심리적 과정의 신체적 원형, 즉 동일시 또는 내면화로서 남근단계에서 보게 될 것이다. 초기 구강단계는 때로는 '구강 통합단계'라고도 하며, 첫 번째 치아가 나타나고 아이가 물고 씹기 시작하면 약 6개월에서 7개월 사이의 기간을 '구강 가학적 하위 단계'라고 한다.

프로이트에 따르면, 이 첫 단계에서 유아의 경험은 남은 인생에 영향을 미친다. 편안한 돌봄은 행복한 잠재적 기억과 어머니와의 무한한 유대감 및 삶에 낙천적인 관점을 갖게 한다. 구강 욕구의 불충분은 불안하게 하고, 어떤 상황에서든 최악의 가능성을 기대하도록 만든다. 이 단계에서의 비정상적인 탐닉은 다른 사람이 언제나 자신을 돌봐주기를 기대하는 결과로 이끈다. 프로이트는 이 단계에 대해 종교나 영성을 말하지 않고 세계관에 관해서만 말한다. 그럼에도 불구하고 이러한 세계관이 영성의 필수요소인 것을 고려하면 구강기는 영성의 관점에 지대한 영향을 준다.

구강기 경험은 성격, 직업 선택, 병리적 증상에 영향을 준다고 볼 수 있다. 구강기의 특징이 이 단계의 지속되는 효과를 설명해주는 중요한 단서이다. 구강의 특징들은 구강의 갈망이나 꽉 다문 입의 안정성, 구강 금욕뿐만 아니라 음주(drink), 흡연, 음식에 대한 과도한 집착에서도 볼 수 있다. 알코올중독 역시 구강기에서의 방해로 인해 유래된 것으로 해석되기도 한다. 이 관점에서는 음식 공포증(food phobias), 의식(儀式), 비만과 관련된 증상들이 일찍이 먹여주는 과정의 실패에서 비롯되었다고 설명한다. 아브라함(Karl Abraham, 1924)은 직업과 취미활동의 선택이 구강 성적 표현에 원인이 있다고 믿는다. 요리를 하거나 와인의 맛을 음미하는 행동은 미래의 삶에 대한 초기 구강 경험의 영향을 보여주는 예로 볼 수 있다.

항문기

프로이트는 심리성적(psychosexual) 발달의 두 번째 단계를 항문기로 표현한다. 두 가지 즐거움의 근원은 이 단계와 관련이 있다. 즉 (1) 하복부에 대변이 정체되어 있고, (2) 항문 괄약근을 통해 대변을 배출하는 것이다. 프로이트는 아동이 대변에 대해 성인과 다른 태도를 지니고 있다고 강조한다. 그는 아동이 원래 대변을 흥미롭고, 떼어낼 수 있으며, 몸에서 귀중한 부분으로 여긴다고 믿는다. 이러한 행동에 대해 혐오감을 보이는 것은 나중의 일이다. 유아의 대소변 가리기 훈련은 환경에 순응하거나 불복종하는 아이들의 첫 번째 상징 중 하나가 될 수 있으며, 배변은 잠재적으로 기쁨의 원천이 될 뿐만 아니라 아이와 보호자와의 관계를 표현하는 것이다. 프로이트는 강력한 항문 성애는 악함, 고집, 질서정연함의 특징에서 승화되었다고 말한다. 그는 가학적 학대는 이 발달단계에 뿌리를 두고 있다고 덧붙인다. 여기에는 한 개인의 발전하는 세계관 및 자아의식과 관련해서 의미가 있지만, 이 단계는 영성에 있어 그 전후의 결정적인 단계보다 덜 중요하다.

남근기

프로이트는 '오이디푸스 단계'라고도 하는 남근기가 종교의 형성과 발달에 큰 영향을 미친다고 말한다. 그는 대략 3세 남아는 어머니의 사랑과 관심을 압도적으로 원하기 시작하고, 이 사랑을 차지하려는 경쟁자(특히 아버지)에게 질투와 분노를 느끼게 된다. 이 경쟁의식은 2년 또는 그 이상 동안 남자아이가 여자들이 남근을 가지고 있지 않다는 것을 알 때까지 지속된다. 남자아이는 여자아이의 남근 무소유가 거세의 가능성을 나타낸다고 믿고, 결과적으로 남자아이는 어머니의 사랑을 얻기 위해 아버지와 계속 경쟁할 경우, 아버지가 자신을 거세(去勢)할 수 있다고 생각하며 겁을 먹는다고 프로이트는 주장한다.

프로이트는 이러한 삼각관계의 갈등(남자아이-어머니-아버지)을 아버지 라이오스(Laius)를 죽이고 어머니 이오카스테(Iocaste)와 결혼한 오이디푸스 왕의 이야기에서 차용해 '오이디푸스 콤플렉스(Oedipus complex)'라고 명명했다. 오이디푸스 콤플렉스는 남자아이가 아버지에 대해 사랑과 증오(사랑하는 보호자로서 그리고 증오하는 경쟁자로서)를 동시에 느끼는 모순이 결국 아이가 아버지와 동일시하게 될 때 해소된다. 아버지의 권위와 가치는 아이의 정신의 주요 부분인 초자아의 기반으로 내면화되어 옳고 그름의 지침이 된다. 이러한 관점에서 양심의 목소리는 자아의식이 잘 발달하기 전에 내면화된 부모의 목소리이다. 이 과정은 어릴 때 일어나기 때문에 초자아 구조는 여전히 무의식적으로 남아 있다. 이러한 초자아 형성은 오이디푸스 단계의 첫 번째로 중요한 종교적 함의이다.

프로이트(1927)에 따르면, 남근기에 종교적으로 중요한 또 다른 결정적 순간은 투사 현상에서 생성된 신 개념의 "창조"이다. 심리적 투사는 자신의 무의식적 감정과 생각, 인상을 외부의 사물이나 사람에게 전이하는 것이다. 예를 들어, 자신의 분노를 인식하지 못하는 사람은 다른 사람들이 화가 난 것처럼 경험하는 경향이 있다. 이 과정은 우리가 의식하지 못하거나 인식하지 못하는 것이 환경에 투사되는 정신의 일반적인 역학을 따른다. 따라서 무의식적인 구조로 내면화된 아버지는 이후 신에 대한 이미지로 하늘에 투영된다. 이러한 투사는 오래전부터 사람들이 북두칠성과 쌍둥이자리 등의 별자리를 자신들의 마음속에 있는 것을 하늘에 투영해서 보는 것과 같은 방법이라고 볼 수 있다. 프로이트에 따르면 이것은 신이 하늘의 아버지이자 자신의 피조물을 창조하고 내려다보고 있다고 생각하는 종교적 믿음의 기원이 된다고 설명한다. 프로이트는 신을 남자 부모로 생각하는 개념이 유대교나 기독교, 이슬람교의 가부장적 종교의 전통적 이미지에서 파생되었다고 설명한다. 우리는 대상관계이론가들이 어머니의 영향과 모계 중심의 종교에서 여신(女神)을 형성하는 어머니의 역할에 초점을 맞춤으로써 프로이트의 종교 형성에 관한 생각을 수정한다는 것을 알 수 있다.

프로이트(1923a)는 자신의 모든 생각을 여성과 남성의 심리가 유사하다는 심리학의 가정 하에 심리성적 발달단계들을 기반으로 한다. 그는 오이디푸스 콤플렉스가 남아와 여아에게서 모두 사라질 것이라고 추측하지만, 남성과 여성 사이의 평행적인 발달이 얼마나 완전한지에 대해서는 의구심을 가지고 있다. 프로이트는 여자아이는 거세의 위협에 대처해야 할 필요가 없기에 남자아이보다 점차적으로 반대 성의 부모를 향한 독점적인 관심에 대한 욕구를 포기해나간다는 것을 알아냈다. 여자아이의 오이디푸스 경쟁의식의 종결을 위한 동기는 거세의 두려움이 아니라 어머니의 사랑을 잃을지도 모른다는 두려움이다. 이렇게 오이디푸스 콤플렉스가 남성과 여성에서 해소되는 방식의 차이점은 남성과 여성의 초자아 또는 양심 사이의 차이에 원인이 있기 때문이다.

프로이트(1925)는 여자아이들은 거세의 위협이 없기 때문에 오이디푸스 콤플렉스가 부정확하게 해소된다고 말하며, 이 때문에 "여성은 삶의 큰 위기에 복종할 준비가 덜 되어 있고"(p. 258), "남성들보다 덜 정의감을 보인다."(p. 257) 장 베이커 밀러(Jean Baker Miller, 1976)와 낸시 초도로(Nancy Chodorow, 1978)와 같은 프로이트 비평가들은 프로이트의 생각에서 여성의 도덕적 발달에 대해 반감을 가지고 인정하지 않는 가정된 결함을 찾아낸다.

오이디푸스 콤플렉스가 해소될 때, 아동은 성적 관심과 유년의 갈등으로부터 자유로운 잠복기에 들어간다. 프로이트에 따르면, 이 상태에서는 오이디푸스 콤플렉스의 기억이 억압된다. 따라서 종교적 사고와 태도를 야기하는 중요한 심리적 발달은 개인적이고 계통발달적인 역사의 배경에 숨겨져 있다. 이 잠복기는 사춘기에 끝나고, 심리성적 발달의 마지막 단계인 생식기(Genital Stage)로 이어진다. 성적 성숙은 생식기 조직의 중요한 초기 단계에서 구성되는 것으로 규정한다. 그럼에도 불구하고 초기 구성의 흔적은 무의식중에 남아 있으며 프로이트는 생식기 단계의 만족이 없거나 어려움에 직면하면 초기 단계로 퇴행할 수 있다고 생각한다.

사실 퇴행 가능성은 프로이트 종교관의 최종적인 측면을 설명한다. 그는 많은 사람들에 의해 종교적 전통의 근본으로 여겨지는 종교적 경험 자체를 존재의 가장 초기 단계로 퇴행하여 개인이 어머니나 환경과 차별화되기 이전으로 간주한다. 그는 이와 같이 분리되기 전의 합일을 '일차적 나르시시즘'이라고 부른다. 프로이트(1930)는 신비주의자들이 신과 직접적인 합일의 경험을 보고할 때, 그들이 자신의 경험을 잘못 이해하고 있다고 믿었다. 프로이트는 고전적인 종교적 신과 합일의 묘사가 영적 · 심리적으로 발전된 상태가 아니라 걷잡을 수 없는 상태에서 어떻게든 어머니의 자궁 속에 있던 경험이나 출생 직후의 상태인 가장 원초적인 상태로 돌아가려고 하는 것이라고 평가한다.

우리는 프로이트의 정신(psych)에 대한 견해를 이용하여 〈그림 4〉와 같이 아동의 성격을 형성할 때, 종교의 가장 중요한 측면에 대한 그의 생각을 그림으로 나타낼 수 있다. 이 그림은 종교가 부모에 대한 자녀의 경험에 근거한다고 강조한다. 프로이트의 종교에 대한 두 가지 중요한 비평은 다음과 같다. 첫째, 종교는 바뀌지 않는 규칙들로 엄격하고 융통성 없는 양심을 형성하는 경향이 있고, 양심의 뒤에 서 있는 신의 관념은 이러한 규칙들이 영원하다고 보장한다. 둘째, 신의 종교적 관념은 투사의 심리적 기제와 인

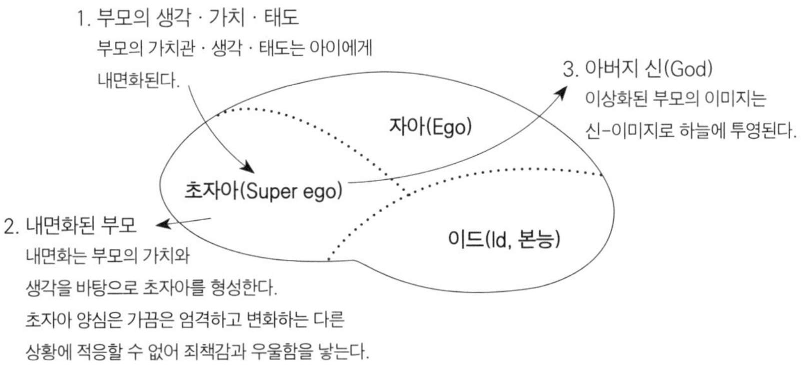

〈그림 4〉 종교의 기원에 관한 프로이트의 견해

간의 취약성을 상쇄하기 위해 보호적인 부모를 갖고 싶어 하는 소망을 기반으로 만들어졌다.

인간발달에서 종교의 영향에 대한 프로이트의 평가는 전반적으로 부정적이다. 그는 종교를 인류가 인간 조건의 취약성과 약점에 대응하기 위해 신의 관념을 "창조"하는 투사와 희망적 사고의 역학에 바탕을 둔 것으로 보고 있다. 프로이트는 궁극적으로는 성공하지 못했지만, 신의 관념이 죽음, 공평하지 못함, 압도적인 힘과 자연의 거대함에 직면한 인간의 불안감을 줄이기 위한 시도라고 믿는다. 프로이트에게 종교는 필수적으로 아동기 경험에 뿌리를 두고 있으며, 반드시 무의식의 기원에 대한 한계를 가지고 있다. 그는 종교를 원시적이고 퇴폐적인 것이라고 본다. 왜냐하면 종교는 어릴 적 상황에서 일어났으므로 이를 초월할 수 없다고 생각하기 때문이다. 프로이트는 인간 존재의 문제를 다루기 위해 신을 부르며 호소하기보다는 용기와 책임감을 가지고 더 나은 세상을 만들 것을 지지한다. 그는 또한 엄격한 초자아 양심에 기반을 둔 신에 대한 관념이 도덕적인 규칙을 신의 법으로 보게 만드는 경향이 있기 때문에 역사와 사회의 변화하는 조건에 적응할 수 없다고 믿는다. 우리는 다른 이론가들이 프로이트의 정신분석학적 통찰을 이용하여 종교의 역할과 인간발달에서의 영성에 대해 근본적으로 다른 결과에 도달했다고 본다. 이 대안적인 관점들 중 첫 번째는 대상관계이론에서 표현된다.

아동기 종교의 대상관계이론

이언 서티(Ian Suttie, 1889~1935)

프로이트의 정신상태에 대한 관점은 주로 긴장이 고조되고 방출의 압력이 가해지는 폐쇄적인 에너지 체계로서의 개인에 초점을 맞추고 있다. 이러한 관점에서 볼 때, 성격의 동기부여는 본질적으로 본능적인 요소이며, 자아와 초자아에 의해 어떻게 관리되는가에 달려 있다. 영국의 정신과 의사이며 정신분석가인 이언 서티는 심리적 기능에서 문화적 요소를 중요하게 생각하므로 프로이트의 많은 견해를 수정한다. 프로이트가 본능을 심리적 활동의 원동력으로 보고 있는 반면, 서티는 동반자에 대한 타고난 욕구와 호기심을 심리적 활동의 원동력으로 생각한다. 프로이트는 인간에게 파괴를 향한 요인이 있다고 믿으며, 서티는 분노와 화는 근본적으로 거부된 사랑과 인간관계 및 자기고립의 회복에 대한 반응이라고 주장한다.

서티는 어머니가 인간의 성격을 형성하는 데 중심적인 역할을 하는 것으로 본다. 어머니는 아동의 유아기 초기 단계, 아직 어머니 또는 환경과 자기(Self)가 구분되지 않는 단계에서 발전하는 첫 번째 정서적 관계를 나타내기 때문에 중요하다(프로이트의 일차적 나르시시즘과 평행). 서티에 따르면, 사랑의 유대는 프로이트가 가정한 성적 갈망이라기보다는 애무와 영양적 만족에 의해 매개되는 자연스러운 애정 가운데 하나이다. 어머니와의 관계는 너무 중요해서 개인적 · 문화적 발전에 영향을 미친다. 서티는 유아기에 남겨진 어머니의 사랑을 회복하려는 노력이 예술, 과학 및 종교를 포함한 이후의 모든 사회활동의 궁극적인 원천이라고 믿는다. 그런 점에서 서티는 예술, 과학, 종교 및 문명의 기원에 대한 프로이트의 견해에서 오이디푸스 콤플렉스가 수행하는 핵심 역할에 대해 어머니와의 관계를 대신한다고 본다.

이와 관련해서 서티는 종교의 역사에 매료되어 있으며, 종교의 기원에 대한 프로이트의 이론을 크게 수정한다. 서티는 프로이트가 종교의 다양성, 특히 고대의 어머니 숭배를 간과하고 있다고 생각한다. 서티는 프로이트가 투사의 일반적인 역학과 오이디푸스 콤플렉스가 가부장적 전통에서 아버지 신들을 위한 근원이라고 주장하는 것을 옳다고 인정하지만, 이전의 모계(母系) 종교는 이러한 방식으로는 설명될 수 없다고 주장한다. 그 대신에 서티는 오이디푸스 콤플렉스 이전의 희망, 두려움, 갈등, 즉 어머니를 둘러싼 초기 경험이 투사된 것을 모계 종교의 기초로 본다. 이런 식으로 서티는 신이나 여신 개념의 원천으로서 프로이트의 투사에 대한 개념을 확장한다.

서티는 종교가 인간발달에 미치는 긍정적인 시각을 가질 수 있는 길을 제시한다. 그는 종교의 특정한 측면이 병리적일 수도 있다는 데 동의할 정도로 프로이트와 함께하지만, 거기서 멈추지 않는다. 종교가 유아기의 경험에서 비롯되는 정신적 질병과 유사할 수도 있다는 것을 인정하면서도 다른 사람들에 대한 우리의 감정적인 관계를 개선하고 자기집착과 정신병의 불행을 극복하는 데 도움을 준다고 주장한다(Suttie, 1935: 104). 이런 점에서 종교는 긍정적인 방향으로 발달에 영향을 줄 잠재력이 있으며 심리치료 체계와 매우 유사하다.

로널드 페어베언(Ronald Fairbairn, 1889~1964)

페어베언은 고전적인 정신분석적 욕동(본능)이론을 포기하고 대상관계 관점에서 가장 체계적으로 발전시킨 사람이다. 서티와 마찬가지로 모성 박탈에서 정신병리의 뿌리를 보고, 공격성은 독립적인 본능이 아니라 다른 사람들과의 불안정한 관계에 대한 반응이라고 믿는다. 페어베언은 종교에 대해 많은 글을 쓰지는 않았지만, 정선된 에세이에서 종교의 측면을 언급한다. 그는 『나쁜 대상의 억압과 재출현(The Repression and Return of Bad Objects)』에서 아이들이 나쁜 대상, 특히 부모를 내면화한 다음에 억압하여 다루는 것이라고 설명한다. 비록 부모에게 문제가 있다고 해도 아이는 부모 없이는 할 수 없고, "마치 악령에게 홀린 것처럼 말이다." 심리치료의 목적은 무의식상태에서 나쁜 대상(bad objects)을 방출하는 것인데, 그것들이 정신질환의 근원으로 여겨지기 때문이다.

이 점에서 심리치료사는 환자의 먼 과거의 악마를 쫓아내는 일종의 퇴마사[1]처럼 보인다. 이후의 논문에서 페어베언(1955)은 심리치료의 과정을 기술하기 위해 종교적인 은유를 사용한다. 치료에 참여한 환자들은 과거로부터, 내면의 나쁜 대상의 속박으로부터, 죄책감의 무게로부터, 그리고 영속적인 죽음으로부터 "구원"을 추구한다. 페어베언은 고전적인 종교 용어를 사용하여 치유를 위한 심리치료 연구가 "종교적 탐구"에 상응하는 것으로 묘사하고 있다. 따라서 페어베언은 초기 발달에서 무엇이 잘못되었는지에 초점을 맞추었고, 성격발달을 기술하기 위해 종교적인 언어로 표현되는 치료적인 관점을 제시한다.

해리 건트립(Harry Guntrip, 1901~1975)

감리교 목사의 아들이며 회중교회 목사인 건트립은 페어베언의 영향

1) 퇴마사(退魔師)란 악마나 귀신을 쫓아내거나 물리쳐서 없애는 사람을 말한다.

을 받았으며, 그와 함께 오랜 분석활동을 했다. 건트립(1969)은 다른 대상관계이론가들과 함께 모든 인간은 "우리에게 유익하게 느끼는 환경에 개인적인 측면에서 관련될 수 있는 절대적 필요성"을 공유한다고 가정한다. 초기의 기본 욕구가 충족되지 않을 때, 인간은 지속적인 불안으로 고통을 받는다. 건트립의 관점에서 종교는 불안을 겪고 있는 사람들을 위한 피난처 역할을 함으로써 인간발달의 본질적인 필요성을 제공해준다.

건트립에게 종교는 우주와 궁극적 현실에 대한 연결성과 개인적 타당성을 부여하는 근본적인 의미이다. 종교는 인간을 근거로 하고, 우리 시대의 전염병인 불안감을 해소해주는 역할을 하는 관계를 상징한다. 우주와의 연결성은 초기에는 다른 인간, 즉 아기의 최초 보호자에 의해 유아에게 중재된다. 이런 의미에서 종교는 아이들이 세상에서 집처럼 느낄 수 있는 확신과 보살핌을 제공하는 사람들을 상징한다. 건트립이 말했듯이, 종교는 "선한 대상관계의 구원의 힘"을 의미한다. 건트립은 영성과 종교에 대한 대상관계이론가들의 긍정적 태도의 가장 좋은 예를 보여준다.

도널드 위니콧(Donald Winnicott, 1896~1971)

위니콧은 소아과 의사이며 정신분석가로, 아동이 다른 사람들과 구별되며 인간이 되는 자각의 발현을 연구한 사람이다. 그는 헌신적인 어머니가 유아의 분열된 경험의 세계를 담을 수 있는 "안아주기 환경(holding environment)"을 제공하기 때문에 발달에 결정적인 역할을 한다는 것을 관찰했다. 어머니는 아이가 보는 것을 다시 반영하여 자녀의 초기 경험을 개인화시킨다. 다른 것들이 점차적으로 어머니의 관심을 차지하기 때문에 아이는 항상 자신의 요구에 응답하지 않는 세상을 이해해야 한다. 위니콧은 "충분히 좋은 엄마"가 아이를 변화하는 상황에 적절히 적응할 수 있도록 해줄 수 있다고 언급했다.

이 적응의 또 다른 중요한 요소는 "전이 대상(transitional object)"으로, 태어난 지 3년 이내의 아이에게 부드러운 담요나 껴안을 수 있는 봉재로 만든 동물 인형이다. 이러한 과도기적 대상은 어머니와 떨어져 있을 때의 분리불안의 긴장을 완화시켜주고, 간혹 아이 내면의 소망과 욕구를 이러한 소망에 반하는 외적 세계와 통합할 수 있게 한다. 위니캇에 의하면, 위기나 불안의 순간에 특히 필요한 이 대상은 젖가슴과 아이와 어머니와의 관계를 나타낸다고 한다. 그는 또한 전이 대상이 나중에 인생에서 평형 기능을 수행하는 다른 전이 현상의 원형이라고 생각한다. 그는 종교와 예술은 경험의 중간 영역, 즉 아동의 무한한 사고와 환상 사이의 상상 영역과 감각과 지각처럼 어른들의 현실에서 허용하는 현상의 중간 영역으로 본다. 이러한 흐름에서 종교는 사람들의 내면과 외면 세계를 통합하고 불안에 효과적으로 대처할 수 있게 하기 때문에 가치가 있다.

위니캇은 현실에 적응하기 위해 종교에 가치를 부여했지만, 다른 사람들에게 우리의 "환상적"인 경험 세계를 받아들이도록 강요해야 한다는 한계 또한 알고 있었다. 그는 여기서 긍정적인 의미로 '환각'(illusion: 라틴어로 '놀이하다'라는 뜻을 지닌 'ludere')이라는 단어를 사용하여 적응에 도움이 되는 창조적인 경험 영역을 제공하는 전이적 현상을 설명한다. 그가 종교의 중요한 기능을 특성화하기 위해 '종교'라는 단어를 사용한 것은 프로이트가 종교에 관한 주요 저작인 『환상의 미래(The Future of an Illusion)』에서 사용한 '종교'라는 단어와 현저한 대조를 이룬다. 『환상의 미래』에서 프로이트는 '환상(Illusion)'을 희망하는 마음을 바탕으로 둔 생각이라고 말하고, 그의 관점에서 종교는 인간의 취약성으로 인한 현실적인 불안을 완화시키기 위한 보호하는 부모[神]의 환상에 불과한 소원이다. 이에 반해 위니캇(1971)은 환상의 긍정적이며 건설적인 효과에 대해 프로이트보다 낙관적이며, 성인이 다른 사람들에게 쉽게 믿도록 강요하고, 그들 자신의 것만이 아닌 종교의 환상을 공유하며, 다른 사람들에게 인정하도록 강요하는 것을 통해 종교가 광기의 특징이 될 수 있다고 생각한다(p. 3).

위니콧은 종교적 관념이 좋은 초기 관계로 인해 창출된 신뢰를 대체하려고 의도하지 않는 한 가치가 있다고 주장한다.

> 초기 단계에서 충분히 좋은 경험을 하지 못한 아동에게는 보호를 대신하는 개인적인 신의 개념을 부여할 수 없다. 유아와 어머니 사이의 중요하고 미묘한 의사소통은 구두 의사소통을 추가할 수 있는 단계가 될 수 있다. 이것은 도덕교육의 첫 번째 원칙이며, 도덕교육은 사랑을 대체할 수 없다(1965: 97).

따라서 종교는 신뢰할 만한 관계를 제공하는 사람들에 의해 지지될 때만 세계와 신에 대한 신뢰의 중요한 확신으로 효과적일 수 있다.

애너 마리아 리주토(Ana-Maria Rizzuto)

리주토는 정신의학 교수이며 정신분석가로서 아동과 성인 모두를 연구한 학자이다. 신의 이미지(God-image)에 대한 그녀의 연구는 프로이트와 대상관계이론가들, 특히 위니콧의 통찰력을 바탕으로 한다. 그녀는 신 이미지를 가장 의식적인 사고의 산물이라고 여겨지는 "신학자들의 신" 또는 원초적으로 이전의 인간관계 경험에 기초한 신의 이미지나 신의 표상(God-representation)으로 구분한다. 리주토(1979)는 설문조사, 환자의 가족 인터뷰를 토대로 이들이 오직 한 부모만을 근거로 신의 이미지를 형성하지 않았다고 결론을 내렸다. 그녀의 기준에서 신의 이미지 발달은 프로이트의 생각처럼 아버지에게만 영향을 받지 않고 어머니, 조부모, 영웅들, 개인의 상상 속의 이상적인 부모나 두려운 부모에게도 영향을 받는 복잡한 개념이다.

그녀는 프로이트가 신의 이미지 형성에 대한 이해를 돕는 데 일조한 것은 인정했지만, 여성에 대한 신의 표상을 충분히 다루지 않고 오이디푸스 콤플렉스만 신의 이미지에 대한 근원으로 독점적으로 초점을 맞춘 것에 대해서는 비판한다. 그녀는 프로이트가 신 이미지의 원천으로 더욱더 어린 시절까지 도달하지 못했다고 생각한다. 신의 표상 형성에 가장 이른 영향은 오이디푸스 콤플렉스 시기 이전으로, 두 살이 되기도 전이다. 하지만 리주토는 신의 이미지가 오이디푸스 콤플렉스 시기가 끝날 때까지 고정되지 않고, 우리의 일생에서 원초적 관계가 변하듯이 계속해서 수정된다고 본다.

> 이러한 대상 사랑(object love)과 관련된 자기표상(self-representations)의 조절과 변조에 대한 신(神) 표상의 사용은 유년기에 시작되어 생의 전 과정에서 지속되며, 사랑과 미움의 대상으로부터 끊임없이 분리되는 순간에 개인이 자신의 최종적인 자기표상에 직면할 때 (사망 시) 최종적이고 결정적인 가능성을 발견하게 된다(1979: 89).

이러한 신의 이미지는 생애주기의 각 단계마다 재생산되고 성인기에 진행되는 경험에 의해, 그리고 심지어는 죽음의 순간에도 수정된다.

신의 표상은 인간의 자아감각과 세계관의 주된 요소이며, 다르게 표현하면 신의 이미지는 자아인지와 세계관을 반영한다. 리주토는 하인즈 코헛(Heinz Kohut)의 초기 자기(the self) 발달에 관한 연구에 빚을 지고 있음을 인정한다. 코헛(1971)은 자신을 다른 이들에게 비추어보는 것이 인간이 되는

데 필요한 핵심 경험이라고 강조한다. 그는 이러한 경험을 '반사(mirroring)'라고 말하고 자아존중감의 원천이라고 설명한다. 반사는 자기의 주요 정신적인 표상(mental representations)을 생산한다. 첫 번째로는 아이의 자기 자신에 대한 개념, 즉 이상적으로 과장된 이미지, 두 번째로는 반영해주는(mirroring) 고귀한 이미지인 어머니에 대한 개념이다.

리주토의 관점에서 이러한 반사과정은 신의 표상에 대한 첫 번째 정교화의 주요 원천이다. 리주토는 프로이트의 아버지가 신의 이미지(God-image) 형성에 기여할 뿐만 아니라 악마 표상(Devil-representation)의 원천이기도 하다는 생각에 호의적이다. 프로이트는 악마와 신이 공통적인 기원(아버지의 이미지)을 가지고 있다고 설명한다. 아버지의 이미지는 적대적이고 도전적인 악마의 특징과 선하고 아버지다운 신의 특징으로 나뉜다. 사람이 자신의 부모를 사랑하면서도 미워하는 것처럼 양면성은 여기에서 작용한다. 신은 아버지에 대한 사랑의 투사로 대표되고, 악마는 아버지에 대한 증오로 대표된다. 리주토가 악마를 통해 여성의 표상을 보지 않았다는 것을 감안할 때, 아버지의 힘에 대한 두려움에 악마의 이미지가 뿌리를 내리고 있다고 보는 프로이트의 관점이 그럴듯하다고 생각한다.

일반적으로 우리는 대상관계이론가들이 어린 시절에 나타나는 종교의 긍정적 측면을 인식하고 있다는 것을 알고 있다. 서티는 종교가 더 나은 정서적인 관계를 상징하고 어머니와의 사랑을 회복하려는 노력을 기반으로 한다고 생각한다. 페어베언은 종교가 초기 아동기의 나쁜 대상에 대한 속박에서 개인들의 자유에 대한 치료적인 은유의 근원이라고 본다. 건트립에게 종교는 다른 사람들과 우주와의 연결을 통해 우리의 불안을 해소시켜주는 것이다. 위니콧은 종교를 사람들을 새로운 상황에 적응할 수 있게 해주는 긍정적인 영역으로 이해한다. 마지막으로 리주토는 우리의 신 이미지는 이미 2세 이전에 형성되고 있고, 남녀 모두 많은 근원을 기반으로 하고 있으며, 변화하는 자신과 세상을 반영하기 위해 일생에 걸쳐 끊임없이 수정된다고 본다. 모든 대상관계이론가들은 종교가 아동의 성격 형성에 긍정적이고 지속적인 기여를 한다고 본다. 여기서는 종교가 나중에 심리치료를 통해 반드시 없애야 하는 장애물을 만든다는 프로이트의 생각과 달리, 종교는 결정적인 토대를 마련하는 것으로 생각된다.

아동기 종교에 대한 자아심리학

프로이트의 욕동이론(drive theory)[2]과 대상관계이론 이후 어린 시절 종교를 탐구하는 다른 중요한 정신분석학적 관점은 자아심리학의 이론이다. 여러 견해들이 이 관점에 기여했지만, 고든 올포트(Gordon Allport)와 에릭 에릭슨(Erik Erikson)만큼 종교에 대한 이해에 큰 영향을 미치지는 못했다.

고든 올포트(1897~1967)

올포트는 종교심리학 연구를 통해 심리학 경력을 쌓기 원하는 사람들에게 가장 큰 영향을 끼친 사람 중 하나이다. 심리학자들은 프로이트의 정신분석과 존 왓슨(John Watson)의 행동주의에 대한 비판적인 평가 이후 종교 연구를 피했다. 올포트는 이러한 경향을 깨고 정신건강에 기여할 종교의 잠재적 가치에 관심을 쏟을 수 있는 위상을 보였다. 그의 책 『개인과

2) drive는 '추동', '욕동' 등으로 번역되고 있는데, 여기서는 프로이트가 원래 사용한 독일어 'Treib'의 의미에 가까운 '욕동'이라는 용어를 사용한다.

종교(The Individual and His Religion)』는 윌리엄 제임스의 『종교적 경험의 다양성(Varieties of Religious Experience)』이 떠난 자리에 종교 연구를 심리학에서 받아들일 만한 연구 주제로 만드는 데 도움이 되었다. 제임스와 마찬가지로 올포트는 일생을 하버드대학에서 가르쳤고, 종교의 긍정적이고 부정적인 특징을 신중히 고려했다. 올포트가 개발한 종교를 이해하기 위한 범주는 심리적 결과를 성숙한 종교와 미성숙한 종교로 구분할 때, 심리학자들이 미묘한 판단을 내릴 수 있도록 허용한다.

우리는 이 장에서 성숙한 종교에 대한 올포트의 기준을 고려해야 한다. 종교가 퇴행적이고 병리적이라는 프로이트의 견해와 달리 올포트는 특정 유형의 종교나 특정한 종교적 행동만이 부정적인 영향을 미친다고 생각한다. 올포트가 성숙한 종교와 미성숙한 종교를 구분하는 것은 종교의 영향에 대한 좀 더 신중한 판단에 기여하지만, 유년기 종교에 대한 부정적인 평가로 이어지는 것으로 보인다.

올포트는 의미와 해석을 종교의 본질적 측면으로 보기 때문에 유년기의 종교는 성인들의 종교와 거의 관련이 없다고 생각한다. 사실, 그는 종교가 영아기에는 전적으로 부족하다고 주장한다. 어린아이들이 종교의식을 따라 하기는 하지만, 그 의미는 이해할 수 없다. 올포트는 머리를 숙이고 손을 모아 기도하는 것과 같이 의미를 이해하지 못하고 간단한 기도나 찬송가를 암기하는 아이의 종교적 반응은 사회적인 성격을 갖는다고 묘사한다. 그는 아이의 행동을 부모가 요구하는 "무의미한 습관"에 비유한다. 올포트는 네 살 아이가 종교적인 그림 앞에서 기도하는 것에 익숙한 이야기를 예로 든다. 집에서 멀리 떨어져 있는 동안 한번은 아이에게 기도를 하라고 했다. 아이는 기도를 할 때 사용하던 종교적인 그림이 없었기 때문에 근처의 테이블에 놓여 있는 인기 잡지의 표지를 앞에 놓고 기도했다. 올포트는 아이의 기도가 동요(童謠)와 다를 바 없다고 결론지었다.

올포트가 미성숙하다고 보는 어린 시절 종교의 또 다른 특징은 자기중심주의이다. 모든 지각과 감정은 자아 성장에 대한 아동의 감각을 중심으로 전개된다. 여기서 올포트는 아동에게서 일어나는 상황에 대한 아동의 신념에 대해서는 프로이트의 관찰에 동의한다. 그는 또한 아동은 자신이 착하게 살고 있는지 알기 위해 태양이 아이들을 따라 다닌다는 것을 믿는다는 피아제의 견해에 동의한다. 이 단계에서 아동은 부분적으로만 듣고, 익숙한 단어를 가져다가 자신의 의미로 엮어낸다. 신인동형론(神人同形論)[3]은 올포트가 강조하는 또 다른 어린 시절 종교의 한 측면이다. 그는 노인, 부자, 슈퍼맨 또는 왕으로서의 전형적인 하느님의 형상을 인용하며 프로이트가 추측한 것처럼 모든 것은 아니지만, 종종 아버지의 신체적 특징도 포함한다. 올포트는 인생에서 직면하는 실망들, 예를 들면 아픈 애완동물이나 작동하지 않는 장난감을 위한 기도가 이루어지지 않았을 때, 어린 시절의 마법 같고 자기중심적인 종교는 점차적으로 수정되거나 종교를 버리게 될 수도 있다고 말한다.

생애주기에서 종교와 영성의 위치를 이해하는 데 대한 올포트의 전반적인 기여는 주로 성숙한 종교와 미성숙한 종교 사이의 구별과 방대한 연구로 만들어진 그의 내재적 종교(그 자체로 목적)와 외재적 종교(목적을 위한 수단)의 범주이다. 어린 시절의 종교와 미성숙한 종교를 동일시하려는 올포트의 경향은 어린 시절의 종교와 영성에 대한 충분한 인식을 허용하지 못했다. 또 다른 중요한 자아심리학자인 에릭 에릭슨은 아이의 성격에 대한 종교적 · 영적 기초를 강조한다.

---

3) 신이 인간과 유사한 몸과 감정을 지닌 존재인 것처럼 말하는 신에 대한 하나의 관점으로 "하느님의 강한 팔, 하느님의 입, 착한 사람을 사랑하고 악한 사람을 미워하는" 등의 표현은 신인동형론의 예이다.

에릭 에릭슨(1902~1994)

에릭 에릭슨은 생애주기에서 가장 영향력 있는 이론 중 하나를 만들었다. 심리학에서 종교 영역에 대해 에릭슨보다 더 관심을 기울인 정신분석가는 없었다. 마틴 루터(Martin Luther)와 모한다스 간디(Mohandas Gandhi) 같은 역사적 인물에 대한 그의 저서는 종교적 가치에 대한 관심이 심리적 성장에 중요한 역할을 한다는 것을 보여준다. 에릭슨은 세상에 나오기도 전에 이혼한 덴마크인 부모에게서 태어났다. 유대인 어머니와 의붓아버지와 함께 독일에서 자랐기 때문에 그의 북유럽적인 특성은 수수께끼처럼 보인다. 에릭슨은 자신의 정체성을 찾아 독일과 이탈리아를 헤매며 계속 연구했고, 예술에 큰 관심을 보였다. 25세가 될 때까지 지속된 "보헤미안" 기간은 그에게 큰 영향을 주었다. 에릭슨은 자신의 이름을 스스로 지어 에릭 에릭슨이 되기로 결심했다. "에릭의 아들"로 자신이 정체성의 저자(著者)라는 것을 보여주며 "정체성의 심리학자"라고 불리게 된 첫 번째 사람이 되었다.

1927년에 에릭슨은 프로이트의 어린 환자들과 동료들에게 미술을 가르치기 위해 비엔나로 갔다. 비엔나에 있는 동안 정신분석학에 흥미를 느끼고 비엔나 정신분석학회(Vienna Psychoanalytic Society)의 교육연구소에서 공부하기 시작했다. 에릭슨은 초등학교 교사였던 안나 프로이트(Anna Freud)를 비롯하여 새로운 전문분야인 아동정신분석학을 창안한 주요 인물들과 함께 공부했다. 안나 프로이트는 그의 교육분석가 역할을 했다. 동시에 에릭슨은 아동들에게 학습할 수 있는 창조적인 환경과 함께 활동에 필요한 다양한 물건을 제공하는 것이 중요함을 강조한 몬테소리 방법[4]을 배웠다.

---

4) 몬테소리 방법은 어른들의 간섭 없이 아동이 자율적이며 독립적으로 발전할 수 있도록 하는 데 있다.

에릭슨은 정신분석학 교육을 마치고 보스턴으로 건너가 이 도시의 첫 아동분석가가 되었고, 하버드대학교 의과대학 교수로 임명되었다. 그는 문제가 있는 아동들과 함께 일하면서 아이들이 어떻게 정신적 갈등을 극복하려고 노력하는지 관찰하면서 성인이 단순히 놀이, 재미 및 게임으로 치부하는 것이 아동들에게는 인생의 본질이라는 것을 알게 되었다. 그의 대부분의 활동은 아동의 활동이 관찰하는 어른이 아닌 아동에게 어떤 의미인지 보여주기 위해 설계되었다. 그는 놀이야말로 실험과 계획을 통해 현실을 파악하는 아동의 방법임을 강조한다.

에릭슨의 첫 번째 책인 『아동기와 사회(Childhood and Society)』는 12개 언어로 번역되었고, 프로이트의 제자가 저술한 책 중 가장 유명하다. 이 책에서 에릭슨은 인간의 생애주기 중 8세에 대한 생각을 제시한다. 이 연령대는 '후성설적 기반(epigenetic ground plan)'[5]이라고 부르는 것에 따라 전개되며, 이는 아동이 출생 후에 발달한다는 것을 의미한다. 각 연령은 기본적인 신뢰와 불신 같은 두 가지 상반된 경향 사이의 갈등으로 특징지어진다. 긍정적인 극(positive pole)은 동조적인 요소(syntonic element)를 말한다. 그것은 성장, 확장 및 자기존중에 도움을 준다. 이질적인 요소(dystonic element)는 성장에 문제가 된다. 이 갈등에서 미덕이나 자존감이 발달한다. 강점이나 미덕은 초기의 정신구조 위에 구축된 후기 정신구조에 누적된 효과를 가지고 있으며, 생애주기의 초반에 개발된 자아 강점은 미래의 삶의 도전에 대처하는 능력에 기여한다. 만약 특정한 강점이 생애주기의 전형적인 시간 동안 개발되지 않는다면, 나중에 이 장점을 개발하기 위해 돌아갈 수 있다. 각 연령에

5) 후성설적 원리는 성장하는 것은 기반을 갖고 있으며, 여기서부터 지체가 자라나는데, 모든 지체는 그것들이 온전히 기능을 하도록 성장할 때까지 각 지체가 특별한 우위의 시간을 갖는 것이다. 이때 각 단계는 체계적으로 다른 모든 단계와 연관되어 있는데, 전 단계의 적절한 발달에 다음 단계가 의존하고 있으며, 각 단계는 결정적이고 위기의 순간이 정상적으로 오기 전에 어떤 형태로 존재한다는 것이다.

서 개인이 관련된 자아 강도에 대한 인식은 동조적인 요소와 긴장적인 요소로 대표되는 두 개의 극단적인 극 사이의 스펙트럼에 있는 것으로 이해할 수 있다. 가끔 신뢰와 불신 같은 두 가지 양극성의 혼합이 있기도 하다. 에릭슨은 미덕이 최종적으로 달성되는 것이 아니라 대개는 주된 관심사가 아닌 다른 연령대에서도 계속해서 도전 받고 있다는 것을 인정한다.

에릭슨의 많은 작품들은 프로이트의 심리성적 발달이론, 특히 어린 시절의 초기 단계에 기반을 두고 있지만, 본능과 무의식의 역할보다는 자아의식에 초점을 맞춘다. 이 장에서는 어린 시절의 단계들만 고려하고 나머지 단계들은 이후의 장에서 다룰 것이다.

에릭슨의 초기 4단계

① 기본적 신뢰 대 불신. 미덕: 희망(인생의 첫 해)

아이는 어머니의 보살핌이 주는 예측 가능성, 일관성 및 질을 통해 자신에 대한 감각과 선함을 느끼기 시작한다. 얻어진 신뢰는 수유의 용이함, 수면의 깊이 및 장의 이완으로 나타난다. 이때 개발된 신뢰는 아이에게 삶의 좌절감을 극복할 수 있게 해준다. 젖을 떼는 경험은 어머니와 세상에 대한 자녀의 신뢰감에 상당한 도전이 될 수 있다. 에릭슨은 어머니와 자녀의 생애주기가 어떻게 함께하는지 강조한다. 어머니는 신뢰와 희망(첫 번째 미덕)을 키우고 있는 아이의 생애주기로 다시 활동하게 됨으로써 어머니 자신의 보살핌(7단계의 미덕)이 전해지게 된다. 이것은 〈그림 5〉에서 살펴볼 수 있다.

에릭슨은 종교가 이 단계에서의 발달을 도와준다고 말한다. 가장 초기 종교의 형태는 창조와 세상의 선함에서 믿음을 확립하고 회복시키는 희생과 의식(儀式)이다. 신의 창조와 세상의 유지에 관한 교리는 인생에서 이러

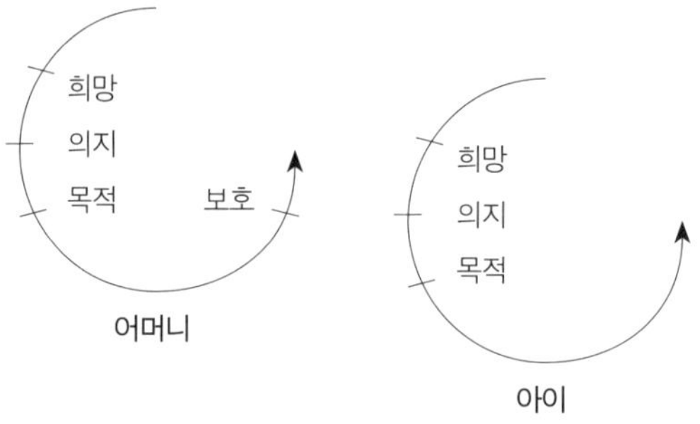

〈그림 5〉 어머니와 아이의 생애주기 교차점

한 믿음을 재확립하기 위한 것이다.

② 자율성 대 수치심 그리고 의심. 미덕: 의지(1~4세)

이 단계에서 아동의 근육이 발달한다. 새롭게 발견된 물건을 잡고, 서고, 걸을 수 있는 능력은 아이에게 통제감을 준다. 이러한 새로운 능력들은 자신의 힘을 통제할 수 없는 무능함과 위험을 피하기 위해 아직 제한적이어야 한다. 자율성과 수치심에 대한 도전이 절실히 요구되는 이 단계에서는 화장실 훈련이 중대한 문제가 될 수 있다. 풀러(Fuller, 1988)는 자율성과 자기(Self) 방향의 위험성을 강조하는 종교적 교리가 이 시기에 시작되는 자율성의 가치 있는 측면을 위험하게 할 수 있다고 지적한다.

③ 주도성 대 죄책감. 미덕: 목적(4~6세)

이 시기 동안 아이는 계획을 세우고, 물건을 찾거나 만들 수 있다. 에릭슨은 진취성이 과도하게 발동되거나 아이가 할 수 있는 것보다 더 많은 것을 요구할 때 죄책감이 발생할 수 있다고 주장한다. 자녀가 과도한 죄책감을 느끼지 않으려면 부모는 격려와 규제 사이에서 균형을 유지해야 한다. 이 시기 동안 아이는 부모와 보호자를 내면화함으로써 자기 자신을 부모로 삼기 시작하여 무한한 탐구와 자기주도 및 자기처벌 사이의 균형을 잡으려고 한다. 에릭슨은 이것을 프로이트의 오이디푸스 갈등에 대한 개념이 관계되는 때라고 인식한다. 동성 부모와의 경쟁과 이성 부모에 대한 배타적인 관심에 대한 열망은 부모의 우월함 때문에 아이에게 실현될 수 없는 환상에 대한 죄책감을 유발할 수 있다.

④ 근면성 대 열등감. 미덕: 유능감(6~11세)

이 단계에서 아동의 신체적 능력은 도구와 학습기술을 사용할 수 있을 정도이다. 이제 아동은 과업 수행에 더욱 체계적인 주의를 기울일 수 있다. 아이는 게임과 삶의 규칙뿐만 아니라 읽기, 쓰기 및 언어 기술을 습득한다. 에릭슨은 아이가 또래와 마찬가지로 이러한 일을 할 수 없다면 열등감이 생길 수 있다고 지적한다.

에릭슨은 이전 단계에서 형성된 자아의 확립에 초점을 맞춘다. 그는 신뢰와 희망을 건강한 자아의 단계적인 출현의 핵심 재료로 강조한다. 대상관계이론가들과 마찬가지로 그는 자아형성의 초기 단계에서 부모와의 관계의 질적 중요성과 새로 태어난 아동기 자아를 형성하는 데 필요한 자율성과 지지, 격려와 지도, 진취와 규제 사이의 균형을 강조한다. 아동기의 종교에 대한 에릭슨의 접근은 이 기간 동안 종교의 광범위한 공헌에 감사하게 한다. 그는 자신감과 세계관 형성에 대해 신뢰와 희망을 중요하게 보았고, 올포트는 성숙한 자아를 통합하기 위한 종교의 후기 역할에 초점을 맞추고 그에 따라 아동기의 종교와 영성의 존재를 과소평가한다.

경험적 연구

장 피아제(1896~1980)

정신분석학의 다양성과 더불어 우리는 지금까지 아동이 생각하는 방식에 대한 많은 연구를 하고 있다. 30년이 넘도록 아동기의 종교 연구는 주로 스위스 심리학자 장 피아제(Jean Piaget)의 연구를 기반으로 인지발달 과정에 집중해왔다. 초기에 피아제는 종교 문제에 관심을 갖게 되었고, 특히 신이 인생 자체와 동일하다는 앙리 베르그송(Henri Bergson)의 생각에 영향을 받았다. 생물학 및 심리학 연구를 마친 후, 피아제는 제네바의 루소(Rousseau) 대학에서 연구책임자가 되었으며 종교심리학 연구집단을 구성했다. 그는 심리학이 종교적 가치를 판단할 수 없다고 생각했지만, 이러한 가치들로부터 추론하는 사고과정을 평가할 수 있다고 믿었다. 이런 관심이 아이들이 생각하는 방식을 연구하려는 욕구에 기여했다.

피아제(1969)는 자라나면서 아동의 사고가 체계적으로 변화하고, 아동이 규칙적으로 겪는 일련의 인지발달 단계를 발견한다. 그의 통찰 중 많은 부분은 아이들을 직접 관찰한 것에서 비롯되었으며, 그는 아동이 게임을 하는 것을 지켜보고 게임의 규칙에 대해 질문했다. 피아제는 같은 나이의 아동이 이러한 것들에 대해 논하는 방식에 유사점이 있다고 말한다. 여기서 우리는 각각의 단계들과 종교적인 문제에 대한 생각에 몇 가지 가능한 함축적인 의미를 간략하게 고려한다.

① 전조작기(2~7세)

이 단계에서 아동은 자기중심적이며 다른 사람의 관점에서 사물을 볼 수 없다. 아동은 정교한 논리적 추론이 결여되어 있으며, 한 번에 두 가지 이상의 관계를 파악할 수 없다. 아동은 부피, 질량 또는 길이 같은 물리적 특성이 외형의 동일 조건을 유지한다는 것을 이해하지 못한다. 예를 들어, 길고 얇은 유리잔의 물을 넓은 유리잔으로 옮기면, 아동은 더 넓은 유리잔의 수위가 낮아졌기 때문에 물이 줄었다고 말할 것이다.

② 구체적 조작기(7~11세)

이 단계에서 아동은 비슷한 물체와 동작을 크거나 작은 모든 녹색 물체와 같은 범주로 나눌 수 있다. 이제 아동은 넓은 그릇에서 좁은 그릇으로 액체를 붓는 것이 액체의 양을 변화시키지 않는다는 보존원리를 이해하고 연산을 거꾸로 할 수 있다. 예를 들어 메리가 수전의 언니라는 것을 알게 되면 수전이 메리의 여동생이라는 것을 이해한다. 공정성의 개념은 가역적 조작 개념을 파악함으로써 의미를 갖기 시작하지만, 이러한 개념은 구체적인 대상과 행동으로만 확장될 뿐이다. 아직 친절, 선함, 신이나 천국 같은 비물리적 실체와 같은 일반 원칙에 관해 생각할 수 있는 능력은 거의 없으므로 신은 큰 인물, 하늘에 계신 큰 노인 또는 자신의 아버지와 비슷한 크고 더 강력한 아버지로 여겨진다. 도덕적 규칙과 관련하여 아동은 옳고 그름을 판단할 때 의도를 고려하기 시작한다.

③ 형식적 조작기(12세에 시작하여 대부분 15세에 완전히 발달함)

이제 논리와 추론능력이 크게 증가한다. 아동은 추상적 개념을 이해하고, 상호관계를 볼 수 있으며, 높은 수준의 결론을 도출한다. 그리고 선함과 악함 같은 일반적 원칙을 생각할 수 있고, 신이 단순히 큰 사람이나 부모와 같지 않을 수도 있다는 것을 안다. 시간이 더 지나면 아이는 비유의 한계를 이해하기 시작하며, 은유적 언어는 신성하고 영적인 현실에 관해 말하기 위해 그 이상을 설명할 수 있어야 함을 이해한다.

피아제는 아동이 자신의 현재 단계뿐만 아니라 초기 단계를 이해하고 활용할 수 있다고 본다. 예를 들어, 곱셈을 배우기 시작하면 덧셈과 뺄셈을 할 수 있는 것과 같다. 한 단계에서 다른 단계로 이동하려면 적절한 내부 및 외부 조건이 필요하다. 이러한 변화는 그 단계에서의 추론(필수적 내부 조건)과 환경에서의 적절한 경험(필수적 외부 조건)에 필요한 신경학적 성장에 선행한다. 따라서 청소년들은 미적분을 배울 수는 있지만 필요한 선행 수학을 배우지 않는 한 그렇게 하지 않을 것이다.

인지발달 단계는 모든 사고 영역에 적용되는 기본구조이다. 인간이 모든 사고 영역에서 주어진 단계에 머물러 있는 경우는 드물다. 왜냐하면 특정 영역에 대한 사고는 해당 영역에서의 경험에 따라 달라지기 때문에 몇 가지 정보나 그 내용물(contents) 영역의 단계 사이에는 관계가 없을 수 있다. 이것은 도덕적 발달, 수학, 화학 및 종교적 개념화에 대한 사고가 그 분야의 자극 및 경험의 양에 따라 수준이 달라질 수 있음을 의미한다. 이런 현상은 종교적·영적 교육에 중요한 함의를 가진다.

아동이 종교의 개념화나 도덕적 추론을 통해 사고 영역에서 기능하는 것보다 낮은 수준으로 접근한다면, 추론의 내용을 어리석게 생각할 것이다. 만약 더 높은 수준에서 접근한다면, 아동은 모든 것을 이해하지 못하거나 현재의 수준에서 개념화할 것이다. 따라서 전조작기 아동은 신에 대한 이야기를 산타클로스나 캐스퍼(Casper)[6] 같은 친근한 유령으로 해석할 것이며, 구체적 조작기에 있는 아이들은 하늘에 있는 노인이나 큰 아버지로 해석할 것이다.

---

6) 미국의 애니메이션 영화와 만화에 등장하는 유령

만약 개념이 전조작기 또는 구체적 조작기에서만 제시되고 형식적 조작기에 다시 도입되지 않으면 개념화가 다소 원시적인 상태로 유지될 수 있다. 이러한 상황은 자녀가 가족과 함께 참여하던 종교생활을 후기 유년기 또는 청소년기에 그만두는 문제가 발생할 수 있다. 아동은 초기 수준의 사고로 종교와 영성을 지속적으로 개념화할 것이고, 따라서 어린 시절에만 종교와 삶의 영역에 접촉했기 때문에 종교가 유치하다고 느끼게 될 것이다. 따라서 종교적 · 도덕적 관념을 들을 때, 구체적 조작기의 의미를 가정하는 경향이 있을 것이고 실제로 무엇을 말하고 있는지 알아듣지 못할 수도 있다.

골드먼(Goldman, 1965)은 피아제의 종교교육에 대한 인지발달 연구의 종교적 함의를 이끌어내기 위해 많은 노력을 기울였다. 다른 두 명의 저명한 연구가인 콜버그와 파울러는 도덕적 추론과 신앙발달 영역에서 피아제의 단계를 적용한다.

콜버그의 도덕적 추론의 단계

로렌스 콜버그(Lawrence Kohlberg)는 피아제의 인지발달 수준을 기반으로 도덕적 추론의 단계이론을 만들어냈다. 그의 원래 연구는 10세에서 16세 사이의 60명의 소년을 대상으로 한다. 콜버그(1987)는 세 단계를 포함하는 도덕적 추론의 유형을 두 단계로 구분한다. 그는 이러한 단계들이 불변의 순서로 전개되며 많은 사람들이 성취하지 못한 가장 높은 단계가 있다는 것을 발견했다. 콜버그는 사람들의 도덕적 추론을 평가하기 위해 도덕적 딜레마에 관한 많은 이야기를 만들었다. 콜버그는 그가 처음 만난 60명의 소년들과 3년 간격으로 인터뷰를 했다.

콜버그는 사람들의 도덕적 추론을 평가하기 위해 도덕적 딜레마에 관한 많은 이야기를 만들었다. 그는 아홉 가지 이야기가 있는 설문지를 제작했으며, 적절한 평가를 위해서는 적어도 네 가지를 사용하도록 권장한다. 이 이야기들 중에서 가장 잘 알려진 것 중 하나는 하인즈(Heinz)의 이야기인데, 그의 아내는 암으로 거의 목숨을 잃을 뻔했다. 그녀에게 쓸 약은 있었지만, 가격이 너무 비쌌다. 약제사는 하인즈가 나중에 약값을 지급하거나 저렴하게 구입할 수 있도록 배려하지 않았다. 필사적이었던 하인즈는 몰래 가게에 침입하여 약을 훔친다. 콜버그는 이 상황을 평가하는 데 사용된 도덕적 추론 유형을 도출하기 위해 다음과 같은 질문들을 제시한다.

- 하인즈는 꼭 약을 훔쳐야 했을까? 그것이 옳은 일인가? 옳지 않다면 왜 그런가?
- 다른 방법이 없다면 약을 훔치는 것이 남편의 도리일까? 친척의 도리일까?
- 하인즈는 가장 친한 친구가 아팠어도 약을 훔쳤을까?
- 당신은 아내를 위해 약을 훔칠 것인가, 아니면 당신 자신을 위해 약을 훔칠 것인가?
- 약제사는 터무니없이 비싼 약값을 요구할 권리가 있는가? 약값을 조절할 융통성이 없었을까?
- 판사가 하인즈를 절도죄로 감옥에 보내야 할까, 아니면 석방해야 할까?
- 약제사가 부인을 죽인 것이나 다름없다고 비난하는 것은 정당한가?

콜버그(1987: 300)는 이 질문에 대한 구체적인 대답에 관심이 없다. 예를 들어, 2단계에 있는 사람과 6단계에 있는 사람은 하인즈가 죽어가는 아내를 위해 약을 훔쳐야 한다는 데 동의할지라도 전자는 자기 이익에 대한 실질적인 이유를 들 것이고(그는 아내가 필요하다), 후자는 생명을 구하기 위한 도덕적 의무는 도둑질하지 않는 법적 의무에 선행하기 때문이라고 말할 것이다.

여기서 우리는 처음 두 단계와 네 단계를 살펴볼 것이며, 대부분이 아이들에게 적용됨에도 불구하고 많은 성인들이 전형적으로 이러한 단계의 일부를 공유한다.

전인습적 수준

이 수준에서 아동은 문화적 규칙과 선과 악의 관점에서 생각하지만, 행동의 물리적 결과 또는 규칙과 용어(labeling) 뒤에 있는 사람들의 신체적 힘의 관점에서 이를 해석한다. 이 가장 초기 단계의 도덕적 추론은 주로 고통을 피하고 쾌락을 극대화하는 데 기반을 둔다.

1단계: 처벌과 복종 지향

아동은 행동에 대한 물리적 결과를 고려한다. 주된 관심사는 도덕적 규칙을 시행하는 관청의 처벌을 피하는 것이다.

2단계: 수단적 상대주의 지향

아동은 자신의 필요를 충족시키는 데 관심이 있다. 그들이 공유와 공정성을 생각한다면, 그것은 실제적이고 실용적인 방법이다.

인습적 수준

이 수준에서 사람들은 행동의 분명한 결과보다는 가족 또는 국가의 기대에 중점을 둔다. 여기에는 개인적인 기대와 사회적 질서에 대한 일치와 충성심이 있다. 콜버그는 이 단계의 사람들은 기존 사회질서를 적극적으로 유지하고 정당화한다는 사실을 발견한다.

3단계: 대인관계 지향

이 단계의 사람들은 다른 사람들을 기쁘게 하는 것으로 선을 판단한다. 주요 초점은 예상되는 틀에 박힌 이미지를 준수하는 것이다. 사람의 의도는 도덕적 추론에서 고려사항이 되고, "좋은" 것은 목표가 된다.

4단계: 법과 질서 지향

이 단계에서는 권위와 규칙의 필요성, 그리고 사회의 질서 유지에 대한 관심이 생긴다. 그리고 자신의 의무를 행하는 것이 우선한다.

콜버그(1987)의 도덕적 추론을 평가하려는 시도는 그의 이론을 뒷받침하기 위해 많은 지지자들과 신뢰성 있는 연구들을 얻었지만, 비판자들은 그의 연구가 문화적이고 성 편향성이 있다고 주장한다. 그의 원래 연구가 모두 남성 피험자들을 대상으로 수행되었다는 사실은 그를 남성 편견의 비난에 노출시킨다. 길리건(Carol Gilligan, 1982)은 남성 심리학자들이 관계와 감정보다는 자율성과 합리성의 가치를 지나치게 강조한다고 생각한다. 콜버그의 설문을 통해 보여준 결과를 보면, 여성들의 도덕성이 대인관계적인 면에서 보이고 주요 가치들이 다른 사람들을 돕고 즐겁게 하는 콜버그의 척도로 3단계를 예시한다는 것을 관찰한다. 길리건은 남성과 여성이 도덕적 문제에 다르게 접근한다고 지적한다. 여성은 연결성(관계와 책임)에 중점을 둔 좀 더 상황적이고 이야기적인 접근법을 갖고 있으며, 남성들은 도덕적 문제 해결을 공식적이며 추상적인 방식으로 강조하고 권리와 규칙을 중요시한다. 그녀는 남자아이들은 콜버그의 검사를 수학 문제로 보고 풀려고 하는 반면, 여자아이들은 제기되는 도덕적 딜레마를 평가할 때, 시간이 지남에 따라 확장되는 관계에 초점을 맞추는 경향이 있다고 지적한다(p. 18).

파울러의 신앙단계

제임스 파울러의 연구는 피아제, 콜버그와 에릭슨의 연구에 근거한 것으로 어린 시절의 종교와 영성발달에 대한 이해에 중요한 공헌을 한다. 그는 이러한 심리학자들 각각의 통찰력을 함께 모으려고 시도했으며, 그 결과 우리가 지금까지 살펴본 아동발달 연구의 측면을 요약하는 데 도움이 된다. 『신앙의 단계(Stages of Faith)』(1981)에서 파울러는 그들의 개념과 자신의 기여를 구분하기 위한 노력으로 피아제, 콜버그 그리고 에릭슨 사이의 가상 대화를 제시한다.

파울러는 사람들의 신앙이 어떻게 조직되고, 그들이 믿는 것보다는 삶에 대한 다른 생각들과 어떠한 관련이 있는지에 초점을 맞춘다. 그의 견해로 볼 때, 신앙은 삶으로 옮겨가고 다양한 경험에 일관성과 의미를 부여하는 방법이다. 그는 앎의 한 방법으로서 신앙을 강조하는데, 이는 피아제와 콜버그가 묘사한 인지구조에 따른 것이다. 파울러가 신앙이 인지적인 측면을 넘어선다는 것을 인식하고 있는 동안 어떤 이들은 그의 신앙의 인지적 측면에 대한 집중을 비판한다(Fuller, 1988; Keen, 1978). 파울러는 신앙이 항상 종교적인 것은 아니지만, 종교적이거나 비종교적이기 이전에 보편적인 인간의 관심사라고 강조한다. 이러한 의미에서 신앙은 영성에 대한 개념과 우리가 1장에서 언급한 암묵적 종교에 가깝다.

파울러의 연구는 모든 연령대의 사람들과 다양한 종교 전통을 가진 사람들에 대한 인터뷰를 기반으로 한다. 이 인터뷰에서 그는 인지발달에 대한 피아제와 콜버그의 결론뿐만 아니라 에릭슨의 자아발달에 대한 개념을 반영하는 신앙의 단계들을 확인한다. 파울러는 각 단계에서 특징적인 힘과 잠재적 위험을 확인하는 에릭슨의 유형을 따른다. 그는 사람들이 자신의 고유한 상황에 따라 이 단계를 통해 발달하므로 각 단계의 연령은 단순히 사람이 특정 단계에 도달할 수 있는 최소 연령을 나타내는 근사치에 불과하다고 강조한다. 콜버그와 마찬가지로 파울러는 소수의 사람들만이 실제로 발달의 후기 단계로 나아간다고 주장한다. 이 장에서는 우리의 논의를 어린 시절에 직접적인 관련이 있는 단계로 제한한다.

0단계: 미분화(0~3세)

파울러는 유아기를 삶의 조건을 향한 언어를 사용하기 전의 전개념적(preconceptual)인 경향으로 묘사한다. 대상관계이론가들은 이것이 자기(Self)가 응집력 있는 전체로 움직이기 시작하는 시기라고 믿는다. 여기서는 자아와 신의 표상이 병합되는 경향이 있으며, 자아는 다른 것들과 차별화되기 시작한다. 에릭슨이 강조하는 기본적 신뢰의 토대가 이 단계에서 두드러진다.

1단계: 직관적-투사적 신앙(4~7세)

이 단계에서는 아직 다양한 이미지 묶음(예: 신, 부모, 천사, 신성한 것) 간의 논리적 연결이 형성되지 않는다. 아이는 실제와 환상이 함께 움직이는 마술적이고 자기중심적인 세계관을 경험한다. 이 단계는 때로 신을 산타클로스와 구별하기 어려울 수도 있는 동화(童話)단계라고도 한다. 상상력은 생생하고 아동은 종교적 · 영적 이미지와 예상하지 못한 이야기를 나눌 수 있다. 아동의 환경에서 중요한 어른들의 모범과 가르침은 이 신앙 단계에서 중요한 역할을 한다. 파울러는 아동의 상상력을 이 단계의 주된 힘으로 간주하여 강력한 이미지를 통해 궁극적인 현실을 지향한다. 이 단계에 해당하는 위험은 아동이 무서운 이미지 또는 손상된 이미지에 압도당하는 것이다.

2단계: 신화적-문자적 신앙(7~11세)

이 단계의 아동은 실제와 환상을 구분하며, 논리적으로 사고하고, 인과관계에 따라 행동할 수 있다. 종교적 사고는 문자적이고 사실적이며 신인동형적이어서 신과 천사는 실제적이고 구체적인 사람으로 여겨진다. 부모의 권위는 오랫동안은 아니지만, 또래들의 의견보다 더 중요하게 여겨진다. 이제 아이는 다른 사람의 관점을 받아들이고 더 복잡한 이야기를 이해할 수 있다. 신화를 포함한 이야기 형태는 아동이 사회의 전통을 적절하게 받아들이고, 발견된 의미를 전달하며 소통하게 한다. 이러한 이야기 능력은 이 단계의 핵심적인 힘을 구성하는 반면, 의인화된 생각과 편협한 도덕성이 상응하는 위협으로 나타난다.

우리는 파울러의 간단한 단계 요약을 통해 피아제와 콜버그의 모형과 얼마나 유사한지 알 수 있다. 그들과 마찬가지로 파울러는 신앙의 내용에 종교적 · 영적 신념을 근거로 하는 심리적 구조에 더 관심이 있다. 그는 주로 종교의 인지적 측면, 믿음이 만들어지고 다른 사상이나 삶의 측면과 어떻게 관련이 있는지에 관심이 있다. 그는 종교와 도덕의 정서적 측면이나 기도와 신비주의적인 경험 차원에는 거의 접근하지 않았다.

인지발달 흐름의 일반적인 요지는 아동의 사고 한계와 인지능력의 점진적인 발달을 강조하는 것이다. 종교나 영성의 인지적 측면에 초점을 맞춘 사람들에게 이러한 연구 경향은 종교와 영성이 극도로 제한적이거나 심지어 존재하지 않는다는 견해를 뒷받침하는 것으로 보인다. 우리는 이미 올포트가 어린 시절 종교성을 모방적이고 성찰적이지 않으며 이해가 부족하다고 비판한 것을 보았다. 많은 심리학자들은 아동의 종교적 · 영적 삶이 아동의 인지와 정서적 발달 수준에 의해 심각하게 제한된다고 믿는다. 팔루지안은 아동이 종교적일 수 있다고 인정하면서도 아동에게 종교라는 것은 의미가 없다는 견해를 공통적으로 수용한다. 왜냐하면 아동은 완전히 형성된 종교생활을 위해 심리적으로 준비되어 있지 않기 때문이다. 그는 "종교발달은 일반 심리발달 단계와 아동 경험의 한계에 대한 우리의 이해, 그리고 종교적 관념, 가르침 및 관행과 관련된 선택적 노출에 대한 가족 및 사회적 모델링의 영향으로 설명될 수 있다"고 말한다. 후드(Hood 외, 1996: 78-68)는 아동의 종교적 정체성과 도덕성, 신(神) 이미지 및 기도가 피아제의 인지발달 단계에 어느 정도 의존하고 있음을 보여주는 연구 결과를 제시한다. 그들은 이러한 발달 경향을 어린 시절부터 시작하는 것으로 요약한다. 아동은 종교적인 개념을 전혀 이해할 수 없다가 청소년기에 이르러 좀 더 추상적이고 복잡한 종교적인 사실에 대한 구체적인 이해에 이르게 된다.

자아초월 심리학에 관해 켄 윌버(1996)는 아동이 종교적 또는 영적 경험을 한다는 증거가 거의 없다고 주장한다. 윌버는 어린 시절의 종교적 경험에 대한 주장은 신뢰할 만한 일관성 있는 충분한 사례에 의해 뒷받침되지 않으므로 진정한 영적 발달이 거의 없는 일시적인 절정의 경험이라고 판단한다.

스탠 그로프(Stan Grof, 1975)는 비록 자아초월적 영역(transpersonal realm)과 연계된 심리치료의 퇴행에서 드러난 출생 전 · 후기 경험들을 믿는다고 하더라도 아동기의 영적 가능성을 제한하는 정신역동이론의 구조 내에서 초기 유아기 경험을 고려한다. 심층심리학적 관점을 취한 마이클 월시번(Michael Walshburn, 1988, 1994)은 아동이 오이디푸스 단계 전에 시작된 원초적 억압에 의해 자아초월 경험에서 차단되고, 5~6세 무렵 오이디푸스 콤플렉스를 해결함으로써 통합된다고 주장한다. 월시번의 발달도식(developmental scheme)은 가정된 원초적 억압(hypothesized primal repression)을 예상하거나 벗어나는 경험을 고려하지 않았다.

아동기의 영적 경험

모든 심리학자들이 이에 동의하지는 않는다. 토머스 암스트롱(Thomas Armstrong, 1984)은 완전히 성숙해진 인격이 개인 경계의 한계를 초월할 필요성을 경험하기 시작할 때, 대부분의 자아초월 심리학자들은 자아초월 문제들이 떠오르기 시작한다고 믿는다. 그 결과, 자아초월 심리학은 아동심리학에 대한 이해를 위해 자아심리학과 인지발달에 의존하는 경향이 있다. 하지만 많은 연구자들은 아동이 진정한 종교적 · 영적 경험을 할 수 있다는 주장을 뒷받침할 증거를 제공해왔다. 미카엘 피에호프스키(Michael Piechowski, 2001)는 종종 인정되지 않는 어린 시절의 영적 경험에 대한 연구 결과들이 출판된 사실이 있다고 주장한다. 암스트롱(1984)은 어떤 아동의 경험이 적어도 일부 성인들이 겪고 있는 경험과 함께 윌버와 월시번, 그리고 다른 사람들이 묘사한 발달과정과 더불어 공존한다고 주장한다. 그는 이러한 주장을 뒷받침하는 세 가지 주요 요소를 제시한다. 첫째, 비범한 사람들의 전기와 자서전, 둘째, 종교적 경험에 대한 현대 성인들의 기록 연구, 셋째, 아동의 영적 경험에 대한 직접적인 보고이다. 여기서 우리는 유의미한 요소 중

몇 가지를 살펴본다.

카를 융은 어린 시절 영적 경험의 중요성을 인식한 최초의 심리학자 중 한 사람으로, 특히 아동의 꿈에 관심을 보였다. 비록 융은 아동분석에 초점을 맞추지는 않았지만, 아동의 꿈에 나타나는 놀라운 상징과 주제에 관심을 가졌다. 그는 특정한 경우, 아동의 꿈이 단순히 심리적인 상태를 반영하는 것이 아니라 더 깊은 수준의 정신을 반영할 수도 있다는 것을 깨달았다. 융(1928)은 여러 연령대와 다양한 문화에 걸쳐 나타난 이러한 상징들을 집단무의식의 특징이라고 말했다. 이러한 상징 중 일부는 아동의 마음을 사로잡을 것이라고 기대하지 않을 수도 있는 오래된 영적 관심을 보여준다.

융(1961)은 자신이 본 것 중에서 가장 "기이한 꿈 시리즈"라는 여덟 살 소녀의 꿈에 대해 언급한다. 그는 이러한 꿈들이 일련의 철학적 문제들과 같다고 말한다. 12개의 꿈 중 9개는 '파멸'과 '부활'이라는 주제를 다룬다. 악한 괴물이 모든 동물들을 죽인 후에 신이 모든 것을 회복해주는 것에 대해 관심이 있다. 아이는 이 같은 고대의 주제(motif)와 전혀 접촉이 없었고, 가족 또한 이 주제에 대해 전혀 알지 못했다. 융은 이런 꿈들이 자신의 그리스도교 문화에 대한 피상적인 흔적만을 보여주며, 원시적인 신화와 훨씬 흡사한 모습을 보여준다는 것을 관찰한다. 융은 처음에 꿈을 해석했을 때, 재난의 예감이라는 묘한 느낌을 받았다. 그는 꿈꾼 사람의 어린 나이와 그녀의 끔찍한 야행성, 그리고 죽음에 대한 공포심이 불안함을 느끼게 한다는 것을 발견한다. 인생의 봄의 기쁨과 충만함을 반영하거나 삶을 향해 나아가기보다는 뒤돌아보는 사람의 태도를 표현하는 것처럼 보였다. 융은 죽음의 접근법이 사람의 꿈에 대한 예상을 뒤엎는다고 주장하며, 이 꿈 시리즈는 원시적인 종교의 가르침과 비슷한 죽음을 준비하고 있는 것으로 본다. 소녀는 열 살 때 크리스마스 선물로 아버지에게 꿈 이야기를 했고, 1년 후 전염병으로 갑자기 죽었다.

융(1936a)은 아동의 꿈이 일상생활보다 더 넓은 영적인 영역과 접촉할 수 있다는 증거로 아동의 꿈에 담긴 즉흥적인 이미지를 예로 든다. 더 나아가 그러한 상징이나 주제에 대한 선행 지식을 거의 또는 전혀 모르는 아동의 꿈, 특히 3~5세 아동의 꿈은 집단무의식의 귀중한 증거를 제공한다고 주장한다. 자서전인 『기억, 꿈, 성찰(Memories, Dreams, Reflections)』에서 융(1963)은 자신이 3~4세부터 중요시했던 꿈에 대해 논의한다. 이 꿈은 그의 인생 전체에 영향을 미쳤고, 영성 형성에 도움을 주었다. 꿈속에서 융은 집 근처에 있는 목초지에서 직사각형의 돌이 늘어선 구멍을 보게 된다. 그는 구멍의 돌계단을 조심스럽게 내려가 무거운 초록색 커튼이 쳐진 둥근 아치가 있는 출입구를 발견한다. 커튼을 옆으로 밀고 희미한 빛 속에서 웅장한 황금 왕좌가 있는 무대로 이어지는 돌바닥에 붉은 카펫이 깔려 있는 직사각형의 방을 발견한다. 융은 왕좌에서 높이 4.5미터, 두께 1.6미터 정도의 피부로 만든 나무줄기를 보았고, 빛이 내리쬐는 위쪽에는 한쪽뿐인 눈으로 응시하는 둥근 머리를 보게 된다. 융은 겁에 질렸고 움직일 수 없었다. 그 순간 어머니가 동굴 밖에서 "이건 사람을 먹어 치우는 거야"라고 말하는 소리를 들었다. 그는 공포에서 깨어났고, 그 이후 며칠 밤 동안 또다시 그런 꿈을 꿀지도 모른다는 두려움에 잠을 이루기 힘들었다.

융은 이 꿈이 몇 년 동안 자신을 괴롭혔다고 말하며, 수십 년 후에야 비로소 그것이 의례적인 남근(ritual phallus)이었다는 것을 알게 된다. 그는 지하 신전이 지구의 비밀을 상징한다고 믿는다. 융은 오랜 시간 동안 꿈속에서 어머니가 들려준 말의 뜻을 예수와 그리스도교와 연관지어 끼워 맞추려고 노력한다. 나는 융의 연상과 해석, 그리고 이 강력한 꿈과 그의 자서전의 내용을 자세히 밝히고 싶지는 않다. 그저 어린 시절 꿈이 융의 영적 발달과 종교에 대한 태도에 중요했다는 것을 보여주고자 한다. 융에게 의례적인 남근은 하느님에 대한 그리스도교의 가르침을 둘러싼 빛과 선명함과 어떻게든 균형을 이루려고 하는 이름 없는 지하세계 신의 어두운 신비롭고 무서운 측면을 나타낸다. 융은 어린 시절에 누군가가 주 예수의 친절함과 사랑에 대해 지나치게 말할 때마다 이 '무서운 계시'의 기억이 그리스도교 신학에서 직면했던 일방적인 빛으로, 신성의 긍정적인 측면으로 여겼던 것들 위에 그림자로 드리워지는 것으로 다시 나타났다고 말한다. 융에 의하면, 지구의 비밀에 대해 처음으로 접하게 되는 초기 유아기의 꿈을 통해 인간의 따뜻함과 초월적 사랑과 함께 비인간적인 것과 지하세계의 어떤 것에 대비되는 신비한 신성을 최초로 인식하는 것으로 본다.

최근에 마이클 페퍼드(Michael Paffard, 1973)는 자서전과 수백 가지 설문조사를 통해 유년 시절의 초월적 경험을 설명한다. 그는 초월적 경험을 종교적이든 미학적(美學的)이든 상관없이 일반적인 의식과 사고, 감정 또는 지각의 한계를 넘어서는 것으로 광범위하게 정의한다. 그의 책 『부끄러운 워즈워스(Inglorious Wordsworth)』라는 제목은 신비주의의 주요 학자 중 일부가 시인 윌리엄 워즈워스(William Wordsworth)를 자연신비주의의 고전적인 사례로 간주한다는 사실에서 영감을 얻었다. 페퍼드는 특히 워즈워스의 어린 시절 경험에 흥미를 느낀다. 워즈워스는 외부의 것들과 하나인 것처럼 보이며, 그것을 자신의 본성이나 내면의 어떤 것으로 본다.

페퍼드에 따르면, 다음 세기의 프로이트가 그랬던 것처럼 워즈워스가 19세기 동안 어린 시절에 새로운 빛을 발하는 것을 관찰한 것은 문학 비평의 공통점이다. 사람들은 워즈워스의 유명한 시구(詩句)를 어린 시절 영적 경험의 중요성을 나타내는 지표로서 「어린 시절을 회상하면서 영생불멸을 깨닫는 노래(Intimations of Immortality from Recollections of Early Childhood)」(이 장의 시작 부분에 인용)를 인용하는 경우가 많다. 페퍼드는 초월적인 경험을 표현한 워즈워스의 글들을 탐구하며 어린 시절 워즈워스의 영적 직관이 때때로 공포의 요소를 포함하고 있지만, 항상 자연과 관련이 있는 것은 아니라고 지적한다. 페퍼드는 자서전에서 특히 루이스(C. S. Lewis)와 로즈(A. L. Rose)의 어린 시절 영적 경험을 강조한다. 루이스는 『기쁨에 놀라다(Surprised by Joy)』에서 7~8세 때쯤 경험한 "엄청난 행복"에 대해 이야기한다. 동생이 유치원으로 장난감 정원을 가지고 왔을 때, 그는 꽃이 만발한 건포도나무 덩굴 옆에 서 있었고, 그때 수 세기 동안 깊은 곳에서 일어난 것으로 보이는 기억이 떠올랐다. 그는 그 기억을 자신이 이름 붙일 수 없었던 어떤 것에 대한 욕망으로 묘사한다. 하지만 그가 욕망을 알아차리기도 전에 사라져버렸다. 그것은 단지 어떤 것에 대한 순간적인 발견일 뿐이었고, 그것이 느껴지자마자 사라진 갈망이었다. 이 잠깐의 마법 같은 순간이 지나면 세상은 다시 평범해졌다. 언뜻 보기에는 이 경험이 사소한 것처럼 보일 수 있지만, 루이스는 자신의 영적 발달과 삶의 중심에 지대한 영향을 미쳤다고 주장한다.

루이스는 베아트릭스 포터(Beatrix Potter)의 다람쥐 넛킨(Squirrel Nutkin) 이야기[7]를 읽고 자극을 받아 비슷한 나이 또래의 강렬한 욕망이라는 또 다른 경험을 묘사한다. 그는 이 책이 "가을의 아이디어"에 대한 매혹을 불러일으켰다고 말한다. 이러한 경험이 왜 그렇게 오래 남아 있었는지는 모르지만 그는 꽃이 만발한 건포도 덤불 앞에서 엿볼 수 있었던 것과 같은 기쁨과 감동을 느꼈다. 루이스(1955: 22)는 이 기쁨을 평범한 삶이나 쾌락과는 "다른 차원의 경험"이라고 묘사한다. 페퍼드는 루이스에게 "기쁨"은 정의할 수 없는 것에 대한 일종의 기술이며, 결정할 수 없는 것을 위한 욕망, 명확하게 파악하기보다는 한순간에 흘끗 보거나 암시하는 것일 뿐이라고 설명한다. 한동안 이러한 경험은 루이스가 정립한 그리스도교의 가치와 대립되는 것이었다. 그렇기 때문에 루이스는 이러한 놀랍고도 계시적인 순간들로

---

7) 다른 다람쥐들은 먹이를 구하기 위해 열심히 일하는데, 올빼미 영감에게 수수께끼를 내며 까부는 주인공 넛킨이라는 다람쥐에 관한 이야기를 담은 영국의 그림 동화

인해 긴박하고 깊이 있거나 중요하게 느끼는 것을 제한하는 결과를 초래했다. 이러한 경험들은 그의 삶에 있어서 중요한 시금석으로 남아 있었고, 나중에 그는 주로 천국의 진리를 말할 때 중요하게 반영할 것이다.

옥스퍼드의 루이스의 동료 로즈도 비슷한 어린 시절을 경험한 것으로 보인다. 그녀의 자서전『콘웰의 어린 시절(A Cornish Childhood)』에서 봄철에 학교에 가는 아침 산책을 묘사한다. 그녀가 초가집 근처의 과수원에서 사과꽃을 바라보고 있을 때, 갑자기 초월적인 느낌과 인간 삶의 연약함에 압도당한다. 시간이 멈춰 있는 듯했다. 그녀는 자신이나 타인에게 이 강력하고 불안한 느낌을 묘사할 능력이 없었으나 완벽하다고 생각할 수 있다고 말했다. 그 후, 로즈는 이 경험을 내적인 자원(inner resource)으로 묘사했는데, 일종의 계시였다. 그것은 계시의 비밀스러운 시금석이 되었고, 일종의 종교가 되었다. 어린 시절 경험의 힘을 이해하려고 노력하던 몇 년 동안 그녀는 시간이 멈춘 것처럼 느꼈지만, 자신의 또 다른 일부는 시간이 삶과 함께 움직인다는 것을 알게 되었다.

페퍼드는 루이스와 로즈가 기록한 어린 시절의 영적 경험에서 닮은 점을 언급한다. 둘 모두 일시적으로 영원을 흘끗 맛보고 곧 일상생활의 의식으로 돌아가야 한다는 것을 깨닫기 때문에 통증이나 슬픔의 양상이 있다. 루이스와 로즈는 모두 자신들의 자아에 미치는 이러한 경험의 영향을 강조한다. 루이스는 자신의 전 생애에 관한 중심 이야기는 실제로 이러한 어린 시절의 경험에 관한 것이며, 그들과 비교해볼 때 자신에게 일어난 모든 일은 어떤 의미에서는 중요하지 않다고 말했다. 로즈는 자신의 삶 전체에 대해 생각해볼 때, 이 황홀한 순간을 진정한 내면의 삶, 즉 세상의 아름다움이 "계시된 종교(revealed religion)"라고 부르는 것에 대해 생각한다고 말한다.

페퍼드의 나머지 연구는 17세에서 19세 사이의 남녀 학생들이 작성한 거의 500개의 질문을 분석한 것이다. 어린 시절에 보고된 경험은 비교적

적다. 대다수는 11세 이후에 일어났으며, 16세에서 17세 사이가 대부분을 차지한다. 페퍼드는 다음과 같이 수집된 자료를 요약한다. 이 경험의 대부분은 그 사람이 혼자 있을 때, 저녁시간에 그리고 실외에서 일어났다. 대략 4분의 1은 수차례 비슷한 경험을 했으며, 절반 정도는 매우 자주 비슷한 경험을 했다. 절반 이상은 이러한 경험을 정기적으로 추구했다.

아동기의 영적 경험 사례

옥스퍼드의 종교체험연구소

진화생물학자 앨리스터 하디 경(Sir Allister Hardy)은 1969년 옥스퍼드대학교(맨체스터 칼리지)에 종교체험연구소를 설립했다. 이 프로젝트는 생물학적 전망의 자연스러운 연장으로 여겨지는 초월적인 경험에 대한 평생의 관심에서 비롯되었다. 하디는 약 60년 동안 경제적 · 영양적 필요뿐만 아니라 정서적 · 영적 행동을 고려하는 관점에 기여할 수 있기를 희망하면서 그러한 경험에 대한 직접적인 설문을 수집했다. 하디(1979)는 윌리엄 제임스의 『종교적 경험의 다양성』에 크게 영향을 받았으며, 제임스와 마찬가지로 종교의 교리적 · 제도적 측면보다는 경험적 · 영적 측면에 주로 관심이 있었다. 영성에 대한 그의 이해는 우주를 지배하는 초월적 힘의 인정을 포함한다. 연구단원들이 수집한 수천 개의 자료 중에는 어린 시절부터 기억하고 있는 영적 경험에 대한 다음과 같은 사례를 포함한다.

한 여인은 6세에서 12세 사이에 꽤 많은 시간 동안 하나 됨의 상태를 경험했다고 회상한다. 흔히 이러한 일체감의 느낌은 갑자기 시간이 멈춘 것으로 보이는, 그녀가 "엄청난 행복"이라고 부르는 느낌이 갑자기 지나가곤 했다. 또 다른 한 여성은 어린 시절에 여러 가지 경험을 했다고 이야기한다. 그녀는 자신을 둘러싼 엄청난 힘의 존재를 느끼고, 그 힘의 존재는 그녀를 대신해서 행동했다. 그녀는 그 당시 신성한 설명을 하기에는 너무 어렸다고 말했지만, 나중에는 이러한 경험을 신의 현존의 표상으로 생각했다.

한 남성에게 8세 때 일어난 이야기이다. 그는 흰 꽃이 가득 핀 크고 오래된 배나무를 바라보고 있었다. 해가 뜨기 시작하면서 나무 꼭대기에서 검은 새가 노래를 불렀다. 예고 없이 그는 "아름답다"라는 말을 들었고, 보고 있는 장면이 확대되는 것처럼 느껴졌다. 주변의 모든 것이 강렬한 빛으로 반짝이는 것처럼 보였다. 잔디는 생생한 녹색으로 변하고 새의 노래는 더욱 커지고 달콤해졌다. 이 경험은 일생 동안 강렬한 기억으로 남아 있다. 한 젊은 여성은 12세에 몸이 아플 때 일어난 유체이탈 경험을 보고한다. 그녀는 몸이 공중으로 떠오르면서 죽어가고 있다고 믿었다. 그녀는 놀랐고 해방감과 기쁨을 느꼈다. 그녀는 부드럽게 다시 몸으로 돌아왔고, 그때부터 죽음을 두려워하지 않게 되었다고 말한다. 한 응답자는 어린 시절에 내부의 힘이 의식으로 나아가는 데 어려움을 겪고 있다고 느꼈다. 이러한 경험들은 주변 환경에 대한 인식과 위대한 진리에 대한 감각과 함께 커다란 기쁨의 순간이었다. 하디는 그의 저서에 실린 예들 중에서 어린 시절의 경험은 대부분 포함하지 않았지만, 어린 시절에 이러한 경험을 한 사람들은 삶에서 당시의 경험이 영원한 가치를 지니며 중요하다고 생각한다. 하디의 연구 결과, 종교적 · 영적 경험은 어린 시절에 뿌리를 두고 있는 경우가 많았다.

종교체험연구소의 하디의 후계자인 에드워드 로빈슨(Edward Robinson)은 어린 시절의 종교적 경험에 초점을 맞추었다. 로빈슨(1988)은 옥스퍼드연구소의 4천 명의 응답자 중 15퍼센트가 어린 시절 종교적 · 영적 경험의 기원에 대해 증언하고 있다. 그는 이러한 경험을 한 상당수의 사람들이 진정한 종교적 개념과 경험이 청소년기 이전에는 나타나지 않는다는 최근의 인지발달 관점에 의문을 제기하고 있다고 생각한다. 특히, 로빈슨은 종교 개념과 이야기를 이해하는 아동의 능력에 한계가 있다고 주장하는 로널드 골드먼(Ronald Goldman, 1965)의 의견에 반론을 제기한다. 골드먼은 종교교육에 성경자료를 도입하기 위한 적절한 시기에 관심이 있으며, 피아제의 접근에 따라 종교적 통찰력이 12세에서 13세 사이에 나타나기 시작한다고 주장한다.

로빈슨은 인지발달에 대한 피아제의 많은 통찰의 가치와 진실성을 인정하지만, 어린 시절에 대한 피아제의 시각은 제한적이라고 생각한다. 그의 주된 비판은 피아제가 현실을 어른들이 보는 관점이라고 가정하고 만약 아동이 그것을 그렇게 보지 않는다면, 불충분하고 잘못되었다고 생각한다. 인지발달의 초점은 아이들이 성인들처럼 인식하고, 사고 및 경험하는 방법을 어떻게 점차적으로 개발하는가에 있다. 반면 로빈슨은 아동이 통찰력과 상상력을 위한 자연스러운 능력을 가지고 있음을 발견하고, 더 높은 형태로 발전시킬 필요가 없음을 알았다. 사실 그는 이러한 어린 시절 토대들의 존재와 지속이 성숙한 종교생활에 중요하다고 믿는다. 로빈슨에 따르면, 어린 시절의 종교적 경험에 대해 인식하고 인정하는 문제 중 일부는 지배적인 교육심리학으로, 이러한 경험을 찾으려 하지 않기 때문에 종교 경험을 찾지 못한다고 본다. 그는 인생의 많은 영역에서와 마찬가지로 아동과의 관계에 있어서 기대감이 우리가 발견한 것을 결정한다는 것을 상기시킨다.

로빈슨은 피아제와 프로이트에 대한 자신의 방법론을 논의한다. 그는 모든 이론은 그 전제와 방법에 의해 제한된다고 강조한다. 피아제의 설문은 아동이 어떻게 어른처럼 생각하게 되었는지를 보여주기 위해 고안되었으며, 그의 방법은 이를 효과적으로 보여준다. 프로이트의 질문은 어린 시절에 일어난 교란이 이후 심리적 건강에 어떻게 영향을 미치는지를 판단하고 싶어 하는 의사에게 적합하며, 그의 정신분석적 방법은 이러한 목표를 달성하는 데 적절하다. 로빈슨에 따르면, 그들의 창의적인 방법은 고립된 영역을 조사하기 위해 전체적인 생활 상황을 파괴함으로써 결과를 산출해낸다. 로빈슨은 문화인류학에서 이끌어낸 자신의 방법이 더 전체적이며, 전기적인 기록과 사례기록을 통해 전체적인 삶의 맥락으로 다시 돌아가려고 시도한다고 믿는다. 그는 기억과 시간의 흐름이 이러한 보고된 경험의 측면을 왜곡할 수도 있다는 것을 인식하고 있지만, 사람들에게 중요한 순간이 있음을 인정하는 것이 중요하다고 생각하며, 이러한 경험은 종종 계속해서 인식하고 질문하고 성찰하고 그 행동을 반복하는 과정에 있는 사람의 삶을 통해 가치관과 관점 및 태도에 영향을 미친다고 본다. 로빈슨에 따르면, 사건을 둘러싸고 있는 정확한 세부사항은 이러한 사건이 개성을 개발하는 씨앗을 심어주는 심리적 · 영적 씨앗보다 덜 중요하다고 생각한다. 이 유리한 입장에서 볼 때, 어린 시절은 성격의 핵심에 남아 있는 삶의 차원으로 보여진다.

로빈슨이 연구한 대부분은 하디의 연구와 마찬가지로 수집된 영적 경험에 대한 설명을 제시하고 분석하는 데 전념한다. 여기서는 이러한 사례 중 몇 가지를 소개한다.

한 여성은 4~5세 사이의 경험을 기억한다(옛날 사진과 그 당시 입고 있던 의상을 통해 확인할 수 있다). 그녀가 안개 속에서 어머니와 함께 걷고 있을 때, 안개 사이로 여기저기에 나타나는 꽃들은 안개 속에서 빛나는 것처럼 보였다. 그녀는 무생물들이 존재의 보편적인 조직에 자신의 특별한 자리를 가지고 있다는 것을 이해한다고 말한다. 그녀는 그 시기의 비전을 묘사하는 말이나 개념이 없다는 것을 알고 있었지만, 전체적인 인상과 의미는 한순간에 신비스럽게 파악할 수 있었다고 말한다. 세상에 대한 강렬한 사랑의 감정과 궁극적인 선함의 확실성은 그녀가 그것을 기억할 때마다 언제나 이러한 경험을 다시 맛볼 수 있다. 그녀는 이 비전이 그녀의 정체성을 근거로 하고, 고뇌의 시기에 힘이 되며, 그녀에게 식물과 동물 및 사람들에게 친밀감을 부여하게 만든다고 말한다.

한 젊은 여성은 11세였을 때 여름에 아침 일찍 보았던 계시의 경험을 회상한다. 집 창문을 통해 근처의 강과 나무, 들판을 바라보고 있었다. 햇빛이 나뭇잎과 강 물결에 닿아 반짝이는 모습을 보면서 큰 계시의 직전에 있는 것 같았고, 형언할 수 없는 의미의 수수께끼 같은 것에 빠진 것 같다고 느꼈다. 몇 초 동안 그녀는 나무와 햇살과 강물의 일부였고, 이 모든 것이 위대한 화합의 일부라고 느꼈다. 그녀는 자연의 아름다움에 휩싸여 생애 처음으로 강렬하고 엄청난 흥분과 영적 환희로 가득 차 있었다. 그녀는 이 사건을 인생에서 가장 기억에 남는 경험 중 하나라고 말한다.

한 여성은 자연, 음악 또는 시(詩)를 통해 엄청난 기쁨을 느낀 기억이 생생하게 남아 있는 어린 시절의 경험을 묘사한다. 그녀는 이러한 경험이 종종 "향수병"과 때로는 외로움의 감정에 뒤따른다고 말한다. 그녀에게 이러한 경험은 혼자 있을 때 대개 자연의 모든 것의 신성함을 감지하면서 일어났다. 또 다른 여성은 어린 시절 자신이 겪은 종교적 경험의 명쾌함과 이런 경험이 일어났을 때 표현할 언어가 없다는 좌절감 사이의 뚜렷한 차이에 대해 이야기한다. 그녀는 언어의 부족이 경험 자체의 본질에 영향을 주지 않았다고 주장한다.

한 남성은 세상과 하나 된 것 같은 느낌을 받았고 자신보다 훨씬 큰 무언가에 몰두했던 4~5세 정도의 어린 시절 이야기를 했는데, 그럼에도 불구하고 자신은 훨씬 중요한 부분이었다. 특히 안개가 가득한 골짜기와 숲을 바라볼 때, 자연의 아름다움을 깊이 깨닫게 되면서 세상에 대한 온전한 신뢰감과 감사함을 느끼는 경험을 했다. 그때 그와 세계가 예기치 않게 자신을 드러내는 광대한 새로운 현실로 녹아들었다고 말한다. 또 다른 사람은 8세 소년이었을 때, 자신이 이전에 어디에 있었는지 궁금해하며 방에 홀로 서 있었다는 사실을 기억하고 있다. 이것에 대해 생각할 때 엄청난 감정의 물결이 그를 휩쓸었고, 매우 오래전의 고대인이 된 것 같았으며, 시간의 흐름을 격하게 느꼈다. 몇 년 후 이 순간을 그의 삶과 인간 존재의 본질에 대한 중요한 실현으로 되돌아보았다.

한 여성은 10세 무렵, 학교에서 집으로 돌아오던 때를 기억한다. 길에서 멈추었을 때 그녀는 자신의 몸과 동일하지 않다는 것을 깨닫고 얼마 동안 서 있었다. 그녀는 자신의 성숙한 몸조차 여기에 있지 않을 것이라는 점을 깨닫고, 언제든 자신의 몸과 분리될 수 있다는 사실을 생각하게 되었다. 그녀는 곧 소녀의 몸을 가졌다가 나중에 어른의 몸이 되는 것에 대해 생각했고, 심지어 여기서도 성숙한 몸이 그녀의 몸과 어떻게든 다르게 될 것이라는 사실을 알게 되었다. 또 다른 여성은 일곱 번째 생일을 맞은 날, 인생에 대한 큰 비밀을 발견했다고 보고한다. 그녀는 마치 시간을 넘나들며 세상과 하나가 된 것 같다고 느꼈고, 세상이 자신을 통해 존재한다고 느꼈다. 그녀는 이런 경험이 어린 시절에 두 번 있었으며, 선명한 기억으로 남아 있다고 말한다.

로빈슨의 책에서 보여주는 가장 놀라운 경험 중 하나는 자신의 삶에서 가장 위대한 경험이라고 부르는 어린 시절의 무아지경 상태를 기억하는 여성의 이야기이다. 그녀는 한 살 무렵, 방바닥에서 기어 다니던 것을 기억해낸다. 녹음을 듣고 있는 동안 그녀는 "천국에 닿았다"고 느끼는 무아지경에 빠져들었다. 우주를 명령하는 힘의 장엄함과 세상 전체와의 완벽한 일체감을 알게 되었다. 얼마 지나 그녀는 황홀경에서 깨어난 후, 방금 알고 있던 상태가 고립된 부분임을 알고 고통스러워한다. 몇 달 후, 그녀가 걷기 위해 책상 다리를 붙들고 일어나며 도움을 청하는 것을 배우는 동안 그녀는 태어나기 전에 어디에서 왔는지, 그녀 앞의 모든 삶을 즉시 볼 수 있는 체험을 했다. 미래에 대한 이런 전망의 세부사항들이 사라지는 동안 중요한 점은 미래에 일어날 일들이 아니라 그녀가 겪은 경험에 어떻게 반응할지 선택하는 것임을 알게 되었다.

아동기의 영성에 관한 다른 연구들

암스트롱(Armstrong, 1984)은 어린 시절의 영적 경험에 대한 설명이 풀러와 골드먼, 서양 심리학의 일반적인 발달단계의 아동발달 계획에 의해 제공되는 지배적인 종교적 발달 모델을 뛰어넘는 것으로 생각한다. 그의 견해로 볼 때, 이러한 경험은 현재 다양한 연령과 발달 수준에 기인한 수용능력을 초월한다. 그가 제시한 자서전 기록 중 하나는 19세기 벵골의 성인으로 6~7세 무렵의 영적 황홀경(ecstasy)을 보고한 라마크리슈나(Ramakrishna)[8]로부터 가져온 것이다. 그는 바구니에 담겨 있는 부풀어 오른 쌀을 먹으며 좁은 길을 걷고 있을 때, 아름답고 짙은 뇌운(雷雲)을 보았다. 뇌운이 온 하늘을 뒤덮었을 때, 눈처럼 하얀 두루미 떼가 날아가고 있었다. 그는 이 장엄한 광경에 압도되어 의식을 잃고 쓰러졌는데, 쌀이 사방으로 날아다니고 있었다. 후에 그는 이 경험을 형언할 수 없는 기쁨 중 하나라고 말했다.

암스트롱은 『요기[9]의 자서전(Autobiography of a Yogi)』(1971)에서 또 다른 극

8) 라마크리슈나(1836~1886): 인도의 신비주의적 종교가로 모든 종교에 똑같은 진실성이 있다고 여기며 헌신, 기도, 명상을 통한 수행방식을 중요시함

9) 요기(yogi)는 힌두교의 요가학파에서 수행자를 일컫는 말

적인 경험을 보고한다. 요가난다(Yogananda)[10]가 여덟 살 무렵 생명을 위협하는 질병으로 고통 받고 있을 때, 어머니는 가족들에게 존경하는 영적 지도자의 사진을 바라보라고 말했다. 그가 사진을 보았을 때, 자신의 몸과 방 전체를 감싸는 눈부신 빛을 보았고 증상이 즉시 사라지고 건강이 회복되었다고 보고한다. 암스트롱은 단테(Dante)[11], 블레이크(Blake)[12], 구르지예프(Gurdjieff)[13], 검은고라니(Black Elk)[14], 메헤르 바바(Meher Baba)[15], 블라바츠키(Blavatsky)[16], 샹카라(Shankara)[17] 및 크리슈나무르티(Krishnamurti)[18]를 포함한 어린 나이에 초월이나 영적 경험을 한 역사적 인물들을 열거하고 있다.

암스트롱은 자아초월 경험에 관한 정보의 중요한 출처는 아동으로부터 온다고 말한다. 그는 융 분석가인 프랜시스 윅스(Frances Wickes)가 논의한 아동의 꿈에 관한 몇 가지 자료가 아동기의 영적인 경험의 분명한 징표라는 것을 알게 된다. 한 소녀는 꿈에서 많은 불가사리를 포함한 여러 가지 것들을 몰고 오는 파도가 치는 해변에 서 있다. 불가사리 중 하나는 파란색이며, 몸 한가운데에 눈을 가지고 있다. 소녀는 불가사리가 자신을 보고 "나- 나- 나 자신을 알아"라고 말하는 것을 듣고 불가사리가 자신의 것임을

10) 요가난다: 20세기 최고의 요가 수행자로, 미국에서 자아실현 동지회를 창설하고 크리아(kriya) 요가를 보급함

11) 단테: 13세기 이탈리아의 작가로, 저승 세계로의 여행을 다룬 『신곡(神曲)』의 저자

12) 윌리엄 블레이크(1757~1827): 영국의 화가이자 시인이며, 「순수의 전조」라는 시로 유명함

13) 구르지예프(1866~1949): 에니어그램, 신성무(Sacred Dance), 명상법 등을 통해 영성 전통을 세운 인물

14) 검은고라니(1863~1950): 북아메리카 우그랄라 수우족의 예언자이며 주술가

15) 메헤르 바바(1894~1969): 인도인으로, 종파를 구성하거나 교리를 선포하지 않았으나, 사랑과 긍휼, 이기적인 자아 배척, 스스로 신을 깨달을 수 있는 잠재성 등을 강조한 영적 스승

16) 블라바츠키(1831~1891): 러시아의 철학자로 신지학협회 창설자

17) 샹카라(700~750?): 인도의 철학자, 신학자로 불이일원론적(不二一元論的) 베단타 철학파의 대표자

18) 크리슈나무르티(1895~1986): 철학과 영적인 주제를 다룬 인도의 작가로, 『아는 것으로부터의 자유』라는 저서가 있음

깨닫고 집으로 가져왔다. 윅스는 불가사리를 '전체성(wholeness)'의 상징으로, 파란색을 '영성'의 색으로, 그리고 불가사리가 쳐다보고 있던 것, '나'뿐만 아니라 "나, 나 자신"이라고 한 것을 아동의 발현된 자아보다 더 깊은 정체성과의 접촉을 나타내는 것으로 해석한다(Armstrong, 1984에서 인용).

암스트롱은 어린 시절의 모든 경험이 성인기의 경험보다 더 자아초월적이거나 영적인 것은 아니라고 강조한다. 그는 윌버의 인간발달에서 전개인적(前個人的) 단계와 자아초월 단계 경험 사이의 구분을 중요시한다. 왜냐하면 이론가들은 전개인적 경험이 자아초월 경험을 감소시키거나 전개인적 상태를 자아초월 영역으로 확대시킬 수도 있어 두 가지를 혼동하는 경향이 있기 때문이다. 암스트롱은 그러한 구분이 아동기 자체에 적용되어야 한다고 주장하며, 이를 통해 어린 시절은 단순히 전개인적 영역과 동일시되지 않는다고 주장한다. 그는 이러한 위험이 성인의 진정한 영적 경험을 유익하게 하거나 병리화하는 전통적인 서양 심리학의 오류를 되풀이하는 것으로 본다.

영국에서 교육연구자들은 아동기 영성의 핵심 자질에 대해 귀중한 빛을 발하고 있다. 데이비드 헤이(David Hay)와 레베카 나이(Rebecca Nye, 1996, 1998)는 학생들 사이에서 종교적 경험의 빈도가 높다는 광범위한 연구를 수행했는데, 영적 경험의 많은 특성을 다음과 같이 묘사한다.

- 다른 사람들과 세상과의 폭넓은 연결에 대한 강한 감각
- 이러한 강력한 경험을 다룰 수 있는 조건에 대한 열망
- 이 조건들을 영적 세계관으로 만들려는 열망
- 그러한 경험의 설명에 대한 조사

나이(Nye)는 아동이 종교에 관해 생각하는 단계보다 어쩌면 그들의 영

성을 이해하는 데 더욱 연관성 있는 가치 있는 비합리적인 지식을 가지고 있다고 강조한다(Watts 외, 2002). 마거릿 도널드슨(Margarete Donaldson, 1992)은 영국에서는 현재 종교에 대한 관념만 강조하고 있으며, 아동이 영성을 느끼고 알아나가는 방식에 대해서는 관심이 없다고 본다. 그녀의 견해는 담론적 사고는 가치인식 방식과 같은 직관적 방법에서 얻을 수 있다는 것이다. 이 견해는 신비주의 학자 이블린 언더힐(Evelyn Underhill, 1922)의 생각과 유사하며, 영적 능력의 뿌리가 지성보다는 오히려 감정에 있다고 주장한다. 헤이(1982, 1990)는 영국 사회의 태도가 영적 경험을 표출하는 데 장애물을 생성하고, 중요한 삶의 영역에 대한 연구를 어렵게 만든다고 관찰한다.

심리학자 에드워드 호프먼(Edward Hoffman, 1998)은 아동의 종교적인 경험에 대한 연구에서 수많은 사람들이 어린 시절에 엄청난 절정과 신비한 경험을 했다고 결론 내린다. 그는 자연과의 만남, 삶과 죽음, 자아에 대한 심오한 통찰, 행복이나 황홀경의 순간, 집중적인 기도, 임사체험 사건, 잊을 수 없는 꿈 등 아동기의 여러 가지 절정 경험을 설명한다. 호프먼의 연구는 에이브러햄 매슬로의 연구에서 영감을 받았다. 그는 매슬로의 절정 경험에 대한 연구가 자아초월 심리학(매슬로가 대중화한 용어)의 출발점이라고 언급한다. 1960년대에 매슬로는 대학생들, 동료들과 함께 절정 경험에 대하여 연구했으며, 1968년 손녀 지니(Jeannie)가 탄생하면서 특별히 유년기의 절정 경험에 관심을 갖게 되었다. 그는 아동이 영적인 직관(epiphany)[19]과 신비한 순간에 대한 능력을 가지고 있다고 믿었지만, 그들의 경험을 분명하게 표현할 어휘력이 부족하다고 생각한다. 불행히도 매슬로는 이 분야에서 체계적인 연구를 수행하기 전에 사망했다.

호프먼은 매슬로가 의도한 연구를 따라가기 위해 처음에는 영적 경험

19) 'epiphany'는 평범한 사건이나 경험을 통하여 직관적으로 진실의 전모를 파악하거나 어떤 사물이나 본질에 대한 직관, 통찰을 말한다.

에 대해 배우려고 아동을 인터뷰했다. 하지만 그는 아동이 가장 고귀하고 황홀한 순간들을 묘사하지 못하기 때문에 이 방법이 비생산적이라는 것을 깨달았다. 그는 신문과 정기간행물을 통해 모집한 남성과 여성을 대상으로 인터뷰를 시작했다. 현상학적 방법을 채택하면서 그는 사람들에게 가장 인상적인 어린 시절 경험을 자신의 말로 묘사하도록 격려했다. 성인들이라고 해서 항상 그런 경험을 정확하게 기억할 수 없다는 것을 인식하면서도 성인들을 대상으로 수집한 자료(250개가 넘는 자료)가 충분하다면, 이 주제에 대한 해답을 제시해줄 명확한 형태가 나타날 것이라고 생각했다. 다음은 호프먼이 제공한 몇 가지 사례이다.

스위스인 남성은 어릴 때 숲속을 걷는 동안 말로 표현할 수 없는 행복한 상태로 인해 자신의 어려움이 어떻게 극복되었는지를 말해준다. 그가 무성한 초원 위에 올랐을 때, 잎의 초록빛과 찬란한 햇빛은 그를 아름다움과 완벽함으로 가득 채웠다. 한 노파는 네 살 때 뒤뜰에서 흑백 껍질로 된 커다란 은백색 잎의 포플러나무에 둘러싸여 있었다는 사실을 기억한다. 예고도 없이 그녀를 사로잡는 "타오르는 듯한 행복감"으로 인해 세상이 얼마나 아름다운지에 대한 인식으로 가득 찼다. 그녀는 이 경험에 대한 기억이 큰 슬픔의 시기에도 빛의 등대가 되어 그녀의 전 생애 동안 계속 머물렀다고 말한다.

캐나다 여성은 강렬하게 박동하며 숨을 쉬고 있는 태양에 대한 어린 시절 경험에 대해 이야기했다. 그녀는 그날 이후부터 태양을 지구와 함께 생명체로 생각하며 깊은 감사를 표한다고 말한다. 호주 여성은 거의 익사할 뻔했던 어린 시절의 경험 이후, 인생을 대하는 태도가 크게 바뀌었다고 말한다. 그녀는 주변 것들에 감사하기 시작했고, 인생의 소중함을 경험하면서 더 이상 죽음을 두려워하지 않았으며, 왜 인생에서 두 번째 기회를 얻었는지 이해하려고 끊임없이 노력한다.

한 젊은 여성은 어린 시절에 자주 떠올랐던 "나"에 대한 인식, 그리고 그것이 결코 끝나지 않으리라는 것에 대한 영적 상황을 설명했다. 마음속에서 그녀는 멈추거나 죽지 않고, 무한한 과정의 일부로 계속해서 자신을 보거나 경험하게 되었다. 그녀는 이러한 내면의 상태에서 돌아왔을 때 항상 새로움을 느낀다고 말한다. 한 예술가는 내면의 각성을 위한 촉매제가 된 반복되는 어린 시절의 꿈에 대해 말한다. 꿈속에서 그녀가 살고 있는 동네는 햇빛이 반짝이는 반원형 진주의 커다란 광장으로 대체된다. 하얀 대리석으로 덮인 들판 너머로 그녀는 고요하고 푸른 하늘 아래에서 반짝이는 드넓은 바다를 볼 수 있고 무한한 기쁨과 평화로 가득하다. 그녀는 이 꿈의 이미지를 회상할 때마다 집중하고 있다고 느끼며, 더 높은 자아로 살아가고 있다고 말한다.

호프먼은 자신이 발견한 사실들의 예비적 성격을 강조하며 연구를 끝낸다. 그는 아동의 절정 경험과 영적 경험의 영역에서 많은 연구가 이루어져야 한다고 믿는다. 호프먼은 저자의 질문에 응답자의 3분의 2가 여성이었으며, 이는 여자아이들이 남자아이들보다 영적인 경험을 할 확률이 더 높은지 아니면 단순히 응답 결과에서 여자아이들이 더 많이 보고할 가능성이 있는지에 대한 질문을 제기한다. 그는 그러한 차이가 생물학, 가정교육 또는 이 두 가지 조합과 관련이 있는지를 질문한다.

미카엘 피에호프스키(Michael Piechowski, 2001)는 자아초월 심리학의 지배적 발달모델과 모순된다고 생각하는 세 가지 종류의 어린 시절 경험을 강조한다.

- 아동이 자신의 경험을 바탕으로 주위 성인들이 영적 영역을 인식하지 못한다는 것을 깨달을 때
- 아동이 육체적인 자아를 뛰어넘을 뿐 아니라 삶을 넘어서는 정체

성을 경험할 때

- 아동 스스로 비범한 의식 상태를 성취할 때

그는 어린 시절의 영적 경험이 "지식의 보급에 있어서 예측하기 어려움"으로 인해 주류 자아초월 심리학에 의해 간과되었다고 믿는다. 관련 문헌을 검토한 피에호프스키는 아동기의 영적 경험에 대해 현재 이용 가능한 자료는 700개가 넘을 것으로 추산하고 있다. 그의 견해로는 이 방대하고 증가하는 문헌은 아동의 영적 경험의 확산과 사람들이 삶의 어려움과 비극에 직면했을 때 견뎌낼 수 있게 해주는 평생에 걸친 영적 탐구를 시작한다는 것을 분명하게 보여준다. 피에호프스키는 이러한 어린 시절 경험의 대부분은 긍정적이고 즐겁고 편안함을 준다고 말한다. 하지만 그중 일부는 불안하거나 심지어 무섭기도 한 것으로 보고되는 것도 있다.

피에호프스키는 아동이 의식의 고양된 상태에 들어가기 위해 사용하는 다양한 기술에 관심을 보인다. 어떤 면에서 아동은 정신적 · 육체적 철회와 같은 명상 형식, 창문이나 태피스트리(tapestry)[20]의 시각적 형태나 호흡에 대한 집중, 문구 반복, 무한에 집중하기, 또는 자신의 기원과 삶 및 세상의 기원에 대한 질문의 연결을 따라가는 것과 같은 고전적 형태의 명상과 유사한 방법을 사용하는 것을 발견할 수 있다. 어떤 사람은 네 살 때 계속해서 "나는 나, 나는 나다"라는 말을 되풀이하면서 깊은 평화와 신의 현존을 강하게 느꼈다. 또 다른 보고에 따르면, 그가 서너 살 때 홀로 조용히 앉아서 기억을 불러일으켰다고 한다. 그는 마음의 눈이 상실되어 있던 기억을 넘어서 자신의 모든 기억을 초월했다는 것을 서서히 깨닫게 되었고, 자신이 소년이었을 때보다 더 진정한 정체감을 무한히 확장하게 되었다.

20) 가구 덮개, 벽걸이, 양탄자 등에 쓰이거나 의복의 장식에 이용되는, 손이나 기계로 짠 다채로운 색실로 무늬를 짜 넣은 직물

이들 아동 중 일부는 영적인 천재이며, 우리 문화가 그 영역의 우수성을 높이 평가하고 격려하기 시작할 때, 영적 영역에서 더 많은 신비를 볼 수 있다(Feldman, 1986). 그러나 피에호프스키는 영적 경험을 가진 아동이 많은 것이 전혀 이상한 일이 아니라고 주장한다. 수년간 교육적인 진보를 연구한 그는 어린 시절의 진정한 영적 체험이 극히 드물거나 예외적인 것도 아니라고 말한다. 그는 피아제와 콜버그가 보여주는 아동의 개념적 능력의 단점은 주로 아동에 대한 측정 방법의 언어적 특성과 성인이 어떤 종류의 대답의 원하는지 알아내기 위해 아동이 고군분투한 결과라고 믿는다. 윌버와 윌시번의 발달과정에서도 아동의 영적 경험에 대한 수많은 사례를 보여주는 광범위한 사례자료를 고려하지 않았다고 말한다. 피에호프스키는 이러한 인지발달 및 자아초월이론은 개개인의 차이를 설명할 수 없어 발달의 일반적인 그림만 제공한다고 본다. 그는 그러한 이론적 발달 틀에서 많은 부분을 잃어버렸고, 추상화된 일반적 그림이 실제 삶의 경험에서 너무 멀어지지 않도록 수정해야 한다고 주장했다.

아동기 영성의 실제 사례를 수집하고 주의를 환기시키려는 시도에서 겪게 되는 문제는 주제를 둘러싼 금기(taboo)이다(Armstrong, 1984). 피에호프스키는 전국회의에서 아동들의 영적 경험의 예를 부모와 전문적인 청중에게 제시할 때, 누군가가 이 주제에 대해 기꺼이 침묵을 깨고 감사할 것이라고 말한다. 그는 자신이 살펴본 전반적인 내용이 성인의 초월적인 경험과 동일한 성격을 지니고 있다는 것을 관찰함으로써 어린 시절의 자아초월 경험에 대한 연구를 결론지었다. 즉, 평범한 일상 세계에서 보이지 않는 더 큰 영적 현실을 드러낸 것이다.

전반적으로, 우리가 종교적 경험을 연구할 때, 인지적 측면을 찾는 것으로 제한하지 않는다면 어린 시절에 종교와 영성 경험이 매우 많은 것처럼 보인다. 아동이 자신의 영적 경험을 이해하고 공식화하는 데는 분명히 한계가 있지만, 그것이 아동 자신과 세상의 더 넓은 차원에 대한 직관을 감소시키지는 않는다. 위에서 제시한 많은 사례들은 아동의 영적 경험이 합리적인 분석을 벗어나 우주에 대한 감정과 신뢰의 수준까지 스며들어 있다는 것을 보여준다.

요약

이 장에서는 아동기의 종교와 영성의 중요한 측면을 조명한 많은 심리학 이론가들을 살펴보았다. 우리는 다양한 정신분석학적 관점이 종교에 대한 그들의 가치관에 따라 다르다는 것을 살펴보았지만, 종교와 영성 사이의 밀접한 관계와 부모나 보호자들과의 관계에서 아동의 초기 경험을 모두 살펴보았다. 프로이트는 유년기 종교의 기원, 가부장적인 신의 이미지에 대한 심리적 투사의 영향, 사망률, 자연의 거대한 힘 및 불의에 직면하여 인간의 불안을 감소시키는 종교의 역할을 강조한다.

대상관계이론가들은 종교를 좀 더 긍정적인 관점에서 바라보며, 종교가 어머니의 사랑에 대한 영양적 경험에 뿌리를 두고 우리를 다른 사람들이나 우주와 연결시켜주는 것으로 본다. 자아심리학은 종교를 자아감각을 키우고 성숙한 자아를 통합하기 위한 기반으로 신뢰를 구축하는 데 기여할 수 있다고 높이 평가한다. 인지발달심리학은 성장하는 인지능력이 아동의 종교에 대한 생각에 미치는 영향을 강조한다. 그들은 종교적 사상, 가치관 및 관행이 전조작기, 구체적 조작기 및 형식적 조작기를 통해 아동이 발달함에 따라 이해될 수 있는 다양한 수준을 설명한다. 이러한 심리적 관점은 어린 시절에 종교가 어떻게 발생하는지, 그것이 인성발달에 어떤 영향을 미칠 수 있는지를 이해하는 데 도움을 준다.

발달심리학자들은 아동기 삶의 종교적 측면을 연구한 범위까지 종교적인 믿음과 관행에 대해 아동이 생각하는 방식에 집중해왔다. 경험적 자료를 검색하면 피아제와 그를 따르는 사람들이 개척한 인지 연구방법에 크게 의존하게 된다. 불행하게도 종교의 인지적 측면에 대한 일차적인 초점은 아동기의 종교와 영성의 존재를 과소평가하는 경향이 있다. 결과적으로 종교심리학자들이 아동기 종교에 관한 문헌을 검토할 때, 공통적인 견해는 진정한 종교와 영성이 아동기에 극도로 제한되거나 심지어 부재한다는 것이다. 그러나 아동기의 영적 경험에 대한 공개된 사례의 수와 질은 특히 삶의 신비에 대한 어린이의 경이감과 다른 인간과 세계와의 신뢰와 연결감에서 볼 수 있는 어린 시절에 영성이 존재한다는 사실을 증언함으로써 이러한 견해에 도전한다.

아동기의 종교와 영성에서 우리는 정서적이고 무의식적인 종교의 근원을 관찰한다. 1장의 〈표 4〉로 돌아가면, 종교의 기초가 크게 의식적이지 않고 정서적이라는 것을 볼 수 있지만, 이것이 종교가 중요하지 않다는 것을 의미하지는 않는다. 종교와 영성의 좀 더 의식적으로 발전된 측면들이 형성되는 것은 이러한 무의식적이고 정서적인 전개인적 기초 위에 있다.

〈표 5〉 아동기의 암묵적 종교와 영성발달의 기초

구분	자기 흐름	가치 흐름	세계관 흐름
자아초월적 수준			
개인적 수준			
전개인적 수준	자아 감각 부모, 양육자들, 형제자매에 의해 형성됨	내재화된 가족 가치	가족과 초기 경험에 의해 형성된 삶의 관점

3장. 청소년기의 정체성 탐구

청소년기에는 중요한 삶의 방식을 성취할 때까지
여러 가지 다양한 삶의 방법을 시도해보는데,
개인의 영구적 정체성이 확립되면, 그러한 것을 그만하게 된다.

– 에릭 에릭슨, 『사물을 보는 방법』

생애주기에서 청소년기는 종교와 영성발달의 결정적인 시기이다. 이 시기의 중요한 목표는 영성의 핵심과 자아의 지속적 형성에 놓여 있는 정체성의 창조이다. 청소년기의 많은 변화와 압박감은 그들의 정체성과 세계관을 형성하면서 젊은이들을 가치와 종교에 대한 질문으로 어려움을 겪게 만든다. 경험적 연구를 검토해보면 청소년기에 종교의 역할에 대한 상반되는 측면을 보여준다. 마지막으로 우리는 정체성 형성과 개인적 이야기의 창조가 어떻게 청소년의 영성과 암묵적 종교의 주요 요소를 표현하는지 탐구할 것이다.

청소년기와 정체성 찾기

정체성 문제는 흔히 "우리 시대의 영적인 문제"라고 일컬어져왔으며, 현대인을 괴롭힌다(Langbaum, 1977: 353). 정체성에 관한 연구는 본질적으로 인간 삶의 통합과 목적을 찾기 위한 탐구이다. 이 문제는 지난 200년 동안 서구 민주주의 국가의 사람들을 사로잡아왔다. 하지만 정체성 추구가 자율적인 자아를 표현하는 데 중요한 비중을 두지 않는 비서구사회에서는 두드러지게 나타나지 않는다. 전통적인 사회와 달리 현대 그리고 포스트모던 사회는 성인들이 분명한 역할과 태도를 한 세대에서 다음 세대로 전수해야 한다고 말하지 않는다(McAdams, 1996: 381). 그럼에도 불구하고 현대사회는 일반적인 기대를 갖는데, 그것은 인간이 독립적이면서도 잘 어울려야 한다는 것이다. 자아는 분리됨과 동시에 연결되어야 한다는 압박이 있다.

심리학자 댄 맥애덤스(Dan McAdams, 1997)에 따르면, 현대사회에서는 청소년 후기까지 본격적으로 정체성 탐구가 일어나지 않는다. 청소년 후기 이전까지 젊은이들은 개인적인 경험을 통합된 방식으로 다듬을 필요를 느끼지 못한다. 젊은이들이 한 사회에서 통합된 정체성을 형성할 것으로 기대되는 단계에 도달할 때, 자아개념이 너무 다양하고 다면적이어서 일관성 있는 정체성을 형성할 수 없다는 것을 발견할 수도 있다. 맥애덤스는 통합된 사람이 어떻게 보여야 하는지에 대한 더 큰 불확실성과 더 많은 삶의 가능성을 제공하는 사회에서 통합적이고 목적이 있는 자아를 만들어내는 어려움을 관찰한다.

청소년기는 아동기의 높은 의존도에서 가족으로부터 더 많은 독립성으로의 전환을 대표한다. 청소년기에 겪는 스트레스는 청소년기의 자아, 욕구의 극대화, 부모의 지원을 거절하는 것과 같은 상대적 약점에서 기인할 수 있다. 피터 블로스(Peter Blos, 1979: 142)는 청소년기를 "두 번째 개별화"

과정이라고 말하는데, 보통 3세까지 완성되는 첫 번째 개별화 과정은 어머니와의 상징적 관계에서 벗어나 "개별화된 유아"가 되는 것을 포함한다(Mahler, 1968). 청소년기의 개별화는 가족에 대한 의존이 감소하고 더 넓은 사회의 일원이 되는 것을 의미한다. 두 개의 과정 안에는 인간이 자신의 이전 환경으로부터 분리되는 것과 같은 개별성의 주된 발달이 이루어진다. 개인의 자아와 다른 사람들 사이의 경계선에 대한 내부적 균형과 재균형 유지는 생애 어느 시기에서든 정체성 형성의 중심적 측면이지만, 청소년기에는 활동이 증가하는 단계에 이른다(Kroger, 1989).

자아 정체성에 대한 에릭 에릭슨의 저술(1950/1963)은 과거 아동기의 동일시와 현재의 신체적 · 사회적 변화 그리고 미래의 의무와 맞물려서 어떻게 자아를 구축하는지를 이해하는 데 기여했다. 에릭슨의 연구는 20세기 초에 심리학의 지배적인 행동주의적 패러다임과 양립할 수 없었으므로 자아에 대한 주제가 사실상 오랫동안 사장되었던 추세를 바꿔놓았다(Ashmore & Jussim, 1997). 인지심리학의 출현으로 자아와 정체성의 기능을 포함하여 자아의 활동에 훨씬 더 많은 관심과 개방성이 있었다. 에릭슨에 의하면, 청소년기의 정체성 형성은 영아가 자아의식을 형성하기 위해 부모를 내사(introjection)[1]하는 때인 생후 1개월이 경과한 이후에 진행되는 과정들을 강화시킨다. 아동기 동안 주요 타인과의 동일시는 자아를 구성하도록 돕는다. 청소년기의 자아는 앞서 이루어진 중요한 동일시를 독특하고 합리적이며 일관된 정체성으로 통합하기 위해 노력한다.

에릭슨(1950/1963: 261)은 청소년기의 핵심 과제는 이전의 어린 시절에 발달한 자아의 "연속성과 동일성"에 대한 감각을 유지하는 것이라고 믿는다. 에릭슨은 청소년기의 주된 생리적 변화가 젊은이들의 정체성에 어떤

1) 내사(introjection)란 자기와 대상이 어느 정도 분화되어 대상의 행동이나 태도, 기분 혹은 분위기 등이 자기 이미지로 융화되기보다는 대상 이미지로 보존되는 기제를 말한다.

영향을 미치는지에 주목했다. 자아가 급격하게 변하는 것은 급속한 신체적 성장이 젊은이들에게 자아가 다른 몸에 이식되고 있는 것처럼 보일 수도 있기 때문이다. 젊은이들은 자신의 새로운 신체 자아를 확고히 하기 위해 노력함에 따라 뿌리가 뽑힌 것처럼 느낄지도 모른다. 호르몬 변화와 함께 사춘기의 1차 · 2차 성징(性徵)의 발달과 급성장은 아동기 자아의식에서 경험했던 것보다 신체에 더 비중을 두게 된다. 이러한 변화의 시점은 개개인의 차이에 크게 의존한다. 또래에 비해 신체적 성장이 매우 빠르게, 매우 갑자기 또한 대규모로 일어날 때, 청소년은 자기 비판적이 되거나 자신감 부족에 시달릴 수도 있다. 이렇게 밀접한 신체적 · 사회적 요인들은 청소년기의 자아의식에 상당한 변동의 원인이 되고, 불안정한 자기평가는 초기 청소년기에 정점에 이른다(Brinthaupt & Lipka, 2002). 에릭슨은 아동기에 보이는 부모, 형제자매, 또래와의 동일시는 청소년을 도와서 엄청난 신체적 불연속성을 경험하는 동안 동일성을 유지하게 한다고 말한다.

사람들의 자아의식은 신체와 밀접하게 얽혀 있어 신체변화는 자아의 변화처럼 보인다. 청소년은 자신을 이해하려고 노력할 때, 신체적 외모와 특징들이 그들의 가장 큰 문제와 관심들 사이에 있다고 보고한다(Finkenauer 외, 2002). 이러한 변화에 대한 자신의 주관적 평가가 객관적인 생물학적 변화보다 청소년의 의식을 더 사로잡는다. 신체적 매력에 대해 흔한 비현실적인 문화적 · 사회적 표준이라는 주관적인 평가에 영향을 받은 청소년들은 자존감이 낮은데, 이는 자기 신체의 크기, 모양, 일반적 외모가 문화적 이상에 미치지 못하기 때문이다. 소녀에게 가슴의 발달과 소년에게 얼굴의 수염 같은 생물학적 변화는 청소년의 성정체성에 기여한다. 부모는 초기 청소년기의 딸에게는 의존적이며 다정하고 온화하도록 격려하고, 아들에게는 적극적이며 경쟁력 있고 독립적으로 행동하도록 격려함으로써 사춘기의 신체적 변화에 반응한다고 보는 연구들이 있다. 이러한 성(性) 차이는 청소년의 또래관계에서도 나타난다. 남자아이들과 비교하여 여자아이들은 친밀한 관계를 맺고, 자신의 생각과 감정을 공유하며, 더 많이 수용하고 도움을 주는 경향이 있다. 여자아이들에 비해 남자아이들은 더 큰 위험을 감수하고, 좀 더 저돌적으로 행동하며, 활동적인 행동을 선호하고 관계에서도 무언가를 하는 것에 집중한다. 청소년들이 자신의 경험과 문화의 성적인 기대 사이에서 불일치를 지각할 때 불안, 우울, 낮은 자존감을 경험하는 경향이 있다.

에릭슨(1968)은 정체성을 위한 이러한 투쟁이 청소년기의 본질적인 과업이라고 말한다. 젊은이들이 아동기를 벗어나 성장할 때, 가족과 자신의 위치에서 분리된 독특한 인간으로서 자신을 이해하기를 추구한다. 이것은 (아들, 딸, 형제, 자매, 똑똑한 구성원, 느린 구성원, 주동자 등으로서의) 가족구성원의 역할을 분류하는 것을 의미하는데, 그러한 역할이 어느 정도 실제로 젊은이들의 감정, 생각, 태도와 일치하는지를 결정한다. 그러다가 젊은이들이 자신의 다양한 사회적 역할(학생, 타인과 집단의 친구, 직원, 로맨틱한 짝, 육상경기의 팀원으로서의 역할)을 경험할 때, 이러한 역할들이 서로 모순됨을 발견할 수도 있다. 복합적 역할들은 역할에 대해 바뀌는 기대들 때문에 젊은이들이 기본적인 정체성의 의문, 즉 '나는 누구인가?', '나는 어떤 가치를 갖고 있는가?', '나는 어떤 일을 하고 싶은가?', '내 삶의 의미는 무엇인가?'와 같은 질문에 대한 답을 신속히 찾도록 할 수도 있다.

마지막 장에서 우리는 부모와의 초기 관계에서 어떻게 아동의 자아의식이 만들어지는지 살펴볼 것이다. 자아 형성은 평생의 과정으로 더 의식적인 정체성의 발달과 함께 청소년기에 새롭고 비판적인 수준에 도달한다. 에릭슨(1968)의 관점에서 자아는 의미를 찾기 위해 애쓰고, 의미가 없으면 불안을 경험한다. 청소년기는 정체성 형성이 멈춰 있는 듯 여겨지는 상당히 길고 불편한 때일 수도 있으며, 세상에서 그들의 의미와 위치는 아직 분명하지 않다. 성인의 세계에 들어가기 위해 수년간의 준비가 필요한 과학기술이 중요시되는 사회에서는 청소년들이 의미 있는 정체성에 정착하기 전에 종종 지체하게 된다. 에릭슨(1995: 537)은 이 시기를 '정체감 유예 기간'이라고 부르는데, 긍정적인 정체성이 통합되지 않는 "적응에 적합해 보이지 않는 것처럼 보이는 기간"이다. 이 시기에 청소년들은 자기 내면의 삶과 사회가 제시하는 기회 사이의 적합성을 발견하기 위해 다양한 역할과 행동을 실험한다. 의미의 기본적인 원천은 자신이 해야 할 일에서 발견되는데, 젊은이들은 초기에 발달된 역할과 기술, 흥미들과 사회에서 도움이 되는 직업과 연결시키려고 노력한다. 청소년들이 기술과 흥미에 맞는 직업을 찾는 일은 그들이 안심하기까지 오랜 시간이 걸린다. 정체성의 형태를 만들고 직업을 선택하는 것과 같은 활동이 의식단계에서 일어나는 동안 무의식이 이러한 문제 속에서 활동하는 역할을 과소평가해서는 안 된다. 일부 저자들이 지적하기를 현대사회에서 젊은이들의 정체성 형성 과업이 좀 더 어려워졌는데, 그 이유는 사회가 그들을 안내할 신화와 통과의례를 제공하지 않기 때문이다(Bly, 1990; Campbell, 1988; Gidden, 1991; Woodman, 1985). 우리는 전통적인 사회가 직업과 관련된 선택에서 젊은이들을 돕는다는 꿈의 역할에 기대를 걸고 있음을 안다. 어떤 원주민 가운데 영계(靈界)와의 교류를 구하는 의식(북미 인디언 부족에서 행해진 남자의 의례)이 한 사례이다. 그런 공동체에서는 청년들이 고독한 장소로 떠나서 기도하며 꿈이나 환상을 기다리는데, 꿈속에 동물의 영혼이 나타나 공동체 안에서 젊은이들의 역할이 무엇인지 알려줄 수 있다는 것이다.

일반적으로 꿈을 인정하지 않는 현대사회에서도 어떤 젊은이들은 여전히 꿈을 통해 도움을 받으려 한다. 삶에서 직업을 찾던 카를 융의 노력은 꿈이 어떻게 직업 선택을 도울 수 있는지에 대한 좋은 예이다. 중학교를 졸업할 때쯤 융은 적합한 직업을 선택하는 데 큰 어려움을 겪고 있었다. 아버지는 그에 대해 걱정하고 있었는데, 카를(Carl)이 상상할 수 있는 모든 것에 흥미를 갖고 있었으나 삶 속에서 진정으로 하고 싶은 것이 무엇인지 알지 못했기 때문이다. 융(1963)은 자기 내면에서의 투쟁과 어떻게 두 가지 꿈이 자기 미래의 방향과 정체성에 구체적인 형태를 부여하기 위해 나타났는지에 대해 설명한다. 그의 첫 번째 꿈에서는 자신이 어두운 숲에 있는 것을 발견하는데, 그곳에서 우연히 무덤을 만났다. 그는 땅을 파기 시작했고 선사시대 동물들의 뼈를 발견하곤 놀란다. 그는 이 발견으로 굉장히 흥분했다. 꿈속에서 그 순간 자신을 둘러싼 자연과 세상에 대해 더 알고 싶어 한다는 것을 깨달았다.

두 번째 꿈 또한 숲에서 자신을 발견한다. 매우 어두운 곳에서 둥그런 웅덩이를 보았는데, 그 안에는 반쯤 잠겨 있는 놀라운 생물체가 있었다. 그것은 거대한 방산충[2]이었는데, 가로 91센티미터 정도의 둥근 동물로 촉수처럼 생긴 수많은 기관들로 이루어져 있었다. 융은 자신이 아름다운 생물체가 숨겨진 장소에 조용히 누워 있는 것에 깜짝 놀란다. 그는 꿈에서 깨어나 지식에 대한 강렬한 갈망과 흥분으로 가득 찼다. 융은 두 개의 꿈이 분명히 자신이 과학 분야의 직업을 선택하는 것이 유리하다는 판단을 내리도록 했다고 진술했다. 이 두 가지 꿈 모두 보통 무의식의 상징인 어두운 숲 속에서 시작된 것이 흥미롭다.

융은 자신의 관심을 발견했는데, 다시 말해 그를 둘러싼 자연세계의 신비를 조사하는 것이었다. 이 꿈들은 그에게 무엇을 해야 하는지 간단히 말해주지 않았지만, 분명히 그가 자신의 가장 깊은 열망에 집중하도록 했고 에릭슨이 말한 "역할 혼동"을 피하게 해주었다. 적절한 직업적 정체성

---

2) 방산충아강(放散蟲亞綱)에 속한 원생동물을 통틀어 이르는 말. 구멍이 있는 공 모양으로 생겼으며, 주위에서 매우 가느다란 실 모양의 위족이 방사상으로 나와 바다의 미생물을 먹고 산다. 죽으면 바다 밑바닥에 쌓여 거무스름하고 미끈한 흙이 되는데, 이 바다 밑바닥이 솟아올라 땅이 되면 굳어서 퇴적암이 된다.

에 자리를 잡을 수 없는 젊은이들은 역할 혼동에 시달릴지도 모르는데, 역할 혼동은 그들로 하여금 패거리의 우두머리, 스포츠나 예술분야의 영웅들과 지나치게 동일시함으로써 보상받도록 이끈다. 덜 성숙한 사랑 또한 역할 혼동을 상쇄하는 데 도움이 될 수 있다. 에릭슨은 사춘기의 사랑과 대화의 많은 부분은 낭만적인 파트너에게 혼란스럽거나 분산된 자아 이미지를 투사함으로써 정체성을 형성하고, 그에 따라 그것을 반영하고 명확하게 하는 것과 관련이 있다고 주장한다.

충성심과 이데올로기

에릭슨의 이론에 근거해 설명한 다른 단계에 따르면, 청소년기에는 자아의 힘이나 미덕(美德)이 있는데, 그것은 젊은이들이 일관성 있는 정체감을 형성하고 가능한 한 역할 혼동을 피하고자 애쓸 때 발달한다. 충성심은 기본적인 자아의 힘 또는 미덕으로 정체성 형성 과정에서 길러진다. 에릭슨(1968)은 충실함을 이러한 선택과 관련된 피할 수 없는 가치 충돌에도 불구하고 자유롭게 선택된 충성심을 유지하는 능력으로 이해한다. 그는 청소년들이 다른 곳으로 끌어들이는 많은 힘으로 인해 야기되는 가치 충돌이나 애매모호함과 싸우면서도 자신의 신념과 사람들에게 충실할 수 있다는 사실의 중요성을 강조한다. 충성심은 사람들, 가치들, 그리고 아이디어 쪽으로 향할 수 있다. 우리는 또래들이 갖는 중요한 영향력과 청소년들이 또래에 충성하기를 열망하며, 또래들에 의해 받아들여져야 할 필요성을 관찰했다.

또 다른 정체성의 중요한 기초는 세상에 대해 갖는 일련의 관념에 대한 충성심인데, 에릭슨은 이를 "이데올로기"라고 말한다. 이데올로기에 대한 그의 개념은 암묵적 종교와 영성의 중요한 구성요소 가운데 하나인 세계관으로서 우리가 다루어왔던 것과 매우 비슷하다.

에릭슨(1950/1963)은 종종 방향과 소속감을 제공하기 위해 특정한 사회적 이상과 가치를 바탕으로 만들어지는 청소년들의 "이념적인 정신(ideological mind)"에 대해 말한다. 젊은이들은 명확한 정체성을 확립하고 또래들에 의해 인정받기 위한 노력에서 민족주의, 소비자주의, 자본주의 같은 이데올로기의 설득력 있는 힘에 취약하다. 동시에 이데올로기는 젊은 사람들에게 무엇이 권리이고 진리인지, 그리고 무엇이 위험하고 악(惡)인지를 정의하도록 돕는다. 이데올로기는 내면세계에 있는 악으로부터 선함을 구분하는 것뿐만 아니라 긍정적 혹은 부정적인 다양한 자기 표상들을 판단하도록 돕는다.

인종적 속성의 긍정적 혹은 부정적인 사회 이미지는 긍정적이고 부정적인 욕동(drives)과 정서로 자아의 동일성을 조직하는 성격구조의 일부분이다. 이런 의미에서 정체성 창조는 가족, 양육자, 또래 역할모델의 내면화뿐만 아니라 이상, 긴장 및 갈등으로 이루어진 사회의 현재 구조를 내면화하는 것을 포함한다. 그래서 이데올로기는 자기(Self)/내집단(ingroup)과의 동일시와 반자기(anti-Self)/외집단(outgroup)과의 탈동일시의 차별화를 조장한다. 따라서 청소년기는 다른 집단을 비난하고 박해하는 희생을 치르면서 자기 통합을 이루도록 돕는다(Gregg, 1991: 195). 정체성 형성의 이러한 부정적인 측면은 보통 병리적인 발달이 아니라 건강한 인격 내에서 작용하는 무의식적이고 역동적인 것으로 여겨진다.

부정적인 자아상은 전형적으로 출현하는 자아정체성(억압을 통해)으로부터 분리되어 타인이나 외집단에 투사된다. 에릭슨(1968: 58)은 자아가 닮기 두려워하는 무의식적인 악의 정체성은 더럽혀지거나 변형된 신체, 소수민족 외집단을 학대하는 이미지를 구성한다고 이론화했다. 정체성 확립의 이러한 특징은 개인적이고 사회적인 갈등의 원인이 될 수 있다. 에릭슨은 중요한 위치에 있는 인종주의, 반유태주의, 자민족중심주의 같은 현상들과 자아정체성 형성 간의 관계를 분석함으로써 자아형성의 어두운 면을 강조한다. 이러한 시각으로부터 이데올로기의 사회적 관점들을 대변하는 다양한 '주의(ism)'는 개인적 태도를 강하게 담고 있을 뿐 아니라 자아통합의 문화적 유형들이다(Gregg, 1991).

정체성과 자아통합

맥애덤스(McAdams, 1997)는 현대사회에서 정체성을 문제시하는 자아의 특성을 탐구했다.

① 자아는 주어졌거나 수여된 것이라기보다 만들어진 것처럼 보인다. 현대인은 자신이 책임지고 있는 과제(project)로서의 정체성을 경험하며, 정체성의 자기 구성은 근대성에서 자아의 핵심적인 차원이다(Tayler, 1989).

② 개인은 일상생활에서 가족, 직업 및 일상의 사람들을 포함하는 매일의 삶 속에서 자아를 형성한다. 현대사회에서 정체성 창조는 왕족, 귀족사회 또는 성인(聖人)들과 같이 선별된 소수를 위한 것이 아니라 모든 사람들을 위한 과제이다.

③ 현대적 자아는 많은 층과 내면적 깊이가 있다. 자아를 구성하는 과제는 진리나 의미를 파악하기 위해 자신의 내면적 삶을 조사해야 한다. 이러한 탐구는 내적 세계를 도덕적 권위의 근원으로 바라보게 한다.

④ 자아는 시간의 흐름에 따라 발달한다. 맥애덤스는 의료 및 영양

의 발전으로 인해 사람들이 완전한 생애주기를 기대하게 되었고, 결과적으로 일상생활의 단계를 거치면서 움직이는 것으로 보았다. 이런 관점에서, 발달적 사고는 진보와 자기 개선에 상응하는 개념으로 자아 정체성의 일부가 되었다.

⑤ 마지막으로, 자아는 시간적 일관성을 추구한다. 인생이 점점 더 긴 여정으로 간주되면서 사람들은 시간이 흐름에 따라 삶의 에피소드와 경험의 다양성을 이해하기 위해 일관성과 지속성을 추구한다. 자아를 통일하는 것은 시간의 흐름에 따라 지속적으로 주관적인 경험을 통합하는 과정이다.

맥애덤스(1997)는 자아의 통일성을 강조한다. 그는 우리에게 상기시키기를 정신분석 전통에서 자아 되기와 자아 됨의 과정이 전형적으로 자아의 역할로 여겨지는데, 내면적 본능의 힘과 초자아, 그리고 세상과 사회라는 외부의 힘과의 갈등 사이에서 길을 찾는 것이다.

맥애덤스가 통합된 정체성의 창조를 중요시하는 반면에 다른 이들은 다양한 자아의 경험을 더 강조한다. 하터(Susan Harter, 1997)는 청소년들이 자신을 발견할 수 있는 다양한 역할과 관련된 다양한 자아를 만들어야 한다는 많은 요구 때문에 청소년의 정체성 문제를 정확하게 "자아의 증식"으로 묘사한다. 하터는 자신의 연구에서 청소년들은 "가짜 되기"와 "타인이 듣고 싶어 한다고 생각하는 것 말하기" 같은 그들의 거짓된 행동과는 대조적으로 빈번히 진정한 자기 행동을 "내면의 진짜 나"와 "진짜로 생각하는 것을 말하기"로 설명한다.

참 자기(true Self)와 거짓 자기(false Self) 사이의 구별을 위해 고투하는 것은 심리학과 영성 모두에서 다루는 문제이다. 캐럴 길리건(Carol Gilligan, 1982)은 청소년의 정체성 혼동에 관한 결론에 자신의 관찰을 더했다. 사춘기 때

소녀들이 자신의 감정을 숨기고 의견을 표현하지 않음으로써 그들이 어렸을 때 알았던 것을 잊어버린 것처럼 보일 때, "목소리를 잃는"(자신의 의견을 억제한다) 경향이 있음을 관찰함으로써 청소년의 정체성 혼란을 발견한다. 길리건에 의하면 소녀들은 "착한 여자"는 공손하고 유쾌하고 내성적이라는 문화적 고정관념의 영향을 받는다. 소녀들이 자신의 재능과 흥미에 집중하지 않고 남자들을 유혹하는 데 집중하게 하는 상당히 많은 사회적 압박은 소녀들이 정체성을 형성하는 것을 더 복잡하게 만들어 많은 여성들이 중년기까지도 자신의 "목소리"를 되찾지 못하게 한다(Borysenko, 1996). 이러한 압박은 통일되고 일관성 있는 정체성의 의미를 형성하는 작업을 분명히 악화시킬 수 있다.

정체성 형성에 포함된 다중역할에 비추어서 핀케나우어(Finkenauer 외, 2002)는 자아를 정체성의 집합체(constellation)라고 말했는데, 각각의 정체성은 학생, 딸, 여자 친구, 또는 단짝 같은 하나의 특정한 상황과 시간 틀에 의존한다. 이러한 각각의 서로 다른 정체성들이 더해져서 개인의 전체 정체성을 확고하게 만들어 특정한 연속성과 일관성을 제공한다. 청소년들은 이러한 다양한 정체성이 어떻게 어우러지는지에 대해 내면적 갈등을 경험할 수도 있다. 동시에 그들은 다른 역할들을 시도해보고 자기표현과 그들이 타인에게 주었던 감동을 어떻게 다룰 것인지를 배울 수도 있다. 이러한 청소년기의 정체성 탐구와 함께 동반되는 혼란은 청소년들이 인생의 다른 시기에 있는 사람들보다 더 심각한 문제와 일상적인 어려움을 겪는다는 것을 의미한다(Finkenauer 외, 2002).

청소년기의 종교에 관한 경험적 연구

마지막 장에서는 피아제(Piaget)가 묘사한 형식적 조작사고로 대표되는 갈수록 더 복잡해지는 청소년들의 정신 능력을 생각해보았다. 추상적 사고를 위한 이러한 능력은 상황의 다양한 가능성을 생각하게 하고 그 상황을 어떻게 다룰 것인가에 대한 가설을 세우게 한다. 가정(假定)에 근거한 사고는 우리의 신념, 태도, 정체성과 행동에 대한 다수의 가능성을 상상하도록 한다. 이것은 기본적인 종교적 아이디어와 가치를 개념화하고 비교 평가할 수 있게 만든다. 그래서 청소년기 종교의 현저한 측면이 가족이나 종교적인 믿음과 가치를 수용하는 데 의문을 불러일으키는 것은 놀라운 일이 아니다. 풀러(Fuller, 1988)는 이러한 비판적 태도는 부모 및 종교기관과 연관된 권위에 대해 무관심하거나 심지어 저항을 동반한다고 주장한다. 그는 청소년들이 주로 사회적 관계, 또래집단의 압력, 경제적 안전을 걱정한다고 관찰한다. 풀러에 따르면, 서구사회의 젊은이들은 보통 대인관계와 관련된 교육적 · 사회경제적 문제들에 지나치게 사로잡혀 있어서 종교에 관심을 갖지 못한다.

킨(Keen, 1978: 119)의 관점에서 반항은 청소년기에 어울리는 상징이다. 그는 일생 중 청소년기를 아동기와는 정반대라고 보고 있다. 아동의 기본적 과업은 신뢰와 조화를 계발하여 "예"라고 말한다면, 청소년들은 "아니오"라고 말하며 타인에 맞서서 자신을 정의한다. 킨에 따르면 이 단계는 이미 "끔찍한 두 가지(terrible twos)"에 뿌리를 두고 있지만, 한 인간이 부모와 구별되는 정체성을 발견하기 위해 투쟁할 때 중요해진다. 킨은 의심과 저항, 반항을 청소년기의 주된 특징으로 보았지만, 이 시기의 부정적 성향이 성인기의 "예", "아니오"라고 두 가지를 다 말할 수 있는 단계로 가는 길에 필수적인 단계라고 믿는다.

종교심리학 분야의 초기 연구들은 청소년기를 둘러싼 혼란을 종교적 개종과 연결시켰다. 에드윈 스타벅(Edwin Starbuck, 1899)은 종교적인 개종에 대한 첫 번째 경험적 통계조사를 수행했고, 개종은 청소년기에 가장 빈번히 발생한다는 견해를 세웠다. 스탠리 홀(Stanley Hall, 1904) 역시 대부분의 개종 경험은 사춘기에 생리적 변화에 동반하여 일어난다고 주목했다. 그는 성(sexuality), 사랑 그리고 종교적 경험 사이에 밀접한 관계가 있다고 주장한다. 여러 해에 걸친 다른 연구들은 청소년기와 종교적 개종 사이의 연관성을 지지해왔지만, 그 상관관계에 대한 설명에서는 다양한 견해가 있다(Paloutzian, 1996).

다른 경험적인 연구들은 청소년기 동안 종교적 개입이 감소됨을 강조한다. 후드(Hood 외, 1996)의 연구 결과를 인용하면, 종교적 독실함은 주류 종교집단에 비해 전형적으로 10세에서 18세 사이에 감소하고 청소년들은 중년층이나 노년층에 비해 덜 종교적임을 보여준다. 그럼에도 불구하고 그들은 이런 결과가 청소년이 종교적이지 않다거나 종교의 영향을 받지 않는다는 것을 의미하지는 않는다고 주의를 환기시킨다. 그들은 종교적 사회화의 효과를 강조하면서 가족의 종교를 버린 청소년들이 대체로 종교를 중요시하지 않는 가정 출신이라는 것에 주목하고 청소년과 부모 사이에 나타나는 가치와 태도의 유사성을 강조한다. 그들의 관점에 의하면, 비록 부모의 영향력이 청소년기에 약화되고 또래의 영향력에 좀 더 민감하다 할지라도 부모는 청소년의 종교생활에 여전히 가장 강력한 영향을 미치는 요인이다.

후드(Hood 외, 1996)의 연구는 청소년기의 종교적 믿음과 실천에 아버지보다 어머니가 더 큰 영향을 준다고 말한다. 그들은 문헌 검토에서 청소년기는 부모와 사회제도에 저항하는 소란과 반항의 시간이 확대된다는 이전의 개념화(풀러와 킨의 것과 같은)와 비교해볼 때 상대적으로 안정된 성장기라고 밝혔다. 팔루지안(Paloutzian, 1996)은 자료를 인용하여 청소년의 종교에 대한 접근에 모순적인 경향을 강조하며 청소년이 종교적이면서 비종교적인 면이 있다고 했다. 청소년은 높은 수준의 종교적 개입과 실천 및 토론을 보여준다는 의미에서 종교적이었고, 문자적 혹은 전통적인 종교적 교리를 더 의심하며 덜 받아들이는 점에서는 비종교적이다. 그는 십대들 중 높은 비율이 종교조직이 중요하다고 믿고 종교의식에 정규적으로 참여하고 있다는 여론조사를 인용한다. 그가 주목한 최근의 미국 갤럽의 여론조사는 13세에서 18세까지 연령의 95퍼센트가 하느님 또는 어떠한 형태의 보편적 영(universal Spirit)을 믿으며 75퍼센트는 기도하고 있다고 알려준다. 동시에 팔루지안은 다른 연구들에 집중했는데, 청소년기는 종교적 의심이 증가하는 때라고 밝혔고 사물에 대해 궁금해하고 질문하는 일반적인 경향을 반영하는 것으로 해석한다. 팔루지안의 관점에서 청소년기의 종교는 자신이 처한 환경에서 일어나는 역설을 다루는 일반적 모방 형태의 부분으로 볼 수 있다. 그가 목록을 작성한 전형적인 청소년의 역설과 갈등은 여전히 부모에게 의존하고 있으며, 아직 검토 중이지만 성적 행동에 주의하고 초자연적 존재에 의문을 가지면서도 하느님을 믿고, 도덕적 상대주의 경향을 가지면서도 우세한 윤리적 원칙에 동의하는 반면에 부모로부터 독립하려는 경향이 있다.

팔루지안이 판단하기를 청소년기의 종교는 이러한 역설적 환경에 반응하면서 형성된다고 본다. 팔루지안은 가족과 종교기관에 의해 폭넓게 형성된 아동기 종교를 넘어 청소년을 밀어붙이는 최초의 사회적 요인인 또래의 영향을 강조한다. 또래들은 종종 다른 관점과 가치를 대표하므로 청소년기 동안 특히 강한 영향력을 발휘한다. 이것은 젊은이들이 친구들을 진짜로 경험하는 첫 번째 경우가 될 수도 있는데, 친구들은 매우 다른 세계관을 갖고 있거나 성적 취향 또는 삶의 의미에 대해 새롭고 도전적인 태도를 지니고 있을 수 있다. 또래들은 청소년의 신념과 태도, 행동에 엄청난 압력을 발휘할 수도 있는데, 그 결과 실제로 그들을 변화시키거나 적어도 이미 갖고 있던 관점을 재평가하도록 강요할 수도 있다. 팔루지안이 지적한 바로는 또래들이 그러한 변화를 갖도록 직접적인 압력을 사용하지 않는 곳에서조차 단지 비교집단으로서 그들의 존재는 자아의 재평가를 요구한다고 본다.

브린타우프트와 립카(Brinthaupt & Lipka, 2002)는 증가하는 사회적 압력이 청소년기 동안 자아의 안정성을 위협할 수도 있다고 주장한다. 아동기와 비교하면 특히 젊은이들이 개인의 재능을 평가할 때, 또래관계는 더 중요해지고 강력해진다. 브린타우프트와 립카는 정체성 형성에 대한 또래관계의 영향을 설명하면서 가장 인기 있는 집단은 오직 한두 명의 리더와 함께 계급조직을 갖는다는 것을 관찰한다. 이러한 집단에 속한 사람들은 지속적으로 사회적 불확실성과 불안정한 자아존중감을 경험하는데, 이러한 경험을 주로 패거리의 내부집단과 외부집단 내에서 파벌의 압력에 기인한다. 브린타우프트와 립카는 대부분 미국에서 주로 백인 중산층의 중 · 고 청소년층에 대한 연구를 인용했는데, 이 연구는 학생의 3분의 1 정도가 큰 인기가 있는 패거리의 일원이었고 학생의 10퍼센트 정도가 가장 인기 있는 집단에 속하기 위해 노력하고 있다는 것을 보여준다. 이러한 워너비(wannabe) 집단[3]에 속한 학생들은 낮은 자아존중감, 불안전한 지위, 그리고 불분명한 정체성을 경험했다. 대략 절반의 학생들은 인기 있는 패거리로부터 제외되는 것을 상쇄할 충성심을 가진 친구들의 더 작고 독립적인 집단의 일원이었다. 또 다른 5~10퍼센트의 학생들은 지위 서열의 가장 낮은 곳에 위치

3) 워너비 집단(wannabe group)이란 "나도 무엇인가 되고 싶다"는 뜻의 'want to be'를 연음으로 발음한 것으로, 이들이 스타가 되고 싶어 하는 것은 자기도 진짜 슈퍼스타들처럼 재능과 노력으로 성공하겠다는 건전한 목표의식은 없다. 이들은 진짜 스타들처럼 재능도 없고, 그만큼 노력하지도 않고, 다만 스타들처럼 주목받고 싶다는 의식만 과잉된 사람들로 연예계나 스포츠계의 팬 집단을 말한다.

하며 또래로부터 외면당하고 자아존중감에 대해 가장 큰 문제를 겪고 있다는 것을 밝혔다. 또래의 사회적 서열에 있는 청소년의 지위는 물론 또래들의 사회적 서열에서의 청소년의 지위는 젊은이들의 영성, 특히 그/그녀의 자아와 정체성 의식의 중심적인 측면에 직접적인 영향을 미칠 것이다. 청소년기에 종교를 바꾸게 하는 또 다른 중요한 사회적 요소는 학교교육으로, 그것은 일반적으로 인정된 종교적 기반에 대한 의문을 촉진시킨다. 교육은 과학적 사고의 중요성과 사물에 대한 자연스러운 설명을 강조한다. 팔루지안의 관점에 의하면, 그러한 세상의 설명들은 하느님의 말씀과 그와 같은 것들을 설명하는 초자연적 존재를 이용한 초창기의 종교적 설명을 훼손시키는 것 같다고 본다. 심지어 학교가 명시적으로 종교적 관점, 언어 그리고 가치에 도전하지는 않더라도 삶에 대하여 엄격하게 과학적인 접근을 하도록 주안점을 두는 것은 종교적인 시각에 도전하거나 심지어 틀렸다고 입증하는 것 같다.

종합적-인습적 신앙

우리는 아동기에 드러나는 신앙발달에 대한 풀러의 단계를 논의해왔다. 이제 청소년들의 전형적인 신앙단계에 대한 풀러의 견해를 고려해야 할 터인데, 그는 이를 '종합적-인습적 신앙'이라고 칭한다. 신앙에 대한 풀러의 이해가 영성에 대한 우리의 견해에 매우 근접하고 있다는 것을 기억해야 한다. 풀러는 일관된 신앙의 방향이 어떻게 젊은이들을 안내하여 그들의 삶 속에서 다양하고 때때로 공존할 수 없는 경험을 하게 만드는지를 강조한다. 인간을 형성하는 기대와 판단은 부모, 또래, 고용인, 종교기관, 정당, 대중매체 같은 다양한 영향을 포함하므로 청소년의 정체성과 가치관 속에는 긴장과 모순이 있을지도 모른다. 이러한 상황은 이 단계의 종합적 양상을 불러일으키는데, 그때 인간은 일관된 정체성, 세계관, 가치관 속에 이질적인 요소들을 통합하려고 시도한다. 인간은 자신의 정체성과 믿음, 가치에 관해 깊이 느끼지만 이러한 것들은 중요한 다른 사람들 또는 집단의 합의된 권위에 근거를 두고 있다.

풀러는 암묵적으로 남아 있는 이러한 정체성 체계를 비판적으로 자각하지 못하므로 종종 모순적 가치와 신념을 포함한다고 강조한다. 이 단계의 '인습적'이라는 용어는 타인의 기대와 판단에 순응할 필요가 있음을 나타낸다. 왜냐하면 여러 가지 측면에서 아직 삶에 대한 독립적인 정체성과 관점을 개발하거나 창조할 수 없기 때문이다.

풀러의 관점에서 신앙의 3단계(종합적-인습적 신앙)에 있는 청소년의 도덕적 판단은 인습적인 도덕적 추론(대인 일치 성향)에 대한 콜버그의 단계 3(타인과 조화단계)과 일치하지만, 이 신앙단계에 있는 성인들은 또한 콜버그의 단계 4(법과 질서의 단계)의 법과 질서의 성향을 드러낼 수도 있다. 풀러는 신앙 3단계로의 전이는 11~12세 초반에 일어나고 어떤 이에게는 17~18세까지 지속되지만, 다른 이에게는 중년, 심지어 노년까지도 지속된다고 주장한다. 일반적으로 말하면 이 단계는 대부분의 청소년이 세상을 경험하는 방법을 특징짓는다. 서로의 역할수행을 위한 능력과 타인을 위한 자아상 만들기는 이 단계의 특징이며, 대인관계에 형식적인 조작적 사고를 적용한 직접적인 결과이다. 풀러에 따르면, 새롭게 습득한 이러한 민감성은 사람들이 신념과 자신의 행동을 이끄는 가치에 대한 정체성의 감각을 창조하고 유지하기 위해 "중요한 다른 사람들"에게 의존하게 된다는 것을 의미한다.

풀러(1981)에 따르면, 청소년은 그들의 신체적 · 정서적 삶 속에 급속한 변화를 반영하는 다양한 거울이 필요하다. 중요한 타인은 성격 이미지를 드러내는 데 필수적인 거울을 제공한다. 이러한 맥락에서 풀러는 정신과 의사 설리번(Harry Stack Sullivan)이 "단짝"관계라고 부른 가족 외부의 정서적 친밀감에 대한 첫 경험의 중요성을 언급한다. 단짝이란 젊은이의 내면의 새로운 면을 반영하는 거울을 제공하는 남자나 여자 가운데 한쪽이다. 청소년들은 단짝과의 관계에서 자신의 삶의 이야기를 발전시키기 시작한다. 에릭슨은 "풋사랑"이 청소년의 자아에 대한 이야기를 형성하는 데 도움을 줌으로써 비슷한 역할을 한다고 주장한다.

풀러는 9~10세 정도의 아이들을 위한 이야기(story)와 청소년들을 위한 이야기의 역할 사이의 다른 점을 관찰한다. 사춘기 이전의 아이들을 위한 이야기는 관계와 역할을 설명하고 경험하도록 단합과 가치를 제공하고 삶을 이해하게 하는 매체이다. 풀러는 인생을 '강'에 빗대어 사춘기 이전 아이는 개울 중앙으로부터 그 흐름을 묘사하는 이야기를 한다고 말한다. 한 개인의 생애 속에 있는 의미는 이야기 안에 보존되고 표현될 뿐만 아니라 그 이야기 속에 갇혀 있는데, 그 이유는 사춘기 이전 아동은 삶의 의미를 위한 이야기로부터 아직 일반적 결론을 이끌어낼 수 없기 때문이다. 형식적 조작사고의 발달은 청소년기에 개인의 사고와 경험을 반영하는 새로운 가능성들과 함께 삶의 흐름을 벗어나서 흐름 전체를 관찰할 수 있도록 한다.

풀러(1981)의 관점에서 이러한 능력은 이야기들에 관한 이야기라고 부르는 완전히 새로운 수준의 이야기를 나타낸다. 그것은 현재 자아에 대한 이야기를 구성할 수 있고 미래 자아의 가능한 역할과 관계에 대한 신화를 구성할 수 있게 한다. 풀러는 단짝관계나 풋사랑 경험에서 비롯되는 신비하고 궁극적으로 접근하기 어려운 성격의 깊이에 대한 새로운 감각이 청소년 전환의 빈번하고 강력한 경험을 조명한다고 믿는다. 청소년의 영적인 갈망은 이 시기에 등장하는 개인적 정체성과 가치에 대한 신화를 알고 있고, 이를 확언하는 신(神)을 향한 것이다. 우리는 이 장의 뒷부분에서 정체성 형성에 관한 이야기의 중요한 역할로 돌아갈 것이지만, 지금은 청소년의 영성과 종교에서 정체성의 중요성을 살펴볼 것이다.

정체성과 종교

베이트 할라미(Beit-Hallahmi, 1989)는 종교를 "하나의 정체성 유지체계"로 본다(p. 104). 그는 정체성을 자아 정체성, 사회적 정체성, 집합적 정체성이라는 세 단계로 구분한다. 첫 번째 단계인 자아 정체성은 개인 인격의 통합을 나타낸다. 이 개념은 성격의 근본으로서 '내면화'와 '동일시'라는 개념과 함께 정신분석적 전통으로부터 성장했다. 에릭슨은 자아의 중심에 있는, 개인의 경험을 통합하며 연속성과 자기 동일성의 감각을 제공하는 정체성에 대한 개념을 촉진시키기 위해 최선을 다했다. 베이트 할라미는 종교적 신념과의 연계가 자아 정체성의 안정과 지지의 원천이라고 생각한다.

정체성의 두 번째 수준인 사회적 정체성은 외부적으로 정의된 사회집단의 구성원 자격과 집단에서 개인의 통합을 의미한다. 정체성의 세 번째 수준은 다른 집단과 자신을 구분하기 위해 집단에 의해 정의되는 엄격하게 집단적인 정체성이다. 두 번째와 세 번째 수준의 정체성에 관한 이론은 사회학과 사회심리학 분야로부터 발전했다. 베이트 할라미가 믿기로는 대부분 사람들에게 종교가 사회적 정체성으로서 두 번째 수준에서 작동한다는 것이다. 이런 점에서 종교는 정당에 속한 것과 마찬가지로 다른 집단의 정체성과 유사하다. 기본적인 사회적 정체성과 마찬가지로 종교는 보통 가족 내에서 일어나는 사회적 학습의 결과이다. 대부분의 사람들에게 종교는 주로 특정한 관념을 믿는 것에 의해 결정되는 것이 아니라 특정한 종교적 전통의 구성원으로서 그들의 정체성 일부이다.

베이트 할라미는 사회적 정체성이 첫 번째라고 주장한다. 그리고 많은 사람들이 놀랍게도 그들의 사회적 정체성과 관련된 믿음의 체계를 획득한다는 것을 발견한다. 전 세계적으로 종교를 고려할 때, 사회적 정체성은 어떻게 대부분의 사람들이 세상에 대한 신념과 인간 경험의 의미를 채택하는지를 결정한다. 베이트 할라미에 따르면, 비교적 소수의 사람들이 실제로 종교나 종교적 믿음을 영적인 탐구 혹은 의식적인 선택의 결과로서 채택한다. 사회학적 용어로 보자면, 종교적 정체성은 보통 성취된다기보다는 주어진 것이다. 그의 관점으로 보자면, 1장에서 논의했던 의식적으로 선택된 영성에 대한 관심은 비교적 최근의 일이며 이례적인 현상이다.

베이트 할라미는 특별히 자아 정체성이 사회적이고 집단적인 정체성과 관련되는 방식에 관심이 있다. 대다수 사람들에게 종교는 집단의 구성원 자격을 의미하는 사회적 동일성을 지닌 명칭(labeling)보다 깊이 들어가지 않는다. 그의 의견에 따르면 이것은 종교가 사회적 정체성을 만드는 중심적 역할과 비교할 때, 상대적으로 자아 정체성에 거의 영향을 미치지 않는다는 의미이다. 베이트 할라미는 출신 가족 내에서 배운 이런 형태의 개인적 개입이 적은 종교를 강조하기 위해 '정체성의 종교'에 대해 말한다. 하지만 종교단체들이 구성원 사이에서 높은 자아개입을 목표로 한다고 강조한다. 예를 들어, 새로운 구성원이 집단 구성원들에 대한 높은 자아개입을 하도록 강요하는 새로운 이름을 채택함으로써 그들의 자아 정체성을 바꾸도록 요구하는 종교단체들이 있다.

종교에 대한 높은 자아개입이 있는 경우, 신념체계는 정체성과 자아존중감이 밀접하게 연결된다. 사회화의 목표는 종교적 신념을 개인적인 정체성과 정확히 연결시키는 것이다. 베이트 할라미는 종교가 개인의 정체성에 직접적으로 연관되어 있어 이성적인 비판과 늘어난 세속화에 대한 예측에도 불구하고 종교를 신념체계로 유지하고 있다고 주장한다. 사람들은 자신의 개인적 정체성에 대한 위협으로 여겨지는 종교적 신념에 대한 모든 도전에 강력하게 저항한다.

정체성과 삶의 이야기

자신의 삶의 이야기(life story)에 대해 생각하고 말하는 것은 많은 청소년에게 영적 · 종교적 삶의 열쇠이다. 그들의 이야기는 영성과 암묵적 종교의 중심이 되는 정체성을 만들고 명확히 하는 데 도움이 된다. 앤서니 기든스(Anthony Giddens, 1991)는 자기 정체성의 중심에 전기(傳記)나 삶의 이야기를 두었다. 그는 한 개인의 정체성이 그 또는 그녀의 행동이나 타인의 반응 속에서는 발견되지 않고 특별한 내러티브[4]의 흐름을 유지하는 능력 속에서 발견된다고 주장한다. 그런 이야기는 개인의 행동과 그 행동에 대한 사람들의 반응뿐만 아니라 세상에서 일어나는 사건을 통합하려고 애쓴다. 이 모든 것은 개인의 과거와 현재, 미래를 포함하는 자아에 관해 진행 중인 이야기 속에 배열된다. 기든스는 자아 정체성은 깨어지기 쉬운데, 왜냐하면 그

4) 내러티브는 '이야기' 또는 '서사(敍事)'라고도 하는데, 인간 세상의 딜레마와 모순, 복잡성을 다루는 사고양상으로 삶의 의미를 찾아가는 일련의 언어적 · 상징적 · 정신적 활동을 총칭하는 개념이다. 내러티브는 인간의 삶에 내재된 의미에 관심을 둠으로써 인간 세상의 다원성과 복잡성을 이해할 수 있는 해석의 틀을 제공하므로 한 개인의 생애 속 일련의 사건들을 그 개인의 관점에서 일정한 맥락에 따라 일관되게 연결하여 구성한 이야기의 형태로 인간 삶을 총체적으로 이해하는 데 도움이 된다. 따라서 내러티브는 우리의 체험의 깊이를 드러내고, 그 체험의 의미를 다시 조직하는 힘을 갖고 있다고 볼 수 있다. 내러티브를 구성하고 공유하는 과정에서 자기성찰을 하게 되며, 타인과의 소통과정에서 이루어지는 자기성장을 이룰 수 있다. 내러티브는 이야기를 활용한 연구방법으로 인간 삶의 모든 측면을 빠짐없이 포괄하기 위한 질적 연구방법으로 주목받고 있는데, 특정 개인의 삶을 집중적으로 이해하기 위해 상담학, 사회복지학, 성격심리학, 사회학 분야에서 활용되고 있다.

사람이 만들어낸 이야기는 단지 많은 가능성을 가진 이야기들, 개인적 · 사회적 환경에 의지하여 발달하고 말해질 수 있는 이야기들 중의 하나이기 때문이다.

그레그(Gregg, 1991)는 사회적 자아를 형성하는 사회적 · 정치적 불평등의 현실 속에 개인이 자리 잡도록 돕는 이념적 구조로서의 내러티브들을 관찰함으로써 정체성 형성에 이념과 내러티브가 모두 중요한 역할을 한다고 말한다. 그는 사람들이 권력뿐만 아니라 개인의 위엄을 위해 투쟁할 하나의 이념적 도구로서 정체성 이야기를 구성한다고 진술한다. 슬픈 아이러니는 한 사람이 자신의 정체성을 만드는 과정은 전형적으로 개인과 집단으로서 다른 사람들의 존엄성과 평등함, 힘을 부인하는 것으로 이어진다는 점이다. 그레그는 내러티브 심리학(narrative psychology)의 특별한 가치를 자아의 사회적 구성과 사회적 자아를 형성하는 데 있어 이데올로기의 역할을 강조하는 능력으로 본다.

풀러는 특징적인 청소년 신앙단계로의 전환에 대한 설명에서, 새로운 인지능력이 새로운 수준의 개인적인 이야기를 가능하게 하면서 변화하는 방법을 지적하고 삶의 이야기의 중심적 측면이 어떻게 변화하는지에 주목한다. 맥애덤스(McAdams, 1995)는 생리적 · 인지적, 사회 및 문화를 비롯한 많은 요인들이 현대 서구사회의 청소년들로 하여금 자신들의 다른 많은 역할과 가치, 기술들을 통합하는 일관성 있는 자아를 만들어야 한다고 믿게 하는 성향을 낳는다고 주장한다. 그는 개인의 정체성을 구성하기 위한 가장 효과적인 형식은 내러티브라고 믿으며, 심지어 정체성을 "내면화되고 서서히 전개되는 생애 이야기 혹은 개인적 신화"라고 정의한다(p. 382). 사람들은 자신과 다른 이들을 위해 자신의 삶을 이해하려고 수년간 개인적 이야기를 저술하고 수정한다.

마이클 노박(Michael Novak, 1971)은 삶의 이야기라는 개념을 종교와 직접적으로 연결한다. 그는 삶의 이야기의 세 단계는 종교와 관련이 있다고 말한다. 첫 번째 수준에서는 이야기의 성격을 의식하지 않고 단순히 자신의 삶을 살아가는 데 있다. 노박에게 이것은 이미 기본적이며 미발달한 형태의 종교이다. 이 단계는 우리가 암묵적 종교와 영성으로 고려해오고 있는 것과 부합한다. 두 번째 수준은 인간의 생애를 하나의 이야기(story)로 표현한다는 것을 인식하는 것이다. 이 단계 역시 개인의 암묵적 종교와 영성, 특히 개인의 자아의식의 핵심요소와 정체성 및 가치와 세계관을 보여준다. 세 번째 수준에서 사람들은 그들의 삶의 이야기에 분명한 종교적 해석을 부여하는데, 신의 뜻이나 활동 또는 존재와의 관계 안에서 해석하는 것을 말한다. 이 단계에서 신의 부름을 받았다고 말하거나 특별한 종교로 개종했다거나 어떤 형태로든 신을 경험했다고 말할 수도 있다. 이것은 삶의 이야기의 명시적 종교 차원을 대변한다. 노박의 두 번째와 세 번째 단계는 개인의 정체성을 반영하고 창조하는 것을 포함한다.

노박과 같이 로버트 에몬스(Robert Emmons, 1986)는 개인의 삶의 이야기를 구성하는 데 있어서 종교와 영성의 역할을 강조한다. 그는 종교적 요인들이 성격의 내러티브 수준에서 중요한 역할을 하는데, 왜냐하면 사람들이 그들의 삶의 이야기를 구성할 때 기존의 종교적 가치와 개념, 이미지 및 은유에 의지하기 때문이라고 생각한다. 그는 여러 가지 삶의 이야기의 모음집 속에서 영성이 안내하고 통합하며 힘을 부여하고 정체성의 강력한 원천으로서 종교의 역할을 제공한다는 것에 주목한다. 개종(改宗) 이야기는 새로운 종교적 정체성을 통합하고 강화하도록 돕고, 죽음과 거듭남 같은 영원한 종교적 은유는 이혼이나 재혼 같은 주된 삶의 변화에 더 깊은 영적인 의미를 부여한다. 에몬스에 따르면, 종교와 영성은 종종 인생의 철학을 제공해서 성격에 있어서 많은 이질적인 양상을 일관성 있는 삶의 이야기 속에 통합하도록 돕는다. 그러한 삶의 철학은 자신의 이야기 소재를 확인할 수 있는 사람들의 내면에 틀을 제공한다. 그는 이전 시대의 어느 역사보다 20세기 말을 사는 사람들은 진화하는 우주의 맥락 속에 있는 자신의 위치를 결정하는 데 관심을 나타낸다고 믿는다. 더 크고 모든 것을 아우르는 내러티브 속에 자신의 삶을 담는 것은 보편적인 인간의 욕구로 보이며, 더 큰 이야기의 맥락에서 자신의 위치를 찾지 못하면 절망과 자멸적 행동을 하게 된다(Emmons, 1999).

점점 증가하는 연구 결과에 따르면, 일반적인 사람들의 사고는 과학이 선호하는 패턴, 즉 추론, 추상화 및 일반화를 따르지 않는다는 것을 보여준다. 대부분의 사람들에게 일반화보다 오히려 이야기가 정보를 보존하고 의사소통을 하는 첫 번째 매체이다(Baumeister & Newman, 1994).

바우마이스터와 뉴먼(Baumeister & Newman, 1994)은 정보를 조직하고 가공하는 두 가지 다른 방법으로서 사고의 전형적 방식과 이야기 방식을 대조한다. 전자는 과학, 논리학, 수학 분야로 맥락이 제외된 추상적 관념들을 포함하고 있는 반면, 후자는 인간 행위와 의도의 독특함을 포착하며 구체적인 경험에 관한 일관성 있는 이야기를 내포하고 있다. 그들은 내러티브가 성격 및 사회심리학 연구의 일반적 도구인 실험실의 실험, 설문조사 및 설문지에 대한 중요한 대안이라고 생각한다. 그들의 견해로 보자면 체계적인 조사나 신중하게 구성된 설문지는 결정적인 정보를 놓칠 수 있는데, 왜냐하면 연구자들이 반응의 범위를 정하지만 이야기는 고정된 반응 도구로는 예상하지 못하는 풍성한 세부사항을 내포할 수도 있기 때문이다.

인간 경험을 구성하는 데 있어서 이야기의 역할은 최근 수년간 인지도가 증가하고 있다. 헤이든 화이트(Hayden White, 1978)는 내러티브를 인간성 자체와 의미추구의 핵심으로 본다. 그의 견해에서 내러티브는 현실을 공유하는 방법, 즉 우리가 알고 있는 무엇인가를 인간의 개인적 및 사회적 환경에 따라 타인과 의사소통할 수 있는 무엇인가로 어떻게 설명할 것인가 하는 일반적인 인간의 문제를 해결해준다. 인간이 된다는 것은 더 크고 의미 있는 맥락에서 개인과 그 또는 그녀의 세상을 고려하는 이야기를 말한다. 자아에 관해 이야기를 만드는 것은 사람들로 하여금 자신의 정체성에 그들이 찾은 의미와 지속성을 부여하게 한다. 이러한 이야기들을 말하는 것은 정체성을 통합하는 동시에 타인이 그것을 깨닫도록 이끄는 필수적인 방법일 수 있다. 사람들은 어떤 정체성을 갈망하지만 타인들이 그 정체성을 사회적 현실로 받아들이고 인정할 때까지는 확정된 것으로 느끼지 못할 수도 있다(Wicklund & Gollwitzer, 1982).

사람들은 명제와 성격 특성에 대한 자신들의 경험을 생각하지만, 더 자주 자신과 타인에게 공식화하고 전달하기 위해 이야기를 사용하고 특정 사건을 언급한다. 이야기들은 경험의 풍성함과 애매모호함을 유지하는 반면에 추상적 논제와 결론은 그 해석의 분야를 좁힌다. 바우마이스터와 뉴먼(1994)은 일반화와 결론을 내리는 과정에서 인지처리에 추가적인 단계가 필요하므로 이야기하는 것이 더 쉬워지고 경험 자체에 더 가깝다고 말한다. 그들은 첨가하기를 내러티브 사고(narrative thinking)는 좀 더 유연해서 패러다임 사고[5]보다 모순을 더 잘 수용할 수 있다고 본다. 그래서 이야기 방식은 모순된 정보를 재해석하는 것, 갈등과 모순을 지닌 상황에 대하여 생각하는 데 더 적합하다.

특히 바우마이스터와 뉴먼은 이야기가 삶의 사건 속에 있는 의미를 끌어내기에 적합하다고 설명한다. 그들은 내러티브가 네 가지 "의미의 필요", 즉 가치, 효능 및 자기 가치에 의한 목적, 정당화라고 부르는 것에 초

---

5) 패러다임 사고는 논리적 · 과학적 사고, 즉 원인과 결과의 인과적인 사고를 말하며, 내러티브 사고는 감정적 · 현상학적 사고를 말한다. 패러다임이 설명을 목표로 사물의 불변성에 연결된 존재의 세계를 만든다면, 내러티브는 인간 삶의 문제를 다루며 사람들이 서로 관계를 맺고 있는 맥락, 교류, 행위의 의도 등을 구체적이고 상세하게 묘사하는 상황맥락적인 사고로 삶의 요구들을 반영하는 인간적 세계의 이해를 추구하며 인간의 내면세계를 지향한다.

점을 맞춤으로써 삶의 의미를 재정립하는 데 어떻게 도움이 되는지 자세하게 설명한다. 그들은 사람들이 하나 혹은 그 이상의 필요를 만족시키는 방법으로 자신의 경험을 해석한다고 주장한다. 이야기들은 우연히 후발사건에 연결된 사건을 해석함으로써 목적을 위해 첫 번째 필요를 만족시킨다. 그들은 일련의 사건들을 순서대로 배열하여 목적의 충족이나 성취로 이끌어낼 수도 있다. 내러티브는 두 번째 필요를 충족시키고 사건을 서술하며 가치관에 따라 해석함으로써 옳고 그름에 대한 확고한 인식을 갖게 한다.

내러티브는 세 번째 필요인 효능을 제공하는데, 개인이 어떤 목표에 도달한 방법을 다시 이야기하거나 긍정적인 결과를 얻을 수 있는 안정된 환경을 강조함으로써 차이를 만들고 환경을 조절하게 한다. 사람들은 자주 자신의 삶에 대한 통제감을 확인하거나 증대시키기 위해 이야기를 구성한다. 개인의 자아존중감을 강화하거나 잠재적인 위협을 완화시키므로 이야기는 의미를 위한 네 번째 필요를 만난다. 바우마이스터와 뉴먼은 의미에 대한 이러한 필요, 특히 가치와 자기 가치(Self-worth)에 의해 정당화될 필요가 중복될 수도 있다고 인정한다. 그들은 전자가 보통 특정한 행동에 관련된 반면, 후자는 종종 전인적 인간에게 영향을 미친다고 주장하면서 자기 가치와 정당성을 구별하려고 시도하지만 자기의 모습을 좋게 만드는 이야기를 생성함으로써 두 가지 요구가 모두 충족된다고 주장한다.

따라서 내러티브는 자기 이해를 위한 의미와 방향을 제공한다. 어떤 이야기들은 우리를 병들게 하지만, 다른 이야기들은 우리를 도와서 일관성 있고 건강한 정체성을 회복하게 한다. 댄 맥애덤스(Dan McAdams, 1996)는 성격이론 내의 삶의 이야기에 대한 체계적 연구가 아직 초기 단계라고 주장한다. 그는 지난 20년 동안에 있었던 사회과학의 내러티브 쪽으로의 방향 전환에 대해 말한다. 정신분석, 심리학, 사회심리학, 성격이론 등 대개 인문과학 분야에서 삶의 이야기는 인간이 자신의 경험을 의미가 통하게 만들고 자신을 포함한 잠재적인 듣는 사람들을 위해 줄거리 속에 경험들을 정리하게 하는 것이 점점 더 중요한 방법으로 볼 수 있다. 맥애덤스는 인간의 성격을 이해하는 세 단계 중 가장 깊은 것으로 삶의 이야기 측면에서 정체성을 본다. 그에 따르면 첫 번째 수준은 개인의 성향과 특성(예: 경험에 대한 개방성 혹은 외향성)을 나타내며, 두 번째 수준은 사람들이 삶의 과업을 완수하고 중요한 삶의 목표를 달성할 수 있도록 하는 전략, 계획 및 관심으로 구성된다. 세 번째 수준은 내러티브 관점(lens)으로 성격을 묘사하고 설명하도록 추구한다. 맥애덤스(1995)는 첫 번째 수준에서 두 번째와 세 번째 수준으로의 이동을 『낯선 사람의 심리학(psychology of the stranger)』에서 실제적이고 혈과 육을 지닌 사람에 대한 더욱 자세하고 미묘한 설명으로 이동하는 것으로 묘사한다.

맥애덤스(1996)는 정체성을 창출하고 유지하는 이야기를 통해 성격을 이해하기 위한 노력을 근대성의 특징적인 사고방식으로 보았다. 현대사회에서 개인은 자신이 누구인지, 다른 사람과 어떻게 유사하거나 다른지, 개인을 정의하는 개인화된 자아를 창조하고 발견하며 탐구하도록 기대된다. 맥애덤스에 따르면, 개인적인 정체성을 구성하는 것은 자기 자신의 이야기(story)를 다양한 요소들을 통합하는 방식으로 말하는 것과 관련이 있다. 그래서 많은 측면에도 불구하고 자아가 어느 정도 통일된 것으로 보인다. 삶의 내러티브는 어제의 자아가 어떻게 오늘의 자아가 되고 내일의 미래 자아로 진화할지를 설명한다. 삶의 이야기 창조는 개인이 자아의 요소들을 따져보고 등장인물, 줄거리, 구성이라는 드라마의 특징을 포함하는 연속적 사건들 속에 배열하는 방법에 의존한다. 맥애덤스는 한 사람이 한 가지 이상의 삶의 이야기를 가지고 있거나 전반적인 이야기는 자아에 관한 이야기 모음으로 느슨하게 연결되어 있다고 강조한다. 그러나 대부분의 사람들이 서로 다른 이야기들을 일치와 목적을 나타내는 내러티브 전체에 통합할 기회를 모색한다고 주장한다. 삶의 이야기로 보이는 정체성은 심리학자들이 현대사회에서 사람들이 어떻게 어느 정도까지 삶에서의 통합, 목적 및 의미를 얻을 수 있는지를 이해하게 해준다. 자아의 내러티브는 자아 정체성에 일관성을 부여하는 데 도움이 되는 연대기적 틀을 가정한다. 이러한 발달 경로의 더 큰 맥락은 생애주기(lifespan)와 다양한 단계이다.

기든스(Giddens, 1991)는 현대 생활에서 자아 정체성의 핵심은 오직 현대에만 발전된 행위인 자서전 쓰기와 밀접하게 관련되어 있다고 지적한다. 또한 삶의 내러티브를 통해 개인의 정체성을 창작하고 유지하는 것 사이의 유사점은 반성적인 노력과 창조성이 필요하다고 강조한다. 기든스는 삶의 과정에서 일련의 통로들(passages)이 개인의 정체성을 구성하는 데 도움이 된다고 말한다. 그는 우리에게 각각의 통로는 보통 손실과 이득을 모두 포함한다고 상기시켜준다. 부모의 사망이나 부부간의 별거 같은 상실을 애도하는 일은 지속적으로 정체성 형성의 일부이다. 집을 떠나거나 직업을 얻거나 잃고, 새로운 관계를 형성하고, 질병에 직면하는 것과 같이 인생에서 큰 변화를 겪는 것은 위험과 기회가 혼합된다. 정체성의 구성은 새로운 가능성을 이용하기 위해 의식적으로 개인적 발달의 위험요소를 평가하는 것과 관련이 있다. 기든스에 따르면, 현대 세계에서의 개인적 정체성은 삶의 전환의 이러한 경험들을 자아발달 내러티브 속에 통합시키는 데서 나온다. 기든스는 출생, 청소년기, 결혼 및 사망의 주요 전환과 관련하여 전통사회에서 볼 수 있는 통과의례가 없어 현대사회에서 사람들이 이러한 전환에 직면하는 데 불리한 점이 있다고 본다. 비록 현대인이 삶의 내러티브를 새롭게 만드는 과정에서 전환에 대한 많은 심리적인 결과들을 통과했더라도 전통적인 사회에서 제공했던 분명한 문화적 형태와 강한 사회적 지지에 대한 혜택을 얻지 못한다. 현대사회에서 각각의 전통적 국면은 정체성 위기로 이어지거나 적어도 자아의 진행 중인 내러티브에 중요한 수정을 하게 만드는 경향이 있다. 수명은 그러한 위기를 만나고 해결할 것이라는 기대 측면에서 조망할 수 있다.

삶의 이야기와 정체성에 대한 논의는 종교와 암묵적 종교, 그리고 영성 사이의 관계를 1장에서 제시한 내용과는 다른 관점에서 보도록 돕는다. 거기에서 우리는 원들이 교차하는 지점들을 그려놓은 그림에서 3개의 용어는 특정 영역을 공통으로 갖는 것으로 보았으며, 원이 교차하는 부문으로 설명했다. 여기서 그 세 가지는 삶의 경험에 대한 인식과 해석의 정도가 증가하는 것과 관련이 있는 것으로 보인다. 암묵적 종교(단순한 이야기로 살아간다는 노박이 제시한 종교의 첫 번째 수준에 해당)의 수준에서는 자신의 정체성, 가치 및 세계관에 대한 자기인식이 거의 없거나 전혀 없을 수 있다. 다음 단계에서는 영성(자신의 이야기를 이해하고 있다는 노박의 두 번째 수준의 종교에 해당)에 따라 개인의 정체성, 가치관 그리고 세계관에 대한 인식이 증가하고 그에 대한 반영이 높아진다. 영성으로서 이 수준의 이야기는 또한 영적인 것은 사람들이 그들의 영적 여정에 대해 구성하는 내러티브 구조에서 이루어진다는 견해를 반영한다(Wuthnow, 1998). 마지막으로, 명시적인 종교(explicit religion)는 처음 두 수준에 인간의 정체성과 가치, 세계관을 신성 또는 인간 삶의 한가운데서 신성한 초월성에 주의를 환기시키는 종교적 전통들 중 하나와 연결시키는 해석을 추가한다.

청소년기의 종교와 영적인 경험 사례

더글러스의 이야기

더글러스(Douglas)는 3남 2녀를 둔 가정의 넷째였다. 어머니는 유대인이었고 아버지는 무신론자였다. 더글러스는 어머니의 유대주의에 가벼운 호기심을 가지고 있었지만, 종교나 영성에 관해서는 거의 생각하지 않았다. 그는 자동차를 좋아했고, 자동차 엔진을 갖고 작업하는 것을 즐겼다. 중학교 시절에는 생각이 비슷한 아이들과 어울려 다녔는데 그들은 대부분 자신의 직업, 돈벌이, 독립하고자 하는 갈망에 대해 주로 이야기했다. 더글러스가 열여섯 살이던 어느 날 밤, 한 파티에서 조앤(Joanne)을 만났다. 그들은 서로에게 끌리는 듯했다. 조앤은 세상물정에 밝은 더글러스의 태도와 친절에 호감을 가졌고, 더글러스는 조앤과 함께 있는 것에 공감하고 그녀가 어울리기 쉬운 상대라고 생각했다. 그들은 학교 밖에서 함께 시간을 보내기 시작했다.

조앤은 존재의 목적과 삶의 의미를 성찰하는 진지한 여성이었다. 처음에 더글러스는 자신의 가치와 계획에 대하여 그녀와 대화를 나누는 것이 불편했으나 점차로 그들의 대화와 그녀가 세상을 보는 방식에 대하여 생각하고 있는 자신을 발견했다. 그녀는 긍정적인 태도를 갖고 있으며, 사람을 신뢰하고, 그들의 행동을 선의로 해석했다. 더글러스는 그녀가 때로 천진난만하다고 느꼈지만 삶에 대한 그녀의 접근에 감탄했다. 그녀가 매일 명상을 하고 있다는 것을 알았을 때, 그것이 그녀에게 어떤 영향을 미쳤는지 알고 싶었다. 조앤은 명상 경험을 설명했고, 더글러스는 자신도 명상을 해보려고 노력했다. 더글러스는 명상을 하는 것이 자신을 차분하게 하고 마음을 집중하도록 돕는다는 것을 알았다. 더글러스에게 명상은 삶에 대한 더 깊은 차원을 깨닫도록 했다. 비록 이러한 발전을 친구들과 나누고 싶어 하지 않았더라도 그가 조금씩 변화하고 자신이 누구인지, 중요하게 생각하는 것은 무엇인지에 관하여 좀 더 확신을 갖게 되었음을 느꼈다. 비록 그가 삶에서 일어나는 변화를 묘사하려고 '영성'이라는 단어를 사용하지 않았다 할지라도 조앤과의 관계나 명상훈련이 자신의 영성을 확장시키고 깊어지게 한 것 같다. 두 사람은 중학교 이후에 헤어졌지만 더글러스는 조앤과 친구로 남아 있기를 원했다. 그는 자신이 인간으로 성장하는 데 그녀가 얼마나 크게 공헌했는지 깨달았다. 더글러스의 사례에서 정체성, 가치관, 세계관의 발달은 내재적 종교의 변화로 묘사될 수 있다.

에리카 사보[6]

에리카(Erika Sabo)는 캐나다의 작은 종파인 사도 그리스도교회(Apostle Christian Church) 환경에서 자랐다. 에리카는 열네 살 되던 해에 자신의 정체성과 세계관을 정리하고 자신이 누구인지, 자기가 진짜로 믿는 것은 무엇인지 결정하기 위해 노력하기 시작했다. 그녀는 자신이 부모와 얼마나 닮았는지, 그녀의 믿음과 가치에 부모가 얼마나 크게 영향을 미쳤는지에 대해 생각했다. 그녀는 하느님과 세상에 대한 자신의 생각이 순전히 부모의 관점의 결과인지 궁금해하기 시작했다. 그녀는 믿음의 근거를 자신의 경험에 두기를 원했고, 자신이 믿고 있는 것이 무엇인지 정확히 알지 못하는 것에 불안을 느꼈다.

---

6) Erika's story is taken from Wiebe (1997, pp. 64-65). 저자 주.

에리카가 이러한 의문들과 씨름하고 있을 때, 강력한 종교적 경험을 했다. 그녀는 어느 날 저녁 캠프파이어 예배에서 교회 유소년집단과 함께 있었다. 그들이 모닥불 주위에 둘러앉아 있었을 때, 그녀는 갑자기 불 속에서 예수님의 모습을 보았다. 에리카는 불 속을 걸으며 자신을 돌아보는 예수님을 보았을 때, 충격을 받았다. 예수님은 측은하고 슬퍼 보였다. 그는 평균 키에 예복을 입고 어깨에 닿을 정도의 머리를 하고 나타났다. 그는 짧은 시간 머무르다 사라졌다. 예배 후 모닥불을 사이에 두고 반대편에 앉아 있던 한 친구가 다가와서 강한 감정을 드러내는 그녀의 변화된 표정을 보고는 무슨 일이 있었는지 물었다. 불 주변에 있었던 누구도 에리카가 보았던 예수님의 모습을 봤다고 말한 사람은 없었다. 에리카는 인생의 중요한 전환점이 된 이 환상적인 경험을 이제 뒤돌아본다. 그 시점부터 그녀의 종교적 세계관과 그리스도인으로서의 정체성은 더 이상 오로지 부모님의 생각에 근거를 둔다거나 교회의 가르침에 근거를 두지 않고 그녀 자신과 하느님과의 직접적인 만남에 근거를 둔다고 확신하고 있다. 그녀는 인생의 난관, 특히 자동차사고로 인한 부모님의 사망을 극복하도록 돕는 이러한 정체성과 세계관에 의지해왔다. 그녀는 자신의 가장 어두운 순간조차 하느님이 함께 있었음을 믿는다.

미리야나 드라기세비치[7)]

미리야나(Mirjana Dragicevic)는 1981년 보스니아 메쥬고리예(Medjugorje)에서 환상(성모 발현)을 경험한 젊은이 중 한 명이다. 그녀가 열여섯 살 되던 해,

7) Mirjana's story is found in Connell (1998, pp. 39-74). 저자 주.

친구와 함께 마을 근처의 작은 산 위에 떠 있는 빛을 보았다. 274미터 정도의 거리에서 두 소녀는 빛의 광선으로 둘러싸여 아기를 안고 있는 한 여인을 보았다. 이 광경에 놀라서 그들은 가까이 있는 친척집으로 달려가 이 이상한 경험을 알렸다. 다음날 저녁, 미리야나와 다섯 명의 다른 젊은이들이 그 산으로 돌아와 빛으로 둘러싸인 여인을 다시 보았다. 그들이 서 있는 곳으로부터 짧은 거리에서 미리야나는 황홀경에 빠져 무릎을 꿇었다. 그 상태에서 그녀는 성모 마리아를 보았는데, 빛나는 십자가 앞에서 흐느끼며 평화를 위해 기도할 것을 간청했다고 말했다.

유고슬라비아 당국은 미리야나와 그녀의 가족을 박해했는데, 당국은 그녀가 본 환상을 공산주의 정권의 기반을 약화시키는 애국주의자의 음모라고 의심했기 때문이다. 그럼에도 불구하고 미리야나와 환상을 본 사람들은 계속 성모 발현을 경험했고 그에 대해 말했다. 그녀가 말하기를 환상 속에서 마리아는 거듭해서 평화를 위한 기도를 요구했고, 다가올 미래의 불행과 고통에 관하여 충격적인 정보를 알려주었다고 했다. 이 환상적인 경험은 미리야나의 정체성과 전반적인 영성에 크게 기여했다. 그녀는 자신을 평화의 특사이며, 세상 가운데 신의 현현에 대한 증인이라고 여긴다. 미리야나는 사라예보의 대학으로 공부하러 갔고 거기서 미래의 남편을 만났다. 그녀와 남편과 두 딸은 1992년 시민전쟁 동안 망명을 떠나야 했지만, 지금은 메쥬고리예에서 살고 있다. 미리야나는 널리 여행을 다니며 자신의 환상적인 경험의 긴급성과 의미에 대해 이야기한다. 그녀는 계속해서 평화와 자신의 삶과 해야 할 일을 안내하는 중요한 가치를 위해 기도하고 금식한다.

요약

이 장에서 우리는 종교와 영성이 청소년기의 기본적인 과업, 즉 정체성 형성에 중심이 될 수 있음을 살펴보았다. 우리는 젊은이들이 조직화된 종교에 대해 의심하고 비판적이지만, 공식적인 종교(formal religion)는 여전히 많은 청소년들에게 상당히 의미가 있다는 것을 관찰했다. 가족과 또래들은 젊은이들의 가치관과 종교에 대한 태도에 강한 영향력을 미친다. 또한 신체적인 변화와 사회적인 요구는 젊은이들로 하여금 자신의 정체성과 가치관 및 세계관, 그리고 영성의 주요 측면과 고투하도록 강요한다. 청소년기에 자아는 이질적인 가족, 사회 및 직업과 관련된 역할을 의미와 목적이 일치하는 정체성으로 통합하려고 노력한다. 종교 자체는 "정체성 유지체계"로서 정체성 확립에 기여할 수 있다. 젊은 사람들은 암묵적 종교나 영성의 주요 특성을 자신의 삶에 반영하거나 명시적으로 밝힐 수는 없지만, 그들의 삶의 이야기는 이러한 특성을 개성과 의미를 부여하는 방식으로 표현한다. 이러한 방식으로 삶의 이야기는 젊은이들의 영성과 종교에서 무슨 일이 일어나고 있는지에 대한 가치 있는 척도가 될 수 있다.

이러한 결론을 바탕으로 영성의 전반적인 움직임과 관련하여 〈표 6〉을 살펴보면 청소년기에 정체성, 가치관 및 세계관 형성과 관련된 의식적

〈표 6〉 청소년기의 암묵적 종교와 영적 발달

구분	자기 흐름	가치 흐름	세계관 흐름
자아초월적 수준			
개인적 수준	개인적 정체성과 이야기 형성	가치에 대한 의식적 구분	가족을 넘어 세계관 확장
전개인적 수준			

인 구분의 수준을 보게 되는데, 젊은이들은 점점 더 가족으로부터 독립하게 된다. 정체성과 세계관을 형성하려는 노력은 이전의 정서적 · 무의식적인 개인적 수준에 기반을 둔 발달의 개인적 수준을 나타낸다. 우리는 초기의 무의식적인 정체성의 기초가 완전히 뒤처지고 있다고 상상해서는 안 된다. 정체성과 세계관을 의식적으로 형성하는 것은 주로 신체의 감각과 초기 관계의 경험에 기초한 자아의 전개인적(prepersonal) 감각을 포함하는 한 개인의 삶을 만들어준다.

〈표 6〉에서 자아의 전개인적 감각은 더 많이 혹은 더 적게 일관성을 가진 개인의 정체성으로 점차 변형되는데, 정체성은 인생관과 삶의 방식이 되는 가치를 포함하는 것으로 본다. 발달의 자기의식 흐름(sense-of-Self stream of development)에서 개인의 정체성은 종종 젊은이들에 대해 말하는 이야기에서 표현되며 젊은이들의 삶이 자신들이 누구인지, 그들의 가족 배경, 국적, 인종, 종교 또는 문화적 전통, 그리고 삶에 대한 독특한 관계와 경험들에 대한 이야기를 전하는 말로 표현된다. 발달의 가치 흐름에서 부모와 양육자에 의해 내면화된 초기 태도와 가치에 대해 청소년기에 의문을 갖기 시작하고, 정체성과 삶의 이야기(life story)에 어울리는 가치를 분류하기 시작한다. 또래의 압력은 종종 삶의 방식인 가치를 결정하는 데 중요한 요인이 된다.

마지막으로 발달의 세계관 흐름(worldview stream of development)에서 아동기에 발달한 삶의 태도와 인생에 대한 전망은 상대적으로 의식적인 수준에서 검토되기 시작한다. 여기서 청소년들은 스스로도 놀라는데, 세상은 가족 속에서 이루어졌던 초기 경험으로부터 기대하도록 배운 것과는 매우 다르다는 것을 발견한다. 중학교에서 다양한 배경을 가진 사람들을 만나는 것은 청소년들이 삶과 죽음, 그리고 죽음 이후의 삶의 본질에 관한 다른 추정들을 비교하고 평가하게 하는 원인이 될 수도 있다. 젊은이의 종교적 전통은 그들의 현실과 삶의 의미에 대한 관점을 형성하는 데 도움을 줄 수도 있다. 〈표 6〉에서 청소년기는 영성의 개인적 수준의 시작일 뿐이다. 발달에 있어 개인적인 수준의 과정은 전 생애에 걸쳐 정체성과 가치, 세계관을 형성해나가지만, 이 과정들을 거쳐 성장의 기회와 책임감이 많아지는 초기 성인기라는 중요한 단계에 접어들게 된다.

4장.

초기 성인기의 과업과 시련

대다수의 사람들에게는 환상적이고 신비한 이야기가
앞으로 20년간 그들의 삶을 통해 기록되기를 기다리고 있다.
이 이야기들은 흥분되기도 하고 위험하기도 하고
거짓된 악당에게 속임을 당하기도 하며
우리 자신의 분열인 진정한 악당들을 인식하지 못하게 한다.
또한 우리의 관점에 놀라운 변화를 가져다주기도 하며
잃어버린 성격의 부분을 찾게 하는 비밀 통로가 되기도 한다.

– 게일 쉬히(Gail Sheehy), 『인생 행로(Passages)』

젊은이들이 성인 세계에서 자리를 찾기 위해 애쓰는 동안 종교와 영성이 항상 분명하게 나타나는 것은 아니다. 그럼에도 불구하고 영성의 주요 요소들은 초기 성인들이 책임감 있게 행동하기 시작하고 청소년기에 만들어진 정체성에 기초하여 헌신하는 것과 관련이 있다. 경험적 연구에 의하면 초기 성인들의 종교적 관심에 대한 명확한 지표는 거의 없다. 생애주기 이론가들은 종교와 영성의 이슈가 출현하는 견해를 묘사하지만, 궁극적으로 사람들이 성인기 삶의 주요 도전 과제를 마주하며 어려움을 겪는 단계에서 영성과 종교의 역할을 살펴보는 것이 더 쉬울 것이다.

심리치료는 흔히 초기 성인기에 세계관과 가치, 정체성을 재평가할 기회를 제공한다. 경험에 근거한 연구는 초기 성인기의 종교적인 독실함을 보여준다. 이들 연구는 젊은이들이 종교적 극단으로 이동하는 것을 보여주는데, 많은 사람들이 종교적 신념과 실천에서 점점 더 진보주의적 입장을 택하는 반면, 일부는 보수적이고 근본주의적 종교로 접근한다. 종교적 발달의 주요 이론은 여전히 전반적인 조직의 신념과 종교적 · 도덕적 판단의 인지적인 측면에 초점을 맞춘다. 이러한 연구는 어떻게 해서 사람들이 자신들이 경험한 역설적인 상황들에서 합의를 이끌어내는지에 대한 중요성을 지적한다. 마지막으로 성숙한 종교를 주제로 한 고든 올포트(Gordon Allport)의 연구에 대한 논의는 종교가 어떻게 성인의 성격을 통합하는 데 도움이 될 수 있는지를 강조하면서 마무리지을 것이다.

이 장의 나머지 부분에서는 많은 젊은이들이 주로 심리치료에서 영성과 종교의 중요한 측면을 처음으로 깨닫게 되는 내용을 살펴본다. 에릭 에릭슨(Erik Erikson, 1995)이 관찰한 것처럼 인간이 자기성찰을 위한 동기를 부여받을 때만 어떤 심리적 · 영적 역동이 관찰될 수 있고, 주로 이러한 자기 내면에서 가장 높은 동기는 도움이 필요할 때이다.

최근 10년 동안 심리치료와 임상심리학은 사람들이 그들의 문제와 씨름하고 현실 지도(地圖)를 다시 그리는 데 도움을 주는 종교와 영성의 역할에 점점 더 감사하고 있다. 초기 성인들이 내적 갈등과 성적 관심, 관계 및 일에 어려움을 겪고 투쟁할 때, 정체성과 가치 및 세계관을 재평가하도록 요구받는다. 점점 더 초기 성인들은 심리치료사들이 종교적이고 영적인 문제들을 해결하는 데 도움을 줄 것으로 기대한다. 심리치료는 성인기에 영성과 종교의 발전을 이해하는 데 도움을 준다. 지그문트 프로이트와 알프레드 아들러(Alfred Adler)의 공헌은 성(sexuality), 관계 및 건강한 심리적 기능을 위한 노력의 중요성을 강조하면서 특히 초기 성인들의 주요 관심사를 조명한다. 프로이트와 아들러는 지나치게 단순화시켜 초기 성인들의 발달에 중점을 두고, 카를 융은 중년기와 그 이후의 추이를 조명한다. 이러한 관점에서 우리는 성인기의 전 과정에 걸쳐 종교와 영성의 주요 특징을 살펴볼 수 있다.

개요: 성인 삶의 시기

먼저, 초기 성인기가 대체로 어떻게 성인기에 맞추어 적응해나가는지를 전반적으로 살펴보자. 생애주기에 관한 저명한 이론가들은 초기 성인기의 관심과 주요 과업에 관한 개요를 제공한다. 초기 성인기는 중요한 전환 시기이다. 이 장에서 우리는 주로 초기 성인들이 직면하는 주요 과제에 대한 대니얼 레빈슨(Danial Levinson)의 견해와 게일 쉬히(Gail Sheehy)의 성인기의 주요 생애 경로에 대한 생생한 묘사에 집중한다. 사회심리학자인 레빈슨은 생애주기에서 성인 단계의 두 가지 중요한 연구를 제공한다.

첫 번째로, 『남자가 겪는 인생의 사계절(The seasons of a man's life)』 연구에서는 두 회사 출신의 노동자와 관리자였던 40명을 대상으로 연구한다. 이 연구의 주안점은 20~40세에 이르는 초기 성인기이다. 레빈슨은 10대 후반부터 대략 22세의 나이를 포함하는 초기 성인들의 변화에 대해 언급한다. 이러한 전환단계에서 청소년기의 어떤 관심이 성인이 되기 위한 첫 번째 단계로 들어가는 준비를 위해 변경되고 확장되는지를 알게 된다. 레빈슨은 성인기로 들어가는 것이 우리 사회에서 얼마나 점진적인가를 강조하기 위해 성인기의 첫 번째 단계를 '초심자 단계'로 언급한다. 생애주기에 대해 레빈슨이 제시한 이론의 핵심적인 측면은 성인기의 주요 부분에 두 가지 독특한 시기가 있으며, 중년의 전환이 다소 잘 정의된 점이다.

레빈슨의 다음 연구인 『여자가 겪는 인생의 사계절(The season of a woman's life)』(1996)은 십대 후반부터 사십대 중반까지 45명의 여성을 인터뷰하면서 자료를 확장하고 새로운 정보를 보강하려고 시도한다. 그는 이 연구를 통해 비록 여성들이 각 시기를 지나가는 구체적인 방법은 남성과 많은 차이점이 있지만, 거의 동일한 순서로 성인발달 과정을 겪는다고 결론을 내린다.

레빈슨(1978)은 초기 성인기의 네 가지 주요 과업을 기술한다.

• 꿈 형성하기
• 멘토(mentor) 관계 수립
• 직업 찾기
• 사랑관계 또는 가족관계 발전시키기

꿈은 흥분을 불러일으키는 상상 속의 삶의 가능성을 의미한다. 인생의 꿈은 일반적으로 성인기의 삶이 어떻게 전개되는지에 대한 전반적인 그림을 제공한다. 때로는 미래의 발전을 예상하거나 안내하는 특정 이미지를 포함한다. 인생의 꿈이 백일몽이나 밤의 꿈과 유사하기 때문에 이러한 과제에 대한 레빈슨의 단어 선택은 교훈적이다. 백일몽은 종종 자신이 하고자 하는 일의 종류, 자신이 되고자 원하는 사람의 유형, 또는 자신이 상상하는 미래의 삶과 파트너의 유형 주위를 맴돈다. 때로 밤의 꿈은 인생의 꿈을 예견하고 형성한다.

개인적으로 나는 스무 살의 젊은 여성인 에밀리(Emily)를 회상한다. 에밀리의 꿈은 그녀가 보살필 수 있는 병든 동물들에게 둘러싸여 있는 것을 보여준다. 이러한 꿈에 깊이 감동받아서 그녀는 수의사가 되기 위해 경력을 쌓아나간다. 또 다른 예에서, 스물두 살의 로버트(Robert)를 기억한다. 그는 비행기가 하늘을 가로질러가며 미래의 아내 이름과 성(姓)을 써주었다고 생각한다. 몇 년 후 그는 이 이름을 가진 여성을 만나 사랑에 빠지게 되었을 때, 몹시 놀란다. 대략 결혼 20주년이 지난 후에도 그들은 여전히 이 놀라운 꿈의 예지(叡智)에 감탄한다. 레빈슨에게는 인생의 꿈을 현재의 삶의 자리로 받아들여 자신의 꿈과 현실을 연결하는 것이 중요하다. 그는 인생의 꿈은 바뀔 수 있으며 삶의 변화하는 상황에 맞게 수정할 수 있다고 말한다. 예를 들면, 사람들이 사십대에 이르러 그들의 현재 경험으로 초기의 꿈을 유지하기에 충분하지 않을 때, 그 꿈은 포기될 수도 있다. 꿈에 근접하도록 삶을 형성할 수 있는 사람들은 꿈을 포기하거나 삶에서 꿈을 표현할 수 없는 사람들보다 더 행복하고 성취감이 있다는 것을 발견한다.

두 번째 과업은 직업의 세계에서 역할모델이자 안내자가 되어준 사람인 멘토를 찾는 것과 관계가 있다. 멘토는 수년간의 경험을 통해 직업, 즉 어떤 특정한 한 가지 일에 정통한 사람으로서 어떻게 시작해야 하는지, 어떤 종류의 기술과 습관을 개발해야 하는지, 그리고 그러한 과정에서 무엇을 기대해야 할지에 대한 지침을 제공할 수 있는 위치에 있다. 심지어 멘토는 정보의 출처보다 훨씬 더 많이 특정 직업이 어떻게 보이는지에 대한 생생한 예를 제공하며, 힘든 상황들을 극복하도록 정서적 지원과 도움을 줄 수 있다. 멘토 관계는 일반적으로 직업을 찾는 세 번째 작업과 관련이 있다. 예를 들면, 대학원 1학년생인 린다(Linda)는 숙달된 연구원이자 작가이며, 그녀가 개인적으로 존경하는 여성인 심리학 교수에게 몹시 끌렸다. 그녀는 곧 이 교수의 많은 강의를 수강하는 자신을 발견했고, 후에 그녀의 연구 조교이자 박사학위 과정의 학생이 된다. 린다는 심지어 전공분야와 가르치고 글을 쓰는 방식도 멘토를 모방한다.

우리는 에릭슨의 정체성 형성에 관한 연구에서 사람들이 사회에서 자신에 대한 의식과 그들의 위치를 얻도록 도와주는 데 중요한 역할을 한다는 것을 알았다. 리처드 데이링거(Richard Dayringer, 2000)는 우리가 개개인을 우체부, 간호사 또는 의사 같은 직함으로 부르거나, 초기에는 요리사, 운전사 또는 선원이 알아보기 쉽도록 하기 위해 독특한 모자나 제복을 착용하고 있어 직업과 정체성 사이의 연결고리가 강화된다고 지적한다. 그는 개신교 직업윤리와 현대 서양 국가에서 직업적 성공에 대한 초점이 사람들로 하여금 그들의 정체성을 확고히 하기 위해 성격과 직업을 통합하도록 영향을 미쳐왔다고 덧붙인다. 한 사람의 재능과 관심사에 적합한 직업에 정착하면 성인 초기의 안정된 정체성에 크게 기여할 수 있다.

성인 초기의 마지막 핵심 과업은 사랑의 관계를 발전시키는 것이다. 계속해서 다른 사람들과 만남을 통해 그들 자신과 자신의 가치를 발견해가는 청소년기의 사랑의 과정을 발전 · 심화시킨다. 에릭슨은 이 단계를 또 다른 한 사람에게 전념하는 능력인 '친밀감'으로 규정한다. 그로 인해 지금까지 형성된 성격을 공유하게 된다. 에릭슨의 견해로는 친밀감을 키우고 사랑의 관계를 확립하는 것은 성인 초기의 주된 목표이다. 레빈슨은 결혼하고 가정을 꾸리도록 하는 가족과 사회의 상당한 압력이 있음을 인정한다. 사람들이 이 시기에 발전의 가장 큰 장애물 중 하나를 그들의 삶에서 자주 경험한다는 것을 관찰한다. 그들은 충분한 지식과 판단력, 자기 이해를 갖기 전에 중요한 선택을 해야 하지만, 이러한 선택을 미루는 것이 커다란 희생을 가져올지도 모른다. 이런 모순은 현실에 항상 존재해왔다. 하지만 직업과 결혼이 개인적인 결정으로 여겨지는 현대사회에서 어려움이 증가되면서 개인적인 문제로 경험되는 것 같다.

정신과 의사 로저 굴드(Roger Gould, 1978)는 성인 초기의 과업을 강화하는 특정한 가정들을 밝혀낸다. 이러한 가정들은 우리의 복잡한 현실에 대한 매우 단순화된 형태이며 세상에서 좀 더 편안함을 느끼도록 하는 무의식적인 시도이다. 청소년기 후반부터 대략 22세에 이르기까지 그 가정은 부모가 어떻게든지 우리의 안전을 보장하고 우리가 스스로 할 수 없을 때 도움을 줄 것이라고 생각한다. 성인 초기에 의식적인 성격은 비판적이고, 분석적이며, 실험적이고, 목표 지향적이며, 참을성에 집중한다. 굴드는 이러한 노력을 뒷받침하는 가정들은 다음과 같다고 주장한다.

- 내가 해야 할 일을 하면 보상이 따른다.
- 나의 헌신과 노력이 항상 승리한다.
- 내가 사랑하는 사람은 나를 위해 나 스스로 할 수 없는 일을 할 수

있다.

처음의 두 가지 생각은 우리에게 모든 에너지를 성인이 되어가는 생활 과업에 투입할 수 있는 자신감을 준다. 우리 스스로 그것을 만들어낼 수 없을 때, 사랑하는 사람이 해줄 것이라는 생각은 부모가 안전을 보장해줄 것이라는 청소년기 후반의 가정들을 지속시킨다. 하지만 이제는 배우자나 파트너가 그러한 안전망의 일차적인 상징이 된다. 굴드의 판단에서, 비록 이러한 가정이 잘못되었다 할지라도 어느 정도 가치를 지닌다. 그들로 인해 우리는 자신 있게 세상으로 나아가며, 많은 불확실성 가운데서도 주저 없이 목표를 성취하기 위해 노력한다. 그들은 인간 조건의 일부인 실패의 실제적인 가능성과 질병이나 죽음의 위협으로 무기력해지지 않도록 우리를 보호한다.

남성들에 대한 레빈슨의 연구에서는 한 남성이 자신의 꿈을 정서적으로, 때로는 재정적으로 후원해줄 여성을 어떻게 찾는지에 초점을 맞춘다. 여성은 대개 아내로서 그가 학교나 직업훈련을 마치는 동안 일을 함으로써 성인의 삶을 시작하도록 돕는다. 빌(Bill)과 에이미(Amy)는 내가 만난 많은 비슷한 이야기 중 하나를 보여준다. 그들은 토론토대학의 학부생일 때 만났다. 졸업 후 빌과 결혼한 에이미는 빌이 의학을 공부하는 기간에 재정지원을 하기 위해 은행에서 일한다. 그로 인해 에이미는 빌이 의사 직업을 갖는 꿈을 이룰 수 있게 해주었다.

여성들에 대한 레빈슨의 연구에서는 여성이 인생의 꿈을 후원해줄 남성을 어떻게 찾는가에 대해 다루지 않는다. 문화적 양식이 직업과 관련해서 여성들이 초기 성인기의 과업을 경험하는 방식의 차이들로 이어졌다. 레빈슨(1996)은 인생의 모든 영역에서 남성과 여성, 남자다움과 여자다움으로 구분해서 정의하는 "성(性) 분리"를 최근에서야 극복하기 시작했음을 관찰한다. 성 분리는 가정과 직업의 영역 사이에 구분을 만들어내며, 그것은 "전통적인 결혼산업" 하에서 여성이 전업주부이며 남성은 가족의 부양자라고 생각한다(p. 414).

경제력으로 인해 여성이 전업주부가 되는 것이 덜 적합하며, 남성과 여성의 삶이 더 유사해지는 새로운 형태의 결혼으로 발전하고 있지만, 레빈슨은 여성들이 "전통적인 주부 상"과 "반전통적인 주부 상" 사이에서 내적 갈등으로 고통을 겪고 있음을 발견한다. 이 연구에서 가정주부들에게는 어린 시절부터 시작된 전통적인 모습이 20대에 걸쳐 삶의 구조를 형성하는 데 지배적이 되었다. 이러한 여성들에게 삶의 꿈은 가정과 가족 주변에서 맴돌았으며, 남성과의 관계가 적어도 그들의 원래 꿈의 일부를 실현하게 해주었다. 그러나 레빈슨은 이러한 길을 택한 대부분의 여성이 삶의 구조가 불완전하다고 생각한다는 것을 발견한다. 경력이 있는 여성들은 세상에 나가 일함과 동시에 가정을 꾸리는 책임이 따르는 전통적인 양식을 수정하려고 시도한다. 이러한 여성들은 일과 가정 사이의 균형을 찾으려는 시도에서 기쁨과 고통을 경험한다. 레빈슨은 그들이 오늘날의 변화하는 사회에서 자신의 길을 찾으려고 애쓰고 있기 때문에 두 집단의 여성들이 직면한 어려움을 강조한다.

전반적으로, 레빈슨은 성인기는 구조 형성과 구조 변화라는 교대시기로 구성된다고 생각한다. 이러한 변화를 통한 흐름은 자율과 연결 관계 사이에서 지속적으로 변화되는 균형이다. 레빈슨은 부모로부터의 분리가 유아기, 유년기 그리고 청소년기의 개별화 과정에 제한되는 것이 아니라 성인기까지 계속된다는 것을 관찰한다. 부모에 대한 애착 정도와 종류가 집을 떠나든지, 집으로 돌아온다든지, 자신의 가정을 꾸리든지, 병들거나 노령의 부모를 보살피든 간에 종종 성인기의 변화에서 일정한 역할을 하게 된다.

성인 초기의 두드러진 특징은 탐색적이며 동시에 안정된 구조를 만들려는 경향이다. 이러한 힘은 내적 긴장감을 야기하며, 한 사람을 두 가지 다른 방향으로 끌어당길 수 있다. 탐색에 대한 열망은 사람들로 하여금 정체성과 세계관의 새로운 지평을 찾기 위해 안정된 삶의 구조를 포기하게 할 수도 있는 반면에 안정된 구조를 만들기 위한 욕망은 그러한 탐색과 변화를 억제할 수도 있다.

레빈슨은 주어진 시간에 한 사람의 삶의 양식으로 정의되는 삶의 구조가 성인기 동안 계속 유동적으로 움직인다고 주장한다. 그는 구조 형성과 유지와 보수의 안정된 기간은 보통 6년에서 7년 정도이고 길게는 10년 동안 지속되는 반면, 과도기는 일반적으로 4년에서 5년간 지속된다고 주장한다. 이것은 성인기 삶의 거의 절반이 발달의 전환에 사용된다는 것을 의미한다. 레빈슨에 따르면, 이러한 전환은 위기의 시간으로 경험되는데, 사람들은 "활기가 멈춘 상태"라고 느낀다(p. 51). 전환기는 질문하고 탐색하는 사람이 긴박감을 잃었을 때 끝난다. 특별한 사건이 이러한 전환을 동반하며, 가끔은 촉진한다. 특별한 사건의 흔한 예는 결혼, 이혼, 질병, 사랑하는 사람의 탄생과 죽음, 전쟁, 직장에서의 경험 또는 퇴직이 될 수도 있다. 이런 중요한 사건들은 사람들이 현재의 삶의 구조, 정체성과 가치, 세계관을 가지고 더 이상 이러한 사건에 적응할 수 없을 때, 이전 삶의 구조의 안정성을 약화시킬 수 있다.

레빈슨의 초기 성인기에 대한 견해의 흥미로운 특징은 그가 '30세 전환기'라고 부르는 것인데, 이 기간은 28세부터 33세까지이다. 그는 남성과 여성 모두 성인 삶의 구조의 중요한 요소가 자리를 잡은 후에 위기가 발생한다고 관찰한다. 남성과 여성 모두 직업과 관계에 몰두했던 헌신에 대해 다시 생각하는 것처럼 보이는 시기이다. 레빈슨(1996)이 연구한 직업여성의 90퍼센트가 이 시기 동안의 삶에서 평균 이하의 위기를 겪었다고 말한다.

이 시기에 사람들은 자신의 헌신이 현재의 위치에 얼마나 잘 어울리는가에 대해 묻곤 한다. 사람들은 20대에 안정된 구조를 만드는 데 에너지를 쏟아부은 후에 삶의 구조가 초기의 삶의 꿈과 일치하지 않는다는 것을 발견할 수도 있다. 그들은 초기에 직업이나 배우자 선택을 자신의 욕구나 흥미의 표현보다는 사회나 가족의 압력 결과로 볼 수 있다.

인생 행로들

게일 쉬히는 베스트셀러인 『인생 행로(Passages)』를 저술하는 데 레빈슨의 연구를 기반으로 삼은 저널리스트이다. 그 책을 위해 그녀는 18세에서 55세에 이르는 115명의 중산층 미국인을 연구한다. 레빈슨처럼 생의 성인기 내에서 전환의 빈도를 강조하며 어떤 삶의 구조도 7년에서 8년 이상 지속되지 않는다는 견해를 지지한다. 쉬히(1978)는 전환기가 외부 사건의 관점에서 사람마다 다르지만, 경험된 내적 혼란에 관해서는 유사하다는 것을 발견한다. 그녀는 비록 기본적인 시기가 남성과 여성에게 모두 똑같다 할지라도 발달 속도가 다르다고 주장한다. 남성과 여성은 거의 같은 나이에 같은 문제로 애쓰지는 않는다.

쉬히는 20대에서 70대에 이르는 사람들과의 대략 500번의 인터뷰에 근거한 좀 더 최근 연구인 『새로운 행로(New Passages)』에서 성인기 생애주기에 대한 자신의 앞선 이해를 수정한다. 그녀는 여전히 사람들이 성인의 삶을 통과하는 방식에서 한 가지 양식을 발견하지만, 그들의 전환은 이전과는 다른 연령에서 나타난다는 것에 주목한다. 쉬히는 1990년대와 1950년대를 비교했을 때, 생애주기에서 10년의 변화에 관해 이야기한다. 성인 초기에 직접적으로 관계가 있는 두 가지 변화는 첫째로 늘어난 청소년기, 둘째로 결혼과 가족 형성을 늦추는 경향이 증가한다는 것이다. 그녀의 견해에 따르면 청소년기는 이제 더 일찍 시작되며, 어떤 측면에서는 20대까지 지속된다. 1950년대에는 20대 초반에 시작되었던 결혼과 가족 형성이 오늘날 30세가 되어서야 시작되거나 50대 중반까지 연장될 수도 있다.

쉬히는 성인 초기를 두 시기로 나누고, 그것을 "잠정적인 성인기"(18세부터 30세까지의 연령)와 "첫 번째 성인기"(30세부터 55세까지의 연령)라고 부른다. "잠정적인 성인기"라는 용어는 성인 초기의 불확실하고 탐색적인 특징을 강조한다. 잠정적인 성인기의 첫 단계는 대학에 가거나, 군에 입대하거나, 여행을 떠나거나, 일찍 결혼해서 가족으로부터 자신을 멀리하는 "정주지를 떠나는 것"과 관련이 있다. 동시에 젊은 사람은 적절한 직업과 멘토, 그리고 파트너를 찾아 성인 세계에 정착하려고 노력한다.

이러한 모든 단계는 다른 사람에 의해 영향을 받는다. 가족의 기대, 문화적 압박, 그리고 동료의 생활방식이 이러한 초기의 중요한 선택들을 형성한다. "시련의 20대"라는 쉬히의 용어는 성인의 세계로 들어가는 데 필요한 노력뿐만 아니라 이러한 생애 단계의 압박과 의무라는 "시련"의 특징을 강조한다. 종교, 지역과 계층의 배경은 직업과 결혼에 관한 중요한 결정이 불가피한 것처럼 보이는 분위기를 만드는 20대의 "해야만 하는 일"의 일부이다.

쉬히는 다음 단계를 겉으로 보기에 성인 초기의 과제를 다루는 데 성공한 사람들조차 불안함이 내재해 있다는 것을 보여주기 위해 "함정의 30대"라고 표현한다. 쉬히는 성인 초기에 안전한 구조를 만들려는 욕구와 함께 탐색하고 실험하려는 욕구가 있다는 것에 대한 레빈슨의 견해에 동의한다. 쉬히는 직업, 결혼, 그리고 가족과 함께 동반하는 제약에서 벗어나고 싶은 충동에 대해 말한다. 사람들은 아마도 직업과 관계, 가정을 안정시키기 위해 해야 할 모든 일을 하면서도 스스로 진정으로 원하는 것이 무엇인지 확신하지 못한다고 느낄 것이다. 이러한 내적 긴장은 레빈슨이 '30세의 과도기'라고 부르는 것의 원인이 된다. 인생의 직업, 가정 및 가족에 보조를 맞추며 점점 더 적응하게 되면서 개인적인 불만이 커지고 자신의 결혼생활과 직업을 재검토하게 된다.

샘 킨(Sam Keen, 1978)은 이러한 "함정의 30대" 딜레마를 "성인(成人)"과 "무법자" 사이의 투쟁으로 묘사한다. 그에게 있어 성인은 협동의 가치를 중시하며 남편 또는 아내, 직장인, 시민, 소비자 같은 다양한 사회적 역할을 수행하는 능력을 가진다. 샘 킨은 성인이 어느 정도 독립적이지만, 주로 문화적 요구에 적응한다고 믿는다. 샘 킨은 이 단계를 성격의 개발, 그리고 내면의 약점을 감추기 위한 성격 방호(防護)와 연관시킨다. 그에게서 성인의 자질은 보이스카우트의 덕목으로 요약된다. 신뢰할 수 있고, 충성스럽고, 도움이 되고, 순종적이고, 겸소하고, 용감하고, 깨끗한 것 등. 반면에, 무법자란 종종 기존 성인의 구조를 방해하는 불안과 불만의 저류를 나타낸다.

샘 킨에 따르면, 무법자는 오래된 권위를 "죽이는" 범죄를 저지른다. 그것은 "야생에서의 삶이 어떤 것인지 알아보려고 결심한" 모든 사람의 이야기이다(p. 120). 수년간의 순응과 대처 후에 무법자는 성인의 의무와 역할이 무엇인지 발견하려고 애쓴다. 샘 킨은 이것을 '자율성 탐구'라고 본다. 무법자는 사회화 과정에서 구축된 성격 방호에 의해 억제되어온 힘을 탐색하고자 한다. 이 시기 동안 무법자는 모든 오래된 가치에 의문을 제기하고 실험과 발견 그리고 환멸의 기간을 견뎌낸다. 쉬히는 "함정의 30대"에는 부부가 좀 더 적게 사회활동을 하며 아이들을 더 많이 돌보기 때문에 결혼에 대한 만족도가 감소한다고 지적한다.

20대 결혼을 지지하는 그들의 비전은 이제 가족과 직장생활의 현실적인 요구로 인해 거의 잊힐 수 있다. 이는 생애주기에서 이혼이라는 사건이 정상에 다다르는 시기이다. 물론, 쉬히가 『새로운 행로』에서 묘사하고 있는 것처럼 생애주기가 변화하고 있는 정도까지 "함정의 30대"가 제기하는 불만과 재검토 시기가 이후 30대 후반으로 연기될 수도 있다.

쉬히(1978)는 성인 초기의 과업에 직면했을 때, 남성과 여성의 차이점을 좀 더 분명히 밝히고 있다. 그녀는 레빈슨의 전통적인 주부 상과 반전통적인 주부 상 사이의 다양한 측면인 여성의 여섯 가지 주된 유형, 즉 생활양식을 묘사한다. 첫 번째 유형은 성인기 동안 최고의 우선권이 남편과 아이들에게 보살핌을 제공하는 사람으로서의 모습이다. 두 번째는 개인의 성취를 미루는 양육자이다. 비록 이 집단의 여성들은 보살핌을 제공하는 자가 되기를 원하지만, 아이를 양육한 후에는 자신의 경력 개발을 원한다. 이러한 여성 중 일부는 이미 대학에 다니거나 일을 시작하지만, 아이를 돌보기 위해 시간을 내며 그런 후에 그들이 떠났던 곳으로 되돌아간다. 이 집단의 다른 몇몇은 아이들이 학교에 다니거나 집을 떠나 학교로 돌아가거나 일을 시작한다. 세 번째 유형은 부양을 미루는 성취자이다. 이 집단의 여성들은 서른 살 때쯤에 아이를 낳을 작정이지만, 먼저 직장생활을 확고히 하는 데 헌신한다. 네 번째 생활양식은 가족과 직업을 결합하는 여성인 통합자이다. 이 양식은 가정생활과 일을 통합하는 데 전념하는 남성과 결혼하지 않는다면, 여성들에게 매우 힘들다. 다섯 번째 양식은 대략 10퍼센트의 여성을 대표하는 독신주의 여성들이다. 마지막 유형은 양육하거나 성취에 많은 관심을 보이지 않는 매우 적은 범주의 과도기 여성들이다.

초기 성인기의 개요는 그것이 주요 전환기라는 것을 보여준다. 젊은 사람들은 직업을 찾고, 사랑관계를 개발하며, 가정을 꾸리는 것과 같은 인생에서 중요한 과업에 착수함으로써 길을 찾기 시작한다. 레빈슨은 변화하는 환경에 대해 정체감, 가치, 세계관을 적응시키려는 끊임없는 도전 상황을 성인기 삶의 일시적인 특성으로 강조하고 있다. 안정기는 5년에서 10년 정도 유지될 수 있지만, 4년에서 5년 정도 지속되는 전환기로 넘어갈 수 있다. 이것은 성인기가 도달해야 할 고원이나 최종 도착지가 아니라 오히려 역동적인 시기에 도달해야 한다는 것을 의미한다. 가족과 사회적 기대, 그리고 현실의 상황에서 우리의 꿈을 향해 나아갈 것을 요구하는 연속적인 일련의 통로를 의미한다. 쉬히는 우리의 20대에 직업과 관계에 관한 결정에 크게 영향을 미치는 "해야 할 일"을 강조한다. "30대의 전환" 중 일부는 20대에 그렇게 추구했던, 그리고 가끔은 힘들게 얻었던 구조와 함께 불안을 수반한다. 이러한 불안은 영성과 암묵적 종교의 기본적인 요소를 다시 검토하는 계기가 된다. 초기 성인기의 폭넓은 윤곽을 확립한 후에 우리는 이제 초기 성인기에 종교와 영성의 경향을 보여주는 경험적 연구에 집중한다.

경험적 연구

성인 초기의 종교적 참여 양식은 청소년기에 보았던 발달을 반영하며 계속된다. 초기 성인들은 북미나 유럽의 중년 및 고령자들보다 덜 종교적이다(Hood 외, 1996). 비비(Bibby, 1993)는 캐나다에서 18세에서 29세 사이의 17퍼센트가 40세 이상의 40퍼센트와 비교해서 1990년 들어 매주 종교 서비스에 참석한다고 밝혔다. 그는 캐나다 성인이 영국, 독일, 네덜란드, 스웨덴, 노르웨이, 덴마크 같은 국가와 거의 동일한 종교 참여 범주에 있다고 지적한다.

후드(Hood 외, 1996)는 미국 성인의 종교에서 모순되는 형태를 발견한다. 한편으로, 보수적인 교회의 성장과 자신을 "복음주의" 또는 "거듭난" 그리스도인으로 규정한 사람들이 현저하게 증가하는 추세이다. 다른 한편으로, "전통적인 결속력의 느슨함"과 종교적 사상과 애착에서 자유주의가 증대하는 추세이다. 그들은 이러한 모순적인 경향이 사람들이 서구 종교 내에서 가능한 극단적인 방향으로 움직이고 있다는 것을 보여주는 것일 수도 있다고 믿는다. 동시에 그들은 사회화가 성인 초기의 종교적인 측면에서 가장 중요한 요인으로 남아 있다고 결론을 내린다. 부모가 청소년기보다 성인 초기의 자녀들에게 더 적은 영향을 미치는 반면에, 부모는 여전히 20대 초기의 사람들에게 종교에 관해 단 하나의 가장 강력한 영향력을 나타낸다. 이용 가능한 자료에 따르면, 어머니가 좀 더 많은 영향력을 행사하는 것으로 나타나지만, 여기에서 어머니와 아버지 중 누가 더 큰 역할을 하느냐에 대해서는 일치된 결론을 내릴 수 없다고 덧붙인다.

후드(Hood 외, 1996)는 주류 종교 내부와 외부에서 영성에 대한 관심 증가가 성인 초기 종교의 특징으로 점차 커지고 있음을 인식하고 있다. 많은 성인들에게서 정체성, 가치 및 세계관의 추구가 중요해졌다. 만약 그러한 추구가 주류 종교의 경계를 벗어난다면, 사람들은 전통종교 공동체를 떠나 어디서든지 영적 지도와 조명을 찾을 수 있게 된다. 후드는 성인 초기의 종교는 다양성을 보여주며, 이 시기의 사람들은 경험의 결과로 종교적 믿음과 관습을 바꾸게 된다고 결론짓는다.

레이먼드 팔루지안은 여성들이 이 시기뿐만 아니라 평생 동안 시종일관 남성보다 더 종교적임에 주목함으로써 성인 초기의 종교에 대한 묘사를 더한다. 평생 동안 사람들의 종교적 견해의 변화에 관한 이용할 수 있는 자료가 부족하지만, 그는 존재하는 것조차 대부분의 종교적인 태도에서 전반적인 변화가 거의 나타나지 않는다는 것에 주목한다. 팔루지안(1996)은 성인 초기 동안 종교에 대한 두 가지 중요한 경험적 연구를 서술한다. 우선, 모두가 백인 남성인 154명의 대학생에 대한 장기적인 연구를 기술한다. 1942년, 학생들에게 신의 존재, 영혼, 사후세계 같은 다양한 종교적 주제에 관한 견해를 묻는 설문조사를 실시했다. 1964년과 1984년에 같은 사람들을 대상으로 동일한 설문조사를 완료했다. 그 결과, 40대 이상의 개인이 가지는 특정한 종교적 관념이 상대적으로 안정적임을 보여준다. 팔루지안이 서술하는 두 번째 연구는 5천 명 이상의 청소년과 13세에서 80대에 이르는 성인을 대상으로 수집된 자료에 기초를 두고 있다. 다섯 개의 주요 개신교 교단의 561개 교회를 조사한 자료를 연령에 따라 분석했을 때, 종교에 대한 중요성, 개인 기도와 성경 읽기의 빈도, 신앙의 통합에 대한 지속적인 증가를 보여준다.

팔루지안(1996)은 청소년기부터 성인 초기에 이르기까지 종교와 영성이 어떻게 발달해가는지를 정확하게 규명하고 설명하는 데 있어 어려움을 강조한다. 그의 견해로는 성인 초기로 들어가는 단계의 위계적 순서를 보여주는 모델을 경험적으로 지지할 수 있지만, 성인기의 가장 초기단계를 넘어서는 연대기적 순서(chronological sequence)는 필요하지 않다고 본다. 팔루지안은 청소년기에서 성인 초기까지 종교적 발달을 이해하는 데 가장 유용한 지침을 제공하는 두 개의 최근 모델은 파울러의 신앙발달이론과 오저와 그뮌더(Oser & Gmuender)의 종교적 판단 발달이론(developmental theory of religious judgment)[1)]이라고 주장한다. 두 모델은 성숙을 삶의 주요 양극성과 역설을 다루는 능력으로 본다. 여기에서 우리는 그들이 성인 초기의 종교적 · 영적 발달에 대한 우리의 이해에 어떻게 기여하는가를 고려해야 한다.

1) 『종교적 판단이론』이라는 제목으로 번역 출판되었다(한국장로교출판사, 2000).

파울러의 단계 4: 개성화와 성찰적 신앙

제임스 파울러의 신앙발달 4단계는 사람들이 자신의 정체성, 견해, 헌신을 위한 책임감을 강조한다. 파울러는 혼자 설 수 있거나 다른 사람의 관점과 구별될 수 있는 능력인 단계 4의 신앙을 특징짓는 자율성의 정도를 강조한다. 이 단계의 젊은 성인은 자기 견해가 다른 사람들의 견해와 상당히 다르다는 것을 인식하고, 따라서 자기 견해의 진실성이나 타당성을 요구할 수 있음을 깨닫는다. 파울러는 이러한 관점의 독립성을 확고히 하면서 이것이 반드시 개인주의적인 단계일 필요는 없다고 주장한다. 이 단계의 사람들은 비록 그렇게 할지라도 이전의 대인관계나 사회적 · 제도적 유대관계로부터 항상 분리되는 것은 아니다.

성인 초기에 해당하는 파울러의 피험자 대부분은 단계 4에 해당했다. 파울러는 21세에서 30세의 피험자들 중에서 40퍼센트는 이 단계에 있었으나, 3분의 1은 3단계와 4단계의 특성을 보여준다는 것을 발견한다. 파울러는 진정한 개성화-성찰적 신앙은 20대 초반 이후에야 잘 발달한다고 믿는다. 단계 4에 해당하는 견해의 출현은 30대와 40대에 심심찮게 나타난다. 그런 후에 그것은 일반적으로 기존의 정체성과 세계관에 더욱 파괴적인 것으로 경험된다. 파울러(1981)에 따르면, 단계 4 견해로의 진정한 이동은 외적 권위자에 대한 의존을 중단할 것을 요구한다. 이러한 중단은 고통스러울 수 있으며, 한 사람으로 하여금 그/그녀의 이전 가정이나 가치를 비판적으로 생각하도록 강요한다. 단계 3 신앙의 모호하면서도 가끔은 부정형인 특성과 비교해서 단계 4의 사람은 그/그녀의 세계관을 명백한 체계의 일부로 만든다. 이 단계의 사람은 정체성, 가치, 세계관의 다양한 측면이 어떻게 일관성을 가지고 잘 조화되는가에 관심을 갖는다. 파울러는 심리학적으로 자기경계를 보존하고 자신의 관점을 정당화할 필요성은 때때로 타인의 견해와 가치를 실제 자신의 입장처럼 서투른 모방의 형태로 표현할 수 있다고 지적한다. 이러한 방어적인 경향은 대부분 무의식적이며, 단계 4에 있는 사람들은 보통 그들이 서투른 모방을 하고 있다는 것을 인식하지 못한다.

단계 4의 견해를 채택하는 사람들은 상징, 신화, 의식(儀式)에 대한 제한된 분별력을 가지고 있다. 그들은 상징이 오직 이성적 지성에 의미를 부여하는 사고와 명제로 번역되는 "신성화가 제거될" 수 있을 때만 유용하다고 생각한다. 이 단계의 사람들은 끊임없이 분명하고 명백한 진술로 제시되는 상징의 의미를 알아내기를 원한다. 폴 틸리히의 용어에서, 그로 인해 상징의 힘은 부서져 더 이상 인간존재와 세계의 가장 깊은 신비함을 전달할 수 없게 된다. 파울러(1981)에 따르면, 신화와 의식의 상징적 힘은 참여자의 질문이 상징에 반대하여 주도권을 잡았을 때 파괴된다.

흥미롭게도 로버트 풀러(Robert Fuller, 2001)는 자신을 "영적이지만 종교적이지는 않다"고 묘사하는 사람들은 거의 변함없이 개성화-성찰적 단계로 들어갔음을 발견한다. 그는 "영적이지만 종교적이지는 않다"는 것은 사람들이 그들 자신의 믿음에 책임을 지며, 보통 현대과학, 성서학, 심리학, 사회학, 철학에 의해 제기된 많은 중요한 문제들을 반영해왔다고 주장한다. 풀러의 판단에 따르면, 이러한 반영은 전통적인 신앙단계에 있는 사람들보다 더 영성이 성숙된 단계로 그들을 이끌며, 전통적인 신앙이란 일차적인 경험과 반영보다는 오히려 충성과 순종에 기반을 둔 주로 이차적인 것이다.

젊은 성인들의 종교적인 판단

심리학자 프리츠와 폴 그뮌더(Fritz & Paul Gmuender, 1991)의 연구는 젊은 성인의 종교적 판단이 아동이나 청소년기와는 다른 방식을 제안함으로써 파울러의 연구를 보완한다. 또한 인지적 과제에 대한 답에 근거한 단계의 변하지 않는 위계적 순서를 묘사한다는 점에서 그들의 연구는 피아제와 콜버그의 연구와 비슷하다. 사람들은 인터뷰 동안에 제시된 세 가지 딜레마에 관한 질문에 답하도록 요청받는다. 이 이야기 중에서 한 젊은 내과의사는 제대로 작동하지 않는 비행기에 타고 있다. 비행기가 추락할 때, 죽음을 앞둔 의사는 만약 어떻게 해서라도 비행기 추락에서 생존한다면 미래의 계획을 바꾸어 제3세계에 있는 사람들을 돕는 데 삶을 바치겠다고 결심한다. 그런데 기적적으로 생존하게 되어 집으로 돌아왔을 때, 그는 딜레마에 직면한다. 그는 사설병원에서 오랫동안 찾던 직책을 제의받고 특별한 기회를 받아들여야 할지, 죽음 직전의 상황에 직면했을 때 했던 약속을 지켜야 할지 결정해야 한다. 이야기를 제시한 후에 오저와 그뮌더는 질문한다. 폴(Paul)은 자신과의 약속을 지켜야 할까? 아니라면 왜 그렇지 않은가? 사람들은 신에 대한 의무를 가지고 있는가? 사람들은 종교 공동체의 주장에 맞서 자신의 개인적 자유를 선택해야 하는가?

오저(Oser, 1991)는 제시된 딜레마[2]가 사람들에게 모순된 가치 사이의

---

2) 오저는 여덟 가지 딜레마를 제시하고 있는데, 그 내용은 다음과 같다.
① 폴 딜레마: 비행기 추락으로 죽음을 앞둔 젊은 의사가 전 생애를 하느님께 바치기로 기도했는데 기적적으로 살게 되었다. 과연 그는 추락 직전에 한 하느님과의 약속을 지킬 것인가?
② 욥 딜레마: 늘 하나님께 감사하던 한 판사에게 갑자기 원인과 이유를 알 수 없는 불행이 닥쳤다. 그는 하느님께 어떠한 행동을 보일 것인가?
③ 이유를 알 수 없는 불공평한 고통에 관한 딜레마: 지속적으로 기도했지만 시력을 상실한 성직자에게 한 친구가 신앙에 대한 반성을 제안했다. 과연 그 충고에 성직자는 어떠한 반응을 보일 것인가?
④ 영원한 구원에 관한 딜레마: 흉악한 살인범에 의해 전 가족을 잃은 어머니에게 살인범이 살 수

긴장을 처리하도록 요구하며, 그것을 종교적 판단의 필수적인 측면인 일곱 가지 양극의 차원적 특징을 나타낸다고 믿는다. 첫째, 자유의 감정 대 절대적 존재에 대한 의존, 둘째, 신의 활동이 초월적인가(신은 직접적으로 행한다) 내재적인가(신은 인간과 자연의 수단을 통해 행한다)를 생각하기, 셋째, 희망 대 부조리의 경험, 넷째, 신의 뜻의 투명성 대 불투명성, 다섯째, 믿음이나 두려움의 감정, 여섯째, 딜레마의 신성함 대 모독적인 측면에 치중하기, 일곱째, 어떤 것을 영원한 것 대 덧없는 것과 관계된 것으로 보기. 오저는 한 사람의 종교적 판단단계를 평가하기 위해 이러한 차원을 이용한다.

오저와 그뮌더는 그들의 연구로부터 종교적 판단의 더 높은 단계는 정반대의 오직 한 요소만을 고려하기보다는 각각의 양극단을 둘 다 동시에 생각하는 능력을 포함한다고 결론 내린다. 그들은 종교적 판단의 기본적인 구조는 이러한 양극성을 어떻게 조정할 수 있는가에 따라 측정될 수 있다고 믿는다. 양극성의 두 측면을 모두 고려하는 능력이 종교적 판단의 더 높은 수준을 나타낸다는 견해는 더 높은 신앙체제가 자아 속에 있는 양극의 긴장상태를 인식하며 진실의 역설적인 본질이 한 사람으로 하여금 인간

있도록 설득을 요청 받는다면 그녀는 어떻게 할 것인가?

⑤ 죄의식에 관한 딜레마: 제2차 세계대전 당시 독일 나치의 정보요원으로 유대인 학살에 관련된 사람이 자동차 사고로 죽어가게 되었는데, 현장에는 전쟁 때 유대인 포로수용소에 잡혀 있다가 탈출한 사람밖에 없다. 독일인이 유대인에게 용서를 빌었다. 이 상황에서 유대인은 어떻게 했을까?

⑥ 사랑에 관한 딜레마: 불치의 백혈병에 걸린 젊은 여성이 장래가 촉망되는 정치인과 사랑에 빠졌는데 조용히 그 남성의 곁을 떠나려 한다. 이 여성의 결정에 관해 어떻게 생각하는가?

⑦ 자살에 관한 딜레마: 연구에 몰두하던 한 화학자의 연구실이 화염에 뒤덮이게 되었다. 연구물을 꺼내려 화염에 싸인 연구실로 뛰어 들어가려는 화학자를 소방관은 어떻게 해야 하겠는가?

⑧ 혼인에 관한 딜레마: 가톨릭 신자인 한 젊은 여성이 스위스 출신의 개신교 성직자를 사랑하게 되었는데 결혼하려면 개종도 하고 엄청난 비난도 받아야 한다. 이 상황에서 여성은 어떻게 할 것인가?

오저는 이를 통해 하느님과의 관계에 대한 자의식(1), 신정론에 대한 해석 형태(2, 3), 타인의 죽음에 직면한 상태에서 취할 수 있는 가능성(4, 5), 곤궁에 빠진 상태에서 시도해보는 "종교적 의미" 부여의 형태(6, 7), 종교집단에 대한 소속감(8)에 관해 평가한다.

이 경험하는 근본적인 정반대의 양 측면 모두를 고려하도록 요구한다는 파울러의 관찰을 뒷받침한다. 파울러, 오저, 그뮌더의 발전적 모형은 삶의 긴장과 복잡한 문제들을 점차 인식하고, 양극의 하나를 거부하거나 무시하지 않고 점점 더 양극을 균형감 있게 다룰 수 있게 되는 문제로서 젊은 성인의 종교를 보여준다.

올포트의 성숙한 종교의 특징들

이 부분은 초기 성인기에 나타나기 시작하는 종교의 특징을 묘사하는 고든 올포트의 성숙한 종교에 대한 전통적인 공식화와 함께 결론짓는다. 성숙한 종교에 대한 올포트의 분석은 젊은 성인을 특징짓는 개성화-성찰적 신앙에서의 중심적 요소인 정신적인 삶을 조직하며 통합하는 이성의 힘을 강조한다. 올포트는 우리가 파울러의 신앙단계에서 찾는 발전적 진보를 묘사하지 않는다. 그는 그것이 정신적, 정서적 또는 종교적 성숙이든 간에 연대순의 나이는 비교적 어떤 종류의 성숙을 측정하는 서툰 방식이라고 언급한다. 성숙한 종교에 대한 그의 기준은 성인 초기, 중년 또는 후반기든지 간에 전체 성인기 동안 얻으려고 노력하는 목표로 볼 수 있다. 개인적인 종교는 보통 사적인 어떤 것으로 여겨지며, 그로 인해 사람들이 삶의 다른 영역에서 성숙해지도록 강요하는 것과 같은 환경적 압박을 받지 않기 때문에 특히 올포트는 종교적 태도가 발달의 다른 영역보다 뒤처지는 경향이 있다는 것을 관찰한다.

고든 올포트(1960)는 성인기의 성숙한 종교의 특징을 정의한 최초의 중요한 심리학자 중 한 명이었다. 이 영역에서 다른 저자와 마찬가지로 올포트는 모든 종교는 유치하다는 견해에 반박한다. 성숙한 종교에 대한 그의 이해는 본질적인 종교적 방향제시(종교에 대한 헌신을 그 자체로 하나의 목적으로 보기)와 비본질적인 종교적 방향제시(종교를 이기적인 목적에 대한 수단으로 사용하기)라는 영향력 있는 범주를 지탱한다. 올포트는 종교와 인종적 편견 사이의 관계를 조사하기 위해 최초로 이러한 범주를 개발했지만, 1960년대 이후로 그의 종교적 방향제시는 종교의 여러 측면에 대한 경험적 연구를 확장시켰다. 이 종교는 성격이론과 자아심리학에서 성장한다. 성숙한 종교에 대한 올포트의 기준은 그의 성격이론과 자아심리학에서 성장한다. 그의 관점에서 성숙한 성격은 세 가지 속성을 가지고 있는데, 첫째, 자아확장, 둘째, 자기 객관화, 셋째, 자아통합이다. 자아확장은 즉각적인 생물학적 충동을 넘어서 이상과 가치에 집중하는 다양한 흥미를 개발해야 함을 의미한다. 자기 객관화는 자신의 삶에 관해 성찰하고 통찰하는 능력을 가리킨다. 성숙한 사람들은 다른 사람이 자신을 보는 것처럼 볼 수 있으며, 때로는 우주적인 관점에서 볼 수 있다. 올포트는 유머감각이 두 번째 속성의 중요한 측면이라고 믿는다. 비록 그것이 명백하거나 종교적이지 않더라도 자아통합이란 성숙한 사람이 인생에 대한 통합적인 철학을 가지고 있다는 것을 나타낸다. 이러한 속성은 삶에 방향과 일관성을 제공한다.

올포트(1960)에 따르면, 종교적인 감정은 종종 중요한 성격의 특징을 발달시키는 데 있어 큰 역할을 한다. "감정(sentiment)"은 정서적 · 인지적인 두 요인 모두를 결합하는 성격의 구성요소를 의미한다. 종교적 감정에 대한 올포트의 개념은 정체성, 가치, 세계관 같은 영성의 중요한 요인들을 포함한다. 그는 한 사람이 "사물의 본질에서 영원하거나 중심적이라고" 여기는 모든 것을 통합한다고 믿는다(p. 64). 올포트는 이러한 삶의 과업은 늘 미완성이며, 우리에게 어떤 인간이 성취할 수 있는 것보다 그 이상이라고 상기시킨다. 따라서 그는 성숙한 종교적 감정에 관해 말하면서도 성숙이 완벽을 의미하는 것은 아니라고 주장한다. 올포트가 성숙한 종교적 감정에 필수적인 것으로 묘사하는 특징은 완벽하게 달성할 수 있는 목적이라기보다는 목표 지향으로 보아야 한다. 그것이 절대적으로 일관성이 있지 않을 때조차 종교적인 감정은 인간의 성격에 기여할 수 있다. 올포트는 성숙한 종교적 감정을 다음과 같이 정리한다.

- 잘 분화된
- 역동적인
- 일관되게 지도적인
- 통합적인
- 본질적인
- 체험적인

'잘 분화된'이란 종교적 감정이 섬세한 모양으로 조직되어 짜일 수 있는 다양한 관심사를 포함하고 있다는 것을 말한다. 처음에 아이들은 종교적 감정을 구성하는 많은 요소들을 분명히 말할 수 없지만, 비판적인 사고 능력이 자라면서 좀 더 나이든 아동과 청소년은 다양한 부분을 분류하고 재조직하며 몇몇을 다른 것들보다 더 가치 있게 여긴다. 이 능력은 오직 모방과 맹목적인 믿음의 모든 측면에 똑같이 맹목적으로 접근하는 것에 근거한 미성숙한 종교적 감정과 극명한 대조를 이룬다. 올포트에 따르면, 이러한 분류과정은 어린 시절 동안 부모로부터 채택한 간접적인 신앙을 자기 자신의 경험과 선택에 토대를 둔 직접적인 신앙으로 변형시킨다. 인간은 분화된 종교적 감정을 달성하기 위해 그러한 문제를 신의 존재와 본질, 영혼과 불멸, 삶을 인도하는 가치의 배열, 죄와 자유에 관한 질문, 그리고 기도와 다른 사람과의 관계에 대한 태도를 되돌아본다. 올포트는 특정한 문제는 문화와 개인마다 다양하지만, 성숙한 사람은 계속해서 확장되는 현실을 아우르는 방식으로 모든 관련된 문제들을 적합하게 맞추어나가게 될 것이라고 주장한다.

올포트는 성숙한 종교적인 감정의 역동적인 측면이 미숙한 종교적 감정과 구별하는 데 있어 가장 중요한 것이라고 생각한다. 역동성이란 성숙한 종교적 감정 이면에 있는 동기 에너지가 자율적이며, 즉 상당 부분 생리적 욕망과 어린 시절의 욕구로부터 독립되어 있다는 것을 의미한다. 비록 올포트가 어린 시절의 종교적인 감정이 최초에는 신체의 욕구와 욕망에 뿌리를 두고 있다고 믿지만, 새로운 어떤 것이 인격의 성장과 함께 나타난다. 종교적인 감정은 주로 마법적인 사고, 자기 정당화, 미숙한 종교를 자극하는 생물학적 안전에 매달리거나 육체적 쾌락으로부터 독립하게 만든다고 본다.

성숙한 종교적 감정은 일관되게 지도적이라는 의미인즉슨 인격에 꾸준하고 지속적인 영향을 미치는 윤리적 기준을 제공한다는 말이다. 올포트는 종교와 도덕 사이에 단순한 관계는 없다는 것을 인정한다. 종교는 윤리적 지침과 도덕적 지시를 제공하지만, 많은 사람들은 자신의 도덕성이 종교에 의존하지 않는다고 믿는다. 우리가 몇몇 비전통적인 영성과 맹목적인 종교에서 보아왔던 것처럼 사람들은 점점 더 윤리적인 지침과 도덕적 행동의 다른 원천을 찾고 있다. 올포트는 결국 우리는 종교가 제공하는 이상주의와 "존재의 신화(myth of Being)" 없이 높은 윤리적 기준을 유지할 수 있을지 의심하지만, 비종교적이거나 세속적인 영성이 성숙한 종교적 감정에 필요하다고 여기는 것과 같은 기능을 수행할 수도 있다는 것을 인정한다.

성숙한 종교적 감정의 통합적인 특징은 경험의 다른 요소들을 어떤 종류의 질서 안으로 가져다줄 인생의 통합된 철학을 위한 건강한 인격의 욕구에 직접적으로 기여한다. 올포트는 인본주의와 공산주의 같은 다양한 세속적 철학이 정신의 통합과 삶의 의미를 가져다주면서 상대적으로 강력한 세계관을 제공할 수 있다는 것을 인정한다. 그는 많은 사람들에게 세속적 대의명분에 진심을 다해 전념하는 것이 종교적 감정과 같은 작용을 할 수도 있음을 인정한다. 그러한 세속적 대의명분에 대한 헌신은 자신의 가치를 표현하고 구현한다는 점에서 베일리(Baily)의 암묵적 종교에 대한 견해와 일치한다. 그러나 올포트의 관점에서 보면, 대부분 받아들이는 세속적 대의명분조차 대개 한 개인의 모든 한계를 포함하지 못하고 모든 존재의 중심이 되는 문제를 다루기에 부족하다. 그에게서 종교적인 세계관은 우리의 삶이 세워진 더 넓은 영적인 실제를 인식하고 있으며, 따라서 인간 성격의 모든 차원을 종합할 수 있는 더 큰 능력을 갖게 된다. 올포트는 현실에 대한 포괄적인 전망은 더 풍부한 경험과 무한한 현실을 표현하기 위해 다른 유리한 관점이 필요하다는 것을 알게 될 때, 관용을 장려해야 한다고 덧붙인다. 성숙한 종교의 포괄적인 성격은 다섯 번째 특징인 그것의 본질적인 본성과 밀접하게 연결되어 있다. 전자의 특성은 광범위한 적용 범위를 보장하는 반면에, 후자는 조화를 이루는 전체적인 형태를 추구한다. 종교적인 감정은 모든 것을 하나로 묶을 수 있고 전체적으로 의미를 찾을 수 있다.

올포트는 성숙한 종교의 통합적인 과제에 대한 두 가지 큰 도전을 보게 된다. 첫 번째는 악(惡)의 보편적이고 편재적인 문제이다. 죄 없는 사람들의 고통은 성숙한 종교적 감정으로 통합하기에는 인간 존재의 가장 어려운 사실 중 하나이다. 20세기 중반의 유대인 대학살은 종종 신을 향한 믿음에 이르는 데 장애로 언급된다. 다양한 종교적인 전통은 악의 문제와 투쟁해왔으며, 그것의 본질과 의미에 관한 다양한 결론을 내려왔다. 비록 그러한 질문에 대한 최종적인 정답은 없다 할지라도 올포트는 만약 종교적인 정서가 완전해지려면 악의 문제와 씨름할 수 있어야 한다고 믿는다. 통합에 이르는 가장 큰 어려움은 현대과학, 특히 심리학에 의해 유발된다. 올포트에 따르면, 성숙한 종교적 감정은 많은 인간의 행위가 개인의 선택을 넘어서 심리사회적 요인에 의해 결정된다는 사실을 고려해야 한다. 마지막으로, 성숙한 종교적 감정은 발견적인 것이다. 즉, 그것이 확인되거나 반증될 때까지 잠정적으로 진행 중인 가설로 작용한다. 성숙한 종교적 신앙을 가진 사람들은 종교의 요소에 관해 약간의 의심을 가질지도 모른다. 따라서 그들의 종교는 임시적인 특징을 가지고 있다. 올포트가 말했듯이, 성숙한 종교적 감정은 보통 '의심'이라는 작업장에서 형성된다. 그는 종교의 기본 가치와 신념은 항상 탐구하는 마음의 이해를 능가하므로 이러한 문제에 대한 절대적인 확실성은 불가능하다고 주장한다. 올포트는 단지 비생산적인 회의주의에 빠져드는 것보다 의심에 직면해서 낙천주의를 가지고 행동하는 것이 더 낫다고 주장한다. 그는 성숙한 종교인은 에너지가 생성되고 종교적 신념에 의해 보존된 가치가 신앙 확인이 우유부단함보다 우월하다는 것을 증명한다고 결론짓는다.

성숙한 종교적 감정에 대한 올포트의 묘사는 영성과 암묵적 종교의 요소, 즉 정체성과 세계관을 포함하는 종교의 제도적인 측면을 넘어선다. 그의 기준은 주로 종교의 인지적인 측면을 이야기한다. 그리고 성숙한 종교적 감정을 형성하는 데 있어 이성과 의심에 중점을 둔다. 이성은 성숙한 사람이 다양한 종교적 요소를 분명히 하고 구별하도록 돕는다. 그것은 계속해서 개인적 경험의 영역을 넓히고, 믿음을 좀 더 포괄적이게 하며, 경험의 다양한 측면이 어떻게 함께 어울리도록 하는가를 살펴봄으로써 성격의 통합을 돕는다. 올포트는 의심을 종교적인 감정이 성숙하도록 도와주는 잠재적으로 가치 있는 비판적 이성의 기능으로 본다. 이 점에 관해서는 연약함의 표시이거나 심지어 악마의 유혹(Clark, 1958)이라는 종교적 믿음을 해치는 장애가 의심이라고 주장하는 전통 종교의 대표자, 그리고 그것을 통합된 완전성(Helfaer, 1972)의 부족함으로 여기면서 종교적 의심의 고통과 고난을 강조하는 사람들과는 다르다. 올포트는 틀림없이 종교적 의심에 의해 야기된 긴장과 내적 갈등을 인식한다. 하지만 그는 전반적인 이득이 종교적인 의심에서 겪는 고난보다 뛰어나다고 믿는다. 그들이 이 시기의 주요 과제에 직면했을 때, 종교적인 감정이 젊은 성인들에게 정신적인 삶을 조직하도록 돕는 데 큰 역할을 한다고 강조한다. 올포트는 종교적인 감정이 풍부한 젊은 성인의 경험을 통합하는 방식으로 한 사람의 정체성, 가치와 세계관을 형성하도록 도울 수 있다는 것을 인정한다.

전반적으로, 경험적 연구는 우리에게 젊은 성인기 종교의 일반적 추세에 대한 생각을 제공한다. 그것은 젊은 성인이 중년 및 노년의 성인보다 덜 종교적이며 보수적이고 자유주의적인 형태의 종교 주위에서 양극화가 증가하고 있는 것처럼 보인다는 점이다.

이러한 연구는 점점 더 많은 젊은 성인들에게 정체성, 가치와 삶의 의미를 추구하는 것이 전통적인 종교의 경계를 넘어선다는 것을 입증한다. 파울러는 젊은 성인의 우선권은 자기 자신의 영역을 만들고 보존하는 것이라고 강조한다. 이러한 노력으로 그들은 자신과 다른 사람들을 구별하는 방식으로 그들의 정체성, 가치, 세계관을 강화하게 된다. 종종 이것은 복잡한 종교의 상징을 해체하려고 시도하고 인간의 삶과 현실의 본질을 담론적인 진리로 축소시키는 것을 의미한다. 이러한 경향의 긍정적인 측면은 젊은 성인들이 의식적으로 믿음을 분류하고 통합하여 부모나 종교기관으로부터 흡수된 이차적인 믿음을 그들 자신의 경험에 토대를 둔 일차적인 믿음으로 변형시킨다는 것이다. 젊은 성인의 개별적 믿음의 부정적인 측면은 인간 조건의 복잡성을 무시하는 경향이 있다는 점이다. 오저의 연구는 종교적 판단의 발달을 자유 대 독립과 신성함 대 불경함 같은 기본적인 양극성의 두 측면 모두를 고려하는 능력이 성장하는 것이라고 묘사한다. 파울러와 오저는 둘 다 복잡성과 양극성을 다루는 능력은 젊은 성인기에 확립되지만 보통 중년이 되어서야 완전히 발달한다는 것을 인정한다. 비록 몇

몇 저자는 올포트가 간과하지는 않지만 인격통합에서 무의식의 역할을 무시하는 것 같다고 말하는데, 올포트는 젊은 성인기의 다양한 경험을 통합하는 종교적인 감정의 강력한 힘을 강조한다.

종교, 영성 그리고 심리치료

젊은 성인들이 그들의 심리적 삶, 관계, 일의 문제(Applebaum, 1985)에 직면했을 때, 종교와 영성의 가장 중요한 측면을 인식하게 된다. 한 가지 관점에서 볼 때, 모든 심리치료의 사례에 영성의 위기가 포함되어 있다. 영적 위기는 세상에서 보고 존재하는 내담자의 방식이 어떻게든 실패한 것이다(Westbrooks, 2003). 심리치료는 종종 사람들이 중요한 영성의 요소인 정체성, 가치, 세계관으로 고심하지 않을 수 없는 상황이지만, 종교와 영성의 이러한 요소들은 젊은 성인들이 심리치료를 찾도록 하는 문제에서 항상 뚜렷하게 나타나는 것은 아니다. 심리치료에서 영성을 관찰하는 어려움의 일부는 젊은 성인의 전형적인 문제, 즉 사랑, 일, 관계의 문제에 대한 본질에 있다. 이러한 문제는 더 깊은 영적인 의미라는 관점에서 항상 보이는 것은 아니다. 또 다른 어려움은 심리치료 방법이 전통적으로 가치와 종교적 믿음의 문제로부터 거리를 두고자 애써온 방식에 있다.

그럼에도 불구하고 심리치료는 사람들이 영적인 견해에서 필요한 변화를 갖도록 도울 수 있다. 사람들이 자신의 정체성과 삶의 이야기를 되돌아보게 하며, 그로 인해 조정이 필요한 삶의 이야기와 정체성의 긍정적 특징들에 관해 통찰력을 제공한다. 심리치료사는 사람들이 자신의 개인적인 이야기를 다시 쓰도록 도와줌으로써 영성과 암묵적 종교의 핵심을 직접적으로 연구한다. 두 번째로 심리치료는 사람들이 현실 지도(maps)를 좀 더 정확하게 만들기 위해 수정하도록 돕는다. 생활환경의 변화에 따라 이러한 인지적 및 도덕적 지도를 다시 그리는 것이 필요하다. 심리치료는 초기의 그리고 이전의 충격적인 외상(trauma) 경험에서 발전된 시대에 뒤떨어진 가설보다는 현재의 개인적 그리고 사회적 상황이 사람들의 세계관에 어느 정도 반영되어 있는지를 탐색한다. 사람들은 갱신된 지도를 가지고 인생과 개인의 성취에서 의미를 더 잘 발견할 수 있다.

종교와 영성을 이해하기 위한 심리치료의 관련성은 성인의 전체 수명에 적용되지만, 젊은 성인기의 초점은 중년 및 성인 후기와는 상당히 다르다. 젊은 성인에게는 일과 관계, 성(sexuality)의 문제가 중요하다. 프로이트와 알프레드 아들러는 이러한 영역의 심리치료를 개척했다. 프로이트는 성숙한 성을 개발하는 중요성을 강조한다. 심리적 건강을 구성하는 것이 무엇인지 질문을 받았을 때, 프로이트는 간단하게 "사랑하고 일하라", 즉 사랑하고 일하는 능력이라고 대답했다(Erikson, 1968). 이러한 진술은 간결하게 젊은 성인기의 주요 난제와 그들의 문제가 어디에서 발전하는지를 밝혀낸다. 또한 아들러(1964)는 심리적 건강을 위해 사랑과 일의 중요성을 알았지만, 주로 성공을 이루고 만족스러운 인간관계를 찾으려는 사람들의 욕구에 집중한다. 카를 융(1931)도 프로이트와 아들러의 견해가 젊은 성인을 연구하는 데 효과적이라고 생각했지만, 중년기로 접어드는 환자와 함께한 그의 경험은 다른 종류의 치료적 개입을 요구하면서 그 시기에 또 다른 기본적인 과제가 나타난다는 결론에 이르게 했다. 여기에서 우리는 심리치료가 환자의 종교적 · 영적 관심을 조절하기 위해 점차 어떻게 변화해왔는가를 고려한 후에 어떻게 이러한 변화가 젊은 성인들에게 영향을 미치는지에 초점을 맞추게 될 것이다. 중요한 종교적 및 영적 문제에 대한 심리치료의 증가하는 인식에 관해 우리가 여기에서 관찰해야 할 것은 중년과 성인 후기의 종교와 영성의 역할에도 적용되며, 다음 두 장에서 살펴볼 것이다.

심리치료의 변화하는 관점들

임상심리학의 초기에는 심리학이 자연과학을 거울삼아 과학적이기를 열망했던 것처럼 심리치료사들은 자신을 객관적이고 중립적이라고 생각했다. 가치중립의 추구는 특히 그것이 윤리, 영적 힘 또는 사후의 삶에 관한 믿음을 포함하고 있다면 종교와 영성에 관한 논의를 배제하는 것 같았다. 많은 치료사들은 인간의 본성과 운명에 관한 환자의 의견을 고려하는 것은 진정한 과학적 심리학과 심리치료의 한계를 넘어설 것이라고 두려워했다. 다른 치료사들은 인격의 성장을 방해한다고 믿었으므로 심리치료에서 종교를 제외했다(Ellis, 1980; Fallot, 1998b; Richards & Bergin, 2000). 프로이트와 루바(Leuba)로 거슬러 올라가는 임상학적 문헌은 영적인 경험을 자아의 퇴행, 정신이상에 근접함, 정신병적 사건, 그리고 측두엽 기능장애라고 풀이했다(Lukoff 외, 1992a). 이러한 영적 경험의 병리화는 가능한 한 빨리 "병리학적" 증상을 멈추기 위해 고안된 치료적 방법을 생성했다. 입원과 항정신병 치료제를 사용하는 접근법이 영적 경험을 통합함으로써 창출될 수 있는 잠재적 성장을 실패하게 할지라도 영적 위기를 극복할 수 있는 방법이 되었다. 한스 쿵(Hans Kung, 1990)은 이러한 긴 역사를 정신의학과 심리치료에서 종교의 억압이라고 말한다. 따라서 정신건강 전문가들은 삶의 종교적이며 영적 측면을 무시하거나 병리화하는 경향이 있었다(Cortright, 1997; Lukoff 외, 1992b).

카를 융은 임상적 업무에서 종교의 역할에 대한 광범위한 조사를 제공한다(Bergin, 1980; Elkins, 1995). 그는 환자의 종교적 태도와 영성은 심리치료의 중심에 있다는 것을 인정한다. 몇 년 후에 카렌 호나이(Karen Horney, 1939)

와 에리히 프롬(Erich Fromm, 1950)은 심리치료법이 결국 자기성찰과 자기실현의 수단이라고 강조한다. 그들은 심리치료법을 그리스철학의 고대 지혜와 "그대 자신을 알라"는 아폴로(Apollo)의 권고와 일치하는 것으로 보았다. 이러한 관점에서 지지적 관계, 참회, 제안, 설득 그리고 권고 같은 현대 심리치료법의 기술은 영혼의 보살핌과 치료라는 쿠라 아니마럼(cura animarum)[3]의 오래된 전통을 유지한다(McNeill, 1951).

많은 저자들은 영성의 중요성과 인격의 영적 차원에 대한 심리치료법의 증가하는 인식을 환기시켜왔다(Fallot, 1998b; Lukoff, 1985; Thorne, 1998; Worthington 외, 1996). 지난 40년 동안 인본주의적이며 자아초월 심리학이 종교적 · 영적 문제를 포함하는 임상적 업무를 확장시켜왔다(Lukoff 외, 1992b). 윌리엄 오도나휴(William O'Donohue, 1989)는 심리치료사들이 어떻게 그들의 이론과 업무가 더 큰 일의 기획에 적합할지 관심을 가지고 있으므로 종교와 영성이 심리치료와 연관되어 있다는 것은 불가피하다고 주장한다. 심리치료사들은 사람들이 인생에 대한 그들의 정체성과 가치, 태도를 분명히 하도록 돕기 때문에 그는 심지어 심리치료사를 "형이상학자"라고 부른다. 많은 심리치료사들은 순수한 객관성과 가치중립성을 향한 초기의 열망이 치료적 상황의 복잡한 현실과는 양립할 수 없다고 믿는다. 환자들은 점점 더 그들의 가치, 세계관, 의미의 추구를 말로 표현하려는 욕구를 느끼며, 심리치료사가 이러한 영적 문제를 다루는 데 도움을 제공할 것을 요구한다.

스탠튼 존스(Stanton Jones, 1994)는 종교의 심리치료에 대한 이전의 부정적이고 비상호적 입장은 낡은 과학적 견해와 전문성에 대해 지나치게 편협한 견해에서 전제되었다고 주장한다. 20세기 초의 과학이론은 사건이나 행

3) 쿠라 아니마럼(cura animarum)이란 환자로 하여금 질병에 관한 비밀로 추정되는 것을 고백하게 함으로써 환자를 치료한다는 '영혼치료'라는 종교적 관행으로, 이미 오래전부터 가톨릭교회에서 실행되어왔다.

위의 종교적 설명과 자연주의적 설명 둘 중 하나(즉, 예수님의 환상이나 방언하기)는 타당할 수 있지만, 둘 다는 아니라고 주장한다(Paloutzian, 1996). 이러한 견해는 한 단계의 설명이나 해석이 다른 단계의 설명에 대한 진실 주장과 모순된다고 추정한다. 현대의 과학이론에서 많은 사람들은 자연과학과 종교 같은 다른 형태의 인간 지식 사이에 급격한 분리를 해소하면서 이제 이러한 초기의 것 어느 한쪽이나 견해에 도전한다(O'Donohue, 1989). 인간은 너무 복잡하여 경험이나 상황의 진실을 포착하기 위해서는 다양한 견해가 필요하다. 환상이나 방언에 대해 유용한 자연주의적 설명이 있을지라도 이것이 같은 사건들에 대한 종교적 해석의 의미와 가치를 반드시 무효화하는 것은 아니다. 현재의 과학이론에서 종교와 과학은 다르지만, 지식에 대해 상호 배타적인 방식은 아니라고 점점 더 인정하는 추세이다. 따라서 심리치료 내에서 종교적이며 영적 관심을 포함하는 운동이 증가하고 있다. 그럼에도 불구하고 몇몇 연구는 종교적 문제를 다루는 데 장애가 될 수도 있는 심리치료사와 환자들의 종교성에 여전히 차이가 존재한다는 것을 보여준다.

종교성의 차이, 그러나 영성의 차이는 아니다

많은 조사와 연구는 심리치료를 받는 환자와 일반대중이 정신건강 전문가보다 더 종교적이라고 지적한다(Bergin & Jensen, 1990; Pargament, 1997). 한 연구는 조사 대상인 정신과 의사 절반이 자신을 무신론자나 불가지론자로 묘사하며, 자신을 무신론자나 불가지론자로 여기는 일반 인구가 5퍼센트 이하인 것과 비교해서 거의 60퍼센트의 심리학자들은 초월적인 신성의 존재를 믿지 않는 것으로 나타났다(Lukoff 외, 1992a).

종교가 삶에서 매우 중요하거나 가장 중요한 측면이라고 말하는 일반 사람들과는 대조적으로, 또 다른 연구는 조사된 18퍼센트의 심리학자들만이 체계적인 종교를 삶의 의미 있는 차원으로 받아들인다고 지적한다(Shafranske & Malony, 1990). 연구에 따르면, 종교성 차이의 증거가 상당히 많다 할지라도 일반대중과 정신건강 전문가들 사이의 영성의 차이는 비교적 명확히 보여주지 못한다(Lukoff 외, 1993). 캘리포니아 주립 심리학협회 회원들을 대상으로 한 조사에서 응답자의 1/3이 종교적인 기관과 관련이 없는 대안적인 영적 경로에 몰두한다고 진술했다(Shafranske & Gorsuch, 1984). 비록 심리학자들이 일반대중보다 전통적인 종교 가입과 참여라는 관점에서 덜 종교적이라 할지라도 그 연구는 조사된 심리학자 대부분이 영성을 그들의 삶에서 중요한 것으로 인지하고 있다고 결론짓는다. 이와 비슷하게, 425명의 심리치료사에 대한 미국 전역의 조사는 그들이 덜 전통적인 형태의 종교에 참여한다는 것을 지적한다(Bergin & Jensen, 1990).

캘리포니아 심리학협회(California Psychological Association)의 연구는 이러한 영적 참여를 "의식되지 않은 종교성"과 "표현되지 않은 종교성"이라고 말하며, 심리치료사의 영적 관심사들은 전문적인 정신의학과 심리치료의 세속적인 틀에 적합하지 않기 때문에 현재 표출되지 않고 있다고 가정한다. "의식되지 않은 종교성"과 "표현되지 않은 종교성"이라는 용어는 우리가 암묵적 종교, 즉 환자의 정체성, 가치 그리고 세계관이라고 지칭해온 종교나 영성의 영역과 일치한다. 연구 결과는 그들이 "영적 인본주의(humanism)"라고 불리는 암묵적 영성에 대해 더 개방적이고자 하는 것이 여전히 세속적인 정신의학적 직업과 종교적 대중 사이에 "문화적 차이"를 극복할 수 있음을 시사한다(p. 3). 그러한 영적 인본주의는 심리치료가 영적 견해에 민감하거나 심지어 공감하기를 원하는 대다수의 사람들에게 환영받을 것이라고 결론지었다(p. 6).

또 다른 대규모 조사에서, 임상 심리치료사들은 제도적 관점보다 개인적 관점에서 그들의 믿음과 관습을 "조직적 종교의 일부가 아닌 대안적인 영적 경로"로 규정한다(Shafranske & Malony, 1990: 74). 이 연구에서 "종교성"이란 종교기관의 믿음과 관습에 집착하는 것을 의미하며, "영성"은 태도, 가치, 세계관, 그리고 종교 본성의 더 개인적 관습을 다룬다. 연구 대상자들은 일반적으로 영적 믿음과 질문을 가치 있는 것으로 여겼다. 응답자의 40퍼센트는 개인적으로 초월적인 신을 지향하는 것을 지지했으며, 45퍼센트는 한 개인의 종교가 질문의 태도와 실존적 질문에 대한 자유로운 대화로 지칭하는 "종교적 경향을 추구"하고 있었다.

후자의 연구에서 조사된 심리치료사들은 영적이며 종교적 문제를 그들의 임상적 업무와 매우 관련이 있다고 보았다. 60퍼센트는 그들의 내담자가 자주 종교적 언어로 개인적인 경험과 견해를 표현했다고 보고했다. 임상심리학자들 대부분이 내담자의 종교적 배경을 알고 치료 상황에서 종교적 언어와 은유를 사용하는 것이 적절하다고 생각하는 반면, 심리학자들이 심리치료를 하는 동안에 종교서적을 이용하거나 내담자와 기도하는 것은 부적절하다고 생각한다. 상담의 중재가 사실상 그다지 명백하게 종교적이거나 참여적이지 않는 한 그들은 임상적 맥락에서 종교와 영성의 중요한 역할을 인정했다(p. 75). 심리학자들 중 3분의 1만이 종교적이며 영적인 문제를 지닌 내담자를 도울 수 있다는 개인적 자신감을 표현했다. 종교적 본질의 적절한 임상적 개입에 대한 심리학자들의 태도는 그들의 심리학적 훈련에서 어떤 특정한 이론적 경향보다는 주로 개인적인 종교성과 영성에 영향을 받았다.

이러한 연구들은 대부분의 심리학자들이 비종교적이라는 것을 보여주었던 초기의 연구에서 중요한 변화를 보여준다. 샤프랜케(Shafranke)와 멀로니(Malony)는 너무나 많은 심리학자들이 이제는 심리치료에서 종교성과 영성의 타당성을 인정하기 때문에 이 영역에서 임상적 훈련이 제공되는 것이 중요하다고 주장한다. 그들의 견해에서, 영적 문제의 임상적 치료는 순수하게 치료사의 개인적 배경과 확신보다는 전문적인 훈련에 근거해야 한다. 조사 대상인 대부분의 심리치료사들은 심리학과 종교에서 그들의 교육이 매우 제한적이었다고 보고하며, 85퍼센트는 종교적이며 영적인 주제가 그들의 훈련에서는 거의 또는 전혀 논의되지 않았다고 말했다. 심지어 오늘날에도 그러한 훈련을 제공하는 교육을 거의 하고 있지 않다(Lukoff 외, 1992b). 심리학 인턴의 훈련감독에 대한 연구는 그들 중 누구도 종교적이며 영적인 문제에서 교육이나 훈련을 받지 못했으며, 인턴교육센터에서는 이러한 문제가 거의 다루어지지 않고 있다는 것을 보여주었다(Lannert, 1991).

가치와 심리치료

현재 종교적 및 영적 문제를 다루는 심리치료사를 훈련시키는 데는 거의 진전이 없지만, 점점 더 증가하는 일반대중과 심리치료 공동체는 이러한 문제를 심리치료에서 매우 밀접한 관계가 있다고 생각한다. 오늘날 많은 임상심리학자들은 심리치료에서 가치와 믿음을 논의하는 것이 중요하다고 인정한다(Bergin, 1980; Biggs 외, 1976; Vaughan, 1991). 치료사 자신의 가치나 믿음과는 관계없이, 내담자의 종교적 상황을 그들 삶의 상황에서 중요한 부분으로 이해해야 한다(Feifel, 1958). 심지어 종교가 정신건강에 미치는 영향을 비판하는 오랜 역사를 가진 정신분석조차 정신분석치료의 중심에 있는 감정 전이의 분석을 통해 분석가가 환자의 가치와 세계관에 미치는 중요한 영향을 인정한다. 감정 전이에서 환자는 영성과 암묵적 종교의 중심에 있는 요소인 정체성, 가치, 세계관을 포함하는 과거로부터의 중요한 갈등들을 다시 경험하게 된다(Meehl, 1959).

브루스터 스미스(Brewster Smith, 1961)에 따르면, 정신건강의 정의가 가치를 포함하기 때문에 가치는 심리치료의 상황 속으로 밀고 들어온다. 그는 많은 사람들이 조직화된 종교의 쇠퇴로 남겨진 공백을 메우기 위해, 삶의 가치에 대한 지침을 얻기 위해 심리학으로 관심을 돌렸다는 데 주목한다. 스미스는 심리학자가 가치를 부여하는 어떤 사람 못지않게 많은 권리를 가지고 있다고 말하지만, 그러한 가치는 개인적 선택의 문제로 인정되어야 하며, "추정에 근거한 과학적 보호하에" 과장되기보다는 차라리 명백해져야 한다(p. 306). 그의 견해에 따르면, 치료사와 내담자는 특정한 가치의 경험적 결과에 초점을 맞추어야 한다. 다른 이들은 심지어 치료사들이 그렇게 하는 것을 피하려고 노력할 때조차 자신의 가치를 미묘하고 의도되지 않은 방식으로 전달하는 것을 강조한다(Rosenthal, 1955; Samler, 1960). 앨런 버긴(Allen Bergin, 1980)은 심리치료사들이 자신의 개인적 가치를 인정하지 않을 때, 전문성과 과학이라는 가정하에 그들의 입장을 내담자에게 강요하는 경향이 있다고 경고한다.

심리치료에 관한 조사보고서의 평가는 환자들이 성공적인 치료과정에서 치료사의 개인적 믿음을 채택하는 경향이 있다는 것을 보여준다(Bergin & Jensen, 1990; Beutler, 1981). 데이비드 로젠탈(David Rosenthal, 1955)은 회복되는 환자들이 일반적으로 그들의 도덕적 가치를 치료사의 가치체계의 방향으로 변경한다는 것을 관찰한 최초의 사람 중 하나였다. 동시에 그는 상태가 악화되었거나 그대로 유지되었던 환자들이 치료사의 가치로부터 멀어지는 경향이 있다는 데 주목했다. 래리 보이틀러(Larry Beutler, 1981)는 믿음이나 가치의 관점에서 환자와 치료사 사이의 수렴은 집단 및 가족치료, 특히 개인치료에서 뒤따르는 개선과 관련이 있음을 발견했다. 이러한 가치의 수렴은 치료사의 가치가 무엇이냐에 따라 좋거나 나쁜 것으로 여겨질지도 모른다.

몇몇은 심리치료에 내재된 가치가 일반적으로 인본주의, 도덕적 상대성, 그리고 현대 세속사회의 쾌락주의를 반영한다고 믿는다(Rieff, 1966; Woolfolk, 1998). 미국에 있는 정신건강 전문가들에 대한 전국적 조사는 정신건강을 증진하는 가치에 관한 높은 수준의 합의를 발견했다(Bergin & Jensen, 1990). 이러한 가치 중 많은 것들이 인본주의적이며 진정성, 민감성 그리고 양육적인 것을 포함한다. 중요한 가치의 내용은 다음과 같다.

- 자기조절과 적절한 책임감 갖기
- 결혼, 가족 및 다른 관계에 헌신하기
- 가치 지향과 의미 있는 목적 갖기
- 성장하려는 자기의식과 동기 갖기
- 일에서 성취감 찾기
- 스트레스와 위기를 다루는 효과적인 전략 갖기
- 좋은 건강습관 실천하기

이러한 중요한 가치 주제에 관한 합의가 있었더라도 응답자들은 다양한 종교적 및 성적(sexual)인 생활양식이 정신건강에 어떻게 영향을 미칠 수 있는가에 관한 평가에서 상당한 차이가 있었다.

버긴(Bergin, 1980)은 치료사들이 내담자의 종교적 및 영적 배경에 상반되는 가치를 옹호하는 일종의 세속적 신권(神權) 소유자 역할을 하는 것에 대해 우려한다. 그는 현재 정신건강 전문가들을 지배하는 두 종류의 가치인 첫째, 임상적 실용주의, 둘째, 인본주의적 이상주의(humanistic idealism)를 정확하게 서술하고 있다. 임상적 실용주의는 지배적인 사회체제의 가치를 이행하는 것을 목표로 하며, 특히 정신의학과 행동수정심리학에서 분명하게 나타난다. 그리고 정신의학과 행동수정심리학에서 정신건강은 『정신장애진단통계편람(DSM-IV)』 같은 임상진단 안내서에서 설명하고 있는 병리와 함께 병리의 부재로 여겨진다. 인본주의적 이상주의인 다른 종류의 가치는 유연성, 자기탐색, 독립, 자아실현, 정직, 대인관계의 참여, 그리고 삶을 안내하는 철학 같은 긍정적 관점에서 정신건강을 묘사한다.

버긴은 치료사와 내담자가 모두 배제되는 가치뿐만 아니라 심리치료법을 이끄는 가치 또한 인식해야 할 필요가 있다고 믿는다. 그는 실용적이며 인본주의적 가치가 유용한 만큼 그러한 것들을 우리의 타락하고 있는 사회문제의 일부로 간주한다. 그의 견해에 따르면, 정신건강에 관한 가정에서 종교와 영적인 가치들이 상당히 빠져 있다. 그는 미국에 있는 다수의 사람들에 의해 수용되는 유신론적 실재론(theistic realism)[4]과 같은 대안적인 종교 가치가 치료과정에서 중요할 수도 있다고 주장한다. 버긴에 따르면, 유신론적 실재론과 관련이 있는 요소는 "신은 존재한다, 인간은 신의 창조물이다, 그리고 보이지 않는 영적 과정이 신과 인간을 연결한다"는 믿음을 포함한다. 이러한 요소 중 몇몇은 암묵적 종교와 명확한 종교 사이의 경계에 있다. 그 경계에는 정체성과 가치, 세계관이 종교적 언어와 비유로 명백하게 표현되거나 그렇지 않을 수도 있다. 현재로서는 임상 의사들이 치료에서 영성과 종교적 측면에 대해 무엇을 해서는 안 되는지에 대한 합의가 이루어지지 않고 있다(Odell, 2003). 버긴의 견해에서, 심리치료사들은 가능할 때마다 유신론적 견해를 치료적 과정으로 기꺼이 통합해야 한다. 그렇게 하는 동안 무신론적 치료사들에게 실질적인 문제가 생길 수 있지만, 그것은 종교적 및 영적 관심을 가진 많은 환자들에게 중요한 선택권을 제공할 수 있다. 치료사들은 치료에서의 가치가 매우 설득적이고 가끔은 내담자의 가치와 모순되기 때문에 처음부터 직업적인 업무와 관련된 가치에 대해 분

---

4) 유신론적 실재론은 신이 실재하고, 우주에서 행동하며, 감각과 이성을 통해 알 수 있다는 생각에 기초한 철학으로 철학적 자연주의와 신앙주의(fideism) 사이의 중간 지점에 서 있다. 신앙주의는 종교적 진리는 이성이 아니라 신앙에 의해서만 파악된다고 하는 입장이다.

명히 해야 한다고 주장한다. 그는 심지어 치료사가 업무에서 종교와 영성에 관련된 자신의 입장을 공표하는 것을 옹호한다.

같은 맥락에서 팔로(Fallot, 1998b)는 많은 환자들이 종교와 영성은 자기 인식의 가장 중요한 부분이며, 그들에게 의미, 가치, 정체성의 깊은 원천을 제공한다고 주장하기 때문에 심리치료에서 영적 및 종교적 가치를 고려해야 한다고 주장한다. 이러한 환자들은 영성이 그들의 현재 상태를 나타내며, 그들이 하는 일보다 더 중요하다고 주장한다. 종교적 및 영적 문제를 간과하는 것은 인격의 본질적인 부분을 소홀히 하는 듯하다. 많은 환자들은 종교와 영성에 전념하는 것이 그들에게 대처하는 힘, 사회적 지지, 소속감 그리고 "전인적 인간"이라는 느낌을 제공한다고 믿는다(p. 9). 강한 종교적 믿음을 지닌 문화적 및 인종적 집단 출신의 사람들과 일하는 임상가들은 그러한 헌신이 어떻게 작용하며, 그것이 그들에게 어떤 의미가 있는지를 인식해야 한다. 팔로에 의하면 심리치료에서 종교와 영성에 주의해야 하는 한층 더 많은 이유는 경험적 연구가 대부분의 종교적 척도와 정신건강 척도 사이에서 긍정적인 관계를 보여준다는 데 있다.

종교와 정신건강

종교와 정신건강 사이의 관계는 중요한 문제이지만, 그 관계는 복잡하며 증거는 모순된다. 해럴드 쾨니히(Harold Koenig)의 연구는 종교로 인해 환자들이 정신질환에 좀 더 효과적으로 대처한다는 것을 보여준다. 그는 질병에 대처하기 위해 종교적 믿음에 의존하는 환자들이 그렇지 않았던 환자들보다 덜 우울했다는 것을 발견한다. 로드니 스타크(Rodney Stark, 1971)의 연구는 전통적인 형태의 종교적 활동은 정신병리와 부정적으로 관련되어 있다는 것을 보여준다. 반면에 제임스 디테스(James Dittes, 1969)는 종교적인 사람이 비종교적인 사람들보다 불안 측정에서 더 높은 수치를 보였으며, 자아존중감 측정에서 더 낮은 결과를 보였다고 보고한다. 유사하게, 밀턴 로키치의 연구(Milton Rokeach, 1991)는 더 강한 종교적인 믿음을 가진 사람이 삶에서 더 많은 불안을 경험하며 수면에 더 많은 어려움이 있었다고 지적한다.

가트너와 동료들(Gartner 외, 1991)은 종교와 정신건강 사이의 관계에 대한 연구에서 발견된 모순을 더욱 분명히 밝혔다. 종교와 정신건강에 관한 200개 이상의 논문을 검토한 연구 결과, 정신건강을 어떻게 정의하고 측정하는가에 크게 의존한다고 결론지었다. 그들은 경성(硬性) 측정(hard measures)과 연성(軟性) 측정(soft measures) 사이의 매우 중대한 차이를 강조한다. 경성 측정은 직접 관찰할 수 있는 실제 사건이며, 연성 측정은 종이와 연필을 사용한 성격 테스트와 설문지 방식이다. 정신건강의 "경성 측정"에 근거한 연구는 종교와 정신건강 사이의 긍정적인 관계를 보여주는 반면에, "연성 측정"에 근거한 연구는 종교와 정신건강의 부정적인 관계를 나타낸다고 주장한다. 그들은 신체건강, 약물이나 알코올 섭취, 행복감, 결혼의 만족, 자살, 범죄 그리고 우울증 같은 "경성 측정"인 실제 사건과 실제 행동에 기반을 둔 연구는 종이와 연필을 사용한 검사에 기반을 둔 연구보다 더 타당하며 신뢰할 만하다는 것을 증명해왔다고 주장한다.

종교와 정신건강에 관한 경험적 문헌의 또 다른 검토에서, 마스터스와 버긴(Masters & Bergin, 1992)은 조사 결과에서 모호함과 모순 중 몇몇은 종교를 측정하기 위해 선택된 요인 때문이라고 지적한다. 연구자들은 "그 사람은 종교적인가?"라고 묻는 것은 충분하지 않으며, "그 사람은 어떻게 종교적인가?"라는 더 효과적인 질문으로 옮겨가야 한다고 주장한다. 그들은 사람들이 어떻게 종교적인가를 파악하는 유용한 방법으로 종교적 지향의 내재적(intrinsic) 그리고 외재적(extrinsic) 형태를 사용하도록 제안한다. 래리 벤티스(Larry Ventis, 1995)는 이러한 제안을 받아들여 정신건강과 종교의 관계에 대한 61개의 연구 자료를 재검토했다. 각 연구를 진행하는 동안 그는 올포트(Allport)의 자체 목적으로서의 종교, 그리고 이기주의적 목적을 위한 수단으로서의 종교와 대니얼 뱃슨(Daniel Batson)의 탐색지향(끝없는 탐색과 모든 복잡성 속에서 실존적인 문제와 기꺼이 마주함)을 이용하여 종교를 측정하기 위해 사용된 종교적 지향의 유형을 결정했다. 벤티스는 세 가지 종교적 지향이 각각 고려된 정신건강 측정방법에 따라 달라질 수 있다고 주장한다. 그는 검토된 연구에서 사용된 일곱 가지 정신건강의 정의를 소개한다.

- 정신질환이 없음
- 적절한 사회적 행동
- 걱정과 죄의식으로부터의 자유
- 개인적 능력과 통제
- 자기수용과 자아실현
- 성격의 통합과 조직화
- 열린 마음과 유연성

벤티스는 경험적 연구자료를 토대로 세 가지 종교적 지향(목적, 의미, 탐색)과 정신건강의 일곱 가지 가정 사이의 상관관계를 조사했다. 비본질적 종교성은 정신건강의 기준과 긍정적인 관계가 없었다. 반면에 대부분의 연구는 내재적인 종교적 태도와 다양한 정신건강 기준 사이에 긍정적인 관계를 보여주었다. 종교성향 탐구(the quest religious orientation)에서 이용할 수 있는 상대적으로 적은 자료는 혼합된 결과들을 보여주었다. 그것은 열린 마음과 유연성으로 정신건강과 정적인 상관관계가 있으며, 질병이 악조건과 걱정, 죄의식으로부터의 자유와 관련해서는 부적인 상관관계가 있다. 벤티스의 판단에 따르면, 이 검토는 종교와 정신건강 사이의 관계가 복잡하며 종교에 대한 특정한 지향이 정신건강의 특정 상황을 나타낸다는 것을 보여준다. 따라서 비록 연구가 정확하게 종교가 정신건강에 어떻게 영향을 미치는가에 관한 결론이 다양하다 할지라도 어떤 종류의 종교와 영성은 정신건강에 긍정적인 영향을 미치는 반면에, 다른 종류는 나쁜 영향을 미친다는 것은 확실하다.

심리치료에서의 영성

심리치료에서 종교 및 영적 문제를 다루는 임상심리학 개방성의 중요한 발전은 『정신장애진단통계편람』에서 새로운 진단영역, 즉 "종교 및 영적 문제"의 출현이었다. 이러한 새로운 영역은 종교 및 영적 문제를 무시하거나 병리화하는 정신건강 전문직의 성향을 상쇄하도록 제안되었다. 강력한 종교 및 영적 경험에 대한 임상의들의 최초의 평가는 그것이 개인의 성장을 위한 자극으로 통합되든 정신질환의 징조로서 억제되든 간에 그 경험이 내담자에게 어떻게 작용하는가에 크게 영향을 줄 수 있다. 신비한 경험에 대한 정신과 의사의 부정적 반응은 내담자의 고립감을 강화하며 그 경험을 이해하고 통합하려는 노력을 가로막을 수 있다.

팔루 호튼(Palu Horton, 1974)은 이러한 점을 명확히 하는 하나의 사례에 관해 토의한다. 20세의 젊은 여성은 자신이 빛으로 충만하며 자신의 주위가 하나로 합쳐진 느낌이 드는 강력한 영적인 경험을 했다. 그녀는 노력했지만 이 경험을 반복할 수 없었으며, 결과적으로 버려졌다는 느낌에 사로잡혀 전문적인 도움을 구했다. 그러나 그녀는 정신과 의사가 빛과 합일의 영적 체험을 인정하지 않자, 자신의 정신이 온전한지 염려하여 건물에서 뛰어내렸다. 그녀는 큰 부상을 당했지만 다행히 살아남을 수 있었다. 호튼은 정신과 의사가 그녀의 영적 체험을 좀 더 인정하는 견해를 가졌더라면, 자신의 영적 체험을 통합하고 자살 시도를 피할 수 있었을 것이라고 믿는다. 이전의 『정신장애진단통계편람』인 DSM-III는 종교를 시종일관 부정적인 관점에서 묘사했다. 『전문용어 해설집(Glossary of Technical Terms)』에서 종교에 대한 모든 언급은 정신병리로 설명했다(Cortright, 1997; Lukoff 외, 1992b). 새로운 DSM-IV는 점점 더 많은 환자의 인종적 다양성을 이해하려고 시도하며, 환자들 중 몇몇은 종교와 영성에 큰 영향을 받는다.

터너(Turner 외, 1995)는 진단 매뉴얼에서 이러한 변화를 위해 영향력을 행사했다. 왜냐하면 그들은 문화의 종교적 및 영적 차원이 인간의 행위와 믿음, 가치 그리고 질병의 형태를 구성하는 가장 중요한 요소에 속한다고 믿었기 때문이다. 그들은 주류 종교기관들이 점점 더 많은 사람들이 신이나 영적 힘의 가치를 믿고 신비한 경험을 하며, 기도하거나 일종의 영적 실천을 한다고 보고하는 것과 동시에 감소하고 있다고 지적한다. 세속화의 추세가 "교회에 속하지 않는", 그러나 반종교적인 문화가 아니라면, 정신의학과 심리치료가 조직화된 종교와 관련되지 않을 수도 있는 영적 문제를 평가하고 다루는 것이 중요하다. 이러한 사실은 새로운 범주에 두 가지 부분을 포함하는데, 하나는 종교적 문제를 다루며 다른 하나는 영적 문제를 다루는 이유를 설명한다. 새로운 영역은 종교 및 영적 어려움의 범위에 대한 비병리학적 목적을 강조한다. DSM-III의 변화에 대한 특별 전문위원회는 종교적 · 영적 문제를 정의하는 것과 연관된 많은 요인으로 고심했으며, 영성은 어떤 특정한 종교적인 소속을 넘어서 지고한 존재(Higher Being)와의 초월적인 관계를 나타내는 반면에 종교는 체계화된 종교의 믿음과 관행을 가리킨다는 차이에 동의했다.

새로운 DSM-IV 범주는 다양한 유형의 종교적 및 영적 문제를 다루도록 의도되어 있다(Turner 외, 1995; Lukoff 외, 1992a, 1993). 일반적인 종교적 어려움 중 일부는 다음과 같다.

- 결혼과 함께 다른 신앙으로 바꾸는 것
- 종교적 관행을 강화하거나 종교적 경험을 찾는 것
- 믿음에 대한 회의와 상실로 어려움을 겪는 것
- 종교단체로부터 배척당하는 것
- 자신의 윤리기준을 위반한 것 때문에 죄의식과 싸우기
- 어떤 광신적(cult)[5] 경험의 결과로 정서적 갈등을 겪으며 받는 고통

카를 융(Carl Jung, 1963)은 도덕적 죄의식으로부터 유래된 그러한 문제의 생생한 예로 정신분열증 진단을 받고 정신병원에 입원한 한 여성의 사례를 인용한다. 꿈을 분석하는 과정에서 그녀가 여러 해 동안 지니고 있던 비극적인 비밀 하나를 발견한다. 우울한 상태에서 그녀는 집 근처의 강에서 길어온 오염된 물로 네 살 된 딸을 목욕시켰다. 딸을 목욕시키는 동안에 그녀는 아이가 스펀지를 빠는 것을 보았지만 중단시키지 않았다. 그 일이 있고 난 직후 아이는 장티푸스에 걸려 죽었다. 어머니는 마음속 깊은 곳에서 자신이 딸을 죽게 했다고 느꼈다. 융은 그녀가 고통스러운 현실에 맞서도록 도와주었고, 2주 만에 퇴원해서 다시는 입원하지 않았다.

심리치료에 포함된 영적 문제의 범주는 광범위하며 삶의 모든 방식, 삶의 목적과 의미를 묻는 것을 포함한다. 다양한 예는 다음과 같다.

- 신비한 경험

5) 컬트(cult)는 교주에게 세뇌 당해 집단생활을 하는 반사회적인 사이비 종교나 광신적으로 개인숭배를 하는 소수 집단을 말한다.

- 임사체험(Near Death Experience)
- 쿤달리니(Kundalini) 각성[6]
- 샤머니즘적 초기의 쇼크, 즉 심령적 경험 같은 다양한 현상 통합하기
- 잠재적이거나 기존에 존재하는 문제들을 악화시키는 명상 경험 다루기
- 영적 교사로부터 떨어지기
- 중독과 싸우기
- 치명적인 질병 받아들이기 등

"영적"인 것으로 분류되는 이러한 많은 문제들은 인간의 정체성, 가치, 세계관과 삶에 대한 태도를 포함한다는 점에서 암묵적 종교로 여겨질 수 있다. 캐서린(Catherine)의 이야기는 심리치료에서 다루어진 영적 문제의 한 예를 보여준다. 그녀는 스물네 살 때 텔레파시와 예지(叡智)의 무수한 예를 경험하기 시작한다. 이러한 경험의 대다수는 그녀의 꿈속에서 일어났지만, 일부는 깨어날 때 직관적으로 발생했다. 그녀는 이틀 후 신문에서 읽은 한 아이의 살인에 대한 세부사항들을 꿈꾸기도 했다. 그녀가 몇 주 동안 살인사건 조사에 관한 신문기사를 계속 살펴보고 있을 때, 꿈이 얼마나 정확했는지를 알고 공포에 휩싸였다. 또 다른 경우, 그녀는 언니가 살고 있는 멀리 떨어진 도시에서 폭발하는 꿈에 소스라치게 놀란다. 그런데 다음날

---

6) 산스크리트어인 쿤달리니는 '똘똘 감겨진 것'을 의미하는데, 감겨 있는 쿤달리니는 우주 안에 있는 인간과 모든 것 속에 잠재된 형태로 존재하는 여성적인 에너지로 생명과 영혼의 근원이다. 각 개인의 쿤달리니 에너지는 일생 동안 자신 속에 잠재되어 있으나, 대부분의 사람들은 이것이 존재한다는 사실조차 자각하지 못하고 일생을 마친다. 마음(Chitta, 의식)은 정보가 계속 주어지면 진화에 방해를 받는다. 그러나 감각에 의한 정보를 차단하면 마음은 순식간에 진화한다. 즉 눈·코·귀·혀·입 등을 통해 전달되는 정보로부터 마음을 분리시키면 마음이 독자성을 경험하게 된다고 보며, 이 에너지를 잠에서 깨우는 자는 초인이 될 수 있다.

언니가 다섯 채의 집을 파괴한 천연가스 폭발로 부상당했다는 것을 알았다. 이러한 초자연적인 경험이 늘어나면서 자신이 미쳐가고 있는 것이 아닐까 두려워하며 점점 더 혼란스러워졌으며 심리치료에 참여했다. 과학의 기계론적 세계관은 그러한 경험의 가능성을 부정하기 때문에 그녀는 자신의 경험이 정신병리의 심각한 증상이라고 느낀다.

이 새로운 진단 범주는 치료사들과 일반대중에게 병적이 아니지만 병리로 악화되는 것을 피하기 위해 다루어져야 하는 종교적 및 영적 문제와 관련된 중대한 경험과 투쟁이 있음을 나타낸다. 임상실무에서 이 과정을 어렵게 하는 것은 종교적 및 영적 문제가 정신질환과 겹쳐질 수도 있기 때문이다(Lukoff 외, 1992a, 1993). 예를 들어, 강박장애는 강박충동을 표현하는 상징으로 종교를 사용할지도 모른다.

조증(mania)적인 정신질환은 종종 불가사의한 요소들을 포함한다. 조울증은 종종 종교적 및 영적 문제들을 표현한다. 그리고 정신병적 사건들은 신비한 특징들을 보여준다(Lukoff, 1985; Turner 외, 1995). 마거리트(Marguerite)의 어려움은 종교적 및 정신적 문제가 겹치는 것을 잘 보여준다. 그녀는 종교적인 집안에서 성장한 스물다섯 살의 신앙이 독실한 여성이다. 그녀의 기분은 성인(聖人) 중 한 사람이 되어 매우 우쭐했다가 죄인이 되어 절망하면서 심하게 요동치곤 한다. 그녀는 힘든 싸움의 극단적인 단계에서 조울증 진단을 받았다. 치료는 약물을 포함했으며 동시에 감정 기복의 영적 의미에 관해 토론하며 증상을 다루었는데, 영성과 심리적 삶에 대한 통찰력을 얻도록 해주었다. 임상의들은 이러한 경계선상의 종교들에 주의해야 하고, 거기에서 한편으로 종교적 및 영적 문제는 일상생활을 하는 과정에서 일어나는 심오한 경험과 어려운 문제의 일부이며, 다른 한편으로는 병리적 불행에 빠질 수도 있다고 본다.

심리치료와 관련된 영적인 문제의 일부는 삶의 구조의 정상적인 성장과 붕괴 경험을 강화시키는 것으로 볼 수 있다. 많은 사례에서, 한 사람의 인식이 정상적인 의식을 넘어서 확장될 때, 영적 경험은 점차 발달하게 된다. 그러나 그러한 경험이 자신이나 다른 사람들에 의해 전통적으로 종교적이라고 정의되든 그렇지 않든 간에 사람들은 신비하고 초월적인 강력한 경험을 갖게 된다(Applebaum, 1985). 그러한 경우, 그들은 그 경험을 동화시키는 내적 · 외적 자원이 부족하여 내면으로의 여행에서 길을 잃게 된다. 갑작스러운 계시(啓示), 낙원의 경험, 사랑과 합일로 확장되는 느낌, 내면세계의 인식 같은 영적 경험들이 매우 극적으로 또는 빠르게 일어난다면, 사람들을 혼란에 빠지게 한다. 그러한 시기에 영성의 출현과정이 영적 위기상황이 되며, 그것은 자연스러운 발달과정에서 어려운 단계나 위기로 정의된다. 이 용어는 위기이자 좀 더 높은 존재 상태로 상승할 기회를 나타낸다(Grof, 1993). 그러한 경험은 자아, 가치, 세계관, 영성의 중심적 측면, 그리고 암묵적 종교에 대한 자신의 감각을 급격하게 변화시킬 수 있다.

브랜트 코트라이트(Brant Cortright, 1997)는 영적인 위기상황이 발생하는 두 가지 주요 상황을 묘사하고 있는데, 첫째로 사람들은 자신이 경험하고 있는 것을 다루기 위한 개념상의 틀이 부족하다. 둘째로, 사람들은 자신의 경험을 통합하기 위해 육체적 및 정서적 탄력성을 갖지 못하며, 결과적으로 자아가 분열하기 시작한다. 그는 전자의 상황은 흔하지는 않지만 더 쉽게 다루어질 수 있다고 주장한다. 여기에서 치료적 목적은 그 사람이 방향을 잡도록 도와주는 개념적 지도(map)와 영적 과정을 완전히 경험할 수 있는 지지적인 환경을 제공하는 데 있다. 후자의 상황은 좀 더 일반적이며 수정하기가 더 어렵다. 왜냐하면 혼란스러운 과정을 완화하기 위해 얼마간 심층적 심리치료, 경험적 노력, 신체 교정 작업, 심지어 약물복용이나 입원이 필요할 수 있다. 코트라이트는 영적인 위기상황에 대한 반응의 세 가지 유형을 서술하고 있다. 첫째, 인간은 그러한 경험을 완성하여 인생에서 전진한다. 둘째, 얼마 동안 압도당하지만 그런 후 경험을 통합할 수 있다. 셋째, 경험을 통합할 수는 없으며 결과적으로 일상생활에 적응하는 데 어려움을 겪는다.

치료사들과 내담자들은 한 사람의 영성과 암묵적 종교가 항상 심리치료라는 업무를 심화하거나 확장하는 것은 아니지만, 심리적 발달의 어떤 측면과 충돌할 수도 있다는 것을 인식해야 한다(Cortright, 1997). 한 사람의 정체성, 가치, 세계관의 특정한 측면은 자기인식과 더 적절한 기능을 위한 치료적 전략과 대립할 수 있다. 코트라이트(1997)는 한 사람이 순수한 심리적 문제를 다루는 것을 피하기 위한 합리화로서 영적 언어나 개념을 사용할 때 발생하는 영적 회피로 알려진 현상을 묘사한다(p. 210). 코트라이트는 집단치료에서 영적인 회피의 한 예를 인용한다. 집단치료에서 한 젊은이가 다른 사람을 해칠지도 모르기 때문에 분노를 표현하기를 원하지 않으며, 그것이 아힘사(ahimsā)[7]나 "적절한 언어"와 모순된다고 말함으로써 분노를 다루는 것을 피한다. 영적인 회피의 또 다른 사례에서, 한 여성은 그것이 현실에서 살아갈 수 없게 하기 때문에 과거를 파헤치기를 원하지 않는다는 핑계로 어린 시절의 상처와 마주하기를 피한다. 여기서 칭찬할 만한 현재 중심적인 목표는 계속해서 그녀의 심적 에너지를 고갈시키는 고통스러운 미완된 문제를 다루는 것을 피하기 위해 사용된다(p. 211). 코트라이트는 심지어 '용서'라는 중요한 개념조차 필요한 치료적 과제를 우회하기 위해 사용될 수 있다는 데 주목한다. 그는 진실한 용서는 순수한 의지로 성취할 수 없다고 주장한다. 먼저 고통, 분노, 상처, 슬픔을 이겨내지 않고 강제로 용서하려고 애쓰는 것은 계속해서 곪아 들어가는 감염된 상처에 붕대를 감는 것과 같다고 본다.

---

7) '불살생(不殺生)'의 뜻으로, 살아있는 모든 것을 살상하면 안 된다는 사상. 인도 종교의 가장 기본적인 사상이며, 간디가 독립운동을 할 때는 '비폭력'의 뜻으로 사용했다.

개인적 이야기(story)를 개정하는 심리치료

영성과 암묵적 종교는 일반 심리치료 업무에 관련된 특정한 영적 위기 상황 문제의 치료를 넘어 심리치료에서 사람들은 자신의 정체성을 구현하는 개인적인 이야기를 다시 쓴다. 앞 장에서 우리는 청소년기의 정체성 형성에서 내러티브의 중요한 역할을 살펴보았다. 심리치료에서 사람들은 자신의 정체성과 가치, 세계관의 근본적인 측면과 씨름하고 때로는 변경하며 이야기는 다시 중요한 역할을 한다. 로저 팔로(Roger Fallot, 1998a)는 사람들이 정신질환에서 회복하도록 돕는 데 있어서 특히 이야기의 영적 및 종교적 측면에 집중한다. 그는 회복을 위한 이야기를 재구성하는 것이 고통 받는 사람들을 더 큰 맥락과 연관되도록 하며, 정신질환을 이해하고 적응하며 극복하도록 하기 위한 포괄적인 체계를 제공함으로써 전반적인 방향을 제시하는 것을 관찰한다.

회복을 위한 이야기는 종종 영성이나 암묵적 종교의 중요한 요소를 포함한다. 그러한 요소 중 하나는 자신을 신(神)의 자녀나 더 큰 세계의 없어서는 안 될 일부로 이해하는 것이다. 이러한 관점은 자신을 정신질환이 있다고 여기는 효과적인 균형추가 될 수 있다(Fallot, 1998a). 또 다른 영적인 요소는 회복이 오래 걸리고 노력이 필요한 여정(旅程)이라는 개념이다. 이러한 생각은 영적 발달을 힘든 탐구, 즉 순례로 보는 종교적 전통에서 발견된다. 그들은 질병을 수반하는 문제에 대해 빠르고 마법적인 해답을 기대하기보다는 그들 자신의 책임과 활동을 강조할 수 있다. 희망과 애정이 있는 관계는 회복을 위한 중요한 영적 요소들이다. 희망은 심한 정신질환에 대처하기 위해 필수적이다. 많은 이들에게서 신의 자비에 대한 믿음이나 세상에 선(善)과 관계된 힘이 있다는 생각은 정신장애를 지닌 사람들이 희망적인 태도를 유지하도록 도와준다. 개인적 신의 존재를 믿는 사람들에게 신의 사랑에 대한 경험은 애정이 깊은 관계를 제공한다. 신과의 그러한 관계에 의해 스스로 강화되었다고 느끼는 사람들은 더 쉽게 스트레스를 인내할 수 있으며 주도적일 수 있다. 팔로에 따르면, 많은 사람들은 그들의 회복 이야기에서 신앙공동체와 기도, 명상 같은 영적 의식(儀式)이 미치는 중요한 역할을 포함한다.

내러티브에 대한 이해는 정신분석치료에도 영향을 미쳤다. 스펜스(Spence, 1982)는 정신분석이 역사적 진실의 탐색[프로이트 정신분석학의 초기 은유에서 전기적(傳記的) 사실의 탐색에 위치한 프시케(Psyche)[8]의 고고학으로 간주됨]으로부터 환자의 통찰력과 자기 이해에 효과적인 해석의 "내러티브적 진실"이라는 인식에 이르기까지 점차적으로 어떻게 움직였는지를 언급한다. 하지만 그 사실만으로는 충분치 않다. 그들은 맥락이 통하는 이야기를 요구한다. 스펜스는 모든 해석적 구성에서 실제 역사적 "진실의 핵심"이 있다는 것을 인정하지만, 이것은 사건에 대한 일관성 있고 지속적인 설명을 하는 것보다는 덜 중요하다. 이것은 심리적 유물(artifacts)의 발견에서 치유 이야기로의 전환을 의미한다. 스펜스는 이러한 내러티브의 진실이 심리치료를 받고 있는 피분석자를 붙잡고 있는 과정을 묘사한다. 첫째, 분석가의 해석은 아이디어나 심리적 연결을 만들어낸다. 일단 그것이 피분석자와 공유되면 점점 더 익숙해지고 분석 대상과 공유되기 때문에 그럴듯해지고, 마침내 정신적으로 완전히 받아들여진다. 그래서 정신분석학에서 이야기(story)는 분석을 받는 사람의 창조적인 통찰력과 해석을 수반한다. 이 새로운 이야기는 그

8) 'Psyche'라는 단어는 그리스어에 어원을 가지고 있는데, 서양인에게는 복잡하고 깊은 마음을 가리키는 은유로 이해된다. 프로이트는 이 단어를 선택함으로써 자신의 진정한 관심이 깊고도 깊은 인간 내면세계의 본질에 있다는 것을 드러내고 있다. 이것이 영어로는 'mind'로 번역되어 마치 독일어의 'Geist(정신)'처럼 보이는데, 'Psyche'에 상응하는 독일어의 'Seele'는 신체와 정신을 연결하여 두 세계에 동시에 존재하며 신체에 뿌리를 두고 정신에 그 지향점을 가진다고 볼 수 있다. 'Seele'와 'Seelish(영혼의 혹은 마음의)'라는 말은 프로이트가 자신의 저술에서 전체적으로 가장 많이 쓰는 용어이다.

이야기 속에 들어 있는 정체성, 가치, 세계관과 함께 신경과민적 갈등에 의해 특징지어진 이전의 이야기로부터 분석을 받는 사람을 자유롭게 할 가능성을 생산한다.

쉐퍼(Schafer, 1980)는 정신분석 과정을 유사한 용어로 묘사한다. 그에게 환자는 자신의 이야기를 말하고, 분석가는 그 이야기 속에서 어떤 특성이나 상호관계를 강조하면서 그것을 다시 말한다. 분석가의 해석적 다시 말하기는 새로운 방식으로 최초의 이야기 요소를 조직하며, 내용을 불충분한 자아의 문제에 관한 이야기에서 좀 더 조직화되고 통합된 자아에 대한 이야기로 바꾼다. 분석가는 정신분석에서 사건이 어떻게 진행되는지를 통제함으로써 건강한 정체성과 개인 및 대인관계의 어려운 문제를 다루는 더욱 효과적인 방법을 수립하므로 다소간 조화된 새로운 내러티브를 통합하도록 만든다. 따라서 정체성, 영성 및 암묵적 종교의 핵심인 개인적인 이야기는 변화의 중심이 된다.

현실 지도를 다시 그리는 심리치료

심리치료는 또한 환자의 세계관과 영성의 또 다른 측면과 암묵적 종교에 유의한다. 오델(Odell, 2003)은 환자의 세계관을 둘러싸고 있는 문제가 심리치료 업무에서 가장 깊고 개인적이며 의미가 있다고 말한다. 인간은 스스로를 방향짓고 "존재론적 불안"에 대응하기 위해 세계에 대한 도덕적 및 인지적 지도가 필요하다(Frank, 1977). 한 사람의 세계관은 현실의 본질과 삶의 의미에 관한 일련의 믿음을 포함한다. 스콧 펙(Scott Peck, 1978)에 따르면, 현실에 대한 사람들의 생각은 종종 심리적 문제를 야기한다. 그는 사람들이 세계를 바라보며 다루게 되는 방식을 특징짓는 현실 지도(map of reality)를 그리는 비유를 사용한다(p. 44). 만약 현실에 대한 우리의 견해가 정확하다면, 그것은 인생 항로를 항해해가는 지도를 가지고 있는 것과 같다. 정확한 지도는 우리가 어디에 있으며, 가고자 하는 곳에 도달하는 방법을 알게 해준다. 만약 현실에 대한 우리의 견해가 부적절하거나 잘못되었다면, 우리가 가지고 있는 지도는 신뢰할 수 없으며 도중에 길을 잃게 된다.

스콧 펙은 왜 그렇게 많은 사람들이 현실 지도의 문제와 마주치는지를 설명한다. 먼저, 인류는 그러한 지도를 가지고 태어나지 않았기 때문에 도덕적 · 인지적 현실 지도를 만들기 위해 많은 노력이 요구된다. 우리가 더 많이 현실을 식별하고 인지할수록 우리의 지도는 더 정확해질 것이다. 펙은 삶이 계속해서 펼쳐지면서 많은 사람들이 자신의 현실 지도에 필요한 변화를 주기 위한 시간과 에너지를 쓰는 것을 꺼려하거나 할 수 없다고 주장한다. 세계와 그 속의 우리의 위치는 끊임없이 흐르고 있기 때문에 우리는 세계관을 끊임없이 수정하도록 요구받는다. 우리가 안전을 위해 부모에게 의존하는 아이였을 때, 세상은 하나의 길처럼 보인다. 정체성을 탐색하는 청소년기 동안 세상은 꽤 달라 보인다. 우리가 성인 초기의 과제에 몰두할 때 세상은 여전히 다르게 보이며, 그래서 전 생애 동안 계속 나아가게 된다. 우리는 계속해서 현실의 이해를 증진시키도록, 또는 낡고 부정확한 지도를 계속 지니도록 강요당한다. 스콧 펙에 따르면, 현실에 대한 낡은 견해에 집착하는 것은 심리적 고통과 많은 정신질환의 원인이다.

정신분석학자들은 전이 현상을 분석함으로써 낡고 문제가 있는 세계관을 파악하려고 노력한다. 펙은 그러한 전이를 어린 시절에서 유래한 세상을 인지하고 반응하는 일련의 방식으로 다시 정의한다. 그리고 그 방식들은 어린 시절의 환경에서는 적절했을지도 모르지만 부적절하게 성인의 세계로 옮겨간다. 정신치료 의사들이 사람들로 하여금 전이 문제를 이겨내도록 도와줄 때, 그들은 현실 지도를 수정하도록 돕는다고 주장한다. 펙의 견해에서, 오래된 세계관의 지도를 수정하려는 시도는 본질적으로 진실에 대한 탐구이다. 정신건강은 현실에 대한 전념과 고통스러운 진실에 맞설 용기를 필요로 한다. 세계관의 분석과 진실에 대한 탐구 둘 다 정신분석치료와 연관된 암묵적 종교와 영성의 중심적 측면이다. 펙은 현실 지도를 개정하며 새롭게 하려는 노력을 멈춘 사람들은 잘못되고 편협한 세계관을 갖게 된다고 말한다. 중년의 나이가 끝날 때쯤, 대부분의 사람들은 세상에 관한 그들의 지도가 완성되었다고 확신하며 새로운 정보를 얻거나 현실의 신비를 계속 탐험하는 것에 대한 흥미를 잃는다고 추정한다.

오델(2003)에 따르면, 치료사와 내담자가 "그리스도교인"이나 "영적인" 같은 호칭을 공유하는 경우에도 내담자의 세계관을 중심으로 업무를 수행하는 것이 필요하다. 그는 심리치료적인 세계관의 분석은 치료사가 환자 자신의 세계관을 반영할 뿐만 아니라 환자의 특정한 세계관에 대해 묻도록 요구한다고 믿는다. 세계관의 분석은 환자를 치료사의 세계관으로 향하도록 조종하는 위험을 피하기 위해 심리치료에서 명확해야 한다. 심리치료사와 내담자 사이에 세계관의 불일치가 있는 지점에서, 내담자는 보통 암암리에 자신의 세계관을 포기하거나 조정하도록 요구된다. 오델의 견해에 따르면, 치료사는 자신의 세계관으로 환자를 조종하며 고의적으로 내담자가 자신의 세계관에서 멀어지도록 영향을 주게 된다. 그는 치료사의 과업은 내담자의 세계관과 영적 가치를 형성하는 것이 아니라 그들이 가능한 한 폭넓게 세계관의 지류를 탐험하도록 돕는 것이라고 주장한다. 그러나 치료사와 내담자는 이러한 과정을 명백하게 인식하지 못할 때가 많으므로 오델은 내담자의 영성과 암묵적 종교의 세계관이 존중되도록 보장하기 위해 둘 다 그것을 인식해야 한다고 주장한다.

젊은 성인은 심리치료를 받는 동안에 그들의 영성과 종교의 근본적인 측면을 탐구하거나 발전시킨다. 심리치료사들은 일하는 과정에서 점점 더 가치의 중심적 역할을 인식하게 된다. 여전히 종교가 정신건강에 불리하게 작용한다고 믿는 치료사가 있는 반면에, 이제 많은 치료사들은 단지 특정한 유형의 종교 성향만이 심리적 발달을 방해한다고 보며, 환자들은 어떻게 영성이 그들의 삶에 영향을 미치는지를 더 인식하게 되므로 혜택을 받는다는 것을 인정한다.

일반대중과 정신건강 전문가들 사이에는 종교성의 차이가 있는 반면에 영성과 암묵적 종교에서는 어떤 차이도 존재하는 것 같지 않다. 조사에 따르면, 많은 심리치료사들은 내담자의 영성과 암묵적 종교를 인식하여 효과적으로 일하면서 스스로 대안적인 영적 경로에 참여한다. 자신을 영적인 탐색 중이라고 여기는 심리치료사들은 정체성, 가치, 세계관이 사람들의 정신건강과 질병에서 어떻게 중요한 역할을 하는지 이해하는 좋은 위치에 있다.

젊은 성인기의 종교와 영적 경험 사례

리처드의 이야기

리처드(Richard)는 대부분의 시간을 일에 몰두한다. 아내 줄리(Julie)와 두 아이는 주말에만 그를 보게 된다. 왜냐하면 주중에는 트럭을 운전하며 도로 위에 있기 때문이다. 그는 가족과 많은 시간을 갖지 못하는 것이 절망적이라고 생각하는 반면에, 그들에게 편안한 생활방식이라고 생각하는 것을 제공하기 원했다. 비록 그가 아내와 아이들을 잘 알지 못한다고 느낄 때가 있었지만, 그는 몹시 바쁜 삶의 속도를 유지하지 않을 수 없다고 느꼈다. 그러다가 스물일곱 살이 되었을 때, 친구들과 사슴사냥 여행 동안에 겪은 진귀한 경험이 그의 삶에 중요한 변화를 가져왔다.

리처드는 초지와 숲 근처에서 사냥하기 위해 새벽에 밖으로 나갔다. 그는 그곳에서 약 30분 동안 숲을 지켜보고 있었다. 해가 뜰 때, 그는 나무와 풀에 비친 빛의 아름다움에 사로잡혔다. 갑자기 세 마리의 사슴이 숲의 가장자리에 나타났을 때, 그는 몸이 마비된 느낌으로 그냥 지켜볼 수밖에 없었다. 그는 그저 사슴을 응시할 뿐이었다. 그때 사슴들 뒤편의 숲에서 커다란 수사슴 한 마리가 나타나는 것을 보았다. 충격을 받은 상태로 그는 이 장엄한 동물로부터 빛이 발산하는 것을 보았다. 시간이 멈춘 것 같았기 때문에 그는 얼마나 오랫동안 이 광경을 지켜보았는지 몰랐다. 후에 리처드는 일종의 황홀경에 빠졌다고 느꼈으며, 사슴이 다시 숲속으로 사라지는 것을 보지 못했다고 말했다. 그다음 두세 시간 동안 그는 혼자서 잃어버린 방향감각을 찾으려고 애쓰면서 그곳에 앉아 있었다.

리처드는 사냥여행 동안 기분이 가라앉은 느낌이 들었다. 집으로 돌아왔을 때, 그는 이상한 경험에 대해 아내에게 말했고 자신이 미치지나 않을까 걱정이라고 말했다. 줄리는 이 문제를 해결하기 위해 심리치료사를 찾아가 치료를 받아보라고 제안했다. 치료를 받는 과정에서, 그는 이러한 경험을 인생의 더 넓은 차원을 인식하는 자극으로 여길 수 있었다. 그는 이 기회를 이용해서 우선순위를 재평가하고, 이전에 무시해왔던 삶의 신성한 측면을 인지했다. 리처드는 가족과 더 많은 시간을 보내기 위해 근무시간을 줄이기로 결심했다. 리처드는 이 사건을 회상할 때마다 그의 태도와 가치에서 중요한 변화를 일으킨, 인생에서 가장 중요한 경험 중 하나로 인식한다.

모린 하슨의 이야기

모린 하슨(Maureen Hason)은 불행한 결혼생활을 하고 있었다. 그녀가 스물아홉 살이었을 때, 그녀와 남편은 풍요로운 결혼생활을 위해 주말 휴양에 이루어지는 부부관계 향상 프로그램에 참여하기로 결정했다. 마지막 날 주제는 조건 없는 사랑과 그것이 성공적인 결혼에 얼마나 중요한지를 다루었다. 모린은 조건 없는 사랑의 의미와 그것을 어떻게 자신의 결혼에 적용할지 이런저런 생각에 빠졌다. 휴식시간에 그녀는 혼자서 이 문제에 관해 생각해보려고 방으로 돌아갔다. 그녀가 조건 없는 사랑의 의미를 이해하려고 애쓰면서 방에 앉아 있을 때, 예수님이 그녀 앞에 나타나신 것을 보고 깜짝 놀랐다. 예수님은 그녀를 향해 팔을 뻗은 채, 하얀 로브[9]를 입고 그녀 앞에 서 있었다. 그의 머리카락과 수염은 전통적인 모습을 닮았다. 비록 예수님이 아무 말도 하지 않았지만, 그녀는 예수님이 자신을 알며 사랑한다고 느꼈다. 그녀는 벅차오르는 감정을 느끼며 울기 시작했다.

모린은 이 사건을 인생에서 전환점으로 본다. 그녀는 갑자기 이전에는 이해할 수 없었던 신앙의 측면들을 이해할 수 있게 되었다. 이러한 종교적 경험을 한 후, 모린은 많은 신자들이 비슷한 환영을 볼 것이라고 상상했지만 그녀는 그런 사람들이 상대적으로 희귀하다는 것을 발견하고서 놀랐다. 그녀는 본래 의혹을 품고 있었기 때문에 자신에게 이러한 종교적 경험이 주어졌으며, 그녀의 신앙을 강화하기 위해 인상적이며 특이한 어떤 것을 필요로 했다고 믿는다. 또한 하느님이 그녀 인생의 모든 측면을 지배한다고 그녀를 납득시키면서 세계관을 분명히 해주었다.

9) 아래위가 붙은 길고 풍성한 겉옷

지아나 탤론의 이야기

애리조나주 스코츠데일(Scottsdale)에 사는 지아나 탤론(Gianna Talone)은 최초로 종교적 경험을 했을 때 서른 살이었다. 그녀는 두 사람이 근처에 선 채로 일곱 사람이 예수님의 어머니인 마리아의 발치에 무릎을 꿇고 있는 환영(幻影)을 보았다. 이 사건은 그녀를 너무나 혼란스럽게 해서 교구 신부인 잭 스폴딩(Jack Spaulding)에게 전화하여 자신의 경험을 말했다. 그녀는 미치지나 않을까 두려웠는데, 그런 환영을 본 것에 대해 스폴딩 신부에게 말한 유일한 사람이 아니라는 말을 듣고서 안심이 되었다. 29~31세 사이의 여덟 사람이 이미 자신들에게 나타나 말하는 목소리에 관해 알리기 위해 그에게 연락해왔다. 스폴딩 신부는 서로 후원과 지도를 제공하기 위한 기도모임에서 그들 모두를 만나 상호 지지와 지도를 제공하기로 동의했다. 환영을 본 것에 대한 심적 후원과 인정은 그녀에게 상당한 의미를 부여했으며, 종교적 정체성과 세계관을 강화해주었다.

지아나는 남캘리포니아대학에서 약리학 박사학위를 받았으며, 패션모델로서 다양한 텔레비전 연재물에 출연했다. 이 특별한 경험은 그녀가 봉사하는 삶을 살겠다고 헌신하도록 만드는 동기를 부여해주었다. 지아나와 내과 의사인 남편은 시골의 가난한 사람들을 위한 의료센터 봉사에 참여한다. 주말마다 거동이 불편한 병든 노약자들과 의사의 진찰을 받을 수 없는 사람들에게 나눠줄 의료 보급품을 실은 밴을 타고 나간다. 그들의 목적은 가난에 찌들린 병자들에게 의료와 동정과 존엄성을 가져다주는 것이다.

요약

많은 사람들에게 초기 성인기는 청소년기에 시작된 성격발달을 공고히 하는 시기이다. 특히 이 시기의 중요한 인생 과업에 직면했을 때, 이러한 과정을 엿볼 수 있다. 알맞은 직업을 찾고, 만족스러운 대인관계를 발전시키며, 가정을 꾸리는 것이 초기 성인기의 정체성 형성에 큰 영향을 미칠 수 있다. 이러한 활동을 하는 과정에서, 사람들은 어떤 가치가 그들에게 가장 중요하며 세계가 어떠한지를 진정으로 깨닫게 된다. 이 시기 동안에 발달한 정체성과 가치, 세계관은 초기 성인기의 영성과 삶의 구조에 주요 요소들을 제공한다. 레빈슨은 우리에게 이러한 삶의 구조에 대한 일시적인 성격을 인식하도록 도와주었다. 성인기는 우리가 도달하는 안정기가 아니라 끊임없이 변화하는 현실이다.

영적 발달의 이동을 나타내는 〈표 7〉은 보통 초기 성인기가 개인적 수준의 발달에 중점을 두고 있다는 것을 보여준다.

〈표 7〉 초기 성인기의 암묵적 종교와 영적 발달

구분	자기 흐름	가치 흐름	세계관 흐름
자아초월적 수준			
개인적 수준	A. 직업과 관계에 집중된 정체성	B. 세계에서 자아와 가족 형성에 중점을 둔 가치	C. 이성과 노력을 통해 다룰 수 있는 것으로 여겨지는 세계
전개인적 수준			

이 단계에서, 영성과 암묵적 종교의 모든 측면은 초기 성인기의 주요 과제에 영향을 받는다. 정체성(A)은 보통 직업과 관계, 가족을 형성할 때쯤에 만들어진다. 가치(B)는 상응하는 목표와 책임을 가지고 성인의 세계에서 자신을 확립하려는 노력을 중심으로 전개된다. 세계관(C)은 세상을 통제할 수 있는, 그리고 과학에 의해 점점 더 큰 영향을 받는다. 과학은 세계를 통제할 수 있는 것으로 설명한다. 인생은 이성과 노력을 통해 다룰 수 있다고 여겨진다.

젊은 성인은 정체성 및 직업과 밀접한 관계를 형성할 때조차 종종 낮게 깔려 있는 불안을 느낀다. 단단한 구조가 안정성을 제공하는 반면에, 제약을 수반하기도 한다. 젊은 성인들은 초기 성인기의 끄트머리에서 20대에 만들어진 삶의 구조에 관해 다시 생각하게 된다. 어느 정도까지 젊은 성인의 인격적 토대가 가족과 사회와 문화적 압력을 반영하며, 그리고 그것은 어느 정도까지 자신의 독특한 본성의 가장 깊은 흐름을 표현할 것인가? 킨(Keen)은 성인기는 무법자 단계를 뒤따른다고 진술함으로써 구조에 대한 열망과 탐색하고 변화하려는 욕구 사이의 갈등을 극적으로 표현한다.

초기 성인기의 영적 발달은 정체성과 세계관의 개인적 경계를 만들고 보존함으로써 나타난다. 젊은 성인은 삶의 힘에 대한 자신의 통제와 자신을 다른 사람과 구별해주는 자질을 강조하는 경향이 있다. 그러므로 젊은 성인은 자신의 경험에 어울리며 현재 삶의 과업을 지지해주는 "독특한" 정체성과 세계관을 형성한다. 그들은 이러한 과정에서 세계를 단순화하고, 복잡한 종교적 상징을 다소 예측할 수 있는 현실에 관한 이성적 표현으로 바꾼다. 이러한 지나친 단순화는 중년 및 성인 후기와 비교했을 때, 청년기의 경험적 연구에서 보여준 상대적으로 낮은 종교적 참여의 한 요소이다. 세상은 합리적 수단에 의해 꽤 다루기 쉬운 것처럼 보이며, 더 복잡하고 신비한 세계를 드러내는 초월적 경험을 인지하도록 요구하지 않는다.

젊은 성인은 종종 인생의 근본적인 양극성을 가볍게 여기며, 자신이 만들어온 성격구조를 위협하는 모순되는 현실의 접근을 막는다. 굴드(Gould)의 견해에 따르면, 젊은 성인을 위한 영적 발달의 주요 부분은 이 시기 동안에 성격을 지탱해주는 불완전한 가정들을 인식하고 받아들이는 것이다. 종종 힘든 현실과의 고통스러운 충돌은 젊은 성인들에게 어쩔 수 없이 자신의 현재 영성과 암묵적 종교의 한계를 깨닫게 한다. 많은 사람들에게 현실과의 충돌은 정체성과 세계관 그리고 삶의 구조를 재평가하도록 이끈다. 그러한 시기에 젊은 성인들은 새롭고 때로는 복잡한 현실에 적응하도록 도와줄 어떤 형태의 상담이나 심리치료에 의존하게 된다. 이러한 맥락에서 젊은 성인들은 자신의 정체성과 삶의 이야기, 그리고 가치관 및 세계관을 재검토할 수 있다. 또한 심리치료사들은 자신의 정체성을 조정하고 삶의 이야기를 재구성하는 데 도움을 제공하므로 현실을 더 넓고 더 풍부한 맥락으로 만들어줄 수 있다. 더불어 심리치료는 그들이 새로운 경험을 수용하기 위해 현실 지도를 다시 그리는 것을 도와줄 수 있다. 그들의 생애 이야기와 세계관의 수정은 종종 초기 성인기의 영성과 암묵적 종교의 중심에 있다.

5장.

중년기와 변형

우리에게 주어진 인생의 중반쯤에

어두운 숲속에서 나 자신을 찾으려고 노력하고 있네.

옳다고 갔던 길을 잃어버리고 지금은 그 길도 사라져버린 곳, 여기는 중년

아, 나는! 얼마나 인정하기 힘겨웠던가.

그 길이 무례하고도 거칠고 고집 센 이 인생의 숲이었음을!

오래된 기억의 호흡만이 피를 가진 생명처럼 흔들릴 뿐.

– 단테(Dante Alighieri), 『신곡』

나는 언제나처럼 휴식을 즐기다가 갑자기 뭔가가 깨져버리고, 붙잡아야 할 것은 아무것도 없으며, 도덕적으로도 내 삶이 정지되었다고 느꼈다. 이 모든 일은 내 주변의 환경이 단절되고 난 뒤에 일어났고, 나는 그래도 행복해야 했다. 그런데 나는 여전히 내 삶에 있어 어떠한 일이든 해야 할 이유를 알 수 없었다. 그리고 놀라운 것은 내가 애초에 이를 이해하지 못하고 있었다는 사실이다.

– 레오 톨스토이(Leo Tolstoy), 『나의 고백』

중년기로의 전환은 일반적으로 생애주기에서 주요 사건으로 생각된다. 요즘은 평범한 대화에서도 중년의 위기를 겪는 사람들에 대해 듣는다. 중년기의 내 친구는 아내와 자녀들의 극심한 반대에도 불구하고 모터사이클을 구입해서 위험한 모험을 찾아 나섰다. 또 다른 친구는 마흔 살이 되자 남편과 결별하고 새로운 직업을 찾고 이전과 매우 다른 친구모임을 만들었다. 그 결과와 사건들은 친구들, 가족, 지인만이 아니라 중년기에 큰 갈등을 만들었다. 그런 변화는 중년기로의 중요한 전환을 가져오거나 위기에 봉착하게 한다.

5장은 중년기의 종교와 영성의 역할에 초점을 맞춘다. 이전 장에서는 심리치료를 통하여 중년기의 심오한 발달에 대한 강조와 지원을 살펴보았다. 영적인 발달에 대한 전체적인 추이는 개인의 정체성과 가치, 중년기 세계관의 수준까지 접근한다. 앞으로 제시할 두 가지 사례는 이러한 종교적이며 영적인 변화가 어떻게 가능한지 보여준다.

이 장에서는 사춘기와 청년기에 만들어진 개인의 이야기가 어떻게 세월을 넘나드는 신화에 의해 영향을 받는지 살펴볼 것이다. 수집된 신화적 이야기는 영적인 발달의 광범위한 지도로 제공되거나 개인에게 의미를 갖는 맥락으로서 이야기를 만드는 상황에 쓰인다. 여러 다양한 신화적 영웅은 자아실현을 추구하는 중년기의 사람들을 탐색하기 위해 상징화하거나 이끌어주는 역할을 한다. 신화의 상징적 언어는 이해하기 어렵지만, 그래도 사람들은 자신의 삶에 대한 이야기로서 개인적 신화를 만든다. 따라서 우리는 신화와 은유를 가지고 중년기의 종교적이며 영적인 발달에 대해 어떻게 그려내는지 알아본다.

중년기에 대한 일반적인 윤곽

레빈슨(Daniel Levinson)은 성인 초기와 성인 중기로 나누어 중년기로의 전환을 알아본다. 그의 견해에 따르면, 이 시기는 대략 40~45세 사이의 연령으로 삶을 다시 살펴보는 시기이며 자신을 재평가하는 때이다. 이러한 재평가는 "나이 서른으로의 전환" 때보다 훨씬 철저하고 본질적이다. 초기 전환기 사람들은 20대에 만들어진 인생의 구조에 대해 생각하면서 성인 초기에 맞닥뜨린 주요 과업, 즉 직업과 인간관계, 가족생활에서 빚어지는 한계와 제한에 대해 후회할 수 있다. 레빈슨(1996)은 그 상황에서 가능한 열정과 야망, 가능하지 않은 범위의 사회적 요구 등에 대한 충돌에서 오는 긴장을 서술한다. 대조적으로 그는 중년기로의 전환을 '다수가 경험하는 활력 감소와 허무감의 증가'라는 신체적 · 심리적 힘의 점진적인 쇠퇴에 근거한다고 본다. 그리고 중년의 변화가 사람마다 얼마나 다양한가에 대해 개인적인 대응에 차이를 두지만, 이 시기의 사람들은 대부분 중대한 과업의 도전을 받는다고 본다.

레빈슨에 따르면, 중년기에는 세 가지 주요 과업이 있다. 첫 번째는 성인 초기에 형성한 초기의 꿈과 현재의 모습이 어떻게 비교되는지를 보기 위해 자신의 삶을 재검토하는 것이다. 이러한 평가는 정서적 · 영적 욕구와 긴밀히 연결되는 현재의 삶에 맞추어져 두 번째 과업과 연결된다. 이러한 변화는 다양한 행동과 새로운 선택을 해보려는 노력을 포함한다. 세 번째 과업은 한 사람의 생애에 내면적 긴장과 분열을 유발할 수 있는 양극단을 보게 된다. 레빈슨은 중년기에 고민하는 양극단의 측면은 젊음/나이 듦이지만, 파괴/창조, 남성성/여성성, 집착/분리 또한 중년기를 고뇌하게 한다고 본다.

쉬히(Gail Sheehy)는 지금이 1950년대에 비해 생애주기가 10년 이상 늦게 경험되고 있더라도 중년기의 큰 과업을 강조한다. "중년기"라는 용어는 중년기에 강조되는 연령의 범위(35세부터 55세까지)로서 성인기에 해당하는 중년 시기를 짐작하기에 그리 적절하지 못하다. 쉬히는 "두 번째 성인기"로서 이 시기를 결정하는 몇 가지 요소를 제시한다. 그녀는 가장 기본적인 변화를 우리 자신이 경험하기 시작하는 소멸성으로 본다. 주로 이 시기에 경험하는 부모의 사망은 세대의 주기상 "다음 차례"에 있는 유한성의 지각이다. 더욱이 부모의 사망으로 남겨진 가장 두드러진 위기는 개인이 자기를 지각하는 부분이다. 쉬히에 따르면 우리 자신의 죽음에 대한 희미한 자각은 모두 외부가 아닌 내면에서 일어난다. 그리고 남은 시간이 촉박하다고 느낄수록 성인 초기의 꿈이나 가능성보다는 그전에 겪은 부모의 죽음처럼 자신의 죽음을 예상하며 슬퍼진다.

쉬히(1996)는 중년기와 사춘기 간의 유사성에 주목하여 이 시기를 "중년 사춘기"로 부른다. 중년 사춘기에 사람들은 인내심을 잃기도 하고, 신체와 환경의 급속한 변화에 당황하여 잘못된 반응을 보이기도 한다. 사람들은 중년기를 기운이 없고 현기증이 나며 균형감이나 활기를 잃은 시기로 묘사한다. 쉬히는 중년기를 인격적으로 더 성숙하지 않았다고 느끼는

인생 초기
생애 첫 10년: 남성과 여성이 매우 비슷함

인생 중기
남성과 여성 간의 커다란 차이

인생 후기
남성과 여성이 다시 비슷해짐

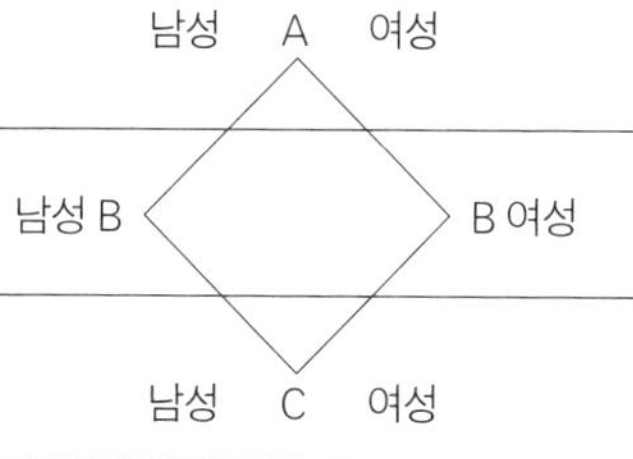

맨 위의 다이아몬드 A에서는 사춘기 이전까지 남성과 여성이 서로 비슷한 형태이다. 다이아몬드의 가장 넓은 부분 B에서는 남성과 여성이 인생 후반 30년 정도 서로 매우 다른 성격 특성을 나타낸다. 맨 아래의 다이아몬드 C에서는 남성과 여성이 다시 서로 비슷한 특성을 발달시키는 모습을 나타낸다.

〈그림 6〉 성별 다이아몬드(Sexual Diamond)

때로 본다. 남성은 이때 무심했던 수용적이고 양육적인 인격적 측면과 접촉을 시도한다. 반면에 여성은 좀 더 적극적으로 과업이나 성취에 관심을 갖는다. 이러한 발달을 쉬히는 "성별 다이아몬드(Sexual Diamond)"라고 부르는데, 이는 생애주기에 나타나는 남성과 여성의 관계성 변화의 이미지를 나타낸다.

쉬히(1996)는 이러한 중년기의 남성과 여성이 수렴하는 심리적 기저를 강조한다. 그녀는 여성들이 중년기로 들어가는 신호로 "여성" 성호르몬인 에스트로겐과 "남성" 성호르몬인 테스토스테론의 비율이 현저하게 변화한다고 지적한다. 완경[1] 후의 여성은 에스트로겐에 대한 테스토스테론의 비율이 완경 전의 여성보다 20배 이상 높을 수 있다. 쉬히는 중년기 여성에게 테스토스테론이 모험심과 단호한 태도를 가능케 한다고 본다. 중년기 남성은 그에 상응하는 대조적인 경향으로 에스트로겐에 대한 테스토스테론의 비율이 청년에 비해 훨씬 감소한다. 이러한 호르몬의 변화는 중년기의 여성과 남성에서 관찰되는 심리적 · 정신적 변화에 대한 생리학적인 하부구조를 구성한다.

에릭슨(1995)은 일반적으로 중년기에 도달하는 성숙의 윤리적 차원을 강조한다. 그는 중년기를 생산성과 침체감 사이의 투쟁으로 본다. 에릭슨은 자녀를 낳고 다음 세대를 돌보는 개념을 포함하는 생물학적 생산의 의미를 더한다. 그는 성인기에 온전히 만들어져야 할 주요 덕목을 돌봄으로 보고, 한 가족에 대한 돌봄에서 시작하여 삶의 터전인 지구에 대한 생태계적인 돌봄까지 포괄한다. 이 점은 성적 본능만큼 기본적인 본능으로 숙지하고, 인류의 존속을 위해 요구되는 가치이자 기술로 생각한다.

에릭슨은 돌봄이란 사랑(다른 사람에게 헌신할 수 있는 능력)과 충성(헌신에 충실할

---

1) '폐경'을 의미하는 긍정적인 용어

수 있는 능력)을 통해 만들어진다고 본다. 돌봄이라는 덕(德)의 완성과 함께 인류는 그들 자신만의 가족 혹은 집단에 대한 좁은 충성에서 탈피할 수 있다. 에릭슨(1995)은 '유사종 분화(Pseudospeciation)'[2]라는 단어를 만들어 인간의 성향이 하위 인류로서 다른 종과 차별화되는 점을 제시한다. 이러한 방어적인 성향은 인류의 조화와 생존을 위협하는 종족의식과 민족의 정체성을 만든다. 에릭슨은 호혜성 원칙에 근거한 우주적인 원칙만이 유사종 분화(사이비종)의 운명적인 결점을 극복할 수 있다고 본다. 호혜성이란 범종교적이며 황금률(Golden Rule)[3] 같은 민족적 원칙에 남아 있다. 에릭슨은 영성과 종교를 함축하는 용어로 중년기 발달을 정체성, 가치 그리고 전체적 종을 포괄하는 세계관과 관련된 지평을 넓혀보라고 제안한다. 혹자는 에릭슨의 그런 점을 생성력과 인간 간의 분리보다 연합이라는 "실용주의적 영성(pragmatic spiritual)"의 돌봄을 강조하는 것이라고 본다(Rubinstein, 1994).

카를 융(Carl Jung)은 중년기로의 전환에 대한 현대적 공식을 제시한 최초의 심리학자였다(Elkins, 1998; Levinson 외, 1978). 그는 생의 주요 전환점을 성인 초기의 직업을 갖기 전 시기로 보았다. 즉, 융은 35~45세를 인생의 아침과 오후를 구분하는 시기로 보았다. 인생의 아침에서 주요 과업은 의식적인 인격을 자신의 가족이라는 세계를 넘어 외부적인 세계로 확장하는 것이다. 청소년기는 정체성과 직업을 갖기 전의 주요 부분을 형성하는 성인 초기의 과업에 대해 고민한다. 교육과 사회화는 이 시기 동안 인격 형성에 큰 영향을 준다. 인생의 오후는 매우 다른 문제를 접하는데, 융의 견해에

2) 이질적인 사회에 속한 사람들을 완전한 인간이 아닌 하급 종의 지위로 격하시키고 양심에 거리낌 없이 파멸시킬 수 있는 것으로 환원시키는 인간의 성향을 말한다. 한 예로, 우리는 동료와 이방인, 구성원 대 비구성원, 친족 대 비친족, 아군 대 적군으로 구분하는 성향이 있다. 그리고 이방인의 행동에 두려움을 느끼고 공격을 통해 갈등을 해결하려는 성향이 있다.

3) 황금률은 수많은 종교와 도덕, 철학에서 볼 수 있는 원칙의 하나로, "남에게 대접을 받고자 하는 대로 남을 대접하라"(신약성서 마태복음 7장 12절)에 근거하며, 다른 사람에게 해주었으면 하는 행위를 하라는 윤리원칙이다.

따르면 인생의 아침은 외부세계에 대한 적응력이 길러지고, 오후에는 내면세계에 대해 더 많은 자각이 이루어진다.

융은 생애 초기에 가족과 직업적 측면에만 심리적 에너지를 쏟기 때문에 "인격의 축소"가 일어난다고 본다. 인격의 축소는 내면적 삶을 무시한 결과이며, 일방적 인격자로 끌고 간다(Jung, 1930). 융은 초기 인격의 성장은 의식이라는 자아(ego)와 무대에서 연극을 할 때 사용하는 그리스어로 "그림자(persona)"가 의미하는 가면(mask)을 증가시킨다. 페르소나의 함축적 의미는 삶에서 주어지는 인간의 다양한 역할인데, 예를 들어 결혼한 여성은 엄마, 딸, 경력 여성이 되어야 한다. 융은 사람들이 이러한 역할을 위해 내면적 삶에 대한 중요한 측면을 끊임없이 놓친다고 본다.

중년기에 무시되고 억압된 인격적 요소는 무의식의 경로를 통해 삶을 발전시키거나 의식적 인격에서 분리시킬 수 있다. 사람들은 권태, 허무함, 자기 파괴적인 생각, 우울증, 불안, 충동적 행동 같은 증상이 나타나 정상적 기능을 방해받을 수 있다. 융은 이러한 증상이 뭔가 잘못되고 주의가 필요하다는 의식 인격(the conscious personality)의 심리적 신호로 본다. 메시지는 "일상적으로 하던 일"이 작동하지 않는 것이다. 변화란 만들어져야 한다. 중년기 위기라는 병에 대한 융의 처방은 중년 내부의 실체를 무시한 데로 연결된다. 그는 내면세계의 정서, 직관, 꿈들에 다시 관심을 기울이고 재점검하기를 권한다. 우리는 개인을 관통하는 시각으로 융의 중년기 전이에 대해 더 상세하게 논의할 것이다.

경험적 연구

경험적 연구에 근거한 중년기의 종교와 영성에 대한 논의는 적은 편이다(Hood 외, 1996). 561개의 개신교회에 대한 벤슨(Benson, 1992)의 연구는 이러한 교회 내부에서 진행되는 중년기 종교에 대한 정보를 제공한다. 그는 개인적인 기도, 성서를 읽거나 교회 예배 참석 같은 종교의 중요성에 대한 질문을 던진다. 이 연구에서 중년기 삶(30~50세까지의 연령)은 사춘기 혹은 성인 초기와 비교할 때, 각 분야에서의 역할이 증가함을 보여준다.

미국 "베이비붐" 세대에 관한 루프의 연구(Roof, 1993, 1999)는 중년기의 영성에 대해 "충성자(loyalist)", "회귀자(returnee)", "탈락자(dropout)"라는 용어를 사용하여 세 가지 중요한 유형을 제시했다. 충성자는 중년기에도 전형적인 종교적 전통을 그대로 유지한 유형이다. 회귀자는 중년기에 전통적 종교로 회귀하기 전에 종교와 영성의 다양한 형태를 실험하기 위해 전통적인 종교를 떠났던 유형이다. 탈락자는 전통적 종교의 형태를 떠났거나 종교적 중심에 연관된 적이 없었던 유형이다. 회귀자와 탈락자는 종교적 배경을 가진 사람들 중에서 60퍼센트 이상을 차지한다.

루프(Roof, 1993)는 베이비붐 세대가 중년기에 접어들면서 개인적 선택의 문제로 종교적인 행사 참여의 증가를 보고한다. 루프는 사람들이 자신을 종교적이라기보다는 영적인 사람으로 생각하는 "열성적인 구도자"라고 말한다. 기존의 권위에 대해 의문을 가지거나 변화된 의식 상태에 대한 실험을 통해 1960년대를 접하는 것은 현재 중년기 사람들의 종교와 영성에 대한 태도를 밝히는 데 도움이 될 수 있다.

파울러의 5단계: 역설적-결합적 신앙(Paradoxical-Consolidative Faith)

파울러(James Fowler)의 연구는 중년기 영성을 더욱 진전시킨다. 그는 신앙의 발달단계[4]를 나이와 연관시키지 않고 5단계나 6단계를 중년기의 주

---

4) 파울러가 제시한 신앙의 발달단계는 다음과 같다.
1단계, 직관적-투사적 신앙(Intuitive-Projective Faith): 3~7세 아동에게 전형적인 단계로, 논리적 사고가 불가능한 대신 무한한 상상력을 사용하므로 이 시기의 신앙은 환상과 현실을 구분하지 못하는 경향이 있으며, 자기중심적이다. 이 시기의 위험성은 상상력이 지나쳐 억제될 수 없는 공포 혹은 파괴적인 이미지들에 사로잡히게 되는 반면 금기나 도덕적·교리적 기대를 강요함으로써 상상력을 악용하게 된다. 구체적·조작적 사고가 가능해지면 다음 단계로 이동하게 되는데, 그것을 촉진하기 위해서는 그냥 그렇게 보이는 것과 실제 모습을 구분할 수 있는 기초를 세워주어야 한다.
2단계, 신화적-문자적 신앙(Mythic-Literal Faith): 7, 8세에서 11, 12세의 아동에게 해당하는 신앙이다. 이 시기의 아동은 구체적 사고가 가능하여 자신의 삶을 인과적으로 파악할 수 있으므로 신앙적인 이야기들을 논리구조에 따라 서술할 수 있는 반면, 설화의 주인공들을 신인동형론적으로 이해하며, 이야기로부터 성찰적인 개념을 도출하지 못하고 설화가 표면적으로 주는 그대로의 의미를 받아들이는 경향이 있다. 이 단계는 도덕규칙, 태도, 신조 등을 자기가 속한 공동체의 관례대로 수용하고 서로 간의 공통된 권선징악 같은 상호성에 근거하며 배제적 정의를 토대로 세계를 구성한다. 그들은 이야기의 흐름을 한 발 뒤로 물러서서 반성하고 개념적 의미를 구축시키지 못하는 맹점을 소유한다.
3단계, 종합적-인습적 신앙(Synthetic-Conventional Faith): 사춘기의 전형적인 단계로 세계경험이 가족을 넘어 확장되어 여러 사회영역을 경험하게 되는데, 이때 신앙이 가치와 정보를 종합하여 자기 주체성의 기초를 만들어주는 역할을 감당해야 한다. 아직은 자기 주체성과 자율적 판단이 성숙되지 못했으며 중요한 타인의 견해에 동조하는 순응단계이다. 이 단계에서 나타나는 능력은 개인적 신화를 형성하는 힘이며 궁극적 환경에 대한 이미지 속에서 자기의 과거와 미래를 개성적으로 종합, 형성하게 된다. 이 단계의 위험성은 타인의 기대가 지나치게 내면화될 경우 초래되는 자율성으로의 발전 가능성 상실이다. 다음 단계로의 이동을 촉진할 수 있는 요소로는 자신이 속해 있는 공식적인 배경들과 어떤 관계가 있는가 하는 비평적·성찰적 경험과 전망을 접하도록 하는 것이다.
4단계, 개별적-성찰적 신앙(Individual-Reflective Faith): 이 단계에서는 공식적인 입장을 가지고 있던 상징에서 의미를 도출해내는 "비신화화"가 일어난다. 이전에는 중요한 타인들의 상호 인격적 범위에 근거하여 그 정체성과 신앙 구성들을 유지했던 자아가 이제는 더 이상 타인들에 대한 자신의 역할이나 의미의 구성에 의해 정의되지 않는다. 오히려 새로운 자신의 정체성과 세계관을 가지고 자신의 의미의 틀을 구성한다. 이 시기에는 자아와 이념에 대한 비판적인 성찰 능력이 오히려 위험할 수 있다. 그것은 자신의 비판적 성찰을 통한 자아가 실재 혹은 타인의 세계관과 지나치게 동일시되는 자기도취적 성격을 지닐 때 나타난다.
5단계, 결합적 신앙(Conjunctive Faith): 이전의 단계가 보편적인 것을 자신의 것으로 개별화했다면, 이 단계는 비평적 성찰을 통해 구분되고 무시되었던 입장들을 자신의 것과 통합하는 시기이다. 이전의 신앙이 자주적인 신앙이라고 한다면, 이 시기의 신앙은 내적으로 성숙한 신

요 영적 및 종교적 변화로 유형화했다. 파울러(1981)는 5단계를 분석할 때의 어려움을 호소하는데, 이를 '역설적인 통합(paradoxical consolidative)' 또는 '결합적 신앙'이라고 부른다. 이 단계에서 인간은 자기 확신을 뛰어넘으면서도 인간과 실체라는 것이 초기의 개별적-성찰적(individualtive-reflexive) 단계에서 조작된 것보다는 훨씬 더 복잡함을 인식한다. 이러한 인식은 30세 이전에 드물게 일어나며, 파울러는 대부분 아니면 모두 중년기에 경험된다고 본다. 이 단계에서 인간은 4단계에서 만들어진 정체성과 세계관을 명확히 정리하기 시작하고, 실체에 대해 성공적으로 적응하려는 노력을 통해 삶의 복잡성을 조망한다.

5단계에서 사람들은 이미 성취한 자기체계로의 신화, 가치, 편견을 포함해서 개인적 · 사회적 무의식의 용어로 자신들의 과거에 대해 더 깊고 넓게 바라본다. 그들은 자기 가족의 이상과 가치, 윤리적 정체성, 성, 민족, 종교적 전통, 사회계층, 지정학적 지역, 교육방식 등이 자신들에게 어떻게 영향을 주는지 새삼 인식한다. 이 단계에서 그들은 부족, 민족, 계층, 이데올로기 같은 정체성의 경계를 넘어설 준비가 되어 있다. 심리학적 용어를 빌리자면 사람들은 이제 의식적인 자아(conscious ego)가 자기 집에서 주인도 아니고 인격 통제도 하지 못함을 깨닫는다. 진실이란 이제 그전에 나타났던 것보다 더 역설적으로 이해된다.

앙이라고 할 수 있다. 자신이 속한 집단에만 국한되지 않고 인정과 포용의 신앙의 모습을 보인다. 파울러는 이 시기에 일어날 수 있는 위험요소는 진리에 대한 역설적 이해로 인하여 자족감 혹은 냉소적 후회가 일어날 수 있다고 지적하기도 했다.

6단계, 보편화하는 신앙(Universalizing Faith): 이 단계에 속한 사람은 초월적 세계를 이루기 위해 헌신하는 삶을 살려는 의지를 갖게 되고, 기존 사회의 보편적 문화를 깨뜨리며, 전 세계적 공동체에 관한 비전을 화육한다. 또한 궁극적으로 환경에 대한 느낌 인식이 모든 존재를 포괄하는 신앙 구조를 소유하고 있으며, 어떤 종교에 속하든 간에 기본적으로 모든 존재의 신에게 속한 미래에 대한 의존을 구현하려는 의지를 보인다. 그 궁극적 힘에 대한 신뢰와 미래성에 대한 자아도취를 초월하여 지상의 유토피아를 실현하는 데 자기를 희생한다. 이 단계에 도달한 사람들은 매우 희귀하지만, 간디, 말년의 마틴 루터 킹 2세, 테레사 수녀 등을 들 수 있다.

사람들은 이 단계에서 모순적으로 살 수도 있는데, 진실이란 다양한 기준점에 따라 형성될 수 있음을 알기 때문이다. 그들은 문제와 상황을 다양한 측면에서 바라볼 수 있기 때문에 반대쪽을 포용하고 그들의 관점, 가치, 문제의 조건을 뒤바꾸는 위험을 감수할 수 있다. 파울러(1981)는 이 단계에서 앎(knowing)의 방식에 대하여 문답형식으로 묘사하고 있다. 이에 따르면 알려고 하는 사람은 말할 수 있도록 허용되고 '알고 있는 사람은(the known)' 경청한다. 이 단계에서 사람들은 그들이 알고 있는 것을 예측하거나 분류하기보다는 알려고 하는 사람들의 앎을 이해하고 맞춰주려고 한다. 이러한 사고방식은 그들을 통제하거나 자신의 목적대로 만들려고 하기보다는 본연 그대로 다룬다.

앎의 이런 형태는 상징에 대한 개인의 태도에 영향을 준다. 4단계에서 사람들은 상징에 대해 질문하고 개념을 해석하는데, 5단계에서 이러한 전략의 한계를 인식한다. 다음 단계에서 사람들은 기존에 알던 상징의 깊이와 실체에서 탈피한다. 폴 리쾨르(Paul Ricoeur, 1978)는 "두 번째 순진함"이라는 표현을 쓰는데, 상징의 비가역적인 가치에 대한 인식을 비판적 이유에 의해서만 포착될 수 없는 진실과 실체를 전달하기 위해 상징의 힘과 주도권을 다시 수용한다.

파울러가 말하는 5단계는 뭔가 가르쳐지는 것이 아니고, 인생에서 만나는 타인 및 환경과의 반영적 상호작용에서 나온다고 본다. 그의 시각은 삶에서 수반되는 감사와 에너지만이 아니라 고통과 상실, 책임과 실패 등 인생의 폭넓은 경험들을 전제로 한다. 사람들은 이 단계에서 고통, 투쟁, 민족의 분열을 경험하고 더욱 함축적이고 조화로운 상황의 가능성을 인식한다. 그들은 모호함, 명백한 이성의 상실, 인간존재의 신비와 함께 살 수 있다. 파울러는 이 단계의 역설을 조화로운 삶의 유지를 위해 필요한 것을 정의로 인식하는 부분으로 본다. 이러한 모순적인 충성심 간에는 긴장이 있는데, 자기 보존을 위한 충동과 가족과 집단의 생존을 위한 필요성은 정의의 요구를 위해 자신을 희생하는 쪽으로 희망을 조율한다.

6단계: 보편화하는 신앙(Universalizing Faith)

6단계에서 사람들은 자신에 대한 관심과 더 넓은 세계에 대한 욕구 사이의 역설적 충돌을 극복한다. 그들은 절대적 사랑과 정의의 요구에 응답하려고 하며 개인적인 결과에는 상관하지 않는다. 파울러에 따르면, 그들은 보통 변화할 수 있는 현재의 가능성에 맞춰 자신을 바꿔나간다. 그들의 보편적 도덕과 종교적 가치에 대한 열정과 자기 보존에 대한 무관심은 우리가 말하는 정상성과 심리적인 균형에 도전이 된다. 그런 사람들은 전형적 인간이라는 선입견을 거부한다. 파울러는 삶을 존중하고 실제적인 현실주의와 자기 이해, 변화를 추구하는 희생의 조건을 만들기도 하는 비폭력적인 전략을 밝힌다.

이러한 정의(正義)와 사랑을 위해 삶을 희생하는 6단계에서 인간의 선택은 자기라는 감각의 교체이다. 파울러는 세상과 인간에 대한 깊은 열망을 지닌 사람들의 감정을 "중요한 윤리적인 변화"라고 명명한다. 인간과 세상을 포함한 일상적인 자기경계의 확장은 개인적 자아의 지위와 중요성을 상대화한다. 6단계의 사람은 생애 초기 단계를 통틀어 조심스럽게 만든 자기 정체성보다 더 넓어진 정체성을 경험한다. 이제 인간은 모든 사람들을 존재 그 자체와 연관되어 있다고 받아들인다. 파울러는 이러한 단계는 현저하게 드물고, 인격의 분석에 대한 일반적 범주를 넘어서는 실체라고 본다.

대체로 파울러(1981)는 이 단계에서 반드시 겪어야 할 과정은 모한다스

간디, 마틴 루터 킹, 마더 테레사와 같이 보편화된 신앙을 구체화하는 삶을 배우는 것이다. 이 단계의 수준은 완전한 인간을 의미하는 것이 아니라 심리적 건강 용어로서 "자아를 실현한 인간" 혹은 "완전히 기능하는 인간존재"이다. 파울러에 따르면, 그런 사람들에게 주어지는 특별한 헌신과 비전은 종종 심리적 및 도덕의 맹점과 리더십 능력의 한계와 공존한다. 그는 급진적인 유일신 신앙이 6단계에 대한 묘사에 영향을 주었으며, 신의 왕국에 대한 유대-기독교적인 신앙의 이미지는 신앙발달의 끝에 대한 그의 관점을 알려준다. 혹자는 이것을 종교적 및 문화적 제국주의로 보기도 한다. 파울러는 신앙발달의 목표를 설명하기 위해 일정한 종교적 전통을 끌어왔다고 설명한다. 그는 높은 수준의 이론이라는 이미지는 위대한 종교적 전통의 중심에서 구성된다고 믿는다.

경험적 연구는 중년기 종교와 영성을 이해하려는 시도에 유용한 배경을 제공한다. 벤슨(Benson)의 연구는 중년기를 청소년기 및 젊은 성인기와 비교되는 종교적 활동의 증가를 보고한다. 루프(Roof)는 단선적인 종교적 전통에 크게 좌우되지 않는 중년기의 절충적인 영성을 향한 종교의 다양성에 대해 강조한다. 파울러는 중년기에 형성된 신앙이 점차 인간과 현실의 엄청난 복잡성을 인식하고 있다는 것을 보여줌으로써 경험적 견해를 마무리 짓는다. 좀 더 복잡한 현실과 관련된 용어를 사용하면 역설적이고 신비한 세계의 의식적이고 무의식적인 차원을 모두 파악할 수 있는 상징과 힘에 대한 새로운 인식을 얻을 수 있다.

자아초월적 관점

켄 윌버: 의식의 스펙트럼(The Spectrum of Consciousness)

지난 30년 동안 발달한 자아초월적 연구와 이론에는 두 가지 기본적 패러다임이 있다. 켄 윌버(Ken Wilber)가 가설을 세운 구조적 계층모델(structural-hierarchical model)과 워시번(Washburn, 1988)에 의해 공식화된 역동적 변증법모델(dynamic-dialectical framework)이다. 윌버는 1980년대에 자아초월적 심리 영역을 정의한 가장 뛰어난 동시대 이론가이다(Rothberg, 1998b). '의식연구의 아인슈타인'으로 불리는 윌버(1977, 1981, 1982)는 동시대 심리학과 자아초월적 분석틀 내에서 비교된 종교적 범주를 크게 확장한다. 그의 통합적 접근은 의식과 경험의 전체 파장을 다루는 견해로서 다양한 심리적 · 철학적 이론을 전망한다. 윌버의 연구에서 중심 개념은 영(Spirit)에서 나오는 문제와 삶에는 기본적인 동기가 있다는 것이다. 이것은 신체적 · 생물학적 · 문화적 진화와는 다른 동기이다. 윌버(1993b)는 "반복되는 철학"적 핵심은 표면적 차이에도 불구하고 실체, 지식, 윤리, 모든 세계에 종교와 영적 전통이라는 영성의 본질을 보여준다.

윌버(1981)는 유아부터 개인 차원의 자아실현, 그리고 가장 초기의 인류로부터 집단적 수준의 현대사회에 이르기까지 인간의 진화를 추적한다. 그는 인간 의식 발달의 다섯 가지 광범위한 단계를 설정하면서 더 크고 진화적인 맥락에서 개인의 발달을 정리한다. 1단계에서 '자기'라는 감각(sense)은 신체적 상태를 결정하고 본성의 기본적인 힘을 만든다. 2단계에서 의식은 점차 '육체'라는 신체적 상태로부터 분리되기 시작한다. 그는 이 시기의 의식을 마술적이고 꿈같은 생각의 시기로 특성화한다. 의식의 3단계는 신화적 단계로, 윌버는 1만 2천여 년 전의 복잡한 언어 형태의 발달과 함께 나타난다고 본다. 문화적 신화는 이 단계에서 인간에게 자기의 감각과 실체의 구조를 발달시킨다. 4단계인 의식의 시기는 이성의 단계로서 상대적으로 최근의 발달이며, 윌버는 지난 4천 년간의 진화로 설명한다. 개인적 자아 혹은 개인적 의식의 차별화로 특성화한다.

자아의식과 자기반성은 엄격하고 사회적으로 정해진 행동을 넘어서는 개성을 허락하고, 육체로부터 마음을 분리한다. 윌버는 문화적 딜레마로서 심리적이고 사회적인 토대를 통합하려는 자아의 능력을 본다. 이성을 가지고 인간의식에 함축된 단위를 위협하는 영원성을 넓히면서 공동체를 넘어서는 본능과 개인주의를 가치화한다. 윌버는 우리 자신의 시간을 불러오는 의식의 5단계를 기존의 심리적 · 사회적 토대로 개인의 자아를 재구성하여 더 높은 수준의 통합이라고 본다. 윌버는 이를 "반인반마적(半人半馬的)" 인간의식의 단계로 부른다. "반인반마(centaru)"라는 이름은 그리스신화의 절반은 사람이고 절반은 말이었던 괴물에서 유래하며, 그림에서 반인반마는 말의 몸에 머리에서 허리까지는 인간으로 묘사된 존재이다. 윌버에 따르면, 이 중심(center)은 통합되고 완전한 자아인 마음과 몸의 "완벽한 상태"를 상징한다.

윌버는 문화적 진화는 개인 발전의 영향력 있는 배경이라고 본다. 윌버는 전체 사회라는 의식의 집단적 무대 위에 개인 성장의 무대인 사회에 사람들이 있다고 생각하지만, 문화는 개인적 발전의 모델과 한계를 만들기도 한다. 윌버(1995)는 피아제에 의해 제시된 개인의 인지발달 단계와 맞먹는 의식의 문화적 형태를 제시한다. 첫 번째 문화단계는 아동 발달의 감각운동기와 같다. 인간성의 마술 같은 의식의 2단계는 피아제의 전조작기와 같다. 신화적 의식의 3단계는 구체적 조작기와 같고, 4단계의 합리적인 의식은 피아제의 형식적 조작기와 유사하다. 반인반마 단계에서는 피아제가 묘사한

〈표 8〉 자아초월적 단계

자아초월적 수준	4. 절대적 수준 3. 인과적 수준 2. 정묘적 수준 1. 심령적 수준
개인적 수준	
전개인적 수준	

인지발달 수준은 없고, 윌버는 의식의 문화적 단계에 상응할 만한 비전-논리(vision-logic)라는 단어를 만들어 개인의 인지수준을 제시한다. 비전 논리는 개념의 네트워크를 합성하고, 논리적으로 반대를 통합하며, 육체와 감정을 마음에 더 잘 통합해내는 고도의 능력이다(Wilber, 1990).

윌버(1993a)는 인간의 정신과 실체는 본질적으로 계층적 구조를 가진다고 설명하는데, "더 높은" 수준의 실체와 인간발달은 "최상"에서 "좀 낮은" 수준들로 보인다. 그래서 진화는 느릴 수 있으나 끊임없이 새롭게 심리적 · 영적 · 사회적 발달의 더 높은 수준으로 나타난다. 윌버는 개인적 발달을 유아기에서 아동기의 개인적 경험에서부터 나오는 경사진 오솔길로 생각하고, 잠재적으로 개인을 관통하는 경험은 우리와 연결된 신을 인식하는 데로 이끄는 단단한 자아의식 수준의 개인적 발달과정을 겪는다고 본다. 윌버는 발달의 자아초월적 혹은 영적 4단계를 묘사하기 위해 신비론자와 동서양 철학자의 작업을 끌어온다.

자아초월적 첫 단계인 심리적 수준에서 자아(ego)보다 더 확장된 의미의 자기(Self)라는 "영혼"의 경험이 나타난다. 이 상태는 주객이 분열되는 것을 이겨낼 수 있으며, 정상적인 의식의 특징이 성격화된다. 윌버는 자연신비주의를 자아초월적 수준인 첫 단계로 보았다. 그는 의식의 개인적 수준에서 "타자"를 인간과 자연의 모습 그대로 형상화하는 사람이라는 의미에서 철학자 랠프 왈도 에머슨(Ralph Waldo Emerson)이 이 단계를 대표한다고 보았다. 에머슨(1941)이 대표되는 이유는 의식의 통합이 자연의 통합에 대한 각성에서 나오기 때문이다. "자연에서 모든 것이란 자연의 모든 힘을 말한다. 모든 것이란 숨겨진 어떤 것에서 나온다"(p. 153).

정묘적 수준의 두 번째 자아초월적 단계는 일상적 감각과 맞지 않는 "원형적" 이미지와 형태를 각성한다. 이러한 형태란 동물의 미신적 힘, 신성한 존재, 신격화된 사물, 내면적 빛, 근원적 소리들에 대한 경험을 포함한다. 윌버는 이러한 수준이 개인적 신비주의를 내포한다고 보고 어렵지만 성숙해가는 신에 대한 사랑으로 영혼이 성장하는 신부(新婦) 이미지로 친숙한 성녀(聖女) 아빌라의 테레사(St. Teresa of Avila)의 삶과 업적을 예시한다.

자아초월적 수준에서 세 번째 인과적 수준은 그 이전의 이미지와 형태는 버려지고 순수한 의식만이 남는다. 윌버는 그리스도교에서 발견되는 개인적 신비주의를 넘어서 마이스터 에크하르트(Meister Eckhart)의 명제(notion) 같은 형태 없는 신비주의 혹은 불교신자의 해탈수준으로 본다. 에크하르트에게 신을 넘어선 지고의 실재(Godhead)로서 신의 이미지를 초월한 모든 사물의 이해 불가한 근원이다.

가장 높은 단계인 절대적 수준은 비영속적인 신비주의로 나타나는데, 현상이란 경험되고 관찰되는 것만이 아니라 의식에 명백히 인지된다는 것이다. 윌버는 이 단계를 힌두교와 마하야나 불교(Mahayana Buddhism)[5]의 형태로 본다. 이 단계의 본보기로 인도의 성인 라마나 마하리쉬(Ramana Maharshi)[6]

---

5) 마하야나 불교(Mahayana Buddhism)는 대승불교를 말하며, 초기의 대승불교는 부파 시대의 불교가 고타마 붓다 당시 원시 불교의 활동성과 순수성 및 일반성을 상실하고 고정적이며 전문적인 훈고해석에 빠져버려 중생제도라는 불교 본래의 사명을 망각한 것을 그 본래의 자세로 되돌리기 위해 일으킨 불교 부흥운동이다. 소승불교는 자기완성을 목표로 하지만, 대승불교는 많은 사람들을 구제하기 위한 이타(利他)를 목적으로 한다.

6) 인도의 힌두 철학자. 진리를 찾는 방법으로 진아 탐구를 주장했으며, 삶과 죽음이 되풀이되는 윤회에서 벗어나려면 '비차라(자아탐구)'를 실천하거나 '박티(헌신과 신애)'를 실천하면 된

를 꼽는다. 마하리쉬는 개인의 정신이란 세상의 정신, 죽음과 악이 착각을 일으키는 것조차 포함한 현상적 실체와 일치한다고 본다.

윌버의 견해에서 자아초월적 단계는 단순히 초현상적 사색에 근거한 것이 아니라 경험의 실체를 따라가는 사람들에게 부여되는 현상학적 서술이다. 그는 이러한 자아초월적 경험과 단계를 위해 과학적 타당성과 여타 실체에 대한 축적된 지식으로 생성된 기본적 원칙이라는 확고한 요소를 신뢰한다. 그는 이러한 원칙들을 교시(injunction)[7], 관찰, 확인으로 설명한다. 교시는 현상을 관찰하기 위해 어떤 범위를 설정해야 할지, 혹은 명상의 형태를 정할지 여부와 관련하여 무엇을 해야 하는지를 알려준다. 그러고 나서 마지막으로, 이러한 현상을 연구하도록 훈련받은 전문가 집단에 의해 획득된 자료나 증거와 비교하여 우리의 경험적 지식을 점검한다.

윌버(1993a)는 전개인적 단계(심리적으로 "좀 낮은", 원초적인 혹은 유아적인)의 상태와 자아초월적(심리적으로 "더 높은" 혹은 영적인) 상태의 차이를 예리하게 구분한다. 전개인적인 것과 자아초월적인 것은 자아(ego) 의식(즉, 둘 다 개인적인 것은 아닌)의 우세함과 비슷하게 나타나 서로 혼동되기 때문이다. 이러한 혼란의 대표적인 예는 프로이트(1930)가 신비로운 경험을 유아 초기의 심리적 상태에 대한 병리적 퇴행으로 해석한 것이다. 정신분석, 정신병, 정신병리학의 역사에서 그러한 해석들은 불행한 결과를 가져왔고 영적인 경험을 한 많은 사람들은 "정신적인 병"에 걸린 사람으로 여겨졌다. 윌버는 이렇게 전개인적이고 자아초월적 상태를 동일하게 보는 경향은 애초에 매우 다른 심리적 구조의 반영이어서 피상적이고 오류적 유사성을 초래하므로 유감스럽게 본다. 그런 전개인적이고 자아초월적 동일시는 일상의 세계를 지배하는 자아의식을 뛰어넘을 수 있다는 점에서 더 높은 심리적 발달을 어렵게 한다.

다고 했다.

7) 교시(教示)란 지식이나 방법 등을 가르쳐서 보임. 또는 그 가르침의 내용을 말한다.

윌버는 건강한 심리적 발달이란 자아초월적 심리구조와 경험의 수준을 향해 전진하여 전개인적이고 개인적 수준을 뛰어넘는 것이라 본다. 그는 전개인적이고 자아초월적 구조 사이의 중요한 차이점들을 강조한다. 예를 들어 유아기(전개인적)의 대양과 합치는 것과 같은 융합의 느낌(oceanic fusion)은 영적인 전일성이나 신비한 연합(자아초월적)과 대조된다. 또한 초기 아동기(전개인적)의 환상적이고 마술 같은 사고는 진정한 심령적(psychic) 능력(자아초월적)과 구별된다. 그리고 전개인적인 직관적 사고는 인간의 사고, 감정, 행동(자아초월적)에 영향을 주는 초이성적 원형과 비교된다. 윌버는 혼동의 두 가지 형태가 발생하는 것이 개인사에서 나온다고 보며, 의식의 대조적 구조를 결론으로 예시한다. 첫째, 직관적 단위로서 더 높은 차원의 자아초월적 구조는 더 낮은 전개인적 구조로서 해석되어왔다. 둘째, 더 낮은 구조들은 더 높은 자아초월적인 것으로 생각되어왔다. 윌버(1981)는 프로이트는 환원주의적 오류를, 융은 점증주의적 오류를 나타낸다고 본다. 그는 "전/초 오류"의 사례로서 이들의 오류적 해석은 전개인적 상태로부터 자아초월적 상태를 구분하지 못한 결과로 본다.

전/초 오류(Pre/Trans Fallacy)[8]적 분석에 앞서 윌버는 전개인적이고 자아초월적 상태는 어린 시절의 심리적 자원을 공통적 토대로 사용하는 융의 견해를 기본으로 깔고 있다. 그러나 그는 전/초 오류의 공식과 함께 동일한 혹은 유사한 정신적 구조를 토대로 한 전개인적 상태와 자아초월적 상태의 유사성에 대해서는 동의하지 않는다. 윌버와 같은 계파에 있는 마이클 워시번(Michael Washburn, 1998)은 전개인적 상태와 자아초월적 상태의 혼동을 피하기 위한 방법으로 전/초의 특징을 보여주는데, 계층구조모델에서 비자아

8) 윌버의 독창적인 개념으로 발달의 초기 단계와 후기 단계의 유사성 때문에 두 상태를 혼동하는 현상을 말한다. 분리라는 개성 있는 자기가 아직 출현하지 않은 전개인적 단계와 자아를 초월하는 자아초월적 단계는 모두 자아중심적인 개인 단계가 아니라는 점에서 겉보기에는 비슷해 보이기 때문에 사람들을 종종 혼동하게 만든다.

적 구조도 그러한 특성을 갖는다. 그러나 윌버가 연구한 선형적인 모델의 한계도 과학적인 주요 원칙과 관련한 자아초월 심리학 정립의 노력이었다. 이제 우리는 영적 발달의 비연속적 국면을 강조하는 대안적이고도 개인적인 모델을 제공한 융에게로 돌아간다.

중년기 변형에 대한 융의 견해

카를 융은 다른 어떤 심리학자보다 중년기의 종교와 영성의 함축적 의미를 강조한다. 그는 중년기를 그동안 무시했던 내면적 세계에 관심을 갖기 시작하는 때로 본다. 융은 중년기의 변화인 종합적인 심리적 발달과정을 "개별화"로 설명한다. 그는 "개별화란 만들어지고 차별화되는 과정"이라 정의하는데, 이는 의식과 무의식(Jung, 1921: 448) 사이의 대화를 묘사하는 과정이다. 의식-무의식의 대화는 꿈, 직관, 감정적 상태에 대한 개별적 관심이다. 의식과 무의식은 "개별화를 위한 대화"에 동등한 파트너이기는 하지만, 그들의 관점은 서로 매우 다르다. 의식이라는 마음은 '바로 여기'와 '지금'에 대한 적응에 초점을 두고 있다. 반면에 무의식이라는 마음은 과거와 현재 그리고 미래로부터 끌어온다. 융은 이들 사이의 상호작용이 성장을 위한 생존 메커니즘이며, 인간의 단기적 그리고 장기적 욕구를 설명한다고 본다.

의식과 무의식 간의 대화는 인간의 모든 기능적 측면과 연관된다. 무의식은 육체와 마음, 개인적 영성만이 아니라 신체적 · 사회환경적 상태를 설명한다. 융은 무의식이란 개인사(개인 무의식)로부터 나오는 소재와 소속 민족(집단무의식)의 축적된 경험에서 나오는 소재로 구성된다고 본다. 개별화는 집단무의식에서 나온 이미지와 상징만이 아니라 개인 무의식이 무시하고 억압해온 것에 대한 각성이다. 융은 꿈, 직관, 생애, 직업과 관련된 모든 정보를 가지고 무의식에 만들어진 상징을 탐구한다. 그는 의식과 무의식 양자가 만나고 대화한 결과로 변형을 가져온다고 믿는다. 의식이라는 인격은 내부적 세계에 대해 신중하고, 무의식이라는 인격은 꿈과 직관을 통한 인격적 성장을 이루기 위해 협력한다. 이러한 심리학적이고 영성적인 변화는 대개 생애에 걸쳐 진행되지만, 심리치료 과정에서 나타날 수도 있다.

융은 서로 다른 이 두 가지 형태, 즉 의식과 무의식이라는 관점의 인격 변형을 설명한다. 의식이라는 인격의 변화를 설명할 때, 융은 생애란 그 자체로서 신의 의지와 관계가 있다는 루돌프 오토(Rudolf Otto, 1958)의 신의 존재를 의식할 때 경험하는 영적 또는 종교적인 정서인 신비함 또는 외경심을 일으키는 감정인 '누미노스(numinous)'[9]라는 용어에 관심을 갖는다.

더욱이 그는 "나-자신(I-ness)"의 의미는 자아가 자신의 생애 최고의 감독이기를 멈추지 않는 것이라 했다. 이 인격 변형에서 전자가 우세할 동안 자아(나-자신)가 전적으로 사라지는 것은 아니다. 실제로 융은 인격 변형을 통해 건강한 인격을 가져야 한다고 강조한다. 의식 한계에 이르고 재구조화되는 자아는 신의 존재를 의식하고 외부 세계와 내부 세계 모두를 자신에게 초점을 두고 관심을 갖는 중요한 역할을 한다. 의식이라는 자아의 우

9) 누미노제(Numinose)는 독일의 신학자이자 종교사가인 루돌프 오토(Rudolf Otto)가 라틴어 numen(신적 존재)의 형용사 numinos로부터 종교적 경험에서의 신비체험을 설명하기 위해 만들어낸 용어로, 초세속적이고 압도적인 절대타자에 대한 경외의 감정과 종교적 매혹을 내포하고 있는 개념이다. 오토는 독일어의 heilig(神聖)라는 말이 합리적이고도 도덕적이어서 '표현하기 어려운' 본질을 나타낼 수 없다고 하여 라틴어의 누멘(numen: 아직 명확한 표상을 갖추지 않은 초자연적 존재)에서 이 용어를 새로 만들었다. 누미노제는 사람이 스스로 피조물이라는 것을 절감하게 되는 '무섭고도 거룩한 신비경험'으로서 외경심을 불러일으키는 전율적인 무서움, 압도적인 권위, '절대타자'로서의 신비 경험을 말한다. 인간이 거룩한 존재 앞에 섰을 때 자신이 진실로 피조물임을 존재론적으로 절감하는 감정적 · 미학적 · 직관적 체험 또는 참된 자신을 자각하는 체험이기도 하다. 오토는 누미노제 체험 안에는 무엇이라 말할 수 없는 신비하고 매혹적이며 두렵고 떨리는 요소가 있으며, 누미노제는 인간의 영혼을 사로잡는 존엄한 가치이지만 말로 표현할 수 없고 다만 암시할 수 있을 뿐이라고 설명한다.

선적 과업은 감정적 상태, 직관, 꿈으로 나타나는 무의식에 동화되는 것이다. 그래서 자아는 우월적인 지위로부터 내려와 자아와 무의식 간의 대화를 위한 중요한 파트너가 된다.

무의식의 변화에 대해 융은 자기원형(Self-archetype)과 그 반대 측면의 재조정이라고 말한다. 자기원형, 즉 자기란 전체성을 향한 심리적 총합의 움직이는 중심을 나타낸다. 원형이라는 용어는 문화와 인류 역사의 다양한 시대를 거친 상징과 이미지로 언급된다. 융은 원형이란 민족의 집단적 전승을 표현하는 보편적 상징이라고 본다. 상징은 "집단무의식"이라고 언급한 이미지와 형태이다. 자기란 선/악, 여성/남성, 정신/물질 같은 심리적 특징과 충돌하는 갈래들을 재조정하는 반대편 단위이다.

융은 초월적 기능에서 자기(Self)를 설명할 때, 심리적 반대편을 재조정하는 자기의 능력을 강조한다. 그는 "초월"에 의해 생애에 있어 의식과 무의식 관점은 모두 한계를 넘는다는 견해를 보인다. 융에 따르면, 이러한 초월적 관점은 무의식에서 나오는 직관과 꿈만이 아니라 의식의 반영과 판단을 고려한다. 의식과 무의식의 직면은 상대편에 대한 긴장을 일으키는 에너지를 사용하고, 그들 간의 상호작용은 뭔가 독특하고 의식과 무의식 관점의 총합 이상의 무언가라는 세 번째 관점으로 이끌어간다. 〈그림 7〉은 심리적 발달을 그림으로 표현한 것이다.

융은 개인과 집단무의식 모두로 나타나는 소재를 포함하는 생애의 양극단, 즉 선/악, 여성적/남성적 등을 관찰한다. 첫 번째 양극단은 선/악인데, 융은 "그림자"라는 용어를 사용한다. 개인적인 그림자는 반드시 나쁜 것은 아니지만 인격의 열등하고 저개발된 측면을 포함한다. 개인적 그림자는 우선적으로 심리적 투사와 꿈들에서 보인다. 우리는 자신이 거부하거나 미처 깨닫지 못했던 외부적 세계에서 심리적 투사의 의미를 찾아볼 수 있다. 예를 들어 우리가 자신의 분노를 인식하지 못했을 때, 오히려 주변에

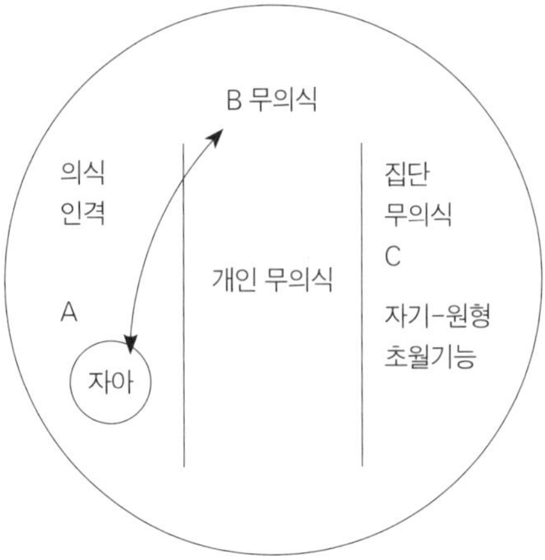

이 그림은 자아(ego)에서 정체성 중심으로의 심리적 무게중심의 변화를 보여준다. 융은 '자기(Self)' 또는 '자기원형'이라고 부른다. 이 변화는 정서적인 상태, 꿈 및 직관에 나타난 무의식적인 소재(material) B에 직면하는 의식적 자아(A)와 관련된 중년기 변화의 본질을 나타낸다. 이 두 가지 관점의 상호작용에서 세 번째 입장은 삶에 대한 의식적 및 무의식적 관점 모두를 고려한 독특한 견해인 자기원형 또는 초월적인 기능을 나타낸다(C). 자아 또는 탁월한 기능을 나타내는 원은 무의식에 중심을 두고 있지만(의식적 자아의 통제에 의해 완전히 통제되지 않음을 나타냄), 그 주변에는 새로운 성격이 조직을 구성한다는 의식적 인격이 포함된다. 전체 성격, 의식 및 무의식 차원에서, A에서 C로의 변화는 자아정체성에서 더욱 광범위하고 보편적인 자기(Self) 정체성으로의 이동으로 생각할 수 있다.

〈그림 7〉 중년기 변형의 핵심-초월적 기능 확립

있는 다른 사람들의 분노를 보려는 경향이 있다. 꿈 안에서의 그림자는 보통 어둡고 희미하게 드러난다. 융은 꿈속에서의 인물은 항상 꿈꾸는 사람과 동일한 성별이라고 말한다. 그는 악마의 형상 같은 악에 대한 전통 종교적 상징으로 묘사될 수 있는 집단적 그림자를 설명한다.

두 번째 중요한 양극단은 심리적 변형 과정에서 나오는 용어인 여성화/남성화이다. 융의 견해는 의식 인격은 항상 문화적 기대와 개인의 신체를 반영한다는 것이다. 그래서 남성은 그 특성을 습득하고, 여성은 사회에 맞는 여성적 특성을 습득한다고 본다. 다수의 사람들에게 이러한 측면은 사회가 성별 나름의 능력을 무시하고 상대편 성별 특성이 성장하지 못하는 퇴화를 방치하기 때문에 일어난다. 특히 중년기 동안 무의식은 의식적인 인격을 혼란스럽게 할 수 있는 소홀하고 저개발된 잠재력의 정서적인 상태, 꿈 그리고 직관을 보여준다.

중년기 변형의 사례

중년기의 영성과 종교적 변형에 대해 논하는 것은 쉽지 않다. 두 사람의 이야기를 통해 그러한 성장과 연관되는 것에 대해 살펴본다. 중년기의 영적 변형에 대한 다음 사례는 일반적 사례보다는 좀 더 극적이지만, 윌리엄 제임스의 인용처럼 극적인 사례는 오히려 현상이 무엇인지 알고 이해하기 쉽게 한다.

리처드 올포트의 변형이 바바 람 다스에게로

사회심리학자 리처드 올포트의 유명한 이야기는 『여기 지금을 기억하라(Remember Be Here Now)』(1971)는 자서전에 나온다. 올포트의 영적 여정은 3단계로 구분되어 있다. 첫 단계는 학문적인 업적과 메르세데스 벤츠 세단, MG 스포츠카, 트라이엄프 자전거, 세스나 비행기, 그리고 보트 등으로 세계적 성공을 이룬 하버드 심리학자의 경우이다. 학문적인 삶에서 모든 것이 잘되어갔는데도 그는 자기 일에 대해 회의가 생기기 시작했다. 책을 저술하고 연구를 진행하면서 인간의 동기와 프로이트에 대해 관심을 끌 만한 강의를 하는 등 말 그대로 잘하고 있었지만, 의미 없는 게임을 한 것처럼 자기 삶이 뭔가 잘못되었다고 느끼기 시작했다. 그러고는 음주와 우울증, 불안에 시달렸다. 그는 자신의 문제와 불만족을 풀기 위해 5년 동안이나 정신분석을 받았다.

이러한 올포트의 불만족은 하버드의 동료인 티모시 리어리(Timothy Leary)에 의해 인생의 다음 단계로 가게 했다. 올포트는 리어리와 친구가 되었고 그들은 함께 코스를 강의했다. 어느 여름, 쿠어나바카(Cuernavaca)에서 한 멕시코인 인류학자는 리어리에게 그 지역의 "마법의 버섯"을 소개했다. 리어리는 돌아와서 마법의 버섯을 새롭게 합성해서 사일로사이빈(psilocybin)[10] 한 묶음을 실험했고, 올포트와 나누었다. 올포트는 다음과 같이 굉장한 경험을 말했다. 그는 사일로사이빈을 소량 복용한 후 혼자 방에 있었는데, 2미터나 되는 남자가 서 있는 것을 본 것 같았다. 놀라운 것은 자기가 본 그 남자는 정장을 한 자신이었다. 그 사람은 자신으로부터 분리된 자기의 일부분이면서도 자신의 본질적인 부분은 아닌 것처럼 느껴졌다. 그리고 그 사람은 사회적인 면에서 보편적인 모습으로 자신을 변신시켰다. 그는 서서히 이것이 자기 실체가 아님을 절실히 깨달았다. 그 인물은 반복해서 온갖 모습으로 변신했다. 그는 자기 삶에 불필요한 모습은 사라지도록 해보려고 했다. 그는 모든 개인적이고 사회적인 역할 없이 오로지 자기 자신을 따라가 보았고 자기 육신도 사라진 것 같은 공포에 사로잡히면서 소파에 앉아 있기만 한 자신을 볼 수 있었다. 그렇게 공포가 엄습해올 때,

---

10) 사일로사이빈은 북미대륙에 자생하는 신비한 버섯에서 추출한 환각물질로, '임페리얼 칼리지 런던 연구팀'의 연구 결과 버섯 속에 든 정신활성 성분이 극심한 통증 및 불안증과 우울증을 느끼는 말기 암 환자들의 정서안정에 도움이 되었으며, 우울증 치료에 실패한 사람들에서도 부작용 없이 우울증을 성공적으로 치료할 수 있는 것으로 나타났다. 한편 존스홉킨스대학과 뉴욕병원이 실시한 실험에 참여한 피험자 60퍼센트가 "전적으로 신비한 경험"을 했다고 답했다. 이 물질은 창의력, 상상력, 미적 감각을 높이고 개방적인 사고방식을 갖게 해주는 등 성격을 긍정적으로 바꿔준다고 한다. 미국에서는 환각물질로 분류하여 의학적 목적의 실험만 허용되고 있다.

그에게 조용한 목소리가 들렸다. "누가 열심히 일하고 있는가?" 이 질문에서 그는 사회적 지위도 없고 심지어 육체도 없는 거기에서 고요와 측은함으로 이 드라마를 지켜보고 있는 "나"를 깨닫게 되었다.

문득 그는 공포에서 벗어나 사회에서 독립되고 육체와 일치감을 가진 심오한 기쁨을 경험했다. 올포트는 드디어 더 넓어진 일치감과 더 깊은 세상과의 연결을 깨달았다. 문제는 이러한 깨달음이 일시적이라는 특성을 갖고 있었다. 여러 번 그는 화학적 수단을 통해 이러한 의식 상태에 이르렀지만, 역시 점차 사라지고 옛날의 정체성과 사회적 역할로 돌아가곤 했다. 삶에 대한 일상적 생각은 그를 고단하고 우울하게 했다. 물론 그에게 있었던 놀라운 경험이 정체성의 새로운 지평과 가치, 세계관을 보여줬더라도 말이다.

올포트는 『티베트 사자(死者)의 서(書)』[11]를 소개하면서 전환점을 맞는데, 거기에서 그는 사일로사이빈과 같은 매우 유사한 경험을 밝혔다. 2,500년이 넘은 이 오래된 책은 죽음과 부활을 위한 티베트의 라마교 승려가 쓴 것이다. 올포트는 이 책을 연구하면서 자신이 경험한 사일로사이빈의 심리적이고 영적인 죽음과 부활에 병행하는 육체의 죽음과 부활을 위한 티베트인의 준비를 신봉하게 되었다. 올포트는 동양의 영적 지혜에 대해

11) 『티베트 사자의 서』는 고대로부터 구전된 내용을 8세기에 파드마 삼바바가 기록한 것으로, 근세에 와서 1927년에 번역자 라마 카지 디와삼둡과 편집자 에빈스 웬츠에 의해 출판되면서 알려지게 되었다. 이 책의 원제목은 '바르도 퇴돌'인데, 바르도(bardo)는 '둘(do) 사이(bar)'라는 뜻으로 이 세계와 저 세계 사이의 틈새인 중간상태를 말한다. 티베트에서는 사람이 죽은 다음에 다시 환생하기까지 머무는 중간상태를 '바르도'라고 부른다. 그 상태에 머무는 기간은 49일로 알려져 있다. "퇴돌(Thos-grol)"은 '듣는 것으로(thos) 영원한 자유에 이르기(grol)'라는 뜻이다. 따라서 이 책의 제목은 '사후 세계의 중간상태에서 듣는 것만으로 영원한 자유에 이르는 가르침'으로 번역된다. 고대 티베트인은 사람이 죽은 후 의식체(영혼)를 분리하는 과정을 '포와(phowa)'라고 했으며, 이 의식을 거행할 스승이 없을 경우, 3일 반 또는 4일이 걸려야 의식이 육체로부터 떠난다고 생각했다. 평소 많은 수행을 하여 임종의 순간 빛 속으로 들어간 영혼에게는 이 책을 읽어줄 필요가 없고, 만약 의식 전이가 이루어지지 않으면 시신 곁에서 발음이 분명하고 문장이 명확하게 3번 또는 7번 『티베트 사자의 서』를 읽어주면 죽은 사람이 바르도를 안전하게 통과해서 행복하게 환생할 수 있다고 믿었다.

더 많은 연구를 진행하면서 친구와 인도로 갔다. 인도를 돌아보고 난 후 그는 자신의 어머니가 어떻게 돌아가셨는지에 대해 안다는 노인을 소개받았다. 올포트는 어떻게 이 노인이 자신의 생각과 과거의 사건을 알 수 있는지 노심초사했다. 급기야 그는 이 구루(guru)[12]의 추종자가 되었다.

올포트는 자신과 세상을 또 다른 시각으로 경험하는 변화를 설명한다. 그는 인간이 자아를 망가뜨릴 때, 자기의 인격까지 잃어버리는 것은 아니지만 그 안에서 일치되지는 않는다고 말한다. 올포트는 이제 자기 의식과 에너지, 사랑의 온전한 일치를 경험한다. 그가 '바바 람 다스(Baba Ram Dass)'라고 명명한 고대의 종교적 풍습은 자신의 정체성 및 가치, 세계관의 급진적 변형을 상징화하기 위해 소개된다. "Baba"는 친애와 존경의 용어로 "아버지"를 의미하고, 람 다스는 "Ram의 신하"〔부활한 신 비시누(Vishnu) 중 한 명〕를 의미한다. 이는 중년기 변형을 추측하기 위해 종교적인 특성을 분명하게 강조하기 위한 사례이다.

성배 순례(Grail Pilgrimage)에 의한 진 시노다 볼렌(Jean Shinoda Bolen)의 변형

진 볼렌의 『아발론 항해〔Jean Bolen's Crossing to Avalon: 중년기 여성의 성지순례(A Woman's Midlife Pilgrimage)〕』(1994)는 중년기 변형에 대한 두 번째 사례이다. 그녀의 이야기는 영국의 글래스턴베리(Glastonbury)로의 순례여행에 대한 초대로 시작되며, 이곳은 유명한 기독교 수도원의 유적지이자 여신의 영역인 아발론을 건너는 전설의 장소이기도 하다. 당시 볼렌은 마흔아홉 살로 심

12) 구루(guru)는 힌두교에서 혼자 힘으로 영적 혜안(慧眼)을 얻은 정신적 스승이나 영적 지도자를 말한다.

리학자이면서 융 분석가로 유명했는데, 19년의 결혼생활에 종지부를 찍으면서 고통과 환영으로 힘들어하던 때였다. 그녀와 남편은 부모 역할을 잘 해냈고 서로 각자의 일을 지원했지만 의사소통에 문제가 생기자 자신들의 욕구, 분노, 실망, 유약함을 표현하는 것이 어려워졌다. 감정을 잃고 나서 그녀는 중년기를 되돌아볼 기회로 성지순례 초대를 수락했다. 볼렌은 영적인 여정에 어울리는 상징으로 성지순례를 강조하고, 특히 성배(聖杯)순례는 옛날에 숨겨진 곳으로 추측되는 유적지로의 여정이었다.

성배순례는 대개 마지막 만찬에서 예수가 사용했던 신성한 술잔으로 생각되며, 수천 년간 서구 기독교의 강력한 상징이었다. 또 다른 측면에서 성배는 예수가 십자가에 못 박혔을 때, 상처에서 흐른 피의 일부를 담은 술잔이다. 성배 전설은 여러 가지 형태의 이야기와 견해가 있는데, 왕국이 폐허가 되고 부상 당해 입은 상처가 성배에 의해 치유될 것이라는 피셔왕(Fisher King) 이야기가 가장 유명하다. 어느 이야기에서 영국 최초의 교회의 아리마대의 요셉(Joseph of Arimathea)은 글래스터베리의 성지(聖地)에서 성배를 가져왔다가 잃어버렸다. 카멜롯(Camelot) 이야기는 이 주제를 가지고 원탁의 기사들이 성배를 찾는 내용이다. 또 하나의 전설은 아서왕이 마지막 전투에서 부상 끝에 성배를 차지했고, 글래스턴베리에서 죽게 된다는 내용이다.

볼렌은 성배의 상징을 중년기의 변형 여정에 견주어 두 가지 차원으로 본다. 심리적 수준에서 성배는 예수 혹은 자기원형의 상징이고, 반대편을 통합하고 의미를 제공하는 인격의 영적 센터이다. 부상당한 피셔왕은 지속적으로 만성적 불안과 우울증으로 힘든 자아가 자기원형으로부터 분리되는 것을 나타낸다. 사회학적 수준에서 피셔왕의 상처는 치열한 경쟁, 정신적 가치에 대비한 물질적 사회에 대한 풍자를 상징하고 과학은 절망, 공포, 무의미함, 공허함, 중독으로 정신적 황무지를 초래하는 등 광범위하게 정신의 실체를 무시한다. 이러한 영적인 척박함은 황무지, 기근, 무력충돌,

잠재된 핵무기, 그리고 온전한 지구를 물리적 황무지로 만드는 위험의 증거가 된다. 볼렌에게 성배와 여신은 개인의 상처받은 정신과 신음하는 지구를 치유할 수 있는 삶의 약속과 의미를 나타낸다.

볼렌은 성지순례를 통해 중년기 상황을 묵상하게 된다. 마흔 살에 겪은 신비로운 체험 이후였다. 당시 그녀는 어린 아들을 둔 엄마 환자의 예견된 죽음에 열중하던 상황이었다. 한 주 정도의 분석 시간이 끝날 즈음 그 환자는 뭔가 잘못되어감을 느끼고 볼렌에게 그 상황을 물었다. 볼렌의 눈에서 눈물이 흐르자, 그 여성이 다가와 볼렌을 끌어안았다. 볼렌은 그녀가 오히려 보이지 않는 여신(女神)의 팔 안에서 자신들이 존재하고 있음을 느꼈다고 한다. 그녀의 가슴 한가운데서 깊은 상처가 열리고 가슴으로 퍼지는 것처럼 보였다. 그녀는 이 경험이 다른 여성에 대한 측은함을 통해 묵상된 절대자의 존재라는 명백한 증거로 믿었다. 이러한 강력한 모성적 신성 발현의 체험은 상당 기간 볼렌에게 영향을 미쳤다. 이후 그녀는 누군가에게 측은함을 느낄 때마다 자기 가슴속에 사랑 비슷한 상처가 고조됨을 느꼈다.

이제 그녀의 글래스턴베리 순례라는 성배순례의 경험은 분석 시간에 여신에 대한 심오한 종교적 감정으로 이해된다. 그녀는 점차 모성적이고, 여성적이며, 위로의 에너지로서 여신의 현존을 느낀다. 그녀의 경험은 여성적 시각에서 성배 이야기를 다시 생각하게 한다. 볼렌은 성배에 대한 켈트족과 드루이드교[13] 신화에 심취했고, 여신의 가마솥(the Cauldron of the Goddess)[14]은 재탄생과 영감을 주었다. 물론 여신에 대한 그러한 이야기들은 그리스도교 성배 전설에 영향을 미쳤다. 그녀와 많은 여성들의 경험에 대

13) 갈리아(Gaul), 브리튼(Britain), 아일랜드(Ireland)에서 살았던 고대 켈트족이 믿었던 종교를 말한다.

14) 고대 켈트 지방에서 숭배되던 세리드웬 여신의 가마솥은 생명을 가져다주기도 하고 앗아가기도 하는 약을 끓이는 변형의 가마솥인데, 끓고 있는 약은 지혜와 생명을 주는 마법의 약이다.

한 심사숙고라 함은 그녀가 현존을 인간적 교감으로 끌어낼 수 있는 양육자이자 위로자로서 여신을 보는 것이다. 그녀의 영적인 경험은 성배가 여신과 여성적 신비의 실체 안에서 발견됨을 확신케 한다. 여신은 여성의 몸인 성배를 통해 그녀에게 나타난다. 볼렌은 성배가 개인과 세상을 치유하기 위해 세상에 되돌아온 여신의 의식이 발현된 것이라 본다.

볼렌은 글래스턴베리로부터 초기 몇 년의 꿈과 다른 세계를 드러낼 수 있는 핵심을 여는 비밀 방을 발견한 것에 대해 회상한다. 이 꿈은 글래스턴베리에 도착했을 즈음 그녀에게 나타났는데, 자신은 평범한 실체와 변화되는 세계 사이의 장막이 더 얇아지는 꿈의 경지에 재진입하는 중이라고 생각했다. 그녀는 신비스런 시간과 장소에 있다고 느꼈으며, 자신의 개인적 이야기는 이 신비스런 땅에서 더 가까워진 여신과 함께하는 데서 나왔다. 아발론(Avalon)[15]을 지난다는 것은 시간과 영원이 교차하는 여신이라는 미지의 세계로 가는 것이다. 이곳에서 꿈과 동시적 사건들(의미 있는 우연의 일치)은 낯선 지형에서 그녀를 측은지심(惻隱之心)[16]으로 이끌었다. 볼렌은 옛날 방식의 삶과 죽음, 그리고 더 이상 그전의 사람이 아닐 수 있는 자신의 변형을 기술한다.

중년의 숲에서 그녀가 얻으려고 애쓴 것은 무엇일까? 그것은 바로 신(神), 여신(女神), 도(道), 혹은 영성이 그녀에게 알려준 순환하는 자기원형(Self-archetype)으로서의 그녀 자신이다. 그녀는 자신의 삶의 의미를 태양 같은 따뜻함과 빛나는 존재인 신성 주변을 맴돈 결과로 생각한다. 그녀는

15) 아발론은 영국 어디엔가에 있었다고 여겨지는 전설상의 섬이다. 고대 영어로 사과를 뜻하는 '아발(abal)'에서 유래한 말로 추정되며, 실제로 켈트족 출신의 시인 탈리에신은 아발론을 '사과의 섬(Isle of the Apples)'이라 불렀다. 이러한 해상낙원의 개념은 인도-유럽계 신화의 전형적인 특징이다.

16) 측은지심은 인간의 본성에서 우러나오는 마음씨로, 다른 사람의 불행을 불쌍히 여기는 마음이다.

이런 자신의 주변에 대한 순환적 운동을 글래스톤베리에서 신성한 장소를 우회한(걸어 다닌) 경험에 비유하면서 그녀의 생각은 성배와 여신 주변을 순환하는 형태로 움직였다. 볼렌은 자신의 성지순례를 인격의 변형을 일으키는 신성한 중심과 접촉하는 자신을 우회시키는 내부 과정의 외적 표현으로 본다.

중년기 영적 경험의 또 다른 사례

앨리스터 하디(Alister Hardy, 1979)가 인용한 다음 사례는 중년기 변형이 지적인 영역에 국한되지 않음을 보여준다. 그녀는 자기 정체성과 세계관이 확장하는 유체이탈 경험을 한 마흔여섯 살의 건강한 여성이었다. 어느 날 그녀는 소파에 누워 있을 때, 주변이 너무나 밝아지면서 갑자기 자신의 몸이 천장으로 올라가는 것을 보고 경악했다. 그녀는 소파에 누워 있는 자신의 몸과 일치하지 않는 것을 부주의하게 느꼈지만, 의식은 더욱 또렷이 자신의 몸을 관찰하고 있었다. 그리고 그녀는 바로 자신의 육체로 돌아오지 않는 상태에 있었다. 이러한 경험 이후 그녀는 자신의 영적인 본성에 대해 더욱 민감해졌고 더 이상 육체적인 죽음이 두렵지 않았다.

또 다른 사례에서 마흔일곱 살의 남성은 3주에 걸쳐 자신의 정체성과 세계관이 변형되는 매우 황홀한 경험을 했다. 그는 이 시기를 흔들림 없이 사랑받고 삶이란 더할 수 없이 좋은 것으로 느낀 시기라 했다. 그의 개인적 정체성은 외부적 세계와 함께 드러나는 것처럼 보였다. 그는 자신에 대한 감각을 잃지 않고서도 자신과 자신을 둘러싼 모든 사물에 동화되는 것 같았다. 이 기간 동안 그는 말이나 이미지를 통하지 않고서도 모든 사물과 의사소통을 했다. 이 대단한 경험은 자신이 주변 세상의 한 부분임을 느끼게 했고, 모든 사물과의 상호연결성에 대한 깨달음을 주었다.

마흔한 살의 남성은 만물의 통일성에 깊은 인상을 받은 강력한 영적 경험을 했다. 그는 자신의 영혼이 자기의 감각, 행복감으로 확장되는 것을 느꼈다. 먼저 그의 일치성은 주변을 포함해서 확장되었는데, 이 확장은 모든 사람과 모든 것에 연결될 때까지 지속되었다. 황홀경의 강도가 커지면서 그의 몸은 다른 사람들을 도울 수 있는 거대한 희망과 힘으로 채워졌다. 그의 세계관은 모든 면에서 절대자에게 초점을 두게 되었다. 그는 통일된 경험 이후 모든 종교와 과학이 온전한 실체로 가는 통로라는 것을 믿게 되었다.

변형의 신화적 차원

신화란 생애주기를 통해 우리의 움직임을 주도하기 때문에 여기서는 특히 중년기에 대한 신화(Campbell, 1973)를 살펴본다. 신화란 중년기 사람들을 민족의 종교와 영적인 변형으로 끌고 가는 가치 있는 안내서이다. 진 볼렌(Jean Bolen)의 사례는 신화가 중년기의 변형으로 어떻게 안내하는지 잘 보여준다. 우리는 그녀가 성배를 주제로 신화를 그려낸 종교적 변형에 주목한다. 성배신화는 그리스도인이 되기 전과 그리스도교적인 의미에 대한 그녀의 변형 경험을 심화한 것인데, 신과 절대자의 융합을 꾀한 옛날 선조들의 기대에 부합하는 것이라고 볼 수 있다. 신화와 신화적 주제는 무의식의 주제에 대한 심화된 수준을 나타내는데, 중년기 변형의 핵심으로 묘사되는 융의 의식-무의식 대화에 부합한다. 융(1934)에 따르면 신화는 정신의 본질을 보여주는 것이며, 신화적 주제라는 집단무의식은 중년기의 변형을 이끌어내는 중요한 자극이 된다. 신화는 삶과 죽음의 생애주기 단계를 경험한 수많은 선조 세대의 지혜가 정제된 것이다. 이러한 측면에서 신화는 영적인 수준에서 우리가 신화를 어떻게 다룰지 이해하는 데 도움이 된다. 개인 이야기의 중요한 부분은 가족의 근본에 관한 생물학적인 사실, 직업, 관계들, 사회적 혹은 지리적 위치를 변화시킨다.

개인의 사적 이야기는 신화(Jung, 1963)에서 드러나는 것처럼 서로 관련되거나 인간의 보편적인 열망과 함께 우연히 맞아떨어지기도 한다. 앞서 3장에서 사람들의 이야기라는 기능이 그들의 정체성 안에서 어떻게 만들어지고 유지되는지, 그리고 어떻게 그들의 가치와 세계관을 상징하는지를 살펴보았다. 여기서 우리는 보편적 신화의 주제에 영향을 받은 개인적 이야기의 더 진전된 차원을 살펴본다. "신화(myths)"라는 단어는 다양하게 표현된다. 사전에서는 보통 "신화"를 신이나 영웅의 업적에 초점을 둔 전통적 이야기로 정의한다. 대개 "신화"는 잘못된 약속에 근거하거나 우화적 인과(因果)에 대한 맹신으로 재인용된다. "평평한 지구"에 대한 신화는 지금은 이미 과학적으로 잘못된 것으로 밝혀진 사례이다. 한편 롤로 메이(Rollo May, 1991 : 23)는 "거짓됨"이 우리 시대의 문화에 번져나가는 신화라고 정의한다.

말할 것도 없이 잘못된 믿음으로서 신화의 함축적인 의미는 신화가 일정 부분에서 세상의 기원과 그 형언할 수 없는 현상을 풀어내려는 생각이라는 점에 있다. 예를 들어 오늘날 창조신화를 읽을 때, 초기 인간이 신비롭고 위험하게 세상을 이해하고 다룬 원시적 과학의 하나로 볼 수 있다. 말하자면, 이러한 이야기들은 사실상 물리학적 기원과 사물의 본성에 대해 회자되는 것이다. 그러나 신화란 꿈과 같이 문학적인 의미 이상의 깊이를 가진 다차원적 이야기이다. 우리가 이야기의 껍데기에 집중한다면, 신화가 가진 세상과 자연의 현상, 그리고 우리 존재에 대한 본질적인 의미를 깨닫지 못할 것이다. 좀 더 심화된 차원으로 보면 신화는 인간이 자기 세계와 생애에서 겪는 주요 사건들을 어떻게 이해해왔는지에 대한 기록이기도 하다.

신화는 전체 문화에 대한 심리적이고 영적인 생애 혹은 전체로서의 인간에 대한 정보를 제공한다. 동시에 꿈이란 개별적 인간의 내면적 세계를 반영한다. 신화와 꿈은 모두 내면적 차원과 인간 경험의 깊이에 대한 상징적 이야기들이다. 정신분석가들은 신화와 꿈 사이의 밀접한 관련성에 주목해왔다. 때로 신화와 신화적 주제는 동시대 사람들의 꿈에서 드러난다. 예를 들어 볼렌(1994)은 성배신화에 대해 영적인 질문을 상징화한 수많은 꿈을 꾸었다. 프로이트(1933)는 환자들의 꿈에서 신화를 주제로 한 내용을 자주 찾아볼 수 있었다. 그는 신화적 주제란 꿈꾸는 사람의 심리적 조건과 삶의 조건에서 신화적 주제와 어떻게 비슷한지를 꿈으로 보여준다고 한다. 이러한 신화는 환자들의 꿈과 심리적 조건을 이해하기 위한 광범위한 맥락을 제공한다. 더불어 동시대적인 꿈들은 역사 초기(Freud, 1916)에 만들어진 신화라는 본래적 재미에 비추어 상호작용한다는 것이다. 예를 들어 프로이트는 현대의 오이디푸스적 꿈을 아들과 아버지가 오이디푸스 신화 그 자체에 무의식적으로 작용하는 시간을 초월한 경쟁을 보여준다. 그래서 프로이트는 신화와 꿈이 서로 투사하는 것으로 생각한다. 공통의 상징적 언어를 통해 신화와 꿈은 동일한 무의식에서 나온다고 믿은 프로이트는 신화를 이해하기 위해 꿈 해석에 대한 통찰에 적용했다.

카를 융(1912)도 신화와 꿈의 밀접한 관계를 탐구했다. 인류의 초기 시대에 신화의 창시자들은 깨어 있는 동안 우리가 꿈에서 생각하는 것과 비슷한 패턴으로 생각하고 초기 인류로 되돌아간다. 그리고 꿈꾸던 경험에서 우리는 초기 조상의 내면의 삶을 더 잘 이해할 수 있다고 믿었다(p. 23). 융은 인간성의 젊은 보물로서 신화의 가치를 높이 평가했다. 심리학적 용어로 그는 신화를 집단무의식에서 나오는 것으로 보았다. 융은 신화적 주제가 인간의 심리적이며 영적인 계보의 한 부분이기 때문에 동시대인의 꿈에 나온다고 생각했다. 한편 모든 꿈이 이러한 원형적 깊이에 도달하는 것은 아니며, 매우 중요한 그리고 특별히 꿈꾸는 사람들을 넘어서 더 큰 사회적 지향으로 언급되는 "큰 꿈"만이 해당한다. 고대 로마에서 다수 토착민의 민족의회에서 논의되었던 그러한 "큰 꿈"은 원로원에 공표되었다. 이러한 꿈은 규모가 큰 지역사회에 중요한 정보이면서 인간집단의 살아있는 진실을 표현하는 것으로 인식되었다. 그래서 꿈을 독점하는 것으로 생각되지 않았다고 지적한다(Jung, 1935a).

신화는 우리가 살고 있는 세상과 우리 생애의 의미에 대해 시간을 초월한 인간의 고민을 다룬다. 조지프 캠벨(Joseph Campbell)은 인간사에서 신화의 다양한 역할에 대해 포괄적으로 저술했는데, 신화의 네 가지 세대 기능, 즉 사회적 · 범우주적 · 심리적 · 신화적 기능에 대해 서술한다. 신화의 사회적 역할들은 개인과 사회와의 조화이다. 이때 신화는 특정한 시간과 문화에서 삶의 지혜를 이야기한다. 범우주적 기능은 자연과 인간의 몸과 마음에 대한 조화를 도와준다. 이러한 이야기들은 우주의 의미와 신비를 강조하는 형태로 물질적인 세상을 보여준다. 심리적 기능은 생애의 단계와 생애의 변형을 어떻게 다루는지를 보여주는 것으로, 이러한 이야기들은 인간의 삶이 악조건에서도 제대로 사는 법을 제시한다. 신화적 기능은 초월적 인간의 생애와 세상에 현존하는 신성에 대한 경험을 열어주는 것이다.

캠벨(1973)은 신화가 생애의 본질적인 모든 문제를 통해 인간을 안내한다고 본다. 꿈과 같이 신화는 생애의 단계를 통해 안내를 제공한다. 캠벨은 현 시대는 더 이상 개인과 사회를 안내하는 변화적 의미의 신화적 삶을 살지 않지만, 꿈은 이러한 기능을 더하는 것으로 본다. "영향력 있는 신화의 부재로 우리는 개인적으로 인식하지 못하지만, 꿈에 대한 비밀스럽고 잠재적인 판테온(pantheon)[17]을 가지고 있다"(p. 4). 프로이트와 융의 다음 견해로 그는 개인화된 신화가 꿈이며, 다수 사람들 혹은 사회의 집단적 꿈이 신화라고 본다. 캠벨은 신화는 무의식과 동일한 우주의 상징으로부터 나오기 때문에 신화의 기능인 안내를 수행할 수 있다고 논의한다. 캠벨은 프로이트와 융의 가장 큰 차이점은 꿈은 꿈꾸는 자의 특이한 어려움을 반영하는 반면, 신화는 전체 사회와 심지어는 모든 인류를 위한 문제와 해결을 묘사한다는 데 있다.

하지만 현대사회에서 다수의 사람들은 신화적 지혜가 오히려 불리하다고 본다. 캠벨(1988)은 신화에 기대지 않는 현대사회의 특징은 과학의 영향에서 온다고 본다. 과학으로 인해 신화는 문학적인 해석으로 연구되고, 다수의 경우 이러한 이야기들은 경험적 사실과 물질적인 우주에 초점을 둔 과학성에 못 따라가므로 단지 변화의 깊이와 의미를 추구하는 것으로 결론을 낸다. 과학과 인과(因果)는 생애와 우주의 수수께끼를 푼다는 약속을 가지고 새로운 신화가 된다. 메리 미드글리(Mary Midgley, 1994)는 이러한 개념을 주제로 『구원으로서의 과학: 현대 신화와 그 의미(Science as Salvation: A Modern Myth and Its Meaning)』라는 책을 저술했다. 과학적 태도에서 파울러의 4단계 신앙과 유사한데, 세상은 인과로 이해되기에 알맞은 것 같지만 종교적 신화가 오히려 생애에 대해 해석해줄 수 있다는 것이다. 데이비드 엘킨스(David Elkins, 1998)는 신화와 꿈에 대한 함축적 방식과 같이 인식론적 접근을 무시한 채 과도하게 일방적인 과학적 모델을 비판하면서 신화를 신성에 대한 대체물적인 영적 통로의 하나로 본다. 캠벨처럼 그는 신화를 우리가 보는 세상과 초월성 간의 간극을 이어주는 은유로 본다. 신화는 신성이 우리의 세계와 우리 영혼의 양육을 향한 문을 여는 것이다. 엘킨스는 신화를 우리

17) 판테온은 그리스어로 '모든 신' 또는 '만신전'이라는 뜻으로 다신교인 고대 로마에서 모든 신들에게 제사를 지내기 위해 만든 신전이다.

의 영적인 생애를 지배하고 깊이를 더하는 탐험의 빛을 제공하는 것으로서 영혼에 불꽃을 일으키는 하나의 불씨라고 말한다.

영웅신화와 영적 여정

앞서 신화가 중년의 종교적 및 영적 변화를 통해 사람들을 안내하는 방법을 고려했으므로 중년기의 남성과 여성의 영적 여정을 위한 주요 은유로 보는 영웅신화를 살펴본다. 캠벨(1973)은 영웅 탐구가 인간 변형의 일정한 이야기 혹은 "단일 신화"이지만, 인간사를 거쳐 계속 변형을 거듭한다고 본다. 그는 영웅신화가 사실상 모든 문화와 역사의 시간에 걸쳐 영적 구도자들에게 영향을 미쳤다는 것을 보여주기 위해 다양한 자료에서 나온 증거를 제공한다. 융도 중년기 변형을 상징하는 그림으로 영웅신화를 핵심으로 본다. 그는 '개별화'로 불리는 인간발달의 전체 과정을 표현하고 주도하는 핵심적 원형을 영웅신화로 생각한다. 종합하면, 융은 인간이 그들의 어머니와 가족 그리고 물리적이며 사회적 환경으로부터 점차 구별되는 과정을 '개별화'라고 본다.

이러한 차별화로 고유의 인격이 만들어지고 성장하는 것이다. 융에게 개별화는 차별화와 의식 인격을 개발하는 이상의 것을 의미하는데, 인생의 전반기만 보여주기 때문이다. 인생의 후반기에 의식 인격은 무의식의 내면적 세계와 마주한다. 이러한 마주함에서 영웅신화의 상징이란 경계를 넘어가는 것 혹은 괴물에게 먹히는 것과 같다. 이 단계는 요나의 이야기[18]처럼 고래의 배 속에 들어가는 것이다. 에로스와 프시케[19] 신화는 프시케가 공포

18) 구약성서의 요나서 참조

19) 그리스신화의 프시케는 미소녀의 모습이 되어 에로스에게 사랑받은 영혼의 화신이다.

스러운 뱀과 결혼하기를 강요당하는 장면(Gollnick, 1992)을 가지고 중년기 변형 과정이 잠재적으로 치명적임을 보여준다. 이러한 것들이 무의식적으로 영웅(자아)이 직면하는 신화적 서술이다.

융(1912)은 이러한 변형의 경험을 '밤바다 항해'라고 부르는데, 이 용어는 수많은 신화에서 이 주제를 다룬 프로베니우스(Frobenius)[20]로부터 차용한 것이다. 밤바다를 항해하는 동안 영웅은 잠시 어머니의 자궁 안이라는 상징과 온갖 종류의 시험과 난관에 빠진다. 이런 '밤바다 항해'라는 변화는 신화마다 다르게 묘사된다. 그러나 이야기의 기본적인 특징은 괴물의 배 속에 불을 지르는 것이며, 이는 심리적 및 영적 변화가 어떻게 일어나는지를 상징한다. 불은 의식의 빛을 표현하는데, 무의식인 어두움을 뛰어넘는 방향성을 제공한다. 융에 의하면, 불을 지른다는 것은 무의식과의 미분화된 결합 상태를 끝내는 "굉장한 의식적 행동"으로 본다(1912: 211).

심리적 혹은 영적 변형의 핵심은 영웅의 신격화 혹은 신성시로서 영웅신화를 보여주는 것이다. 용어만 보면 인간은 신에게서 변형된다. 융은 이러한 변형을 자기원형의 표면화라는 상징으로 더 커진 인격센터가 이제 "영웅적" 자아와 합치하여 전체적 심리를 조정한 것이라 본다. 융은 그것이 자기원형이며, 만다라[21]의 순환되는 유형으로서 꿈과 신화로 표현된 것이라고 본다. 그래서 우리는 선형적이고 순환적인 은유들의 조합을 포함하여 변형에 대한 신화적 이미지를 찾아낸다. 영웅에 대한 연구는 성장의 선형적 흐름을 보여주지만, 사실 변형은 괴물의 배 속에서 잠자거나 무의식

---

20) 프로베니우스는 문화역사적인 민족학 방법론을 주창했으며, 선사시대의 예술분야 연구에서 독보적인 인물로 문화가 생물학적 의미와 생명체라는 견해를 제시하면서 청년기, 성숙기, 노년기를 거친다고 주장했다.

21) 만다라는 마음의 본질을 성취하는 하나의 깨달음을 의미한다. 이 깨달음을 상징하는 그림은 내면화 과정을 반복하여 성취되는 하나의 순환으로서 크게 원형으로 표현되는 것이다. 불교의 탱화로는 본래 갖춘 덕을 표상하여 원형의 그림으로 그려진 군신상으로 표현된다[김용환(1991), 『만다라: 깨달음의 영성세계』, 열화당].

의 깊이를 응시하는 정도이다. 영웅신화의 이런 측면은 자아를 중심으로 도는 흐름을 강조한다. 영웅의 여정은 연속되는 과업이나 시험, 매일의 반복적 일상을 통해 기본적인 난관을 지나 자아의식의 일상적 세계로 가는 것이다. 일상의 세계로 돌아오는 영웅은 모험을 시작한 사람의 변형된 모습이다. 이 두 가지 사례는 영웅신화가 중년기에 종교적 및 영적 여정을 전형적으로 어떻게 보여주는지를 제시한다.

영웅신화의 두 가지 사례

영웅신화에 대한 좋은 사례는 에로스와 프시케(Eros and Psyche) 이야기이며, 서구 문명의 핵심적 신화 중 하나로 시대를 막론하고 문학과 예술에 큰 영향을 끼쳐왔다. 20세기에 이 이야기는 오이디푸스 같은 여타 신화의 영향보다 심리학자들에게 관심 깊게 받아들여졌다. 정신분석가와 심리학자들이 인간심리와 그 변형에 대한 보편적인 이야기에 관심을 두는 것이 그리 놀랍지는 않다. 대단히 영적인 변형의 신화적 그림은 융과 그 제자들의 상상에 의해 포착된다. 융은 신화가 심리적이면서 영적 변형을 다룬 이야기였기 때문에 처음 은유를 통해 나타난 문학적 설정만이 아니라 신화 그 자체에도 관심을 두었다. 2세기의 작가 루키우스 아풀레이우스(Lucius Apuleius)[22]는 북아프리카의 로마 식민지에서 태어났는데, 우리가 아는 두 가지 이야기는 그가 원작을 가지고 각색하여 만든 인물이다.

이 신화에서 아폴로(Apollo)의 신탁은 빼어난 미모로 유명한 소녀 프시

22) 2세기 로마의 철학자이자 풍자작가

케에게 장례식을 위해 옷을 입고 산꼭대기에서 무서운 뱀을 기다리라고 명령한다. 산에서 기다리는 동안 바람은 그녀를 멋진 궁전으로 데려가고 악마의 목소리는 프시케에게 궁전의 모든 보물을 즐기면서 중간 방에서 기다리라고 말한다. 그녀의 남편은 오직 밤에만 그녀를 만나러 오고 해가 뜨기 전에 떠나기 때문에 그녀는 남편의 진짜 모습을 알지 못한다. 그녀의 여동생들은 프시케가 본 적도 없는 신비한 남편의 아이를 임신한 것을 알고 오히려 그가 신이며, 프시케의 아이도 신이 되지 않을까 상상하며 질투한다. 여동생들은 본 적도 없는 언니의 남편이 아폴로의 신탁처럼 무서운 뱀이 확실하다며, 그가 잘 때 확인해보고 머리를 잘라야 한다고 말한다. 밤이 되어 프시케가 에로스에게 램프를 비추자 그의 아름다움에 압도되어 포옹하지만, 램프의 기름이 에로스를 태우자 도망가 버린다. 아프로디테(Aphrodite)가 이 사실을 알고 프시케를 나무라면서 그녀에게 벌로 보기에도 불가능한 네 가지 과업을 준다. 기대치 않은 자연의 도움으로 프시케는 세 가지 과업을 완성한다. 마지막 과업에서 그녀는 하데스(Hades)[23]의 왕국으로 내려가 죽음의 신 하데스를 깊은 잠에서 깨어나게 해야 한다. 요점은 에로스가 그녀를 구하고 프시케는 신성이 되어 에로스와 결혼하며 천국을 차지하는 것이다. 그들 사이에서 태어난 아기가 볼룹타스(Voluptas)[24]이다.

다수의 융학파 해석가들은 에로스와 프시케 신화의 어떤 면이 인간발달에 핵심으로 다루어지는지에 초점을 맞춘다. 프시케의 영웅적 여정은 인간이 완전한 자아실현을 위해 변형하는 방법을 상징한다.

일부 해석가들은 신화는 영적인 발달의 핵심이라고 보는데, 즉 인간과 신성(Gollnick, 1992; Von Franz, 1970)의 공존을 의미한다는 것이다. 인간의 심리는 사랑과 신, 절대자 그리고 자연에 의해 상징되는 영적인 힘과의 조우

---

23) 그리스신화의 하데스는 저승의 지배자, 염라대왕

24) 볼룹타스(Voluptas)란 '희열'을 뜻하며, 에로스와 프시케의 딸로 관능적 쾌락의 여신을 말한다.

에 의해 신격의 특성이 부여된다. 이런 견해는 에로스가 인간으로부터 점차 신성화되는 상징에서 나온다. 자기원형의 대표성으로서 에로스는 프시케의 자기초월과 변형의 잠재성(Johnson, 1975)을 상징한다. 여타 융학파는 신성을 지닌 아기의 탄생을 프시케와 무의식(에로스)의 일치라는 열매이고, 그들의 상호작용(Ulanov, 1971)이 볼룹타스(기쁨 혹은 즐거움을 의미하는 라틴어)이기 때문에 자기원형의 알맞은 상징으로 본다. 심리해석가들은 프시케에게 부여된 네 가지 과업을 심리적 발달(Houston, 1987; Neumann, 1956)을 대표하는 상징으로 해석한다.

에로스와 프시케 이야기는 인생의 힘든 장애를 뛰어넘는 영웅의 승리를 보여주는 최고의 영웅신화이다. 프시케가 인생 내내 고난을 겪고 저승의 신 하데스를 깊은 잠에서 일으켜 고난을 이긴다는 내용은 죽음조차 극복하는 상징이다. 오직 에로스의 힘만이 종국에 맞이하는 죽음으로부터 프시케를 구할 수 있다. 이 이야기를 통해 사랑은 인간과 신과의 관계를 만들어내며 중년기의 영적인 변형을 내포하는 희망을 보여준다.

변신 이야기(Metamorphoses)와 영적인 변형

에로스와 프시케 신화의 문학적 원형은 그 자체로 종교와 영적인 변형의 상징을 그려내는 데 중요하다. 융은 특히 이 이상하고 범상치 않은 변신 이야기를 파고들었다. 세월이 흘러 많은 연구자들은 외설적 이야기(Gollnick, 1999)와 함께 심각한 종교적 경험을 묘사한 아풀레이우스(Lucius Apuleius)의 수수께끼 같은 소설의 뜻을 알아내려 애썼다. 이 작업은 라틴 고전소설 연구의 범위 중 하나로, 고대의 신비한 종교를 이해하기 위한 일차적 자료가 된다. 융은 이 소설의 핵심에서 종교적 출발을 서술하는 강력한 상징성에 집중했는데, 종교와 영적인 변형의 정수를 그려내기 때문이다. 융은 고대의 종교적 출발에 대한 이 유명한 해설을 강조한다. 종교적 핵심이 되는 이 이야기의 상징적 의미를 살펴보기 전에 그 배경에 대해 간단히 설명한다.

변신 이야기(Greek for transformations)는 마녀의 비밀을 찾다가 실수로 당나귀가 되어버린 루시우스(Lucius)라는 젊은이 이야기이다. 소설은 이 주인에서 저 주인으로 자꾸 바뀌는 루시우스의 당나귀 인생을 재해석한다. 결국 그는 비참한 존재로부터 도망하기 위해 하던 일을 그만두고 해변으로 힘껏 달린다. 밤에 그는 달의 미녀(the beauty of moon)에게 압도되면서 틀림없이 달은 절대자 이시스(Isis)[25]일 것이라고 생각한다. 절망 속에서 그는 신에게 자신을 비참함에서 벗어나게 해달라고 기도하고 잠이 든다. 꿈속에서 그는 자신을 데려가겠다고 약속하는 은혜로운 여성의 모습을 한 절대자를 보게 된다. 다음날 숭배자의 행렬에서 이시스의 사제가 루시우스에게 지난밤의 꿈과 똑같이 장미화관을 준다. 루시우스가 장미를 먹자 사람의 몸이 된다. 그는 자비로운 이시스에게 보답의 의미로 자신의 삶을 헌신한다. 이후에도 그녀는 꿈과 비전으로 루시우스를 안내하고, 이시스 예배의 전례의식을 이끌도록 한다.

이시스 축제의식의 핵심에서 루시우스는 죽음의 상징이며, 태양과 같은 영예를 갖는다. 융은 이러한 고대 전례의 변형에 대한 사례로 신과 함께 정체성을 찾아가는 이시스 설화를 최고로 친다. 그는 "종교적 관계성"(Jung, 1912: 86-87)의 핵심은 신과 함께 일치되는 것으로 본다. 이러한 전례의식의 상징은 인간의 변형을 위해 신에게 연결되고 소속되어야 하는 시공을 초월한 진리를 다룬다. 융은 특히 고대의 불가사의한 종교에 관심을 갖는데, 인

25) 이시스(Isis)는 이집트 기원의 창조, 파괴의 신이자 '생명의 어머니', '죽음의 노파'로 알려져 있다. 원래는 옥좌를 신격화한 왕권의 상징적인 존재였지만, 차츰 여러 신의 성격을 병합해 강력한 신으로 숭배되었다. 그녀를 향한 신앙은 해마다 커져 그리스, 로마시대에는 '항해의 수호여신'으로 승격되어 로마제국이 지배하는 전역으로 확산되었다.

간심리(Jung, 1935b)에 있는 잠재적인 신성을 인정하기 때문이다. 그는 이러한 종교적 변형의 고전적 모습에서 직접적으로 신성을 경험하는 측면에 중요한 가치를 부각시킨다.

융은 종교의식이나 교리에 대한 엄격성에서 이러한 변형이 이루어지는 것이 아니며, 보편적인 심리적 및 영적 과정이라 본다. 이러한 견해는 영적인 탐구가 종교적 전통의 용어 혹은 암묵적 종교의 용어에서도 나타난다. 그래서 융은 자기원형의 표면화로서 인격 변형의 신성적 모습을 설명하고, 전통적으로는 종교의 신이 절대자 그리고 순환체로서 꽃, 돌, 별과 같은 일정한 자연성에 다양한 신성적 상징성으로 표현되었다고 본다. 종교와 영적인 변형의 종교적 서술이 함축하는 것은 모두 인간의 삶을 변형시키는 과정에 효과적인 방향성을 제시할 수 있다. 융은 종종 종교적 혹은 자기의 영적인 본성과 심리의 변형을 강조하기 위해 신의 이미지로서 자기원형을 언급한다.

융의 변형에 대한 서술은 일부 심리학적 전문용어를 전통적 종교 언어와 함께 사용하기 때문에 어렵다. 이러한 난해함 때문에 융은 심리학을 신격화하려 한다는 비판을 받는다. 동시에 종교적으로는 그가 신성(神性)을 심리학화한다고 공격받는다. 질문은 다음과 같다. 융은 자기원형과 신의 이미지 그리고 유대교, 기독교, 이슬람 사이의 관계를 어떻게 이해한 것일까?

심리학적 관점에서 볼 때, 융은 신의 이미지를 심오한 개념의 복합체와 정신의 에너지 집중으로 정의한다. 이러한 정의들은 엄밀히 말해서 신의 이미지가 심리적 현상이라는 것을 암시하지만, 그러한 묘사는 인간적 관점에서 제시된 것처럼 그림의 일부만을 나타낼 뿐이다. 초월적인 측면은 어둠속에 가려져 있다. 융(1952)은 신의 이미지에 대한 우리의 경험이 유신론 종교에서 상징화된 초월적인 신성함에서 나온 것인지, 아니면 무의식에서 나온 것인지 구별할 수 없다고 말한다. 다시 말해, 그는 신이 무의식과 다른지, 아니면 그와 일치하는지 말할 수 없다고 본다. 경험주의 과학자인 심리학자들은 유신론 종교의 초월적인 다양성으로 인해 자기원형 또는 신의 이미지 경험을 식별할 수 없다. 그러나 임상가들은 외부의 초월적인 영역에서의 현실을 반영하든 그렇지 않든 환자들의 심리적 기능에서 신의 이미지가 중요하다는 것을 입증할 수 있다고 말한다.

융은 심리학이 우리의 종교적 개념과 상징이 묘사하고 드러내는 실체와 일치하더라도 결정적인 의미를 갖는 것은 아니라고 본다. 융에 의하면 순수철학이 질문하는 문제는 경험적 과학으로 규명되지 않기 때문이다. 그는 심리적 신의 이미지는 초월적 신성을 반영한다는 가설은 거부하지만, 인간존재의 무의식적 중간 과정에서 신성에 대한 직접적 접촉이라 본다.

자아실현과 정신적(Psychic) 신성화를 위한 영웅의 탐구와 같은 신화적 주제들은 무의식의 신성적 수준의 가능성을 강조하고, 사람들에게 인격의 신화적인 깊이를 인식할 수 있게 해준다. 좀 더 심오한 수준에서 사춘기와 초기 성인기에 만들어지는 개인의 이야기는 신화의 집단적 이야기에 영향을 받는다. 융은 자신의 삶을 찾으려는 표현인 신화를 알아가는 것에서 중년기의 변형을 설명한다. 그는 일반화된 신화적 깊이와의 만남은 원대한 계획이 아니라 원래의 자신으로 사는 것이라고 말한다. 융은 개인의 이야기와 신화적 이야기를 모두 공정하게 다루려고 한다. 변형은 개인에게 영향을 주는 것으로 신화라는 용어에 포함되지만, 비판 없이 그 용어를 수용하는 것은 아니다. 이는 개인의 이야기라는 신화적 차원이 의식 인격과 통합되어야 함을 의미한다. 개별화된 인간은 단순히 신화적 주제를 연기하는 무대에 서 있는 것이 아니라, 특정한 문화와 역사적 시기의 신화를 개별화하고 적응을 도와주는 의식과 소망으로서 필요한 것이다.

개인적 신화

문화적 신화가 더 이상 예측 가능한 삶의 단계를 통해 많은 사람들을 안내하지 못하기 때문에 "개인적인 신화"는 점차 자신의 정체성과 현실을 구성할 수 있게 된다. 페인스테인(Feinstein 외, 1988)은 "개인적 신화"를 내면적 모형으로서 이상, 이미지, 정서의 집합체로 정의한다. 에른스트 크리스(Ernst Kris, 1956)는 "개인적 신화"를 효과적인 심리치료를 위해 다루어야 할 개인적 기능화의 중요한 상징이라고 소개했다. 페인스테인(1979)은 인간의 이성적이고 상상 가능한 기능화 측면 사이의 격차를 해소하기 위해 개인적 신화라는 개념을 도입한다. 개인적 신화에 관한 그의 연구는 "내러티브 심리학"의 성장과 밀접하게 연결되는데, 앞서 정체성의 창조와 유지를 다룬 3장에서 살펴보았다.

생애주기를 통틀어 개인적 신화는 우리의 삶을 규정한다. 이러한 신화는 초기 가족사의 근간이 된다. 다양한 종류의 신화가 "책임성 있는 사람", "반란자", "평화주의자", "순교자", "재능 있는 사람" 혹은 "느린 사람" 등의 경험과 형제간의 위치를 반영하는 형태로 가족을 성장시킨다. 아동은 가족 안에서 자신의 정체성을 찾기 위해 애쓰면서 개인적인 신화를 형성하기 시작한다. 특히 알프레드 아들러(Alfred Adler, 1964)는 인생을 거치는 다른 사람들, 그 자신, 자신의 움직임에 대한 생각과 태도의 형태를 의미하는 루브릭(rubric)[26] "생활양식"에 따라 개인적 신화의 차원을 탐구했다. 아들러는 형제의 출생서열과 형제자매의 가족 별자리 서열, 그리고 부모는 아동의 "생활양식" 혹은 가족관계의 역동에서 위치를 찾아가면서 개인신화의 많은 부분이 결정된다고 본다.

---

26) 루브릭은 학습자의 학습 결과물 및 성취도를 평가하기 위해 사용하는 사전에 공유된 기준을 말한다.

개인적 신화는 "노동계층의 영웅", "위험 감수자", "성공 지향자", "실패자", "생존자", "자수성가자", 혹은 "금수만도 못한 자" 등과 같이 문화적 영향을 크게 받을 수 있다. 때로 이러한 개인적 신화는 "일중독자", "버는 만큼 써버리는 사람", 혹은 "결국 모든 것이 잘될 것이다"라는 등의 문화적 표현도 포함한다. 심리치료에 대한 인지적 접근은 심리적 기능화와 이성적 결정에 대해 개입할 때, 대개 그런 기능화되지 못한 개인적 신화를 시험하고 도전한다. "나는 쓸모없어", "나는 늘 실패하거든", "나는 항상 일등이어야 해", 혹은 "나는 누군가를 의지하면 안 돼" 등이 종종 문제를 일으키는 개인적 신화의 사례이다. 우리는 각성, 극복, 개인적 실수 유발 신화에 의한 성숙들이 초기 성인기를 지배한다는 굴드(Gould)의 논의를 자주 인용한다.

우리의 경험은 다양한 경로에서 나온 새로운 경험과 정보로 인한 신화의 안내에 대해 질문하게 된다. 특히 우리는 생애주기의 전환기에 개인적 신화에 그런 변화들(이전의 안내자 역할의 한계 혹은 다름)을 경험한다. 경험이 우리에게 내재한 신화와 일치하지 않을 때, 자신의 경험을 왜곡시키려 하거나 신화를 대체하려고 한다. 대체되거나 신화와 맞지 않는 경우는 계속되고 우리를 지배하는 신화와 싸우기도 한다. 이러한 상황은 내면의 긴장과 불안을 야기한다. 페인스테인(Feinstein 외, 1988)은 내면적인 상황은 모두 신화와 반대되는 모습과의 충돌에 대한 우리의 인식이라고 주장한다. 어떤 사람들은 낯설고 불편한 인생을 상상하는 것이 너무나 고통스럽기 때문에 자기 신화를 억눌러버리기도 한다. 어떤 이들은 새로운 신화를 품고 역기능적인 옛날 신화를 완전히 거부하기도 한다. 페인스테인은 자신의 오래된 신화와 새로운 신화 사이의 불일치와 모순적인 충돌에 대해 조언한다. 그들은 반대적 신화로 긴장이 올라오더라도 도망치기보다는 그것을 유지하라고 한다. 더욱이 신화적 이미지는 옛날의 신화와 반대되는 신화를 초월하고 가장 유익한 측면을 보존하는 것으로 나타날 것이다.

이러한 사례는 개인적 신화, 반대적 신화, 신화의 재조정 사이의 관계를 명료하게 할 수 있다. 페인스테인(1988)은 중년기의 위기를 경험하는 남성의 사례를 보여준다. 마르코는 여섯 명의 자녀를 둔 이민가정의 넷째 아들이었다. 그는 식물을 좋아하여 정원사가 되기를 원했으나 부모가 사업을 하도록 권해서 재정보험 회사원이 되었다. 쉰세 살에 그는 중역의 자리에 올랐고 아내와 장성한 세 자녀를 두었다. 그의 아내는 평범했고, 자신은 사는 게 마치 죽은 것 같았다. 그러던 중 마르코는 사무실의 새로운 비서와 사랑에 빠졌다. 그는 자신의 감성적 삶을 다시 깨달았다. 몇 달이 지나 그들은 바닷가의 주택으로 이사했다. 사장은 이러한 행동을 잘못된 것으로 보았고, 그의 아내 또한 이혼을 요구했다. 결국 비서는 마르코를 떠났다. 그의 인생은 난장판이 되었고 심한 우울증에 빠지게 된다.

심리치료를 통해 마르코는 자신의 인생을 지배하는 개인신화를 깨닫게 되었다. 신화는 점차 자신의 감정, 가족, 그리고 다른 관심으로부터 마르코를 고립시켰다. 그는 이것을 "노동계급의 영웅(Working-class Hero)" 신화라 불렀다. 치료과정 동안 그는 자그맣고 아름다운, 그러나 벌레를 잡아먹고 사는 끈끈이주걱나무(Venus-flytrap)[27]에 올라타는 꿈을 회상하며, 반대편의 신화를 떠올렸다. 비록 그는 치명적인 꽃의 가장자리에서 오랫동안 돌처럼 굳어 있었지만, 마침내 강한 포도나무 덩굴을 타고 내려옴으로써 위험한 상황을 피할 수 있었다. 마르코는 이 반대편 신화의 이름을 "서구의 플레이보이"라 이름 붙여 흥분되고 감각적이며 자기 인격의 젊은 부분을 만지려는 위험한 개인신화라고 했다. 치료 상황에서 그는 이러한 반대적 상황들과 대화하면서 개인신화는 매우 중요한 가치가 있다는 것을 깨달았

27) 북미 동부 연안에 서식하는 식물

다. 그는 자신의 감정과 역동을 진지하고 협력적인 형태의 "생각 깊은 조르바(Zorba)"[28] 같은 대화로서 신화를 재조정했다. 개인적 신화와의 작업은 마르코 자신의 정체성에 대한 통찰로 이끌어 우울증에서 벗어나게 했다.

페인스테인(1988)은 개인신화는 자신에게 영감을 주고, 행동과 방향성을 제시하며, 경험을 해석하고, 심지어 우리의 외부적 인식조차 조정한다고 말한다. 개인신화는 상대적으로 독립적인 것 같지만, 문화적 신화(culture's mythology)를 반영한다. 페인스타인은 개인신화에서는 신화가 전통적으로 전체 사회에 수행하는 역할을 하는 것처럼 개인적 차원에서 동일하게 기능하는 것이라 본다. 개인신화는 세상을 설명하는 것인데, 개인적 성장을 안내하고 사회적 방향을 제공하면서 영적인 기대를 표현한다. 개인신화는 정체성, 즉 어디서 왔고, 누구이며, 어디로 가는지, 그리고 왜 거기로 가는지 등에 관한 핵심적 요소를 명료하게 설명한다. 이러한 점에서 신화는 사람마다 서로 다르고, 개인적 이야기도 더 심오한 차원이 될 수 있다. 왜냐하면 신화는 최고의 일치와 영적인 의미를 함축하고 있기 때문이다.

페인스테인은 심리학의 심오함과 최근의 임상이론을 끌어내어 개인적 신화들이 임상적 및 교육적으로 지역사회 환경에서 개인적 성장을 활성화시킨다. 그들은 개인적 성찰, 꿈, 대화, 저술을 사용하고 사람들의 개인신화, 반대편의 신화, 그들이 만든 재조정된 신화를 더 잘 인식하도록 하는 심리치료를 한다. 페인스테인은 신화를 만드는 것은 사람들이 자신의 인생을 발견하기 위해 사용하는 주요 심리적 기제이며, 살아남기 위해 신화에 대해 의식하게 되는 현대 문화적 측면의 갈급한 요구가 있다고 본다. 사람들이 신화를 이해하기 시작하면서 자신들의 문화나 어린 시절의 신화, 이미 결정된 것, 피할 수 없는 것으로 보였던 삶의 패턴에 더 이상 크게 흔들

---

28) 그리스 작가 니코스 카잔차키스의 소설에 나오는 주인공으로, 자유로운 삶을 추구하며 스스럼없이 자신의 의견을 푸짐한 언어로 쏟아내는 위대한 야성의 영혼을 지녔다.

리지 않게 된다.

자기(Self) 그리고 신화와 은유 안에서의 발달

문화와 개인적 신화는 인간 성격의 다양한 모델을 상징하고 그려낸다. 융은 '자기'란 영웅이 연마해야 하는 첫 번째 여정의 시작인데, 점차 개별화되면서 무의식의 잠재성 혹은 어머니라든지 여타 환경이라는 혼란 속에서 차별화된다. 그러나 한 번 개별화되고 발달한 의식이라는 영웅은 의식의 빛을 잃어버리지 않고서도 무의식과 마주할 수 있다. 융에게 심리적 구조는 본질적인 대화가 가능한 것이다. 의식 성격은 끊임없이 개인과 집단 무의식이라는 양자의 상호작용과 동화를 시도한다. 심리의 기본적 대화구조는 자아-자기(ego-Self)라는 축으로 특징지을 수 있는데, 앞의 〈그림 6〉에서 예시했다.

자기(Self)는 다중적 요소를 가지고 어떤 때를 막론하고 성격에 영향을 주는 무의식의 영향을 받는다. 이러한 측면에서 융은 인간의 '자기'라는 건강한 심리의 다중성이 일관성 있게 조직화되었더라도 다중적이라고 본다. 변형의 신비한 지도를 쥐고 있는 자기라 함은 자신에 대해 대화적이고 이성적 측면을 갖춘 경우로 본다. 자기는 가족, 지역사회, 더 큰 환경에 연결된 본성이다. 여타의 사람들이 자기 모양새를 만들어내고, 언제라도 깊은 심리와 신화의 동기가 된다. 자기는 자신의 깨어 있는 세상의 일상적인 측면에 의미를 부여하는 보이지 않는 실체로 신비한 지도(maps)와 연결되어 드러난다.

어떤 사람들은 융학파의 이러한 다중적 자기를 인간 정신의 "다신교적"이며, 다양한 "자기들" 신들(deities)이라는 말로 극화(dramatize)한다(Hillmann, 1975). 신들과 여신들로 이루어진 전체 신들(pantheon)은 집단무의식에서 성격에 영향을 주고 때로는 영향을 미치는 다양한 원형적 패턴을 나타낸다. 제임스 힐먼(James Hillman)은 이러한 신들에게 행동과 의미를 지배하고 관찰하는 역할이 부여되어 있다고 본다. 그는 이 신들이 그들의 자아를 가두고 일관성 있는 자신을 만들기 위해 원형적 요소를 통합하려는 자아(ego)의 시도를 무시한다고 본다. 꿈에서 이 신들은 우리 개인 경험의 한 편에 등장하는 인물이다. 힐먼(Hillman, 1979)은 어떻게 하면 의식적인 인격에 도움이 될 수 있는지 묻기보다는 꿈들의 의미를 이해하기 위해 빠져들라고 충고한다.

캐서린 라부치(Kathryn Rabuzzi, 1988)는 영웅의 여정에서 상징화된 통합적 자기란 남성이 단 하나의 단일하고 분리된 자기라는 목표를 강조한다고 주장한다. 라부치는 여성의 경험, 특히 어머니로서의 여성과 '영웅 자기'에 대한 남성중심적인 견해를 비교한다. 그녀가 이름을 붙인 "어머니 자기(motherself)"는 보완적인 시각으로서 어머니와 아동으로 "분리된 자기(separateselves)"가 거의 하나인 형태로 공존하는 두 부분을 포함한다. 라부치는 언어적 표현의 부적합성으로 자기성(自己性)의 이러한 특성을 제대로 포착하기 힘들지만, 쌍둥이 같은 "이원적 단위(binary-unity)"인 자기성으로서의 어머니 자기를 말한다. 어머니 자기에게 어머니와 아동 간의 관계는 본질적이다. 그녀는 융의 다중 자기모델(multiple-Self)이 여성의 경험이라는 어머니 자기의 모습을 탐구하고 이해하기 위해 유용한 시사점이 있다고 본다.

라부치는 여성에게 다양한 감각과 일상에서 충돌하는 역할이 주어지는 사례를 제시하면서 위의 융학파 견해에 대해 어떻게 논리를 적용할지 보여준다. 일과 관련해서 여성의 결정적 행동은 마치 크래프츠(Crafts)의 여신 아테나(Athena)[29]의 발현으로 생각될 수 있다고 본다. 그 후에도 여전히 라부치의 견해는 사랑의 여신 아프로디테(Aphrodite)[30]의 영향을 받는 것으로 보인다. 라부치는 여성적 경험을 빛내주는 여신적 원형의 활용을 강조하면서 이미 정해진 남성중심적 전제를 거부한다. 특히 그녀는 이미 정해졌고 생물학적으로 생각과 행동은 변화되지 않는 것처럼 보이기 때문에 인간의 정신은 변화 불가라는 원형적 패턴의 개념에 의문을 나타낸다. 다른 여성주의자들과 더불어 그녀는 이러한 패턴들이 사회적으로 만들어진 것이므로 변화될 수 있다고 본다. 물론 여성적 모델(female models)의 형태는 더 확장되고 더 온전할 수 있다며, 라부치는 다중적 자기(Self)를 이해하는 최선의 분석틀로 이루어진 자신의 여성적 경험으로 밝힌다. 그녀에게 어머니 자기는 먼저 하나의 인격에 의해 지배되고 다음으로 원형적 절대자 다음으로 또 다른 것에 의해 지배되는 연속적인 자기들을 포함하는 자기성의 정의만으로 파악될 수는 없다고 본다. 어머니 자기의 역설은 어머니와 자녀관계가 연속적이기보다는 동시에 두 인격의 초점으로 경험된다는 것이다. 그녀는 어머니 자기와 자녀관계가 끊임없이 변화하기 때문에 어머니 자기가 혼란스러워하고 있다고 덧붙인다.

라부치(1988)는 발달지도(developmental map)가 신화에서 남성 시각의 원류와 해석에 의해 왜곡된 채 제공되어왔다고 보고 남성의 경험에 근거한 피아제, 프로이트, 에릭슨의 발달모델을 비판한다. 융의 시각조차 여성이 제

---

29) 아테나(Athena)는 그리스신화에 나오는 지혜 · 전쟁 · 직물 · 요리 · 도기 · 문명의 여신이다. 제우스와 메티스 사이에 태어난 딸로 아테네의 수호 여신이기도 하다. 그래서 언제나 투구와 갑옷을 입고 손에는 창과 방패를 든 여전사의 모습을 하고 있다. 여성적 역할과 남성적 역할을 동시에 상징하는 여신이다.

30) 아프로디테(Aphrodite): 그리스신화에 나오는 미와 사랑의 여신. 바다의 거품에서 태어났다는 전설이 있으며, 바다와 항해를 관장하는 신으로 숭배되었다. 사랑의 신인 에로스(Eros)의 어머니로, 로마신화의 베누스(Venus)에 해당한다. 다산과 풍요만이 아니라, 전쟁과 죽음의 속성을 가지고 있다.

공하는 다양한 역할, 혹은 여신의 역할, 일치성에서 그리스-로마 신들의 경험모델(models of experience)〔Bolen, 1984; Hillman, 1975〕에서 남성 신과 여성 신을 끌어온다고 본다. 라부치는 여성 신의 여성적 역량을 상쇄해버리는 남성적 침입자의 물결로 보면서 이러한 모델을 비판한다. 그녀는 특히 남성적 시각에 의한 훼손이 적은 다른 문화에서 나오는 신들은 자신들의 다양한 경험을 이해하기 위한 여성적 사고와 감정, 행동에 더욱 적합할 수 있다고 본다.

라부치는 캠벨의 견해가 영웅신화에 대해 남성에게 적용되는 서구문명 발달의 중심 신화이지만, 영웅들의 자아 추구에서 여성적 경험과 목표를 적절히 반영하지 못한다고 주장한다. 캠벨이 영웅은 남성 혹은 남성일 수 있다고 말해도 라부치는 영웅은 철저하게 남성중심적 사고에서 만들어진다고 본다. 여성이 영웅적 역할을 하려고 한다면 그녀는 전통적 이야기를 수정해야 하거나 남성의 역할에서 여성 자기(Self)를 이해해야 한다. 라부치는 영웅신화는 모든 역사와 문화에서 발견되며, 보편적으로 여성을 내세우지 않는다고 본다. 그녀는 여러 문화권에서 나오는 신화, 동화, 소설에서 여성 영웅에 대한 이야기는 남성 영웅 이야기의 10분의 1밖에 되지 않는다고 강조한다.

라부치는 다수의 여성들에게 어머니의 길이 '여성 특유의 이야기(female story)'라고 주장한다. 실제로 엄마가 되는 한 사람의 여성을 항상 포함하는 것이 아니라 영웅적 여성으로서의 신화에 관한 근본적인 다른 관점을 제공하는 어머니의 길을 주장한다. 전형적인 영웅신화에서 주인공은 자신의 목표 달성을 방해하려는 악을 제거하려고 고군분투하는 선한 힘이다. 신화의 고전적인 형태에서 악의 힘 중에 하나는 "나쁜 엄마"(Newmann, 1954)로 상징되는 괴물이다. 라부치는 같은 이야기들이라도 어머니에 대한 시각이 어떠하냐에 따라 매우 다르게 나타나는 것을 보여준다. 보완하면 어머니는 우리 편이 되고, 우리는 정체성을 찾는 사람이 된다. 그녀는 영웅의 임무수행을 방해하는 괴물이 아니라 오히려 자기성의 다른 형태를 상징하며, 라부치는 이것을 연결성과 관계성의 가치를 가진 어머니 자기라고 부른다. 위의 다양한 시각은 전형적 영웅신화에 대해 환기시켜준다. 무엇이 남성 영웅을 긍정적으로 보게 하는가, 즉 무의식으로부터의 분리는 부정적으로 나타날 수 있다. 영웅을 부정적으로 보는 것이 이제는 긍정적인 것으로 여겨질 수 있는데, 다시 말해 무의식과 삶의 깊이를 연결하는 것이다.

라부치는 많은 여성들이 자신의 삶에서 두 가지 유형(어머니/영웅 혹은 여성)을 모두 살아가고 있다는 것을 발견한다고 지적한다. 대개 공적인 영역에서 여성들은 자신의 내적 경험과 일하지 않을 때조차 우리 사회에서는 자기성(selfhood)의 발달을 남성적 규범으로서 만들어진 영웅적 탐구를 부여받는다. 또 그들은 어머니의 방법이 자신의 경험에 더 잘 맞는다고 느낀다. 라부치는 여성이 그런 유형을 따라가는 한 그에 알맞게 기능할 수 있다. 문제는 오류가 발생할 때, 잘못된 유형을 따라가는 자신을 발견하면서 나타난다.

라부치는 삶과 죽음의 투쟁으로 어머니성(motherhood)과 함께 연결된 자기성의 새로운 의미에 대한 여성의 노력을 특성화한다. 여성은 어머니 자기(Self)를 위한 공간을 확보하기 위해 자신의 이전 자기의식을 포기해야 한다. 이것을 성취하지 못하면 자신의 자녀는 목말라 죽거나 실패할 수 있다. 그러나 이것을 성취하면 자기 자신 혹은 최소한 오래된, 그러나 죽지 않은 자기의 일부를 느낄 수 있다. 라부치는 두 개의 머리에서 나오는 요구를 동시에 만족시키기 어려운 샴쌍둥이 같은 딜레마를 좋아한다. 극단적으로, 이 상황은 병리적으로 보일 수 있는 자기 일체감의 단일성 결정과는 크게 다른 영구적인 양면성 상태로 경험된다. 라부치는 진정으로 독립적인 자기성에 매우 의존적이기 때문에 여성의 자기는 온전치 못하다는 서구적 시각에 의문을 품는다. 그녀는 자기와 영적인 감각은 중년기에 변형 양상이 상당히 달라질 수 있다는 융의 견해를 다시금 우리에게 상기시킨다. 융은 많은 남성들의 경우에는 쉽게 자기 정체감을 갖는다고 본다. 어머니 자기는 여성 "고유의" 자기와 자녀의 자기 욕구 사이의 균형 찾기와 연관된다. 라부치에 의하면 적당한 균형은 "나는 한 엄마이다"와 이에 대립하여 "나는 엄마이다"라는 문구를 제시하면서 "어머니"는 그녀 단독의 정체성이 아니며 여성은 다른 것들과의 연관을 통해 그녀 자신을 고려한다고 본다.

신화와 은유

우리가 생각해온 신화는 중년기를 통과하면서 우리의 자기 이해와 움직임을 이끌어주기 위해 은유(Metaphors)를 제공한다. 중년기의 종교와 영적인 변화를 서술하면서 우리는 은유에 의존한다. 이러한 발달들은 내면적 과정이므로 바로 정확한 과학적 검증을 해낼 수 없는 부분이다. 영적인 발달모델은 우선 보이지 않는 과정을 이해하려는 노력인데 인간의 행동, 사고 그리고 감정에 대한 노력을 통해 흔적을 찾는다. 자아초월 심리학은 인생의 여정 중 어느 때든 나타날 수 있으나, 특히 중년기에 나타날 수 있는 영적인 변형의 특성화를 위해 선형적 및 비선형적 은유를 사용한다.

켄 윌버는 영적인 발달에 대한 선형적 은유를 즐겨 사용한다. 본질적으로 그는 영적 여정을 의식의 전개인(prepersonal)에서 자아초월 수준으로 가려는 일방통행적 여정처럼 본다. 윌버는 자아에 의한 움직임을 전개인적인 상태에서 퇴행 · 하강하여 원시적이고 유치한, 자아초월 상태에서 멀어진, 그리고 짜임새나 구조가 없는 상태라고 해석한다. 그에게는 인간발달을 위한 건설적인 방향은 오직 한 가지이고 그것은 상승이다. 윌버(1982)는 더 높은 곳으로 움직이는 승강기(elevator) 혹은 영적 발달을 위해 오르는 사다리

은유를 사용한다. 중요한 것은 이러한 상승이라는 선형적 모델이 심리적이고 영적인 삶의 조수간만을 설명하는 데 얼마나 적합한가이다.

윌버가 승강기 혹은 사다리로서 상승의 선형적 은유를 즐긴다면, 융은 영적 발달을 설명하는 원형과 나선형의 은유를 선호한다. 융은 심리적 발달이 인간심리의 고저를 포괄하는 무의식과의 깊이 있는 접촉을 요구한다고 생각하는데, 이는 초월성과 자아초월적 구조의 움직임으로서 자아가 집단심리적인 깊은 원류로 회귀하는 것이라고 해석하는 윌버에게 동의하지 않는다. 융은 자기원형을 만드는 중심 이미지를 관조하고 순환하는 것이 중요하다고 본다. 그에게 가장 중요한 순환적 이미지는 만다라(mandala)[31]를 보는 것이다. 만다라는 심리에 동시적으로 나타나고, 영적 은유이며, 순환의 중요성을 보여주는 종교적 예술로 그려진 것이다. 산스크리트(Sanskrit) 용어인 만다라의 의미는 "원형(circle)"이며, 인도에서는 제례의식에서 전체 우주에 감사하는 종교적 의식에 사용되는 원이다(Gaeffke, 1987; Jung, 1950; Saunders, 1987). 여기서 나는 중년기 심리발달의 목표를 이해하는 데 융(1963)의 만다라 꿈이 고려되기 바란다.

꿈의 배경은 영국 리버풀의 어둡고 비가 내리는 겨울밤이다. 융과 함께 항구에서 광장으로 걷는 스위스인 소집단이 도심 거리의 가물거리는 불빛에 희미하게 보인다. 광장의 중심에 작은 섬이 있는 둥근 수영장이 있다. 모든 것이 안개와 비에 가려져 있는데도 섬은 홀로 태양에 의해 빛난다. 탐스런 붉은 꽃이 핀 마그놀리아(magnolia)나무가 태양빛을 받고 있다. 나무는 빛이 서 있는 것처럼 보이고 그 밝은 빛의 원천인 것처럼 보인다. 융은 이 빛나고 범상치 않은 나무의 아름다움에 압도되지만, 일행은 아무도 이 사실을 알지 못하고 이 진저리나는 궂은 날씨의 도시에서 살고 싶어 하지

31) 산스크리트어의 '본질을 소유한 것'이라는 의미에서 온 말로, 불법(佛法)의 모든 덕을 두루 갖춘 경지를 이른다.

도 않는 게 놀랍다. 꿈에서 깼을 때, 그는 자신의 심리적 발달의 목표를 표현하는 어떤 것을 느꼈다. 후에 이 꿈은 그의 중심에서 자신에게 영감을 주는 상징으로서 만다라의 그림임을 깨닫는다. 그 해석을 보면 빛나는 나무는 인간의 삶의 방향과 의미를 제공하는 성장의 목표로서 자기원형(self-archetype)을 나타낸다.

만다라에 대한 융의 관심은 프로이트와 함께한 이후 고통 받았던 심리적 방향감각 상실로 오랜 기간 동안 자신을 위해 활용된 치료에서 처음 시도되고 발전되었다. 그는 노트에 순환적 그림을 그려서 정서적인 상태를 표현할 필요를 느꼈다. 융(1963)은 매일 이 순환들을 그렸고, 그 그림들이 자신의 심리적 변형을 점검하는 데 도움이 된다는 것을 알았다. 점차 이러한 만다라를 관조함으로써 그의 꿈과 정서적 상태는 자신으로 하여금 심리적 구조와 역동의 개념을 받아들이도록 했다. 그는 심리적 안정성을 다시 얻어내는 자신의 노력으로 만다라의 중요성을 인식하면서 환자의 꿈, 특히 심각한 신경증적 갈등, 심리적 불화, 심리적 방향감각 상실과 같은 증상으로 고통 받는 이들을 위한 만다라에 주목했다. 융은 만다라에 의해 내면적 혼란상태를 보상받는 질서를 신뢰하게 되는데, 결과는 자기(Self) 치료에 자연적이고 본능적 시도가 나타났다. 이러한 치료적 만다라는 인격의 중심이 심혼(psyche)에 충돌하는 요소로 흩어지는 등의 혼란스럽지 않을 수 있는 공간에 대한 보호를 만들어내는 것(Jung, 1950)이었다. 만다라는 신경증으로 인해 심리적으로 문제가 되는 심리적 혼란상태에 대한 하나의 조화상태로 안내하도록 돕는 것이다. 따라서 만다라는 전체 심혼(心魂)의 조화를 만드는 중앙구조로서 자기원형을 반영한다.

융은 만다라 심리치료의 중요성을 발견한 후, 동양 종교에서 발견된 고전적 만다라와의 유사성 때문에 공격받는다. 고전적 종교의 중심에서 만다라는 신성한 실체이며, 신성의 이미지 혹은 상징이다. 융은 종교적 만다라가 인격의 초점과 중심을 두텁게 함과 동시에 만다라 효과의 치료적 영향이 병행됨을 알게 된다. 그러나 그는 만다라의 중심이 보여주는 상징이 심리치료에서 명백하게 종교적이기보다 꽃, 돌, 태양, 별, 뱀, 인간과 같은 다양한 자연적인 상징이 된다는 것을 알게 된다. 그러나 융은 여전히 고도의 가치를 대표하는 중심적 상징이라는 것, 즉 휴머니즘에 대한 문화적 전환과 함께 가치란 더 이상 신에 의해서만 상징화되는 것이 아니라 자연과 인간 전체성에 의해서도 가능함을 믿게 된다.

우리는 이러한 비종교적 영성에 대해 1장에서 묘사한 표현으로서 현대적 동시성을 지닌 만다라에 주목할 것이다. 그럼에도 불구하고 융의 현대적 만다라는 그 중심이 더 이상 종교적 태도를 표현하는 신성을 폄하하지 않는다. 그는 종교적이라는 데서 전통적인 교리와 제도적 관념 이상의 더 넓은 영적인 의미를 사용한다. 현대적 만다라는 인간의 전체성 또는 자아의 중심 세계관과 태도를 표현하는 영성이다.

따라서 융의 견해는 만다라가 특히 영적인 발달을 위해 중요하다고 본다. 만다라는 의식인격의 집중과 주의(attention)를 상징하면서 그들이 무의식, 즉 자기원형의 드러남에 무슨 일이 일어나는지를 표현한다고 본다. 융(1936b)은 자기원형의 발달을 지시하는 것으로서 꿈의 성장을 말한다.

마음에 대한 의식의 집중과 자기원형의 조화로운 질서를 대표하는 순환적 만다라는 순환하는 원의 모습과 매우 밀접하다. 융(1944: 177, 217)은 무의식의 움직임을 "중심을 도는 나선형 운동"으로서 점차 중심과 가까워지는 영적 성장을 이끌어갈 때 순환적 원과 연결한다. 융(1944: 180)은 초기 관점으로 "내면적 성장의 순환"을 말한다. 이 순환적 운동은 인간 변형의 점진적인 특성을 강조하는데, 영성을 추구하는 사람의 사기를 떨어뜨릴 수 있으며, 특히 가끔은 뚜렷한 퇴행을 할 준비가 되지 않은 경우에는 더욱 그렇다.

중년기에 제대로 된 영적 변형을 전체성의 순환적 상징이라 볼 수 있다. 마이클 워시번(Michael Washburn)에 의하면, 중년기는 창조적이고 사색적 능력, 인생의 중요한 이중성이 초월되는 발달의 자아초월적 수준에 도달하기 위한 시기이다. 융과 마찬가지로 워시번(1988)은 자아초월적 수준에서 영적 과정들을 서술하기 위해 비선형적[32] 은유를 사용한다. 그는 영적 성장이란 일차적으로 너무나 복잡해서 상승으로 보기 어렵고, 생산적이지 못하며, 퇴행을 통해 심리의 깊은 곳으로 후퇴한다는 견해를 갖고 있다. 그는 잠재성으로 돌아가는 것이란 단순히 초기의 유아적이고 원초적인 상태로 되돌아가는 퇴행이 아니라고 말한다.

융과 같이 워시번에게도 자아와 무의식의 만남은 전체 정신의 더 높은 통합으로 이어진다. 워시번은 자아의 체계에서 퇴행의 개념을 확장하여 좀 더 크고 긍정적인 맥락에서 "무의식으로 향하는 퇴행적 움직임에서 벗어나는 초월의 체계로서의 퇴행"을 언급했다. 이는 초월이라는 영성의 순환적 움직임을 워시번의 견해대로 요약한 것이다. 그 견해들은 융(Jung), 그로프(Grof, 1975)의 분석심리학으로 오랜 기간 임상적 경험을 토대로 한다. 물론 조지프 골드스타인(Joseph Goldstein)과 잭 콘필드(Jack Kornfield) 같은 영적 지도자들의 지원도 있다.

골드스타인(1998)은 불교의 명상전통을 오래 공부한 학생이었는데, 불교 명상전통이 최고의 모델이지만 영적인 삶과 운동의 광대한 부분의 일부만 제공할 뿐이라고 생각한다. 모든 발달모델은 선형적이든, 나선형적

32) 선형적(linear) 사고는 사건들이 직선적으로 순서에 따라 발생한다고 믿는 것으로, 인과관계에서 원인과 결과를 중요시한다. 즉, A가 B의 원인이고 B가 C의 원인이며 A의 결과라고 본다. 선형적 사고방식이 선호되는 이유는 단순명쾌하여 흑백이 분명하기 때문이다. 그러나 20세기에 들어와 하이젠베르크의 '불확정성 원리'나 양자역학은 모든 현상이 불확실하므로 정확하게 확정할 수 없다고 보는데, 이런 주장은 비선형적(non-linear) 사고체계의 중요성을 인식하게 만들었다.

이든, 순환형이든 집착으로부터 자유로운 마음을 최선으로 본다. 그는 모델들이 "진짜로 그것이 무엇인지"를 말하려는 것이 아니라, 삶의 어떤 시기에 유용한 방향을 제공하려는 것이라고 본다. 골드스타인은 영적 발달이 하나의 모델로 포착되기 어려운 매우 개인적인 여정임을 강조한다. 각기 다른 모델과 은유는 각기 다른 사람들에 알맞을 것이다. 골드스타인은 그런 측면에 대해 자기 경험상 영적인 길은 동일한 심리적이며 영적 이슈의 반복을 다루는 순환이라고 강조한다.

유명한 불교지도자 콘필드(Kornfield, 1998)는 영적인 여정의 하나로서 하향적 움직임의 중요성을 강조한다. 그는 동남아시아에서 수도승으로서 초개인적 깨달음의 몇 년을 보낸 후 정서와 육신으로의 회귀를 허용할 것을 강조한다.

콘필드는 깨달음 혹은 해탈(satori or nirvana)[33]의 영적인 경험을 한다면, 서구인이 자신의 신체적 · 정서적 · 심리적 삶의 나머지를 돌봄에 대해 "선형적 실수"를 하는 경향을 보게 된다고 말한다. 그러나 그는 몸과 정서의 필요한 욕구가 있을 때에는 영적인 안정을 이룰 수 없다는 것을 강조했다. 그는 나선형과 만다라의 은유가 도움이 됨을 발견했다. 왜냐하면 이런 것들은 큰 변화와 자아초월의 변형, 영적인 경험과 상태의 변화무쌍함을 가능하게 하기 때문이다.

33) '사토리(さとり)'는 '득도', '깨달음'을 뜻하는 일본어이다.

요약

중년기의 변화는 사람들이 자신의 생애를 돌아보고 그들이 살아가는 생애의 구조와 젊음/늙음, 여성/남성 그리고 삶/죽음과 같은 인간존재의 중요한 극단을 설명하는 용어가 와 닿는, 점차 종교적이고 영적인 변화가 중요한 시기로 인식된다. 인간은 이러한 변화를 겪는 동안 방향과 인내심을 잃게 된다. 심리적이고 영적인 주요 증상은 우울증, 불안, 싫증, 무의미함, 충동적 행동과 같은 "중년 사춘기"를 동반한다. 이러한 불안감은 때로 사람들에게 자신의 정체성과 가치, 세계관의 알려지지 않은 차원을 발견하기 위해 내면 세계를 탐구하도록 밀어붙인다.

〈표 9〉는 영적 발달에 대한 움직임이 중년기 동안 자아초월적 수준에 도달하는 정체성과 가치들, 세계관의 내용을 보여준다.

자아초월적 관점은 영적 경험과 중년기의 변형에 대한 유용한 분석틀

〈표 9〉 중년기의 영적 발달과 암묵적 종교

구분	자기 흐름	가치 흐름	세계관 흐름
자아초월적 수준	A. 정체성이 신성적 수준의 인식과 영역 확장 시작	B. 보편적 원리에 초점을 둔 가치들: 정의, 동정, 삶, 사랑, 평화	C. 모든 사물의 상호 연관성을 인식하는 세계관
개인적 수준			
전개인적 수준			

중년기의 변형은 모든 영적 측면과 암묵적 종교와 연관된다. 정체성(A)은 청소년기와 초기 성인기 동안 개인적 수준을 넘어 확장되기 시작한다. 사람들은 신의 드라마에 참여함으로써 자신들의 정체성에 대한 견해를 가질 수 있거나 신(God) 혹은 여신(Goddess)의 부분으로서 온전한 정체성의 경험을 갖게 된다. 가치들(B)은 자기보존과 가족 그리고 국가의 생존욕구를 넘어서 인생, 정의, 평화, 동정 그리고 사랑과 같은 보편적 원칙에 도달한다. 세계관(C)은 모든 면에서 상호 연관성을 인식하는 수준으로 확장된다.

이 된다. 전통적으로 과학은 영적이고 종교적 경험과 의식상태를 연구하기 위해 기계론적 세계관을 확장시킨다. 이렇게 확장된 견해는 인간을 생물학적 기계 이상으로 인식하는 형태로 물리적인 육체의 시공적 한계를 초월하는 의식의 영역을 확장한다. 중년기의 변형을 둘러싼 영적인 경험은 때로 신비주의, 예지력, 텔레파시, 영적인 치유와 같은 인간 존재의 초월적 차원을 입증한다.

켄 윌버는 모든 현상이 의식적으로 명료하게 인식되는 자연의 신비에서 비영속적인 신비주의까지 다양한 자아초월적 수준의 경험을 정리하려고 시도한다. 중년기의 변형이 이러한 의식수준의 일부 혹은 전부를 포괄하더라도 우리는 바바 람 다스와 진 시노다 볼렌의 이야기를 인용하면서 그렇게 드라마틱한 발달과는 거리가 멀 수 있다고 본다. 융은 중년기의 영적 변형에 대해 초월적 기능을 만드는 것으로 설명하며, 이는 생애의 의식적 및 무의식적 시각, 그것들의 초월을 설명하는 것으로 본다. 이 세 번째 관점의 요점은 무의식의 꿈과 직관뿐만 아니라 의식적 판단을 통합한다. 그리고 자아, 자기(Self)에서 더 확장된 인격센터까지 무게중심이 심리적 중심으로 이동하여 선/악, 여성/남성, 그리고 영/물질과 같은 다양한 심리적 충돌을 조정한다.

중년기에 사람들은 융이 말하는 집단무의식의 측면에서 더 심오한 무의식의 수준과 직면하는 종교의 신비적 수준과 영적인 경험을 한다. 여기에 시공을 초월한 무의식의 이미지와 상징은 영적인 변형을 위한 에너지, 지원, 보호자로 제공된다. 영웅신화는 자아실현을 위한 고대 인간의 탐구를 표현한다. 에로스와 프시케 이야기는 가장 유명한 서구 문명의 영웅신화를 대표한다. 프시케의 이야기는 영적 발달의 본질을 보여주는데, 즉 인간과 신성의 결합이 그것이다. 이는 인간의 정신이 압도적인 장애물에 맞서 최후의 영웅적 승리를 성취한다는 것을 보여준다. 정신(psyche)은 궁극적으로 이야기에서 사랑(에로스)과 다른 영적인 힘들(절대자, 신들, 자연)과의 만남에 의해 신성화된다.

에로스와 프시케는 시공을 초월한 신화로 현대 세계에서 점차 전통적 신화로 여겨지는 정도이지만, 사람들의 삶의 여정에 방향성을 제공하는 "개인적 신화"로 여전히 사람들에게 영적인 경험의 깊이를 제공하는 안내자 역할을 한다. 개인적 신화는 가족과 동시대적 문화에 영향을 주고, 그 신화들은 변화하는 그들의 경험을 해석하고 재해석하는 것으로 진화한다. 이러한 개인적인 신화는 의식적인 성찰과 일기(日記)를 통해 드러날 수 있지만, 인식 밖에서 작동하며 전형적으로 꿈속에서 나타난다.

신화와 개인적 신화는 일반적으로 관계가 있는 자기(Self)에 대한 관점을 보여준다. 인간발달은 외부적 세계로는 가족 · 동료 · 사회와의 관계에서 발생하고, 여신들과 신화의 신들을 포함한 내면 세계의 인물들과 관련하여 일어난다. 영웅 여정의 첫 부분이 개별화되고, 어머니, 가족, 그리고 환경과 분리되더라도 영적인 변형은 무의식의 심오한 경험과 개인적 인물과의 관계 그리고 집단무의식과 연관된다. 캐서린 라부치는 자기(Self)와 관련된 인물이 "어머니 자기"를 경험한 여성이더라도 거기에는 어머니와 자녀라는 두 사람의 자기가 있고, 자기성의 "두 가지 기능이 하나로" 공존하는 자기의 관계적 특성을 강조한다.

신화와 은유는 중년기에 종교와 영적인 발달의 보이지 않는 내면적 과정을 상상하고 이해하도록 도와준다. 영적인 삶은 하나의 은유를 가지고 적합한 설명을 하기 어려운 광범위한 개념이다. 선형적(linear) 은유는 종교와 영적 발달과정에 긍정적인 방향을 강조한다. 자아초월적 경험과 의식수준의 상승에 대한 윌버의 견해는 우리 개인의 삶과 인간 종의 진화를 생각하는 진보적 측면을 제공한다. 부여된 은유는 생애주기, 특히 중년기에 자아초월적 의식 수준에 들어가는 영적인 발달에 대한 일반적인 움직임을 보여준다. 여기에 비선형적(non-linear) 은유가 영적인 발달과 변형을 이해하기 위한 깊이를 더한다. 나선형 은유는 인간 변형의 점진적이고 불규칙한 특성을 강조하는데, 그것은 마치 열 발자국 앞으로 나아갔다가 아홉 발자국 뒤로 물러서는 것처럼 보인다. 내면적 발달의 나선형 은유는 영적인 경로의 오솔길에서 실망과 좌절, 명백한 퇴행을 설명하는 데 도움이 된다.

6장.

성인 후기의 영적 여정

노년기의 진정한 도전은 익숙한 모든 습관을 갖고도 물리적 한계를 넘기 위해 또 다른 영역에 새롭게 도전하는 것이다. 내면 세계에 기반을 마련한 우리는 두려운 공포보다는 차분한 기대감으로 죽음을 맞이할 수 있다.

–조지프 피어스(Joseph Pearce), 『진화의 종말』

성인 후기는 우리 사회에서 젊음과 죽음에 대한 회피 때문에 생애에서 가장 문제가 많은 단계로 비친다. 나이에 대한 다수의 부정적 이미지를 만드는 물리적 · 심리적 · 사회적 한계는 노년의 긍정적인 잠재성을 감사하게 받아들이지 못하게 한다. 그럼에도 불구하고 여기서 나는 성인 후기가 영적이며 종교적인 성장을 위한 기회임을 강조하고자 한다. 이 책에서 우리는 자아초월적 정체성과 가치, 세계관의 방향으로서 함축된 의미를 가진 종교와 영성의 지속적인 발전을 밝히는 인간의 생애주기에 대해 살펴보았다. 자아초월적 발달이란 대개 중년기에 시작하는 생애주기의 마지막 순환이다.

이 장은 성인 후기의 영적인 잠재성을 강조하는 연구에 초점을 맞춘다. 유진 비안치(Eugene Bianchi)의 영적 여정으로서의 노령화, 잘만 샤흐터 샬로미(Zalmon Schachter-Shalomi)의 현자(賢者) 되기의 개념, 라스 톤스탐(Lars Tornstam)의 노년초월이론(gerotranscendence)을 통해 영성의 성장하는 가장자리와 노년기의 영성과 암묵적 종교를 보도록 도와준다.

노년기의 특이한 점은 노인들의 자신에 대한 감각과 나이가 가져오는 객관적 변화 사이의 불일치이다. 많은 노인들에게 깊은 자아의식은 신체적 · 사회적 환경의 변화에도 불구하고 늙지 않는 것처럼 느껴진다. 결국 우리는 피할 수 없는 '죽음'이라는 질문과 마주하여 그것을 뛰어넘는 것이 무엇인지 살펴본다. 죽음에 대한 생각 다음으로 노인들의 영성에 가장 큰 영향을 주는 것, 특히 남은 생에서 정체성과 태도에 대한 느낌을 알아본다.

전망: 노년기의 도전

이 장에서 우리는 일반적인 노년의 주요 특성 중에서 활동과 은퇴의 리듬, 그리고 노년의 영적이며 종교적인 삶에 대한 노화의 부정적인 견해를 살펴본다. 성인 후기에 대한 이해는 최근 수명의 증가, 조기 은퇴, 건강 수명의 증가로 인해 상당히 변화하고 있다. 17~18세기에 들어와서 아동기가 삶의 독특한 특성임을 알게 된 것처럼 청소년기는 주로 20세기의 발명품이며, 성인 후기의 개념도 매우 달라지고 있다.

오늘날 노인학 연구자들은 하위 노인집단 간의 중요한 차이점을 통해 노인집단을 특징화하려고 한다. 보통 연령범주는 연소노인(the young-old: 65~75세), 노인(the old: 75~85세), 고령노인(the old-old: 85세 이상)으로 구분된다. 그러나 이 범주가 보편적으로 동의되는 것은 아니다. 예를 들어 노인학자인 버니스 뉴가튼(Bernice Neugarten, 1996a)은 그 자체로 가치 있는 은퇴를 연소노인의 시작을 알리는 신호로 본다. 따라서 그녀는 55세에 은퇴하는 사람들을 포함시키기 위해 연소노인의 범주를 확장하여 중년노인과 연소노인이 겹치는 결과를 낳는다. 동시에, 어떤 사람들은 70세까지 중년노인이라고 부른다.

어빙 로소(Irving Rosow, 1974)는 사회적 지지의 부족으로 노인들이 직면할 수 있는 문제를 조정하는 데 관심을 갖는다. 그는 노년기에 은퇴, 배우자 사망, 시설 입소 상황 등을 겪더라도 우리 사회에서 노인들은 점진적이며 비공식적으로 성장한다고 본다. 그는 인생 후반기를 적응이 쉽지 않은 노년기라는 통과의례에 대한 사회의 준비가 부족한 점을 안타까워한다. 우리 사회의 노인들은 성인 후기에 발생하는 역할의 변화에 대한 준비가 부족하여 노년기의 변화에 대한 문화적 도움도 없이 혼자 스스로에게 적응하는 것을 배워야 한다. 배우자가 있는 노인들은 독거노인보다 삶의 변화에 대한 적응이 좀 더 수월하다.

성인 후기의 활동 대 분리

성인 후기의 사람들을 안내하는 통과의례가 부족하더라도 우리 사회에는 노년기에 성공적인 적응에 대한 문화적 기대를 보여주는 노화이론들이 있다. 사람들이 노년에 대해 어떻게 대응하는가에 대한 두 가지 중요한 활동이론과 분리이론이 그것이며, 우리 사회에서 성인 후기의 성향과 목적을 보여준다.

활동이론

활동이론(activity theory)에서 건강한 노화란 활동과 여타의 관련을 유지하는 의미를 갖는다. 이 이론에 따르면 신체적 · 재정적 · 사회적 은퇴 후에도 대체로 활동을 해야 한다는 의미이다. 활동이론의 지지자들은 건강한 노인은 가장자리로 밀려나 자발적으로 사회적 분리를 원하지 않는다. 그들은 분리이론(disengagement theory)[1]을 노인에 대한 사회적 거부를 숨기는 논리로 생각한다. 활동이론을 지지하는 로버트 해빙허스트(Robert Havinghurst)와 루스 알브레히트(Ruth Albrecht, 1980)는 노년기의 개인적 적응은 직접적으로 활동과 관련된다고 주장한다. 많은 활동을 하는 노인일수록 정신적 · 신체적 · 사회적으로 더 잘 적응한다고 본다. "활동의 유지"는 노년기 행복을

1) 활동이론은 분리이론에 앞서 나왔지만 분리이론이 제기될 때까지 명확한 이론으로 인정되지 않았다(Barrow, 1992). 저자 주.

위한 기본이라는 것이다. 이들은 각 노인의 연령별 활력을 가지는 측면이 그들의 개인적 · 사회적 과업이라고 본다. 그러나 노인에게 신체적 도움이 없거나 배우자, 가족, 친구의 상실과 거부의 감정 등은 남아 있는 활동에 대한 능력과 희망을 꺾는다고 본다.

배로(Barrow, 1992)는 지난 50년간 노인의 활동과 성공적 노화 간의 긍정적인 상관관계를 보여주지만, 최근의 연구는 노인들이 자신의 노년의 삶을 만족시키기 위해 중년기에 수행했던 수준과 같은 활동을 할 필요가 없다는 것을 밝혔다. 로라 카스텐슨(Laura Carstensen, 1992)은 노화에 관한 활동이론은 경험적 결과를 설명하기 어려운 부분에서 두 가지 약점을 제시한다. 첫째, 사회적 활동수준은 신체적 혹은 심리적 웰빙을 가늠할 수 없으며 둘째, 다수의 노인들은 시니어센터 같은 사회적 활동 기회를 얻지 못한다는 점이다. 유진 비안치(1993)는 또 다른 측면에서 활동이론의 잠재적인 철회를 인용한다. 그의 우려는 중년기의 활동 정도를 가지고 노년기의 성공적 노화를 가늠하려는 해석에서 나온다. 위의 내용이 활동이론이라면, 이는 노년기에도 젊음만을 미묘하게 두둔하는 것으로 무엇이 활동인지 사회적 합의에 의해 조사해야 한다.

분리이론

노년에 진입하는 사람들은 대개 초기와 중기 성인기와 관련된 행동과 역할에서 벗어난다. 이는 노인과 나이든 사람들의 지역사회 분리를 지지하는 분리이론에 근거한다. 이론에 따르면 나이든 사람들은 중년기의 행동과 사회적 관계에 정서적으로 적게 연관되면서 젊음 이외의 다른 가치를 개발하는 것을 말한다. 이러한 견해는 나이든 사람들이 사회적 역할, 약화된 건강과 사회적 입지로부터 그들 스스로 점차 분리되는 것이다. 사회는 노인들에 대한 관심과 기회가 부족해서 노인들로 하여금 사회에 대한 은퇴를 부추기지만, 기본적인 분리는 인생의 단계처럼 자연스럽게 비친다.

물론 노화의 성격을 완전하게 설명해주는 이론은 없지만, 커밍과 헨리(Cumming & Henry, 1961)는 노화를 설명하는 중요한 측면을 상식적으로 풀어낸 분리이론을 설명한다. 그들의 견해에 따르면, 활동이론은 주로 확장기의 중년 미국인의 삶에서 나오는 "사교성"이라는 생산물로 본다. 그들의 분리는 다른 이들보다 관계가 깨진 몇 사람에게서 더 일찍 나타나며, 그 모습은 경우에 따라 다르다고 본다. 더욱이 남성과 여성의 분리유형에 차이가 있으며 남성은 분리상태에 들어가면서 변화가 급격하게 나타나는 경향이 있는 반면, 여성은 대개 이행 시기가 부드럽고 좀 더 길다. 그들은 이러한 차이를 남성이 평생 제도적 역할을 했고, 여성의 융통성 있는 기술은 간접적이나마 사회 및 정서적인 역할을 했기 때문이라고 설명한다.

연구 결과는 분리란 행동의 측면에서도 다른 비율과 차이가 나타남을 보여준다. 프랜시스 카프(Frances Carp, 1968)는 사람들, 물질적 소유들, 여러 가지 행동들과 생각들과의 연관을 포함한 분리가 나타나는 분야의 수를 보고한다. 분리는 앞에서 말한 각 분야를 성취하는 것이며, 그 연장은 죽음의 준비이다. 게다가 카프는 가족 및 친구들과의 분리 사이에 중요한 차이를 설명한다. 동료 간의 관계 증진은 친구나 가족과의 만족감 증진과도 연관되며, 반면에 동료들과의 분리는 노인을 가정의 부모 역할로 돌아가 부모-자녀 관계에 끼어들면서 부정적 결과를 초래할 수 있다. 오히려 지시적인 부모 역할로부터의 분리는 노인들에게 좀 더 긍정적인 자기 이미지를 형성하게 한다.

분리이론은 논쟁의 여지가 있다. 로버트 애칠리(Robert Atchley, 1971)는 분리이론에 동의하지 않는데, 노년은 자신들의 내면적 상태에 더 열중하여 그들의 외부적 환경으로부터 자동적으로 거리를 두게 된다고 보기 때문이다. 여타 학자들은 커밍과 헨리의 말처럼 노년에 분리가 일차적으로 본능적인 과정이라면, 죽음에 가까운 연령인 70대나 80대에 시작될 수 있다. 사람들이 노년으로 이동하는 분리는 보편적인 현상이 아니므로 궁극적으로 분리의 정도에는 차이가 있다.

게다가 애칠리(1971)는 분리는 많은 개인과 사회에 기능적이지 않음을 보고한다. 그의 연구에서 나이든 교수들은 분리를 성공적으로 극복하고, 청년 혹은 중년 교수와 똑같이 혹은 더 많이 일하기를 희망한다는 것을 알게 되었다. 이러한 연구는 물리적 분리와 심리적 분리 사이의 차이를 보여준다. 그는 사회에서 관심과 괜찮은 역할을 포함하여 중간에 끼어 심지어 제거되고 심리적으로 분리된다고 본다. 그런 경우 분리이론은 보편성과 필요성에 의해 의미가 떨어진다. 애칠리는 분리이론이 나이든 교수들을 연구한 측면에서 인격과 사회적 역할의 차이를 설명하기에 충분하지 않다고 본다.

활동과 분리에 대한 보완

버니스 뉴가튼과 로버트 해빙허스트의 연구는 노화에 대한 분리이론과 활동이론의 적합성을 검증하기 위해 고안되었다. 그들의 작업은 각 이론에서 엄선된 부분을 지원한다. 그들은 보통 사회적 · 심리적으로 중년기에서 노년기로 넘어가면 노인들이 분리되는 현상에서 분리이론의 견해를 지지한다. 한편 그들의 연구는 인생의 만족이 직접적인 사회적 상호작용을 하는 활동이론의 핵심적 개념과 연결됨을 보여준다.

해빙허스트와 동료들(1996)은 55세에서 90세까지 159명의 남성과 여성을 대상으로 인터뷰를 했는데, 아직 일을 하고 있거나 너무 병약한 경우는 제외했다. 그들의 연구는 사회적이며 심리적인 참여를 측정하기 위해 시도되었다. 그들은 매일 다른 사람들과의 상호작용을 사회적 근로자, 배우자, 부모, 조부모, 친구 등과 같이 생애의 역할로서 개인의 일상적 활동과 수행을 위한 기본적 과제로 보고 사회적 참여를 조작적으로 정의했다. 측정은 노화에 따라 감소하는 사회적 참여의 정도를 보여준다. 게다가 그들은 개인이 외부세계의 사람과 사건들에 대해 정서적으로 투자하는 범위를 심리적 참여로 정의하고 측정했다. 이 결과는 노화의 과정으로서 분리를 지지한다.

동시에 삶의 만족도는 참여와 연관되는 개념인 만족이 의미하는 긍정적인 자아 개념, 긍정적인 기분을 가지고 측정한다. 대개 활동이 많은 사람들은 그렇지 못한 사람들보다 심리적 웰빙 수준이 높게 나타난다. 이 결과는 노년시기의 활동이론을 지지한다. 해빙허스트와 그의 동료들의 연구는 노년의 다양한 유형을 강조한다. 그들은 분리의 속도와 형태가 집단마다 상당히 다르다고 말한다. 다양성은 생물학적 · 심리적 · 사회적 요인들 간의 다양한 상호작용에 기인한다고 본다. 그들은 활동이론과 분리이론은 모두 부분적으로 지지되며, 어떤 이론도 개인적 다양성의 문제를 충분히 다루지는 못한다고 결론을 내린다.

우리는 성인 후기의 경험에 대해 서로 상반되는 이론들을 살펴보았다. 모두 생애주기의 후반기에 나타나는 중요한 측면을 다룬다. 분리이론은 다수의 노인들이 자기 삶에 익숙한 일상과 내면적 탐험이 쇠퇴하는 데 초점을 둔다. 인생의 단계에서 만나는 심오한 신비에 대해 더 알고자 하는 호기심과 희망은 노인들이 자신의 생애 이야기라는 마지막 장에 도달할 때 더 강력해질 수 있다. 의미에 대한 인간의 강력한 동기는 노인으로 하여금 자신의 이야기가 사회와 역사 및 우주의 거대한 이야기에 얼마나 적합한지 살피게 한다. 물론 의미에 대한 호기심과 욕망은 노인에게 생의 다른 단계에서와 같이 더할 수도 혹은 덜할 수도 있다. 동시에 활동이론 지지자들은 노인을 포함한 모든 연령의 사람들이 의미 있는 관계와 활동에 몰두할 때, 그들 자신과 삶에 대해 더 좋게 느끼게 한다고 주장한다. 이러한 사실로서 활동이론가들은 우리의 청소년 중심의 문화가 만연한 시대에 노인을 경시하는 부정적인 이미지와 사회에 적극적으로 참여하는 노인이 배제되는 불행한 과정을 통해 노인이 분리되었다고 주장한다. 물론 거기에서 노인이 자신의 정신적이며 신체적인 활동과 은퇴 사이의 균형을 위해 활동 의존 정도는 큰 차이가 난다. 이상적인 균형은 개인의 기질에 크게 좌우될 수 있다.

분리이론과 활동이론의 실험적인 근거로 볼 때, 우리는 성인 후기에 대한 중요한 사고방식을 살펴볼 수 있다. 많은 심리치료학파들은 인생의 모든 단계에서 심리적 건강의 기본으로 볼 수 있는 접촉 및 철회 주기의 여러 단계에 대한 주의가 필요함을 상기시킨다. 활동이론은 인생의 끊임없는 변화에 건강하게 적응하기 위해 타인과 환경에 대한 접촉의 중요성에 초점을 둔다. 노인들은 사회에 대한 자기효능감과 목적의식에 대한 상호작용을 해야 한다. 그들은 지역사회에서 오랜 경험에서 우러나온 지혜로 기여하고 싶어 한다. 분리이론은 예나 지금이나 경험을 과정화하고 소화시켜 후퇴할 필요성에 초점을 맞춘다. 노인은 자신의 오랜 경험을 성찰할 시간을 가지고 직업적 및 사회적 역할에 부합하도록 압력을 받는 자기 내면화에 참여해야 한다. 성인 후기의 확실한 그림은 두 이론에서 나오는 통찰에 부응하는 것이다.

성인 후기의 자기(Self) 유지하기

노인학 연구는 성인기부터 노년기에 이르기까지 성격상 상당한 연속성을 보여주는데, 영성과 암묵적 종교의 주요 측면은 중년기와 대체로 동일하게 유지됨을 시사한다. 다수의 노인들은 신체적 · 정신적 장애로 인해 실질적인 성격 변화가 촉진될 수 있지만, 이전의 사고 · 감정 · 행동의 유형은 계속 유지된다. 일부 학자들은 지속이론을 성인 후기를 이해하기 위해 분리와 활동이론에 대한 새로운 대안으로 본다. 지속이론에서는 성격이란 기본적으로 생애주기를 통틀어 변하지 않고, 성인 초기와 중년기의 적응은 노년기에 대한 적응을 예측하게 한다. 강력한 종교적 경험은 개인의 영성과 종교에 엄청난 변화를 만들 수 있고, 규범은 과거의 태도나 가치와 연속성이 있다. 연속성은 사람들이 노년에 자신의 잠재력을 실현하기 위해 이미 성인 초기에 영적인 발달에 관심을 둘 필요성을 강조한다. 나우웬과 개프니(Nouwen & Gaffney, 1974)는 사람들이 내면의 자신과 접촉하고 초기와 중기 성인기에 외부적 기준에 의해 측정된 성공에 좌우되지 않는 법을 배운다면 영적인 발달을 유지할 수 있으며, 노년의 독특한 조건을 극대화하고 인간 실존의 궁극적 차원을 향해 주의를 돌릴 수 있다고 본다.

로버트 애칠리(1991)는 시간을 통해 자아의 연속성을 강조했는데, 연속성이란 노인이 그들의 삶에서 생기는 내적이며 외부적인 변화에 적응하는 데 중요한 전략이기 때문이다. 자기 이미지의 연속성은 노인이 상호협력적인 삶을 충분히 가능케 하는 것인데, 그들과 타인들이 여전히 노인들을 있는 그대로의 존재로 인식하는 것이다. 관계의 지속성은 노인의 지속적인 자기(Self) 이미지를 강화하고 나이 듦의 영향을 최소화한다. 애칠리는 많은 노인들이 부정성에 반대되는 높은 자기 이미지를 갖고 있음을 본다. 그는 노인들이 극중 인물을 끌고 가는 드라마처럼 자신의 과거를 회상하는 경향을 본다. 개인사에 대한 이러한 재건은 그들에게 인생의 드라마에서 다른 연기자들 이상으로 많은 통제력과 영향력이 있다는 느낌을 줌으로써 노인의 영성과 자기에 대한 느낌(sense)을 만든다. 그들도 인생사에 신빙성 있는 긍정적인 성장을 한다. 놀랍게도 애칠리는 그러한 노인들이 나이 듦과 노인에 대한 사회의 부정적인 편견도 이해해주고 받아들이고 있음을 보았다.

인류학자인 샤론 코프먼(Sharon Kaufman, 1986)은 노인에 대한 연구에서 노인들이 자신은 나이 들지 않는다고 느낀다는 것을 관찰한다. 코프먼의 사례에서 제시되는 바와 같이 노인에게 자신의 정체성, 영성의 주요 요소와 종교의 함축적 의미는 그들이 경험하는 신체적이고 사회적 변화에도 불구하고 지속된다. 70세의 여성 마르타(Martha)는 자신이 30세라고 느끼며, 최근 자신의 사진을 보면서 현재의 모습에 당황해했다. 거울에 비친 모습을 보면서 그녀는 그렇게 늙은 사람은 자신이 아니라고 느낀다. 92세의 여성 이다(Ida)는 마치 과거에 있는 것처럼 자신이 젊다고 생각한다. 그녀는 상점의 유리에 비친 자신을 보면서 늙어버린 모습에 충격을 받게 된다. 92세의 남성 퍼시(Percy)는 늘 같은 모습을 유지한다고 생각해왔는데, 몇 년 전부터 청년과 길을 나란히 걷는 것이 어려워져 그렇게 느리게 걷는 사람이 자신이라는 사실에 좌절감을 느낀다. 84세의 여성 에델(Ethel)은 아플 때를 빼고는 자신은 주로 30세라고 생각한다. 코프먼도 보통 노인은 생애의 변화가 있어도 자신은 나이 들지 않는 존재로 생각한다고 말한다.

코프먼의 사례는 사람들이 자신의 정체성을 만드는 삶의 경험을 어떻게 정리하고 해석하며 그것과 연관시키는지를 보여준다. 그녀는 노인들 스스로 나이 들지 않았다고 생각하는 것은 현재의 자기를 느끼는 데 대해 의미와 일관적인 자기에 대한 느낌을 만들기 위한 과거의 개인적이며 문화적 상징을 공식화해내는 창조적 과정에서 나오는 하나의 지속성 유지라고 본다. 노인의 삶의 이야기를 분석하는 방법은 그들의 경험과 정체성에 대한 감정들을 보는 것이다. 노인들이 나이 들지 않으려 함에 대한 그녀의 연구는 노화의 과정이 상실이나 박탈 이상의 의미를 가진다고 믿는다. 그녀는 노화의 통합적인 측면에 초점을 두어 현재적 의미와 정체성을 만들어가는 것, 노화 과정에 대한 우리의 지식을 넓히고 심오하게 하는 것, 하락과 상실로 대표되는 노화의 부정적인 편견을 없애고자 한다.

노년에 느끼는 시간의 한계

보통 노인은 일차적으로 자신에게 남아 있는 시간보다 살아온 시간이 많기 때문에 과거에 산다고 생각한다. 존 헨드릭스(John Hendricks, 2001)는 이에 동의하지 않는다. 그는 이것이 개인의 좁은 소견에서 나온 생각으로 노인들의 미래에 대한 제한적 느낌이 만든 오류라고 본다. 왜냐하면 기대수명이 제한적이기 때문이다. 그들은 미래란 자녀, 손자, 다음 세대를 돌보는 사람의 문제라고 생각한다. 헨드릭스는 이러한 시각을 개인의 삶을 뛰어넘는 "세대적 미래성"이라고 표현한다.

빅터 프랭클(1986)의 견해는 인생의 마무리에 대한 감사함으로 최대한의 의미를 가질 수 있다. 사람들은 보통 인생에서 무엇이 성취되었는가에 초점을 맞춘다. 그들은 삶을 살아왔던 것, 이룬 것, 사랑했던 것, 고통받은 것을 자부심과 기쁨으로 반추할 수 있다. 프랭클은 인생의 마지막 순간에 반추할 수 있는 것은 삶을 완전한 의미로 만들어낸다고 조언한다. 해리 무디(Harry Moody, 1988)는 이러한 삶을 반추해내는 부분으로서 스토리텔링(storytelling)[2]의 중요성을 강조한다. 영적 여정으로서 삶의 이야기(Quinnan, 1994)를 만드는 것은 생애의 종교와 영성의 측면을 인식하는 개별화를 도와준다. 스토리텔링은 전통적 문화의 핵심인데, 삶의 이야기는 노년의 존경

2) 스토리텔링이란 'story'와 'telling'의 합성어이며 '이야기하다'라는 뜻으로 상대방에게 알리고자 하는 바를 재미있고 생생한 이야기로 설득력 있게 전달하는 방식인데, 이야기 전달의 집중도가 높아 사람들을 좀 더 집중시키고 이목을 끄는 힘을 가졌으며 기억에 오래 남을 수 있는 소통방법이다.

과 위엄을 더해준다. 무디는 우리 사회의 문화정책이 문화의 생산자이자 창조자로서 노인들의 정체성을 회복시키는 데 있다고 본다. 시니어센터에서 노인들에게 수공예 기술, 저술, 창의적 드라마가 이전의 역할 이상으로 진행되고 새로운 가치를 만들어 자기(Self)의 심오한 측면을 표현함으로써 영성과 암묵적 종교의 의미를 넓히도록 해야 한다.

카스텐슨(Carstensen, 1992)은 노인의 정서의 중요성에 무게를 두는 것은 미래의 한계를 실감하는 데서 온다고 강조한다. 인생의 덧없음과 피할 수 없는 종말에 대한 각성은 노인에게 삶의 무엇이 중요하고 값진 것인가를 인식하게 한다. 카스텐슨의 "사회 · 정서적 선택이론(socioemotional selectivity theory)"이란 어떤 사람과 세계에 대한 친밀감과 지식 같은 인생에 통하는 기본적인 목표와 같지만, 특정한 목표의 중요성은 시간이 늘어나든 줄어들든 가치가 있느냐에 달린 것이다. 그녀는 지식이 연관된 목표는 초기의 삶과 청년기에 중요하고, 점차 지식의 축적은 그다지 중요하지 않다고 본다. 정서와 연관된 목표는 특히 유아기와 초기 아동기, 그리고 다시 성인 후기에 두드러진다. 정서적 삶을 강조하는 것은 노인의 가치와 세상과의 관계에서 오는 의미 때문인데, 이는 노인들의 영성과 암묵적 종교에서 중요한 측면이다.

노화에 대한 부정적 견해

노년의 부정적 이미지는 다양한데, 건강과 물리적 힘의 쇠퇴, 가족과 친구의 죽음, 생산적 근로자로서 사회적 지위의 상실 등이다. 연구자와 미디어는 병이나 신체적 쇠퇴, 배우자의 상실 등 노년의 부정적 측면에 초점을 두는 경향이 있고, 다수는 인생의 노화단계에 겪는 진실과 다를 수 있다. 이런 상실은 모두 자기효능감과 정체성의 긍정적 측면을 훼손할 수 있다. 죽음은 그 자체로 멀지 않게 보이고, 현재의 노인에게 위협적인 현실이다. 죽음의 과정을 둘러싼 잠재적 고통과 낙담은 죽음 그 자체보다 더 위협적일 수 있다. 시몬 드 보부아르(Simone de Beauvoir, 1972)는 일반적인 노년의 쓸쓸한 이미지를 "조용함"으로 표현한다. 그녀는 경제적 체계로 인해 버려진 노인을 스카프 조각처럼 대하므로 노년에 궁핍함을 더하는 산업화 사회를 혹평한다.

노인에 대한 부정적인 편견은 자신의 삶을 관리하기 불가능하다고 보는 사회에서 온다. 코프먼(1986)은 학자들과 사회가 모두 "쇠퇴, 상실, 병" 등으로 말하는 노인에 대한 부정적 편견에 대해 요약한다. 로버츠 애칠리(1991)는 노인에 대한 신체적 · 감정적 편견은 외모, 행동, 능력 등을 토대로 광범위하게 퍼져 있다고 정리한다. 부정적 측면에서 사람들은 노인을 신체적 장애, 거의 귀가 먹었고, 노쇠하며, 가족에게 의존적인, 구닥다리의, 잘 잊어버리는, 외로운, 쓸쓸한 그리고 지루한 사람으로 본다. 긍정적 측면에서 사람들은 노인을 현명하고, 이해력이 있으며, 행복하고, 지지적이며, 사랑해주는 사람이라고 본다. 해빙허스트와 애칠리에 의하면 우리 사회의 다수는 노인들을 사회구성원들이 지고 갈 짐으로 보고 이런 태도는 노인을 거부하거나 차별하게 한다고 보는데, 그것은 나이에 근거한 차별로 "연령차별주의"(Nuessel, 1982)이다.

노년에 대한 초기의 연구는 사람들이 노인을 비생산적이고, 자녀의 짐이며, 고집이 세고, 불평쟁이이며, 쓸쓸한(Tuchman & Lorge, 1953) 존재로 인식한다. 최근에도 에드먼 팔모어(Erdman Palmore, 1990)는 노인에 대한 부정적 편견이 1950년대와 오늘날은 다르다고 하면서도 병, 조루, 못생김, 정신의 쇠퇴, 무용지물, 고립, 정신병, 빈곤, 우울증 등과 연관된 부정적 편견을 목록화한다. 편견의 좀 더 미묘한 형태는 경제적 · 사회적 · 심리적으로 불리하게 그려내는 것이다. 배려를 하는 듯한 이러한 편견은 노인이 성취(Barrow, 1992)할 수 있는 기대를 낮추어 의존성과 낮은 효능감으로 가게 한다.

광고는 청년문화의 가치를 부풀리고 나이 듦의 신체적 측면은 숨기는 형태로 노인에 대한 부정적 이미지를 만든다. 광고는 상품을 팔기 위해 나이의 부정성을 연기하거나 없애려고 하면서 나이 듦을 공포로 느끼게 한다. 사람들이 자신의 외모, 나이, 환경에 불만족을 느끼게 하는 것은 판매를 위해 중요하다. 광고주는 주의를 집중시키거나 욕구를 일으킴으로써 우리가 늙지 않은 것으로 보고 느끼게 하는 상품들을 팔 수 있다. 광고에서 늙는다는 것은 부끄러운 실패로 묘사된다.

람 다스(Ram Dass, 2000)에 의하면 우리 문화의 마지막 금기사항 중의 하나는 노화이다. 그는 텔레비전에서 노인의 이미지가 매우 바보 같고, 고집스러우며, 보복적이며, 까다롭게 그려지는 것을 고발한다. 그는 이런 한정된 노인의 모습은 노인에 대한 문화적 반감이 반영된 것이라고 본다. 미디어는 노화를 필요악인 사회적 병으로 여기고 미학적 대결이라는 메시지를 준다. 람 다스는 여성은 젊음과 신체적 매력에 대한 집착 때문에 남성보다 더 힘들다고 본다. 그는 젊음의 유지에 대해 "우리 자신과 생애주기에 대한 비인간화"(p. 14)로서 "시간에 대해 지는 싸움"이라고 말한다.

람 다스는 철학적 물질주의가 나이 듦과 노인에 대해 부정적인 태도를 만드는 서구적 문화를 지배한다고 본다. 생애주기를 어떻게 생각하는가에 대해 크게 영향을 미치는 감각을 통해 우리가 경험하는 것을 초월하는 세계관은 존재하지 않는다. 우리의 신체적 죽음 이후에 남아 있는 과정이 아무것도 없다면 죽음은 인생길의 종점이 된다. 람 다스는 자아는 단지 우리가 누구인지, 그리고 우리는 몸과 마음 그 이상인 유일의 존재이며, 우리는 요새로 후퇴하는 치유의 오솔길로서 나이 듦을 재고할 수 있다. 우리가 더 커진 자아를 인식한다는 것은 영적인 기회로 나이 듦을 보는 계기를 갖는 것이다.

배로(Barrow, 1992)는 사회를 반영하는 23세의 컴퓨터회사 사장, 36세의 할머니, 60세의 대학생, 80세의 회사 중역 사례를 인용하면서 우리 사회의 나이 듦에 대한 태도를 융통성 있게 바꾸어야 한다고 본다. 그는 결혼, 직업, 교육적 유형이 바뀜으로써 어떤 사람들이 지금 무엇을 하는가에 대해 다소 융통성 있는 태도를 취한다고 본다. 이러한 경향은 노인들이 어떠한가와 그들이 무엇을 할 수 있는가에 대한 부정적 편견과 대적할 수 있다. 유진 비안치(Eugene Bianchi)는 노인들은 그들이 당면한 노화에 대해 스스로 가진 편견의 정도를 반성하도록 조언한다. 그들은 자신들의 잠재성을 개발하여 나이 듦의 부정적 이미지를 결정하는 내면적 삶을 탐구할 필요가 있다. 그는 노년에 만연한 자기 패배적 편견을 극복하기 위해 이행하고 성취할 모델(역할모델/성공적 노인)로서 개인에 대해 알기를 권한다.

비안치는 노인에게 장애를 일으키는 사회적 태도와 악(惡)에 직면하라고 강조한다. 그는 노인들에게 도움이 되는 개혁 차원에서 동시대인의 시대정신이 부족했다고 본다. 그는 노인이 현대사회와 정치적 · 경제적 힘을 가졌던 비공업화된 사회에서 대접받았던 방식을 대조한다. 비안치는 현대사회는 노인에게 경제적 조건을 향상시키도록 하는데, 바꾸어 말하면 노인들이 타인들과 더 많이 연관되어야 함을 의미한다.

경험적 연구

이 장에서는 종교와 영성이 노인에게 미치는 매우 긍정적인 영향에 대해 살펴본다. 에릭과 조앤 에릭슨(Erik & Joan Erikson)은 종교의 의미에 대해 노년의 함축적인 의미를 정체성과 가치의 요소를 가지고 이해하게 한다. 종교와 나이에 대한 연구는 최근 증가세를 보이는데, 장년층 노인(older adults)의 코호트(cohort)[3] 사이에 높은 종교적 수준에 기인한다. 일부 학자는 종교와 나이에 관한 연구가 증가하는 것은 노년의 신체적 쇠퇴에 주로 초점을 두는 생의학적 관점에 대해 더욱 긍정적인 대안을 발견하려는 노력이라고 본다. 나이에 대한 문헌들은 종교와 영적 믿음, 행동, 경험이 노인의 웰빙에 중요한 영향을 준다는 등의 건강에 미치는 종교의 영향에 대해 광범위한 신체적 증거를 만들어낸다. 그럼에도 불구하고 주류 과학자들과 학자들은 건강에 긍정적인 종교의 역할(Levin, 1994)에 대한 경험적 지원을 깨닫지 못한다. 장년 노인들의 건강이 약화되면서 종교적 참여가 감소하지만, 그들의 영성과 암묵적 종교는 더 성장하고 개발될 수 있다.

노인학연구는 종교적 소속 혹은 참여 같은 종교성의 단순한 의미를 뛰어넘어 더 심오한 종교적 차원을 포착하려고 한다. 맥패든과 레빈(McFadden & Levin, 1996)은 종교적 참석이나 신에 대한 믿음, 종교적 경험, 기도의 빈도 등을 측정하여 신체적 건강에 긍정적 영향을 보여주는 종교의 영향에 관해 200편이 넘는 연구 결과를 보고한다. 그들은 종교란 다양한 측면으로 구체적인 영향을 줄 수 있음을 보여준다.

- 종교적 헌신은 보통 흡연, 음주, 마약복용 같은 해로운 행동의 비율을 낮춘다.

---

3) 코호트란 '특정한 행동양식을 공유하는 집단'으로, 이 단어에 "시간" 변수를 더 첨가하여 특정한 시기에 비슷한 경험을 한, 즉 특정한 역사적 경험에 의한 사회화 과정을 거친 연령 집단으로 행동양식 및 정체성, 집합의식을 공유하는 인구집단을 말한다. 이들은 비슷한 연령대에 비슷한 경험을 하게 되는데, 코호트란 곧 특정 사건이 비슷한 생애주기에 발생한 인구집단으로, 코호트 구성원들은 나름의 독특한 특질을 형성할 수 있다. 한국에서 사회과학적으로 많이 활용되는 대표적 코호트로는 베이비붐 세대와 에코 세대, 산업화 세대, 민주화 세대, 386 세대 등의 단어들이 활용되고 있다.

- 종교 참여는 사회적 지원망으로 활용된다.
- 종교 의식(儀式)과 기도는 긴장 완화, 희망, 용서 그리고 사랑 같은 긍정적 정서의 경험을 일으킨다.
- 종교적 신앙은 신이 삶의 모든 측면에 관여한다고 믿음으로써 사람의 건강을 희망적으로 이끈다.
- 종교적 세계관은 건강에 유의미한 상관관계가 있다.
- 그리고 앞서 말한 관계들의 결합

맥패든과 레빈은 정서적 과정이란 이러한 가능한 모든 것에 근거한 종교와 건강의 연결이라고 강조한다.

해럴드 쾨니그(Harold Koenig, 1992)은 후기 삶에서 종교적 신앙과 행동에 성숙한 의탁은 노인들의 문제 해결에 도움을 준다는 많은 증거를 인용한다. 연구는 삶에서 종교적 중요성을 고려하는 사람들은 사별에 대한 적응을 돕고, 죽음에 대한 공포를 낮추며, 우울한 증상을 완화시키고, 자살률 등을 낮추는 결과를 보여준다. 가족과 친구의 죽음은 많은 노인들에게 빈번하게 경험된다. 연구는 종교적 믿음과 실천이 때로 상실(Koenig, 1994)과 연관된 고통을 뛰어넘는 완충으로 도움을 준다. 종교는 사랑하는 사람의 죽음에서 슬픔을 다루는 인식적 틀과 정서적 지지를 제공한다. 종교와 영적 신앙이 자신의 정체성이나 목적과 다른 사람들, 예를 들어 배우자를 상실한다면 자기의 개념이 더 흔들릴 수 있다.

쾨니그(1994)의 연구는 죽음에 대한 불안이 후반기 삶에서 감소하더라도 50~75세의 노인들은 죽음의 두려움 혹은 불안의 경험을 토로한다고 밝힌다. 그는 종교성과 죽음의 공포 사이의 반비례관계를 나타낸 한 연구를 인용한다. 그는 노인들이 신을 현존할 뿐 아니라, 자신들의 예견된 죽음에 어떤 평안을 주는 존재로 바라본다고 밝힌다.

우울증은 인생 후반기에 심리적 무질서로 나타난다. 그것은 인생의 만족감과 의미를 훼손할 뿐만 아니라 자살로 이어질 수 있다. 쾨니그(1992)는 광범위한 정신건강척도로 65세 혹은 그 이상의 연령에 해당하는 850명의 남성을 대상으로 우울증을 연구했다. 모든 환자들은 자가진단과 관찰진단 척도검사로 평가를 받는다. 쾨니그는 우울증과 싸우는 사람 중 종교를 믿는 사람들은 자가진단과 관찰진단 결과 비율상 우울증이 상당히 적은 편임을 보고한다.

몇몇 노인에 대한 경험적 연구는 젊은 노인(Young Adults)보다 늙은 노인(Older Adults)들이 집중력이 증가하고 가치를 높이며 정서적 측면을 잘 조절한다고 밝힌다. 늙은 노인층은 정서조절을 잘하고 사회적 상호작용에서 정서적 만족도를 최대화한다. 그로스(Gross 외, 1997)는 아프리카, 유럽 그리고 미국으로부터 나온 사례에서 정서적 경험과 통제에 대해 연구했다. 그들은 늙은 노인층이 자신들의 감정을 잘 조절하고 젊은 층에 비해 부정적인 정서가 적다고 보았다. 통제란 늙은 노인층이 자신들의 긍정적 정서를 선별적으로 향상시키는 것으로 슬픔, 분노, 공포 같은 부정적 정서의 경험을 둔화시키는 것이다.

또 다른 연구는 나이든 사람들은 자신의 정서를 더 잘 통제한다고 보고한다. 로라 카스텐슨(Laura Carstensen 외, 1995)은 중년과 노년의 부부를 대상으로 정서적인 결혼생활의 충돌에 대한 주제로 토론하도록 하고 녹화하면서 주제 내용과 정서적 표현을 작성하게 했다. 그들은 늙은 노인 부부의 보고서와 토론을 관찰해볼 때 정서적으로 더 잘 통제한다는 것을 알 수 있었다. 늙은 노인 부부는 화, 거슬림, 호전성, 야유를 적게 하고 결혼생활의 충돌을 풀어가는 과정에서 서로에게 더 호감적인 표현을 하고 있었다. 그들의 연구는 노년기에, 특히 늙은 노인 부부에게 정서란 무디어지고 평평해지기 때문이라는 일반적인 견해와 대조적으로 더 현저하게 나타난다는 것을 논증했다. 더욱이 카스텐슨과 동료들은 나이와 함께 부정적 정서의 감소는 빈번하고 지속됨을 보여준다. 그러나 고령노인 사이에서도 부정적 정서는 성인 초기 이상으로 빈번하게 경험되지 않는다. 이러한 연구는 늙은 노인들의 정서적 경험이 젊은 노인보다 더 복잡하다는 것을 의미하는데, 이는 노인들이 긍정적이거나 부정적인 정서가 혼합된 경험을 한다는 것을 의미한다(Kennedy 외, 2001).

에릭슨의 8단계

에릭 에릭슨은 인생의 마지막 단계를 자아통합 대 절망과 혐오로 특징짓는다. 그는 성인 후기를 노인들에게 함축적인 의미를 갖는 종교와 영성을 의미 있는 삶의 통합과 수용으로 구분한다. 노인들은 삶의 다양성과 모순적 경험을 정서적으로 통합하기 위해 애쓰는 자아를 슬쩍 응시한다. 에릭슨은 이 과정의 성취란 한계와 실패였던 것도 자신의 삶으로 수용하는 것이라 본다. 수용은 인생을 이끌었던 운명의 회고적 측면도 포함한다. 노인이 정서적 통합을 이룰 수 없다면, 인생에서 "옳게" 보이는 어떤 것을 만들기 위해 충분한 시간과 에너지가 더 이상 남아 있지 않다는 것을 깨닫고 절망하게 된다.

지혜의 성취는 미덕 혹은 자아의 힘이 이러한 생애주기에 이르는 것이며, 노인은 더 넓어진 심리적 조건에서 살게 된다. 이상적으로 그들은 자신의 삶이 특정한 시대를 대표하는 의미로 한 세대를 살아가는 역사적 생애주기의 한 부분이라고 본다. 에릭슨(1997)은 생애주기의 마지막은 다시 시작으로 돌아간다고 본다. 첫 번째 미덕이나 자아의 힘인 젊은이들에게 내재된 희망은 그들이 삶의 끝에 다가갈 때 성숙한 희망 및 믿음과 연관된다.

에릭슨은 생애주기의 시작과 끝 사이의 이러한 관계가 가족생활의 연속성이 있고, 아동이 노인과의 만남에 깊은 영향을 받는 문화에서 더욱 분명함을 인정한다. 그러한 문화는 노인들에게 진정한 생존을 위해 필요한 중요한 참여를 제공한다. 동시에 젊은이들은 미래의 노년을 위해 현재 노인의 통합된 경험을 가지고 삶을 신뢰하는 법을 배운다.

에릭슨은 개인의 생애주기는 사회적 맥락의 관계에서 고려되어야 하며, 사회의 이미지와 삶의 다양한 단계에서 만들어지는 이상을 포함한다고 본다. 그들은 개인과 사회 간의 이러한 관계가 성인 후기의 사회적 태도와 관련하여 특히 문제가 있음을 발견한다. 에릭슨(1997)은 "노년에 문화적으로 다양한 이상의 결핍으로 우리의 문명화는 전체 삶의 개념에도 제대로 이르지 못한다"(p. 114)고 본다. 사회에서의 결핍은 노인들을 어떻게 활력 있는 기능화로 통합시킬지 모르는 데서 나온다. 노인들을 무시하거나 지혜의 전달자가 아닌 수치심의 모델로 보는 사회는 핵심적 과업 이행에 실패한 것이다.

인생의 공평하고도 필수적인 과정으로서 죽음에 직면하는 것은 삶 전체의 지평을 들여다보는 것이며, 이러한 지평은 한 세대에서 다음 세대로 이어지며 움직인다. 에릭슨은 생애주기란 죽음의 공포가 없는 마음의 상태에 도달한 노인에 의해 삶을 공포로 느끼지 않는 어린이가 자랄 수 있는 환경이 실현된다고 믿는다. 인생은 보통 다른 사람들이 자아통합의 정도를 성취하도록 도와주며, 몇몇 노인학자의 자서전이 노인들에게 자신의 영적 핵심(Achenbaum, 2001)을 포착하여 다른 이들과 공유할 수 있는 것이라 본다. 에릭슨은 많은 노인들이 자신의 삶을 돌아봄으로써 자신들의 관계, 특히 결혼, 자녀, 손자녀에 초점을 두는 것을 인용한다. 노인들은 대개 자신들이 손자녀의 성장과 이러한 성취들에 자부심을 느끼도록 돕는다고 본다. 이러한 젊은 세대와의 관계는 노인들에게 생애주기에서 그들의 위치에 대한 일치성과 감동을 준다. 자신의 삶을 회고하는 것은 노인들에게 과거의 젊은 이미지(Erikson 외, 1986)에 만족하거나 지난 삶을 비교하는 데서 오는 혼란스러운 감정을 통합하도록 한다. 성취만이 아니라 실패나 놓쳐버린 기회 또한 노인들의 영성과 암묵적 종교의 기본적인 측면에서 자아통합에 대한 긍정적이거나 부정적인 감정 모두를 경험하게 해준다(p. 221).

9단계

에릭(Erik)의 배우자이자 오랜 협력자인 조앤 에릭슨(Joan Erikson)은 80대와 90대에 맞는 도전을 강조한다. 이 시기에는 건강한 신체를 가진 사람들도 자율성을 잃는다. 그녀는 8단계를 위협하는 절망이 인생의 마지막 단계에서 가까운 동반자임을 관찰한다. 에릭 에릭슨은 92세까지 매우 도전적인 성장을 경험하면서 살았다. 이러한 경험은 가능한 삶의 9단계를 반영한 것이다. 에릭은 인생 후반기에 대한 생각을 발표하지 않았지만, 조앤이 그의 사후 9단계에 대한 자신들의 견해를 이야기했다.

에릭슨 부부(1997)는 인생 후반기에 자아통합이 하락하는 특성이 있는데, 그것을 증진시키는 것은 사람들과 외부 세계와의 접촉임을 강조한다. 그들의 견해에 따르면 자아통합은 빛, 소리, 냄새, 촉감, 모든 것과 모든 사람들의 문제를 더 밀접하게 관련시키는 것과 같은 경험으로 강화된다. 통합이란 자신들이 건장하고 신뢰성 있으며, 그림자가 아닌 실제로 존재함을 말한다. 그것은 또한 잘살기 위한 하루를 위하여 매일의 활동을 관리하는 것이다. 자아통합은 삶의 변화에 적응하려는 노력, 흔쾌히 불편함을 받아들이며 심지어 유머까지 말한다. 조앤은 95세까지 살았고, 신체적 자율성, 강인함, 독립성 등을 상실한 80대와 90대에게 절망이 어떻게 밀접하게 작용되는지 설명한다. 노인들은 신체적 · 정신적 힘이 감소하는 경험을 자주 함으로써 자기존중감과 자신감이 약화된다.

에릭슨 부부는 이전 단계의 모든 도전들을 설명하면서 노년에 "근긴장이상증"[4] 혹은 부정적 요소가 매우 지배적임을 밝힌다.[5] 그들은 노인들이 만나는 제한된 하루로서 인생 단계에서 첫 번째 근긴장이상증 요소를 대체하는 변화를 강조한다. 그들의 견해로 볼 때, 9단계는 이제 초기 단계의 성취가 고령단계에서 도전받기 때문이다. 잘못된 믿음은 신뢰보다 더 우세한 요소로 작용하기도 한다. 어떤 경우 잘못된 믿음은 노인을 보호하기도 하지만 신체는 어쩔 수 없이 약화되며 그들 삶의 모든 측면에 부합하지 못한다. 최고령자들은 자신의 신체와 삶의 선택들에 대한 통제를 상실할 때 수치와 자기불신을 경험한다. 더욱이 죄책감이 월등해진다. 부적절함과 죄책감의 느낌은 처음의 실패에 뒤이어 계속된다. 내면적 열등감은 능력을 감소시킨다. 할 수 있는 이상의 것에 도전할 때 노인을 억누르는 부적합한 느낌은 그들을 압도한다.

지위와 역할이 변하면서 노인들은 자신이 누구인지 혼란스러워한다. 정체성은 사춘기와 성인 초기에 이미 성취되었다. 그러나 초기 정체성의 명확성과 최고령 시기에 때로는 그들의 역할에 대한 불확실함 사이의 방향감각을 혼란스럽게 할 수 있다. 9단계의 노인들은 평상시에 타인과 멀어졌다고 느끼므로 새로운 환경, 의존, 친숙함이 필요하다. 사회적 용어로 생산적이지 못한 노인들이지만 여전히 자신들에 대한 필요를 원한다. 불황은 노인들에 대한 돌봄과 교류에서 벗어난다면 극복된다고 위협한다.

에릭슨 부부는 생애주기의 9단계에 대해 근긴장성의 문제 요소가 그 시기를 지배한다고 설명한다. 지혜의 미덕조차 시험되고 최고령 노인들은

4) 노인들에게 나타나는 근력기능의 장애 중 하나

5) 2장을 보면 에릭슨 이론의 근기능이상증과 동조적 증상(syntonic)에 대한 설명이 나온다.

8단계에서 자신들의 지혜가 중요하게 활용되었더라도 9단계에서는 더 이상 자기 삶에 대해 회고적인 에너지를 쏟기 어렵다. 많은 노인들의 관심은 오히려 하루하루를 충분히 성취할 수 있는 기능이다. 80대 혹은 90대의 사람들이 고통 받는 것은 부모, 배우자, 형제, 자매, 오랜 친구들, 심지어 자녀 등의 상실에서 온다. 에릭슨 부부는 이러한 기본적인 지지의 상실과 싸우는 것이 필수라고 말한다. 이 점에서 상실과 죽음의 직면을 견디는 노년기는 초기 아동기에 발달한 믿음과 희망이 이 시기 사람들의 인격의 기초가 된다고 본다.

인격에 대한 모든 도전은 지역사회로부터 노인을 분리하려는 사회에 의해서도 만들어진다. 에릭슨 부부는 이를 우리 사회의 노인들을 현대 생활에 편입시키기 위한 상호협력적인 프로그램을 적절하게 계획하지 못했기 때문이라고 본다. 정년이라는 분리는 젊은이와 노인 모두의 삶을 축소한다. 에릭슨는는 "우리 인생의 마지막에 대해 준비하는 법을 노인들로부터 어떻게 배울 수 있는가? 만약 역할모델이 우리 중에 살지 않는다면?"이라고 말했다. 에릭슨(1997)은 노인 자신의 의식적인 선택과 노인을 강제로 후퇴시키는 것을 구분한다. 전자의 노인들이 일상생활의 평범한 행동으로부터의 철회는 은퇴에도 불구하고 지속적으로 사회와 연관됨을 보여주고, 그것을 에릭슨은 "깊이 연관된 비연관"이라고 부른 역설적인 표현이라고 주장한다. 초점은 초월성에 열려 있는 새로운 자아의 발달만큼이나 변화에 열려 있다. 이런 관점에서 철회란 하건 하지 않건 노년의 영적 가능성의 일부일 수도 있고 아닐 수도 있다.

최고령 시기는 점진적이며 비통합적 상태가 되지만, 에릭슨은 우주적이며 초월적 시각이 나타날 수 있다고 본다. 이러한 우주적인 시각은 초월적 노인에게 물질주의적이고 엄격히 이성적인 인생관을 넘어선 일종의 마음의 평화를 제공한다. 이렇게 넓어진 시각은 노인의 영성과 암묵적인 종교를 위한 주된 토대를 제공한다. 조앤 에릭슨은 장난스럽게 이러한 영적 상태를 "노년 초월(gerotranscendance)"이라 부르고 놀이, 기쁨, 음악 같은 것들이 노년에 만나는 자기(Self)의 한 부분이 될 수 있음을 강조한다. 그녀는 춤(dance)의 이미지는 다른 사람이나 세계와의 접촉을 의미하며, 더욱이 초월(transcen*dance*)은 우리의 가슴과 영혼에 깊이를 가진, 그리고 의미를 말하는 인생의 춤과 행동을 말한다고 본다.

성인 후기의 영적 잠재성

최근 성인 후기에 일어날 수 있는 주요 영적 발달의 중요성에 초점을 두는 저술이 시도되고 있다. 노년기의 종교와 영적 기회에 대한 인식에 세 가지 중요한 기여자를 살펴본다.

노년 초월성

라스 톤스탐(Lars Tornstam, 1994)은 노년의 노화는 노년초월을 향해 잠재되어 있고, 좀 더 우주적이며 초월적인 것에 대한 변화로 정의한다. 노년초월적인 사람들은 "우주의 영(spirit of the universe)'이라는 합의된 느낌을 이해하고 자신의 시간과 공간, 생과 죽음의 경험을 보완하면서 자기 이해를 넓힌다. 톤스탐은 이러한 변화된 관점은 노년초월이 반드시 조직화된 종교와 관련이 있는 것은 아니지만, 중요한 종교적 · 영적 성장이 이루어진다고 본다.

노년초월이론은 이전 삶과의 분리로서 노년기의 유형을 재해석하는 방법이다. 톤스탐은 중년의 발달과 가치의 연속으로서 노년기에 초점을 맞춘, 죽음에 대비한 삶에서의 분리를 강조하는 분리이론과 노년의 활동에 중점을 둔 활동이론 사이에서 자신의 이론을 찾는다. 그의 견해로는 분리이론과 활동이론 모두 외부 행동에 초점을 맞추고 노년초월성인 내적 의미의 결정적인 요소를 간과하는 경향이 있다. 그는 나이가 들어감에 따라 상황이 옳다면 초월의 정도가 높아질 것이라고 주장한다. 나이가 든다는 것은 잠재적으로 새로운 우주의 관점으로 이끌고 개인을 이전 세대와 우주에 상호 연결된 것으로 보는 새로운 우주적 관점으로 인도한다고 본다. 톤스탐은 노년초월을 향한 과정은 사회적 · 문화적 환경에 따라 잘 이루어지거나 그렇지 않기도 하지만, 나이가 든다고 해서 노년초월의 높은 수준에 저절로 도달하는 것은 아니라고 본다. 물질주의적 세계관과 가치에는 이러한 우주적 시각의 성장이 포함된다. 자기와 세계에 대해 넓은 견해를 지닌 노년초월은 예를 들면, 살아온 과거를 돌아보고 좋고 나쁜 측면을 수용하려는 에릭슨의 통합과 지혜의 개념과 비교되며 향후를 전망한다.

노년초월은 활동이론을 광범위하게 전망하며, 노인에게 사색의 수준을 인식하게 한다. 유진 토머스(Eugene Thomas, 2001)는 터키에서 수행한 연구로 노년초월적인 개념을 주장한다. 거기서 그는 65세 이상의 종교인과 비종교인에 대한 인터뷰를 하고 참가자 관찰을 실시했다. 종교적 집단은 대부분 수피전통[6]의 무슬림 신자인 남성(15명 중 14명)으로 구성되었다. 8명의 여

---

6) 수피전통(Sufi tradition): 이슬람 신비주의자들은 광야에서 짐승의 털옷(suf)을 입고 생활했기 때문에 수피(sufis)라는 이름이 붙여졌고, 신인동일과 신인합일 사상이 수피주의로 불리게 되었다. 수피주의의 핵심사상은 존재의 단일성이다. 모든 존재자는 유일무이한 독자성과 고유성을 지닌 유한자이다. 하지만 각각의 무수한 다양성과 독특성을 가능하게 하는 근원은 영원불멸의 무한자 알라이며, 천차만별의 모든 유한자 내면에는 예외 없이 무한자 알라가 존재한다는 사상이다. 즉 인간과 신, 인간과 인간, 인간과 사물 간에 존재하는 비본질적인 다양성은 존중하면서도 본질적인 차이는 부정하는 절대평등의 사상이자 이슬람 정통교리인 신의 타자성을 거부하고 신의 자기성을 강조한다. 13세기에 수피주의는 고행과 극기, 버림과 비움을 통하여 알라와의 직접적인 합일을 추구했으나 금욕주의에 머물지 않고 환희와 기쁨으로 충만한

성과 9명의 남성은 비종교적 집단으로 구성되었다. 전체 응답자의 절반 이상이 노년초월적 측면을 보였다. 응답자 가운데 5명은 통합적인 우주론, 자기 이해, 자기중심성의 감소, 삶의 불가사의한 수준에 대한 인식, 관계의 중요성과 타인에 대한 배려 등에서 완전한 형태의 노년초월적 모습을 보였다.

토머스는 노년초월의 높은 수준을 보인 5명은 삶에 대한 만족감도 높았다고 보고한다. 그는 이러한 상관관계에 대한 다양한 설명을 제시한다. 삶에 대한 초월적 견해는 사람들이 자신들의 삶과 고통을 더 넓고 의미 있는 맥락으로 대체하도록 한다. 죽음 이후의 삶에 대한 강력한 믿음은 운명을 감수하는 평정심으로 불행과 불이익을 바라본다. 더욱이 노년초월적 태도와 연관되어 타인에 대한 경쟁심이나 연연함이 줄어들고 삶의 만족도를 높인다. 토머스는 삶의 만족도가 노년초월과 긍정적으로 연관되어 있지만, 초월적이지 못한 사람의 일부도 자신의 삶에 대한 만족도를 보고했다고 덧붙인다.

사랑의 신비주의로 발전시킨다. 그 결과 사랑을 노래한 무수히 많은 위대한 시인과 성인을 배출한 수피주의는 이란과 이라크의 메소포타미아, 중앙아시아, 북아프리카 등지로 확산되어 나갈 정도로 크게 성장했다.

수피주의도 신과의 합일방법으로 지혜와 사랑을 중시하나, 더 강조하는 것은 신에 대한 사랑의 헌신활동이므로 수피주의는 사랑의 신비주의로 불리고 있다. 신의 현존체험과 신과 합일체험의 전제조건은 자기 사랑과 이웃 사랑에 있다. 자기와의 화해와 이웃과의 화해가 없는 신인합일은 관념에 불과하다. 여전히 대상화하고 대상화되는 자기분리, 지배하고 지배당하는 인간관계, 이용하고 이용당하는 사물관계 속에 있기 때문이다. 신의 본질은 사랑이다. 집착하지 않고 소유하지 않는 순수한 사랑으로 타자와의 관계에서 상실한 일치를 회복함으로써만 몸으로 신의 현존을 느낄 수 있으며, 신과의 행복한 결합의 기쁨을 누릴 수 있고, 신과 동체가 되는 궁극 목적에 도달할 수 있다. 수피주의가 신과 하나 됨에 가장 큰 방해요인이라 파악한 것은 우리의 자기 정체성이나 자의식으로 작용하는 에고이다. 자기중심적으로 생각하고, 판단하고, 왜곡하고, 주장하는 에고가 남아 있는 한 신과의 합일체험은 불완전하거나 불가능하다고 본다. 인간은 본래 순수하고 찬란한 빛이다. 그러나 이 세상에 태어나는 순간 대부분의 사람들은 자신의 본래성이 찬란한 신성의 빛임을 망각하게 된다.

영적 여정으로서 나이 듦

유진 비안치(1993)는 나이 듦이란 생물학적 과정보다 영적으로 더 중요하다고 말한다. 그는 노인의 조건은 일차적으로 영적 발달의 영향을 받는다고 본다. 왜냐하면 노인은 이제 가족과 일에 대해 의무를 지고 있지 않기 때문에 자신의 행보에 더 많은 자유가 주어지며 사색과 성장 과정을 가질 수 있다. 사회적 역할의 변화로 닥치는 어려운 도전이 사고와 행동의 유형을 흔들어도 새로운 가치에 적응할 기회를 제공받고 새로운 관계와 행동을 발견한다. 비안치의 관점에서 볼 때, 노인들은 이전의 사회적 역할을 '탈동일시(disidentity)'하게 되고, 자신의 진정하지 않은 정체성을 포기하게 된다. 초기 역할에 대한 이러한 탈동일시는 노년기에 독특한 정체성을 형성함에 따라 개인적인 깊이와 충족되지 않은 열망에 맞출 수 있게 된다. 비안치는 이러한 재(再)정체성화의 과정을 노인들이 미처 몰랐던 소망을 회복하고 세상에 자신들을 표현하는 방법을 발견하는 것으로 설명한다. 그는 기술이란 노인의 개발되지 못한 내면적 자원을 펼쳐 보이게 하는 것이라 생각하며, 종교는 노인 자신들의 재정체성화를 돕는다고 믿는다. 비안치는 노년에 이러한 내적 요소는 책임성으로부터의 회피가 아니며 혹은 현대사회의 복잡성으로부터의 공포스러운 후퇴는 더욱 아니다. 오히려 성인 후기에 자기 이해에 도달하기 위한 방법으로 용기 있는 시도와 행동이라고 본다.

비안치는 사회적 책임을 강조하는 노년기에 재정체성화의 내면 성찰적인 계획이 균형을 가져야 한다고 말한다. 인생 후반기에 정체성과 가치, 세계관의 방향 재설정은 평화와 정의 그리고 생태학 등의 중대한 사회적 이슈를 만들어낸다. 노인들이 신성과 내면적 연결성을 발견하는 것은 사회적 악에 대한 투쟁을 위해 연대하는 것이기도 하다. 비안치는 노인들이 은퇴 이후에도 사회적 책임이 끝나지 않았음을 인식하도록 강조한다. 그는 노인들이 이미 사회적 책임을 충분히 수행했으며 이제는 사적인 삶을 누릴 자격이 있다고 보는 데 대해 비판한다. 그는 노인들이 여전히 다른 사람들을 섬기고 세상에 대해서도 봉사해야 한다고 본다.

비안치에 의하면 이러한 사회적 웰빙은 영성의 필수적인 부분이지만, 대개 개인적 구제 활동에 초점을 둔 사적인 신심(信心)에 비해 강조되지 않는다. 동시에 그는 행동하는 사회적 연계는 노인들의 존재이유를 느끼게 하고 소외를 극복하게 하더라도 외로움은 감소하는 신체적 에너지, 가족과 친구의 죽음, 이제 끝날 때가 되었다는 느낌 등으로 인해 피하기 어렵다. 비안치의 견해로 볼 때, 외로움과 창의적 고독은 다른 것이다. 외로움은 노년에 경험하는 은퇴 등에서 나오고, 고독은 영적 성장을 위한 경우이다. 고독은 노인의 과거 정서적 상처와 더불어 미래에 대한 두려움에서 나온다. 그것은 또한 외부 규범을 제쳐놓고 자신들의 진정한 자아를 경험할 때 만나는 것이다.

비안치는 현재 삶의 중요성과 노년에도 여전히 가능한 최대치의 시간을 만들어내는 것을 강조한다. 이는 "지금 여기에" 초점을 두는 것인데, 과거에 사는 노인들의 경향을 보완하는 것이다. 한편 그는 현재 중심의 태도는 미래에 대한 개방을 막지 않는 것이라고 말한다. 비안치는 노인이 미래에 대한 방향성을 가질 때, 삶이 끝나는 것을 받아들이게 된다고 믿는다. 그는 죽음의 접근이 우리의 관계, 희망, 가족, 친구, 지역사회, 지구 생태체계와의 단절을 의미하는 것이 아니라고 말한다.

비안치는 전인적 프로젝트로서의 돌봄과 통합이 노년 지혜의 정수라 본다. 그는 인간 종(種)의 지혜 보관자로서 노인은 가족을 돌보는 청장년 세대의 미래를 지도해야 한다고 본다. 비안치는 노인들은 본질적인 삶의 의미에 특별한 역할을 맡으며, 삶 그 자체에 대한 봉사가 노년의 의무라고 본다.

폴 투르니에(Paul Tournier, 1972)는 삶에 대한 봉사 역할자로서 노인의 중요성을 역설한다. 그는 우주와 인간의 고민을 뛰어넘는 방법으로 성장을 바라본다. 그는 보편적인 헌신의 발달이나 보편적 인간의 관심사에 대해 개인을 넘어서 깨닫게 하는 인간 결속의 새로운 방법과 같은 삶의 폭넓은 탐구에 주목했다. 투르니에는 노인들이 삶에 대한 고민을 드러내는, 즉 개인적 욕구를 무시하지 않을 때 오히려 욕구에 대한 초월적 차원을 인식한다고 강조한다. 이러한 과정에서 노인들은 사물에 대해 적게 집착하고 사람을 더 가까이하게 된다.

현자(賢者) 되어감

잘만 샤흐터 샬로미(Zalman Schachter-Shalomi)[7]의 "나이 들어감에서 시작해 현자 되기(From Age-ing to Sage-ing, 1997)"는 노년기에 긍정적인 잠재력을 발휘하는 데 특히 가치 있는 시도이다. 이 장은 후기 성인기에 영성과 암묵적 종교의 중심에 있는 정체성과 가치, 세계관을 강조하는 그의 견해를 구체적으로 다룬다. 샤흐터 샬로미는 아동기에서 중년기 성공의 절정을 다루는 생애주기 모델(the model of the life span)을 거부하는데, 그런 모델은 노년기를 하락과 나약함, 빈곤 등으로 보게 하기 때문이다. 그는 이러한 후반기 인생의 축소 대안으로 현자 되기를 제안한다. 샤흐터 샬로미의 현자 되기는 영적으로 노인을 개발하고 사회적으로 책임성 있는 "부족의 장로(長老)"가 되는 과정이다.

현자 되기에 대한 그의 연구는 늙어가고 병들고 죽어가는 것에 대한 불안감 때문이었다. 그는 불안함을 받아들이기 위해 오두막에 은둔하면서

7) 잘만 샤흐터 샬로미(1924~2014): 랍비, 유대교의 영적 지도자

수피(Sufi), 불교, 그리고 미국 원주민의 영적 전통에 몰두했다. 거기서 그는 노인에게 줄 수 있는 인생의 의미와 그들의 가족과 친구, 사회에 대한 경제적 · 심리적 부담에서 벗어나도록 돕는 하나의 통찰을 찾아냈다. 그는 주류 서양문화에 다양한 전통적 명상법을 도입한 1960년대 의식운동(consciousness movement)의 영향을 받았다. 영적 훈련과 놀라운 의식상태에서 인간의 잠재적이고 자아초월적인 심리적 관심에 초점을 두는 인본주의 심리학으로서 그의 개념은 영적 노년에 큰 영향을 준다.

샤흐터 샬로미는 성인 후기를 지도가 없는 나라에서 노인들이 문화적 편견과 고정관념을 관통해야 하는 탐험가라 말한다. 그는 시몬 드 보부아르(1972)가 획일적으로 그린 성인 후기, 즉 많은 사람들이 슬픔과 반감을 가지고 노년에 도달하며 죽음 자체보다 공포스럽게 보는 그녀의 감흥을 거부한다. 샤흐터 샬로미의 목표는 나이에 대한 부정적인 이미지를 현자 되어감의 긍정적인 잠재성을 지닌 노인으로 대체시키는 것이다. 그의 견해에 따른 핵심적 문제는 나이 들어가는 것 자체보다 노년에 대한 문화적 기대이다. 노인들이 게임판에서 "시니어 시민"의 이미지를 더 많이 가진 카드로 시작해도 별 소용이 없다는 뜻이다. 샤흐터 샬로미(1997)는 노인을 위해 여전히 성장하고 배우며 미래와 연결된 이미지를 보완해야 한다고 주장한다(pp. 14-15).

모든 노인들이 나이를 먹는다고 저절로 노인 됨 혹은 현자 됨의 경지에 도달하는 것은 아니다. 넓어진 의식이 이끄는 내면적 작업을 필요로 한다. 샤흐터 샬로미는 "노인 됨"과 "노인"을 구별한다. 전자는 세심한 성장의 과정인 반면에 후자는 단순히 후반기 삶의 과정이다. 그는 노년기란 전통적인 은퇴시기에 나타나는 의식상태이지만, 노인의 잠재성이라는 긍정적 비전이 요구되는 의식상태를 개발함으로써 만들어진다. 현자 되어감의 과정은 가차 없는 하락의 시기가 아니라 영적 발달의 정점으로서 노년의 재편이다.

샤흐터 샬로미는 노년에 성취와 활동이 핵심 목표가 되는 부분에서 현대적 노인학이 지배하는 성공적 노화모델을 비판한다. 지배적인 시각은 생애의 초기와 후기에 만들어져 성인 후기의 가치를 만든다. 그는 우리의 시대와 문화를 특징짓는 "생산적 노화"의 비전에 대해 떨떠름하게 생각한다. 샤흐터 샬로미는 "뭔가를 하는 것"의 강조는 "그 자체로 존재함"의 감사함을 버리게 할 수 있다고 본다. 수많은 시간 동안 사회에서 일정한 위치를 만들고 유지하려는 노력 후에 노년은 지금 이 순간 신성(神性)에 대해 가능한 영적 경험과 조용함과 내면성을 제공받는다. 노년에 사람들은 외부적인 기준과 목표에 직면하기보다 내면적 수행에 자유롭다. 이러한 관점에서, 노화는 새로운 에너지와 기적적인 발견의 감각이 나타날 수 있도록 젊은 시기의 역할과 애착, 그리고 활동에서 떠나는 일종의 자연적인 수도원으로 보일 수 있다(Moody, 1988).

몇몇 학자는 세계사에서 유례없는 인간의 진보과정 중 하나가 연장된 수명(Heard, 1963)이라고 본다. 샤흐터 샬로미의 견해는 증가하는 노인 인구는 인류의 다음 진화단계, 세계를 신성한 것으로 여기고 이 행성에서 무수한 종(種)을 하나의 살아있는 존재로 인식하고 존중하는 사람들의 출현에 중요한 역할을 할 것이다. 현재의 소비적 물질주의 사회를 뛰어넘는 인류의 세계관 확장은 경쟁과 책임성 있는 섬김을 거쳐 협력의 가치를 만든다. 샤흐터 샬로미는 노인들에게 자신들의 영적 삶을 성장시키는 다양한 종교적 전통과 지구를 잘 가꾸는 마음에 익숙하라고 충고한다. 그는 노인들에게 신비한 경험은 우주에서 자신들의 뿌리를 발견하게 하는 자연의 세계가 우리에게 연결되는 놀라운 감정을 일으킨다는 매튜 폭스(Mattes Fox, 1988)의 생각에 동의한다.

"그 자체로 존재함"을 지나 "뭔가를 하는 것"을 강조하는 것과 함께 현자 되어감은 강력한 사회적 비전을 포함한다. 노인들의 인류와 다른 우주와의 상호관계에 대한 전망은 노인들뿐만 아니라 전체적으로 더 높은 사회적 잠재력을 일깨운다. 샤흐터 샬로미는 노인은 "보이지 않는 생산성"(1995: 215)으로서 사회적 및 문화적 기여자임을 언급한다. 그는 계몽주의 그리고 산업혁명 이후 성장해온 서구의 사회적 삶에 지배적인 영향을 미치는 부분으로서 파괴된 개인주의와 연관되는 영적인 노인기가 그들의 사회적 기여라고 본다. 개인주의는 우리의 공동체, 자연, 지구와 연결되어 있다. 이러한 개인주의는 청소년기와 젊은 성인기에 발달하는 개인적 정체성보다 확장된 의식을 요구한다. 샤흐터 샬로미는 확장된 정체성은 전적으로 모든 인류, 다른 종(種)과 전 지구로 펴진다.

샤흐터 샬로미는 노인을 위한 영성의 종류를 초기 아동기에 시작되는 세계와 연결되는 느낌의 정점으로서 성인 후기를 인식하도록 권장한다. 이러한 영성은 해리 건트립(Harry Guntrip)이 제시한 개념으로 구성되는데, 종교는 개인이 우주 그리고 전체 실체라는 무엇인가와의 연결, 어떤 것에 의한 단단함과 같은 모든 기본적인 느낌이다. 이러한 연결성의 느낌은 종교와 영성의 정서적인 토대인데, 노년에게 의미를 주고 아동에게는 신뢰와 희망의 삶으로 움직이게 한다. 노인들이 모든 사물과의 상호관계의 망(network)에서 자신들의 위치를 인식하면서 자신들의 정체성과 세계관을 넓힐 때, 그들은 미래 세대를 유지하는 비전과 돌봄에 기여한다. 영적인 질문의 정점에 도달하는 노년이란 세대 순환의 다음 단계를 위한 토대를 놓는 것이다. 이러한 견해는 에릭슨의 세대 간 운동에 근거한다. 생애주기의 마지막 단계는 자아통합을 포함하는데, 자아초월적 관점으로 자아를 이어주는 것이다. 설명하자면 우주적 신성으로의 연결점을 발견해내는 영적인 노년이 다음 세대로 이 경험들을 알리고 중개하는 역할을 한다.

생의 후반기 종교와 영적 발달 사례

멜빈 킴블

루터교 목사 킴블(Melvin Kimble, 2001)은 영적 차원이 노화 경험의 핵심적인 특징이라고 설명한다. 그는 영적 차원의 의미와 목적을 설명하려고 한다. 그가 개인사에서 말한 바와 같이 휴가 및 인생 파트너 선택을 포함해 영적으로 중요한 이정표를 강조한다. 특히 한 가지 경험, 즉 암 진단은 그의 노년 의식을 바꾼다. 큰 수술을 받은 후 회복되었고 결과적으로 삶의 태도가 바뀌는 놀라운 경험을 했다.

갑자기 그는 매일이 기대하지 않은 선물로 느껴졌고 만나는 모든 사람들이 그전보다 더 소중하고 가치 있게 보였다. 그는 우선순위와 시간의 활용을 보완했으며 자연의 아름다움에 압도되었다. 일출과 일몰, 보름달이 황홀하게 아름다워 놀랐다. 바흐의 음악은 영혼을 흔들었다. 킴블은 첫 번째 심장마비를 겪은 후 자신의 태도 변화에 따른 성격을 나타내는 데 에이브러햄 매슬로의 용어를 회상하며 "사후의 삶(postmortem life)"으로서 마음의 상태를 묘사한다. 킴블은 변화를 가져온 시간의 의미를 관찰한다. 그는 과거의 경험을 업적으로 소중히 여기고 "과거의 보고(寶庫)"(2001: 153)에 반영함으로써 인생에서 더 큰 의미를 찾는다. 그는 또한 삶에 대한 인식을 확장하기 위해 남성과 여성의 감성을 혼합하기를 강조한다. 결론적으로 킴블은 삶을 지탱하는 영적 에너지를 깨닫게 되었다고 말한다.

에델 칠버스

필립 위브(Phillip Wiebe, 1997)는 여섯 살 때 부모님을 따라 영국에서 캐나다로 이민 온 아흔세 살의 여성으로 약 60년 동안 간호사로 근무한 에델 칠버스(Ethel Chilvers)의 이야기를 소개한다. 그녀는 감리교 신자였지만 다른 교회에도 참석했다. 그녀가 토론토에 살았던 아흔한 살 때, 하느님에 대한 신앙이 확고해지는 종교체험을 했다. 부엌에서 설거지를 할 때였는데, 식탁 위에 계신 예수님의 형상을 보고 깜짝 놀랐다. 그녀는 예수님이 수염이 있는 얼굴에 어깨 정도 내려오는 머리, 흰 얼굴, 그리고 망토를 입고 계셨다고 말했다. 예수님은 말없이 별다른 표정을 짓지 않고 계속 서 있었다. 그녀는 예수님의 현존에 충격을 받았고 세상을 파괴해버릴 힘을 느꼈지만, 인간에 대한 그분의 사랑을 보았다.

그녀에게 어떤 메시지는 없었지만, 이를 계기로 자신의 삶을 반추하고 중국에 있을 때 선교간호사로 일했던 젊은 시절의 인생 초기 계획을 비추어보니 후회가 밀려왔다. 더불어 인간사에 관여하는 강렬한 신의 개입을 느꼈다. 그녀는 건강이 나빠졌을 때에도 계속해서 활기차고 적극적으로 친구들과 어울렸다. 종교체험은 비전을 가진 세상에 방향을 제시하고 삶의 의미를 주는 영적 실체를 강조하도록 했다.

루이스

루이스(Louise)는 내가 20년 전에 토론토대학에서 강의할 때 만난 70대 후반의 여성이었다. 그녀는 사람들을 만나고 싶었고 인생의 영적인 차원에 대해 더 많이 배우기 원했기 때문에 꿈과 인간발달에 대한 강의를 들었다.

나는 그녀의 열정과 수업 시간에 자신의 인생 경험과 지혜를 나누면서 즐기는 모습에 놀라지 않을 수 없었다. 그녀는 우리에게 불과 몇 년 전 체험한 놀라운 변형에 대해 말했다.

남편이 심장 문제로 갑자기 사망한 후, 그녀는 삶의 즐거움을 잃어버리고 깊은 우울감에 빠졌다. 그녀에게는 자녀가 없었고 친구모임이 약간 있었다. 외로울 때 그녀는 암에 걸릴지도 모른다는 두려움과 불안을 느꼈다. 의사가 아무런 신체적인 질병이 없다고 해도 믿을 수 없을 정도로 건강에 집착했다. 이러한 우울과 불안상태에 빠진 동안 그녀는 태도와 삶을 변화시키는 꿈을 꾸게 된다.

꿈에서 누군지 모르는 손님을 위해 저녁을 준비하고 있었다. 그녀는 자신이 지금 하고 있는 것에 별 관심도 없이 그냥 요리만 하고 있었다. 저녁이 준비되려면 아직 멀었는데 현관 벨이 울리자 그녀는 크게 당황했다. 문을 열자 죽은 남편이 서 있어 더욱 놀라게 된다. 남편이 죽었다는 것을 아는데 이게 무슨 일인가 싶어서 당황스러웠고 동시에 그를 다시 만나 너무나 기뻤다. 남편이 그녀를 포옹하자 울면서 아직 저녁을 준비하지 못해 미안하다고 했다. 남편은 웃으면서 괜찮으니 앉아보라고 하면서 배가 고프지 않으니 저녁은 잊어버리라고 말했다. 그는 그녀에게 "나는 여전히 당신이 삶을 즐기길 바라고 친구에게 감사하라"고 말했다. 그러자 그녀는 다시 울면서 크게 안도한다.

루이스는 이 꿈을 입 밖으로 말할 수 없었다. 다음 주 내내 그녀는 꿈에서 남편의 행복한 이미지를 기억하고 그가 자신에게 말했던 메시지를 떠올렸다. 서서히 그녀는 자기 주위의 사람들과 자신의 일상적 활동에 새로운 관심을 가졌다. 죽음 이후 삶의 가능성에 대한 의문을 풀려 했고 연락이 끊긴 친척이나 친구들과 관련 메시지인 꿈에 대한 독서를 함께 즐겼다. 루이스는 몇 년 전에 죽었는데 삶에 대한 관심과 종말에 대한 그녀의 긍정적인 태도는 남아 있다. 그녀의 이야기는 나에게 성인 후기에 가능한 영성과 암묵적 종교의 중요한 변화를 상기시킨다.

죽음과 그 이후

이 장은 생애주기의 마지막 단계인 죽음을 다룬다. 죽음은 영성과 종교적 성숙을 위해 중요하며 더욱 온전한 인간이 되기 위한 마지막 기회이다. 죽음을 생각한다는 것은 우리가 가지고 있는 시간을 소중하게 생각하도록 상기시켜 삶을 풍요롭게 할 수 있고, 그래서 우리는 되려는 것과 하려는 것의 의미가 무엇인지에 대해 생각하기를 뒤로 미룰 수 없다. 엘리자베스 퀴블러 로스(Elisabeth Kuebler-Ross, 1986)는 심리학자로서 죽을 때까지 광범위한 작업을 했는데, 그녀는 죽음을 개인적 성장을 위한 창의적 힘으로 보며 죽음에 대한 사고와 연구가 삶에 대한 고도의 영적인 가치를 만들 수 있다고 본다. 그녀의 죽음에 대한 태도는 세계 종교에서 선례가 있었다. 예를 들어 불교와 힌두교는 그 자체가 삶의 과정으로 현재적 요소를 가진 것으로 죽음을 생각하는데, 삶의 성장과 깨달음의 원칙(Long, 1986)이라는 것이다. 죽음은 영성과 암묵적 종교라는 용어로서 전적으로 자아초월적 정체성, 가치, 세계관의 차원을 가져올 수 있는데, 그것은 성장 과정의 정수로서 아동기에서 성인기까지 우리가 이 책에서 살펴보고 있는 것이다.

죽음은 생애주기의 과정에 확실성이 가장 적은 것 중 하나로 자주 부정되거나 무시된다. 우리 사회는 여러 가지 방법으로 이러한 상황에 동참한다. 과학은 삶의 수수께끼를 풀어냄으로써 수명을 증가시켰고 무한히 죽음을 연기할 수 있는 것처럼 보게 한다. 마지막 영역을 정복하는 것은 단지 시간문제이며, 과학은 우리에게 확신을 준다. 의학은 생명을 연장시키기 위해 많은 비용을 쓰면서 절망적인 상황을 피하도록 만든다. 오늘날 우리는 죽음으로부터 고립되어 있다. 왜냐하면 우리는 사람들이 죽는 것을 보지 못하기 때문이다. 생애주기의 중요한 사건들 중 하나에 남아 있는 의식을 집중하게 하는 대신에 정신없이 바쁜 소모성 활동과 다량의 튜브나 기계들이 죽어가는 사람들을 에워싼다. 많은 노인들은 집이나 가족으로부터 떨어져 병원이나 시설에서 죽는다. 몇 세대 전만 하더라도 임종과 죽음은 가정에서 젊은이나 노인 모두가 함께 경험했고, 시신은 죽은 자(Barrow, 1992)에 대한 존경심을 나타내는 사람들 곁에 머물렀다.

미디어는 죽음과 임종에 대해 거리를 유지하도록 거들고 있다. 예를 들어 죽음에 대한 수많은 사진이 텔레비전 뉴스로부터 우리의 편안한 거실까지 끝없는 전쟁으로 죽어간 수천만의 사람들을 허상인 것처럼 보게 한다. 영화에서 죽음은 진지하지 않게 다루어진다. 죽음은 드물게 우리 존재의 지평에서 맞이하는 순간적인 의식과정으로 그려진다. 영화에서 셀 수 없이 많은 죽음은 폭력과 복수를 위한 축제 같은 분위기로 만들어지고 실제로 우리의 죽음이나 가족, 친구의 죽음을 둘러싼 격한 감정을 경험하는 것과는 거리가 멀다.

비안치(1993)는 우리 사회의 물리 의학(physical medicine)에 대한 강조는 죽어가는 사람들의 영적 욕구를 무시한다고 본다. 그는 죽어감은 더 많은 전통 종교적 관습만이 아니라 예술, 음악, 문학에 있어 평화와 통찰을 인식하게 한다고 본다. 그는 죽어가는 사람의 정신을 고양시키고 귀하게 여기는 모든 것들이 죽어가는 과정에 크게 기여한다고 본다.

죽음은 생애주기의 마지막인가?

사람들은 인류가 시작된 이래 죽음 이후 어떤 종류의 지속적인 존재의 가능성에 대해 혼란을 겪는다. 죽음 이후의 삶은 다수의 세계 종교에서 주로 다루어지며, 때로 종교와 신화가 죽음의 경험으로 시작되기도 한다(Campbell, 1988). 인류학적으로 기원전 5만 년 전으로 거슬러 올라가면 죽음과 죽은 자의 상태에 대한 생각을 보여준다. 죽은 자의 부장품에서 나오는 음식, 무기, 장신구 등은 사람들이 죽은 자도 어느 정도는 지금의 삶과 더불어 존재한다고 믿는 것이다. 신학과 철학적 사색과는 별도로 죽음 이후의 삶에 대한 증거는 꿈이나 임사체험의식의 비정상적인 상태로 제한된다. 또한 어린아이들이 전생의 삶을 기억하는 것처럼 보이는 특이한 경우도 있다.

여기서 우리는 개인의 정체성과 세계관을 확장시키고 삶에 더욱 심오한 의미를 줄 수 있는 개별적 생애주기에 대해 광범위한 맥락의 일정 부분을 살펴본다. 죽음 이후 삶의 가능성에 대한 생각은 심리적 건강에 유익하다. 융(1963)은 죽음과 가능한 "여기 이후"에 대한 견해를 형성하는 부분이 사람들에게 중요하다고 본다. 심리치료를 통해 그는 많은 사람들이 죽음을 넘어서는 어떤 삶이 계속될 거라는 생각을 하면서 더 감각적이고 기분 좋게 느끼며 평화로워짐을 경험하는 것을 본다. 융은 우리의 개별적 삶 전체를 만드는 강력한 원형으로서 죽음 이후 삶에 대한 의미를 이해한다. 그는 우리가 의식으로 가져오는 이러한 무의식이 많을수록 우리의 삶은 더 통합적이라고 본다. 그래서 융은 "여기"와 "여기 이후"(p. 299) 사이의 상호작용을 다루어 이전의 생애 저술을 개정하여 핵심 문제로 연구했다. 그런데도 그는 자서전적인 『기억, 꿈, 성찰(Memories, Dreams, Reflections)』에서만 죽음 이후의 삶에 대해 서술했고, 저작에는 포함시키지 않았다. 자기 꿈의 경험에 근거하여 신화화한 그의 이야기는 자유로운 문학적 소재로서 개인의 견해는 보류한다.

꿈들

위에서 살펴본 대로 융은 심오한 심리적 직관과 지혜의 가치로 집단무의식을 내세운다. 융의 죽음과 여기 이후의 개념은 꿈과 생각들이 잘못될 수도 있지만, 대부분 자신의 꿈과 직관에 의해 만들어진다. 융은 인간 종(種)이 고대로부터 소망하고 두려워했던 죽음과 죽음 이후라는 대단한 꿈에 대해 인간의 마음과 정신을 차단하는 빛으로 본다. 비판적인 이성주의는 인간의 의식이라는 마음에 독점적으로 자리 잡기 때문에 죽음 이후의 삶에 대한 신비한 개념은 모두 제거되지만, 이러한 견해는 현재의 제한된 세계관을 초월한 것은 무엇이든 간단히 배제한다.

융은 죽음과 무의식의 관계를 숙고하게 한 죽음에 대한 꿈의 여러 측면을 이야기한다. 그는 특히 누군가의 죽음에 대한 반감 혹은 빛의 차단과 같은 어떤 꿈에 대해 은밀히 관찰한다. 한 가지 사례로 꿈은 누군가의 죽음에 대한 사실을 전달하는데, 이것은 꿈에 관한 문학에서 일상적이지 않은 경험이다. 융은 그의 아내와 유사한 인물이 고대의 무덤같이 보이는 침대 위에 떠 있는 꿈을 묘사한다. 아내는 이상한 검정 무늬가 그려져 있는 흰 가운을 입고 있었고, 그는 누군가 숨을 거둔 것 같은 깊은 한숨소리를 들었다. 꿈에서 깨어 죽음을 상징하는 꿈 내용을 아내에게 말하면서 시계를 보았더니 새벽 3시였다. 그리고 7시에 아내의 사촌이 그가 꿈을 꾸었던 새벽 3시에 죽었다는 소식을 들었다.

그런 특이한 꿈은 실제 자신들에게 일어난 것보다 강한 인상을 경험하게 한다. 나는 20년 전 플로리다에 계신 아버지를 방문했을 때 누군가가 죽었다는 사실을 알려주는 꿈을 꾼 경험이 있다. 꿈에서 나는 낡은 농장을 향해 넓은 들판을 걷고 있었다. 어머니는 낡은 의자에 앉아서 신문을 보고 계셨다. 어머니는 내게 "아, 누가 죽었는지 보렴" 하고 말했다. 신문을 보니 아버지와 비슷한 두 명의 남성이 있었다. 그리고 나는 새벽 4시에 잠이 깼고, 이 꿈의 의미가 두려웠다. 어머니는 꿈꾸기 몇 년 전에 돌아가셨고, 이 죽음은 최근 "소식"으로 내가 조심하기를 바랐다. 문학의 꿈에서는 죽은 사람들을 통해 최근 일어날 죽음에 관한 소식을 들려준다.

융(1963)은 꿈의 암시와 통보의 중요성을 과대평가하지 말아야 한다고 경고한다. 그런데도 그는 죽은 자들이 인생의 질문에 대한 답을 제시하는 것으로 보이는 꿈들에 다소 무게를 둔다. 그는 2주 전에 죽은 친구를 방문한 꿈에 대해 말한다. 인생에서 이 친구는 별 의미 없는 보통 사람이었다. 그러나 지금 꿈에서 그는 탁자에 앉아 심리적이며 영적 삶의 실체를 파악하기 위해 심리학자인 딸과 중요한 대화를 나누고 있었다. 다른 꿈에서 융은 한 해 일찍 죽은 아내가 성배(聖杯)를 연구하는 프랑스에 있다. 융에게 이러한 꿈은 아내가 더욱 진전된 영적 성장을 위해 작업하고 있는 것을 의미하는 것으로 해석된다.

융은 어머니가 돌아가시기 전날 밤에 특별한 꿈 하나를 꾸었다. 꿈에서 거대한 바위와 정글 같은 나무가 빽빽한 숲에 있었다. 갑자기 천지를 흔드는 큰 휘파람소리를 들었는데 자기 몸도 흔들릴 지경이었다. 그러고 나서 숲에서 거대한 여우가 울부짖는 소리를 들었다. 이 무서운 짐승이 눈물을 흘리며 그를 지나쳐 가자 조상에게 영혼을 돌려보내기 위해 유령 사냥꾼(Wild Huntsman)[8]을 보냈다는 것을 깨달았다. 다음날, 융은 어머니가 돌아

8) 유령 사냥을 하는 사냥꾼의 우두머리. 일설에 의하면 북유럽신화의 주신(主神)인 오딘(Odin)이라고 하는데, 오딘은 바람, 전쟁, 마법, 영감, 죽은 자의 영혼 등을 주관한다.

가셨다는 소식을 듣는다. 그는 그 꿈이 자신에게 전체 자연과 영이 우리의 삶에서 부딪히는 모순을 해결하기 위해 자연의 신(nature god)이 데려가는 것으로 어머니의 죽음을 묘사한다고 믿는다.

융은 어머니 장례식에 참석하려고 밤기차를 타고 가는 동안 슬픔에 잠겨 있었지만, 가는 내내 댄스음악과 웃음소리 그리고 결혼 축제의 소리를 들었다. 그는 어떻게 슬픔과 기쁨의 감정이 끊임없이 오락가락할 수 있었는지 설명한다. 융은 역설로서 죽음을 목격하는 모순적인 감정에 대하여 말한다. 자아의 시각에서 죽음은 우리가 사랑하는 존재에 대해 눈물이 흐르는 잔인한 불행이지만, 영적 견해에서 죽음은 영혼이 잃어버린 반쪽과 만나는 온전함의 성취로서 하나의 결혼식이라고 본다. 융은 위령의 날(All Soul's Day)[9] 동안 무덤에서 소풍을 갖기를 좋아하는 것과 결혼식에 몹시 참여하고 싶어 하는 종교적 신념에 주목한다. 이러한 개념은 죽음이 진정으로 완성됨을 축하한다는 영혼의 시각을 표현한다.

융은 아무런 증거는 없지만 부활의 가능성에 대해 부정하지 않는다. 단지 먼저 간 친구들의 부활 과정을 그려내는 것 같은 일련의 꿈을 언급하고, 이러한 꿈들이 긍정적으로 부활의 가능성을 보여주는 것이라고 말한다. 융은 만일 삶이 지속된다면 그것은 심령적인 존재의 일종인 이미지의 영역에서 그렇게 할 것 같다고 본다. 그는 여기 이후라는 삶을 과거와 현재에 대한 내면적 이미지에 존재하는 노인들의 심리적 삶의 논리적인 연속으로 본다. 이러한 관점에서 보면, 노년은 죽음을 위한 준비로 이해할 수 있

9) 가톨릭교회는 죽은 사람들의 영혼을 위로하기 위해 '위령의 날'을 지키는데, 998년 프랑스의 베네딕토 수도원의 오딜로(Odilo, 962~1048) 원장이 11월 2일을 위령의 날로 정하여 죽은 자를 위해 성무일도를 바치도록 수도자들에게 명했고 이것이 널리 퍼져나가게 됨으로써 11월 한 달 동안 위령기도가 많이 바쳐지게 되었다. 위령의 날의 배경에는 '죽음의 엄숙한 현실', '육신의 부활', '그리스도의 심판', '영원한 생명' 등 그리스도교의 가장 근본적인 교리 주제가 깔려 있다.

고 죽은 자의 영혼은 무의식의 인물들과 구별될 수 없으며 시간과 공간을 초월한 심오한 정신에 내재한다는 것이다.

융은 만약 삶이 여기 이후에도 이어진다면, 그것은 자연의 과정을 따르는 것과 같다. 그는 존재의 본질적인 요소가 선/악, 사랑/미움, 빛/어둠, 육체/정신, 삶/죽음, 여성/남성, 젊음/늙음, 상승/하락과 같은 우리의 인생 경험을 만드는 상대적인 작업이라고 본다. 죽음 이후의 존재는 우리가 아는 자연의 모든 것과도 같이 실로 웅장하고도 두려울 수 있다. 1944년에 그의 임사체험에서 찾아볼 수 있는데, 자신이 느꼈던 심오한 어두움만이 아니라 기쁨, 인간의 끊임없는 따뜻함을 회상한다. 융은 죽은 자의 영혼은 죽음 이후의 상태이지만 제한적으로 발견된다. 이런 점에서 그는 우리가 죽음 이후에도 계속 존재하거나 그 자체에 대해 의식하고 있다는 증거가 없지만, 죽음 이후에도 정신의 존재 가능성은 남아 있다고 강조한다.

융은 초시간적이고 영원한 속성을 가진 좀 더 큰 자기(Self)와 시간과 공간에 위치한 자아(ego)와 죽음에 관한 관계를 밝혀줄 수 있는 두 개의 꿈을 더 언급한다. 두 개의 꿈은 우리의 의식적 인격과 유한성 혹은 신성(神性) 사이에 연결된 이미지의 형성을 제공한다. 융은 이러한 연결에 대한 우리의 이미지 형성과 인식은 유한성(ego: 자아)과 영원성(the Self: 자기)이라는 양자를 우리 자신에게 경험하게 함으로써 삶과 죽음에 대한 태도를 만든다. 융(1963)에게 우리의 초월적인 가능성을 의식적으로 깨닫는 것은 우리의 심리적이며 영적인 삶을 유지할 수 있는 살아있는 신화이다. 본질적인 인간 경험의 목적은 이러한 신화적 비전인 "단순한 존재의 어둠속에서 빛을 비추는 것"(p. 326)이다.

첫 번째 꿈에서 융은 두 개의 렌즈모양 같은 얇고 납작한 원형물체(혹은 UFO)가 집 위로 돌진하며 날아가는 것을 본다. 그리고 신기한 광선이 이끄는 다른 금속성 모양의 둥근 미확인 비행물체들도 날아온다. 자신으로부터

60미터 정도 떨어진 공중에 그냥 멈춰 서서 그를 가리키고 있다. 자신에게 초점을 맞추고 있는 것처럼 보이는 미확인 비행물체를 보면서 자신의 지구적 존재가 신기한 광선의 투영으로 만들어졌다는 느낌을 받았다. 이 견해는 확실히 우리 마음의 투사이며, 미확인 비행물체에 대한 일반적인 해석과는 정반대가 된다. 여기서 신기한 광선은 신비한 것으로 우리의 자아의 몸을 기반으로 한 존재를 만들어내는 창조적인 힘 또는 신성을 나타낸다.

두 번째 꿈에서 융은 높은 전망대를 향해 걷고 있다. 태양은 빛나고 그는 사방이 탁 트인 전망을 볼 수 있다. 그런 뒤 그는 조금 열린 문으로 작은 예배당으로 간다. 예배당에 들어가자, 제단 위에 십자가나 성모마리아 상이 없다는 것에 놀랐지만 그 대신 화려한 꽃꽂이가 장식되어 있다. 그러고 나서 그는 제단 앞의 바닥에 요기(yogi)[10]가 그를 향해 깊은 명상에 잠긴 연꽃 자세로 앉아 있는 것을 발견한다. 좀 더 주의 깊게 바라보니 요기가 자신을 닮았다는 것을 알게 된다. 융은 요기가 명상과 꿈을 통해 그를 만들어낸다는 것을 깨닫자 충격을 받고 두려워한다. 그는 또한 요기가 더 이상 명상을 하거나 꿈을 꾸지 않게 되면, 카를 융이라는 사람은 더 이상 존재하지도 않게 될 것이라는 사실을 알고 있다.

그는 이 꿈을 비유적으로 해석한다. 요기는 자신의 무의식 전체를 관통하는 그의 더 커진 자아로 해석된다. 그의 자아는 명상에 잠기고, 그에 따라 자신의 세속적인 모습을 창조한다. 융은 누군가가 깊은 바다로 들어가기 위해 다이빙 옷을 입는 이러한 창조적 과정을 좋아한다. 여기서 바다는 인간 존재의 깊은 무의식이라는 상징이다. 융은 위의 두 가지 꿈을 자아와 무의식 간의 평범한 관계성으로 뒤집어본다. 정상적으로 우리는 자신의 의식 인격(conscious personality)을 단단한 실체로 생각하고 무의식은 그늘 속의

10) 요기(yogi)는 힌두교의 요가학파에서 수행자를 일컫는 말

실체로서 매우 약한 것으로 본다. 요기의 명상은 첫 번째 꿈에서 신기한 광선처럼 사람의 물리적 실존을 투사한다. 이런 관점은 무의식을 '진정한' 존재로 만들고 의식적인 성격의 원천을 만들어내는데, 이것은 일종의 투사적이고 환상적인 현실로 여겨진다. 이러한 도전적인 견해는 우리의 의식적 현실이 꿈속의 경험처럼 보인다. 우리가 꿈속에 있는 한 현실적인 꿈 경험처럼 보인다.

임사체험

죽음에 대한 또 다른 가능한 통찰의 자원은 죽음의 문턱에서 임상적으로 죽었다고 진단된 사람들에게서 나온다. 모든 연령을 막론하고 수백만 명의 사람들이 임사체험(Near-Death Experience)을 한다. 사람들이 한때는 이런 경험에 대해 이야기하는 것을 꺼려했지만, 레이먼드 무디(Raymond Moody)가 과학적 연구를 시작한 후에 논의가 활발해졌다. 연구자들은 거의 죽음에 이르는 원인과 상관없이 이러한 경험들 중에서 비슷한 특성들을 관찰해왔다. 다수의 즐겁고 긍정적으로 변화된 임사체험이 보고되는 동안 또 다른 이들은 두려운 경험(Rawling, 1987)에 대해 이야기한다. 모든 사람이 임사체험을 경험하지는 않았지만 공통적인 요소가 보고되는데, 대부분은 몇 가지 특징을 보인다. 첫째, 죽음의 상태에 대한 느낌이다. 몇몇은 신체적 상태가 심각한데도 평화 그리고 고통이 없음을 체험한다. 다른 이들은 자신을 내려다보는 유체이탈 상태(Out-of-Body Experience)를 경험한다. 많은 사람들이 터널을 지나고 있다고 느끼고 있고 어두운 터널 끝에서 친척이나 사람들이 빛으로 가득한 것을 보게 된다. 사람들은 보통 자기가 살아온 삶을 다시 보게 되는 경험을 하기도 한다. 그리고 자기 몸으로 다시 돌아오기 싫었지만 누군가 여전히 당신의 삶에서 해야 할 일이 남아 있다고 말해서 되돌아왔다고 보고한다. 그리고 그들은 또 다른 세계관과 자기에 대한 느낌을 가지고 완전한 자아의 변형을 경험한다. 다수의 사람들은 그런 유체이탈 상태에 대해 연구하여 더 큰 삶의 기쁨을 느끼고 더 이상 죽음에 대한 공포가 없다.

많은 임사체험 상태는 확실히 그것을 경험한 사람들을 영적이며 종교적으로 드라마 같은 효과를 갖게 한다. 개인들은 새로운 의미의 감각, 변화된 우선순위, 모든 사물의 상호 연관성에 대한 인식을 가지고 삶으로 돌아온다. 켄 링(Ken Ring, 1984)은 임사체험이란 영적인 각성과 발전을 위한 본질적인 계기가 된다고 본다. 더욱이 임사체험을 수반하는 비전은 개인 사후의 존재라는 어떤 것만이 아니라 전체 인간 종의 더 높은 의식을 진화적으로 발달시키는 측면이다. 링은 보고된 수백만 명의 임사체험들이 이미 지구상의 의식적인 삶의 더 큰 발전인 휴면 중인 영적 잠재력을 드러내고 있다고 믿는다.

링(1984)에 의하면 임사체험의 집단적인 중요성은 임사체험이 수반하는 비전을 가진 경험에서 나온다고 본다. 이 지구적인 비전이 각자 조금씩 다르더라도 그는 일반적인 유형의 요소를 살펴본다. 시작부터 끝까지 지구의 진화와 역사를 보면 전체적 지식에 대한 느낌을 가질 수 있다. 지진에 대한 다수의 보고는 화산활동과 주요 지리적 변동이 있다. 사람들은 날씨의 유형, 농작물 공급, 세계경제 체제의 심각한 혼동 등과 같은 것을 본다. 응답자들은 핵 재앙이 일어날 것에 동의하지 않는다. 이러한 사건들은 인간사에서 전적으로 더 평화롭고 협력적인 변화를 만든다. 그런 비전들이 개인의 임사체험 연구로서 심리적 · 물리적 상처를 잘 반영하는 동안 미래의 지구적 사건에 대한 다수의 관찰은 링에게 죽음의 측면에서 혹자는 죽음 이후에 지속될 수 있는 넓어진 우주적 관점으로 사물을 보게 한다고 설명한다.

환생을 제안하는 사례

환생(reincarnation)에 대한 연구는 죽음과 여기 이후에 관해 더욱 가능한 실마리를 제공한다. 크리스토퍼 바흐(Christopher Bache, 1991)는 환생은 수세기에 걸친 개인의 생애를 뛰어넘는 생애주기에 대한 개념을 확장한다고 본다. 환생은 삶들의 그물망 안에서 다양한 개인의 삶이 확실히 연결되어 있음을 보여준다. 서구문명의 토대로서 유대교와 그리스도교는 다른 사람의 몸에 이전 생의 영혼이 들어간 개념을 갖고 있지 않기 때문에 서구인의 다수는 환생에 대해 피상적 개념을 가지고 있다. 그러나 환생을 믿는 사람들은 그것을 들어본 적이 없거나 거부하는 사람(Stevnson, 1987)의 수보다 많다. 인도에서 환생에 대한 믿음은 기원전 1천 년 무렵 후기 베다(Vedas)[11] 시기까지 거슬러 올라간다.

환생의 사례를 뒷받침하는 다양한 유형의 증거가 있는데, 전생체험(post-life readings), 최면에 의한 퇴행, 데자뷔 경험,[12] 꿈, 명상 경험 같은 것이다. 그런 경험들이 어른들에게는 강력하고 설득력 있을지 모르지만 일반적으로 검증하기 어렵다. 그러나 좀 더 희망적일 수도 있는 환생에 대해 조사하는 다른 방법이 있다. 지난 40여 년 이상 이안 스티븐슨(Ian Stevenson, 1974, 1987)은 전생(前生)에 대해 자발적으로 이야기하는 어린이들의 사례를 전 세계적으로 수집했다. 그는 죽음이나 죽은 자들에 대한 충분한 정보를 제공받은 적이 없는 어린 나이에 전생에 대해 처음 말하는 아이들을 대상으로 조사했다. 스티븐슨(1987)은 자신이 연구한 많은 사례에서 여러 가지

---

11) 베다(Vedas)는 자연과 우주의 현상이 인격화된 존재인 신들을 찬양하는 힌두 바라문교의 종교 문헌 4권을 총칭하며, 기원전 1500~1200년경에 제작된 것으로 추정하고 있다.

12) 데자뷔는 처음 해보는 일이나 처음 보는 대상, 장소가 낯설게 느껴지지 않는 현상으로 뇌가 저장된 기억의 자취를 더듬는 과정에서 기억의 착각이나 신경세포의 혼란으로 정보 전달이 잘못되면 일어나는 것으로 알려져 있다.

반복되는 특징들을 확인한다. 누군가 죽은 사람이 특정 가족을 찾아오는 꿈을 꾼다. 아기는 사망한 사람의 몸에 있는 상처 또는 보기 흉한 점(點)이나 결점을 가지고 있고 본 적도 없는 배우자에 대한 이야기를 알아맞히며, 죽은 사람의 삶에 대해 말을 하거나 심지어 죽은 자와 일치하는 행동까지 재현하는 것 등이다.

수백 가지 사례 중 몇 개만이 이러한 특징을 보여준다. 아동의 기억은 일반적으로 생애 중에 지난해, 지난 달, 어제 정도이며 아이들은 자연스러울 때보다 오히려 흥분상태일 때 죽음에 대해 더 상세하게 기억한다. 아이들은 대개 4~8세 사이에 전생의 기억을 잊어버리기 때문에 그런 사례를 조사하는 것은 상대적으로 어렵다. 하지만 그러한 경우는 쉽게 잊히지 않거나 전생에 대한 어른들의 기억처럼 설명되지 않기 때문에 중요하다. 너무 어려서 죽음이나 그들이 이야기하는 삶에 대해 이해하기 힘든 아이들에 의해 묘사된 기이한 세부사항들은 아이들과 그들이 관련된 전생의 경험들 사이에 어떤 실제적인 연속성에 대해서는 설명하기 어렵다.

요약

성인 후기는 종교적이며 영적 성장을 위한 기회이지만 힘든 도전의 시기이다. 노인들은 자신을 좋게 생각하고 자신이 경험한 지혜를 가족과 더 큰 공동체에 공헌하기 위해 의미 있는 관계와 활동에 중요한 참여를 요구한다.

많은 노인들은 또한 내면적 삶을 탐구하고 삶과 죽음에 대한 심오한 사색을 원한다. 활동적인 참여와 사려 깊은 은퇴의 결합은 성인 후기를 완전하고 성취감 있는 경험을 할 수 있게 해준다.

나이 드는 것에 대한 부정적인 이미지와 고정관념은 때로 인생의 이 시기에 긍정적 잠재성을 갖기 어렵게 한다. 그럼에도 불구하고 후기 성인기는 종교와 영적 발달이라는 인생의 정점을 대표할 수 있다. 나이를 잊은 노인의 경우는 나이 드는 것의 신체적 · 심리적 · 사회적 변화를 통해 성인 후기를 힘겨워할 수 있다.

경험적 연구는 최근의 장년 노년층 집단의 종교적 수준을 보여주는데, 연구의 대부분이 건강상의 종교와 영성의 긍정적 효과를 보여준다. 종교와 영적 믿음과 행동, 경험은 노인들의 웰빙과 문제를 다루는 능력에 상당한 효과를 보여준다. 건강상의 문제를 겪더라도 종교 조직에 참여할 때 그들의 영성과 암묵적 종교는 성장한다.

중요한 연구들은 노년의 영적 발달 가능성을 강조하고 있다. 톤스탐(Tornstom)의 노년초월이론은 이러한 잠재적 긍정성에 초점을 맞춘다. 그는 사람들이 나이가 들면 물질적인 관심에서 더 우주적이고 초월적인 것으로 인생에 대한 수준 높은 이성적 비전으로 이동하는 경향이 있다고 주장한다. 이러한 보완적 견해는 영적 발달의 중심적 개념으로 사람들이 내면 정신세계와 영적인 교감을 하고 시간과 공간, 삶과 죽음이라는 자신의 경험의 영향으로 넓어진 정체성을 획득함을 의미한다.

비안치는 나이 드는 것의 영적 차원을 강조한다. 그는 성인 후기를 사람들이 가족과 일에서 벗어나 성찰하고 성장하는 최고의 시간으로 본다. 이전의 사회적 역할은 새로운 가치와 관계성, 행동들을 발견하는 기회로 발산된다. 그는 이 시기를 영혼의 깨닫지 못했던 소망 회복의 시기로 본다. 동시에 그는 성인 후기에 정체성과 가치, 세계관이라는 방향의 재설정을 통해 평화와 정의, 생태학과 같은 사회적 이슈에 새롭게 연결될 수 있다고 본다. 사회적 웰빙을 위한 이 같은 노력은 개인적 구제에만 몰두하는 개인적 행위에 균형을 잡아준다.

샤흐터 샬로미는 노인의 사회적 책임감을 "영적 노인화(spiritual eldering)"라고 개념화하면서 강조하는데, 영적 노인을 과거 지혜의 보고(寶庫) 그리고 미래 진화를 위한 중개인으로 본다. 그는 증가하는 노인 인구가 인간의 세계관을 확장하는 중요한 역할을 할 것이며, 이로 인해 세계는 하나의 생활 단위로 보이는 이 지구의 다양한 종이 존중될 수 있다고 본다. 그렇게 확장된 세계관은 성인 후기에 영성과 암묵적 종교의 핵심이다.

죽음은 관찰 가능한 생애주기의 마지막을 의미하며 정체성, 가치 및 세계관의 핵심적인 영적 요소에 도전한다. 인류학적 흔적은 죽음과 죽은 자의 상태에 대한 아이디어를 제공하는데, 이는 인류와 종교적 의식의 시작이라는 가장 오래된 고민거리이다. 융은 죽음과 가능한 지금 이후에 대한 어떤 견해를 형성하는 것이 심리적이며 영적으로 건강하다고 본다. 수세기에 걸쳐 종교와 철학적 전통은 죽음을 이해하고 가능한 죽음 이후의 존재를 위한 다양한 이미지를 제공한다. 이러한 전통은 영적 성장과 각성의 자원으로 죽음을 사고하는 것이다.

의식의 비정상적 상태로서 꿈이나 임사체험 같은 것은 생애주기의 마지막 사건(죽음)에 대해 진전된 암시를 준다. 융의 꿈 경험은 우리에게 죽은 사람과의 접촉으로 나타나는데, 죽음 이후 개인의 심리적 생존에 대한 개연성이 있어 보인다. 환생에 대한 연구 또한 생애주기가 개인의 생애를 뛰어넘어 확장된다는 것을 의미한다. 스티븐슨의 전생에 대해 자발적으로 말하는 아동에 대한 사례는 마음이 뇌의 활동이며, 죽음이란 인간 생애주기의 절대적 종말이라는 현대의 서구 철학적 세계관이 제시하는 핵심적 명제에 도전한다.

다수의 임사체험을 경험한 사람들의 영적인 측면에 변화를 가져다주었고 사람들에게 더 큰 의미를 부여하고 죽음이 결코 끝이 아니라는 느낌을 주며 숨겨진 질서에 대한 각성, 모든 사물 간의 상호 연결성에 대한 인

〈표 10〉 성인 후기의 영적 발달과 암묵적 종교의 이동

구분	자기 흐름	가치 흐름	세계관 흐름
자아초월적 수준	A. 정체성은 다음 세대와 가능한 신성과의 관계를 포함하기 시작함	B. 가치는 보편적 원칙, 사회의 웰빙과 지구의 건강을 향한 확장	C. 세계관은 모든 사물에 대한 상호 관련성을 인식함
개인적 수준			
전개인적 수준			

성인 후기는 영성과 암묵적 종교의 모든 측면에서 초월적 발달을 지속하는데, 대개 중년기에 변형을 시작한다. (A) 자기의 감각이란 연결성, 활력적 고민, 다음 세대 그리고 영적 차원 혹은 신성과의 관계까지 가능한 지속적으로 인생에서 자기의 감각에 대한 확장을 의미한다. (B) 가치의 흐름이란 정의, 평화, 사회의 웰빙, 지구의 건강과 관련된 가치의 확장을 의미한다. (C) 세계관이란 세계에 대한 신성함과 지구의 모든 종과의 상호 연관성을 인식하는 데서 온다.

식을 주었다. 링(Ring)은 임사체험이 죽음 이후의 개인적 존재를 암시하는 것으로 인류 전체의 의식 향상을 위한 일종의 진화적인 발전을 의미할 수도 있다고 주장한다.

영적 발달의 움직임에 대한 〈표 10〉의 내용에서는 중년기의 행로에서 일어날 수도 있는 자아초월적 발달이 성인 후기에도 계속된다는 것을 볼 수 있다. 영적 발달은 톤스탐과 비안치, 샤흐터 샬로미가 특징을 정리했는데 자기(Self)의 의미, 보편적 원칙에 동의하고 개인을 뛰어넘은 가치, 모든 사물을 존중하는 차원으로 보는 것 등에 대한 확장을 시사한다.

이 책을 통해 우리는 나이가 들면서 사람들이 자아를 초월하고 자아초월적 가치를 받아들이며 세계관을 보편화하는 것을 볼 수 있다. 성인 후기는 영성과 암묵적 종교의 발달 과정의 정점으로 보이는데, 아동기에 시작하여 생애주기 전반을 통하여 진행된다. 이러한 발달은 종종 삶의 과정에서 불균등하며 도중에 자주 반전이 이루어진다. 그러나 개인의 생애주기의 마지막 단계에서도 영성과 암묵적 종교의 성장 가능성은 계속된다.

결론

"사람들은 다들 매일의 인생을 살아간다. 반쯤은 불안하고, 반쯤은 그저 그런 세상의 눈과 귀가 보고 듣는 무대 위에서 비극적 희극이라는 연극을 하면서 말이다. …… 우리네 과학자들은 문명화가 향후 몇 년 새 자신의 운명을 결정하리라고 본다."

–알베르트 아인슈타인, 『노년을 바라보며』

생애주기라는 개념은 사람들의 종교와 영적 발달을 이해하기 위한 맥락을 제공한다. 세상의 물리적 · 사회적 · 정치적 상태는 생애주기를 더 넓은 맥락으로 보게 한다. 중년기와 성인 후기에 진입하는 사람들의 관심은 미래 세대와 인간 종(種)에 대해 더 주의를 기울이게 된다. 에릭슨은 다음 세대의 웰빙을 추구하려는 중년기의 핵심적인 미덕을 "돌봄" 개념으로 본다. 노년 세대의 삶에 대한 넓고 가능한 우주적 의미의 미래 지향은 때로 심오한 인간성의 고뇌이기도 하다. 다수의 연구자들은 생애주기의 미래에 대해 많은 관심을 불러일으키는 세상의 불안정한 상태에 주의를 기울인다.

세상의 상태(State of the World)

로저 월시(Roger Walsh, 1993)는 20세기 후반 세상의 불안한 상태를 보여주는 1968년부터 1993년까지의 발전을 인용한다. 25년을 주기로 세계 인구 중 약 5천만 명은 영양실조와 기아로 죽어가는데도 불구하고 2억 명으로 증가했다. 같은 기간 동안 미국은 국방비로 10조 원 이상을 썼고, 1993년에도 1조 원 이상의 비용을 사용했다. 월시는 이런 부조리한 흐름을 예수의 탄생 이래 어떤 사람은 하루에 100만 달러를 쓰는데도 기아를 뿌리뽑기 위해 쓰는 돈은 세계기아위원회(Commission on World Hunger)의 경우 한 해 6천만 달러에도 못 미친다고 밝힌다.

월시(1996)는 이런 상황을 인류 발전의 역사에 부합하기 힘든 비도덕적이고 이전에 없던 위험한 상황이라고 말한다. 오랫동안 인류는 무수한 사람들의 죽음을 겪어왔지만 지금은 자기들끼리 위협한다. 욕심 · 증오 · 망상의 종식 같은 문제를 획기적으로 줄이는 것 외에 인류가 위험한 세계적 상황에 대해 어떻게 달리 생존하느냐가 요점이다. 그는 명상의 실천과 필수적인 의식의 변화를 수반한 동양과 서양의 종교적 지혜가 도움을 줄 것으로 본다.

로마클럽(Club of Rome)[1]은 매사추세츠공과대학(MIT)의 슬론 스쿨(Sloan School)[2]과 공동 연대한 국제적 연구자 집단인데, 세계 인구와 산업화의 기하급수적 성장이라는 위기에 관심을 가졌다. 그들은 『성장의 한계(The Limits

---

1) 로마클럽은 1968년 이탈리아의 실업가 아우렐리오 페체이(Aurelio Peccei)를 중심으로 결성된 국제적인 연구단체로 인류가 직면한 자원 · 환경 · 문화 등의 문제에 관한 연구와 보고, 계몽 활동을 하고 있다.

2) 슬론 스쿨은 매사추세츠공과대학(MIT) 안에 있는 경영학 석사과정(MBA: Master of Business Administration)을 말한다. 제너럴모터스사(GM)의 회장을 지낸 앨프리드 슬론 2세의 기부로 1931년에 경영자 교육프로그램이 마련되었고, 1952년에는 경영대학원을 설립해 미래의 혁신을 주도하는 리더 양성을 위한 변화와 혁신을 강조하고 있다.

to Growth)』(Meadows 외, 1972)라는 논쟁적 연구를 출간했는데, 웹사이트에서도 "세계의 문제화: 인구과잉, 식량생산, 천연자원의 한계, 공업화, 그리고 매연"으로 통칭되는 시대적 이슈를 다루었다. 그들은 컴퓨터 모델이나 휴머니즘이라는 것도 100년을 더 성장하기 어렵다고 보았다. 전체 경제 붕괴를 피할 수 있는 몇 가지 컴퓨터 시나리오는 가족의 규모를 두 명의 자녀로 제한하고, 자발적으로 소박하지만 적절한 생활수준으로 소비를 줄이기 위한 세계적인 결정을 필요로 했다. 그들은 20년이 지난 후속 연구에서도 첫 번째 보고서의 많은 경고들이 여전히 유효하지만, 경고신호에도 불구하고 "유기적인 성장(organic growth)"의 개념에 대한 저항은 여전히 강하다고 주장했다(Pestel, 1989).

크리스토퍼 바흐(Christopher Bache, 2000)는 인류가 인간 종의 집단적 진화의 결정적인 단계에 들어가고 있다고 본다. 그는 산업화된 문화가 지난 2세기 사이에 인간 종의 생존에 대한 가장 심각한 위협이었다고 말한다. 동시에 그는 중요한 문제해결을 위한 과학기술의 힘에 대한 맹신이 오히려 환경을 좀먹고, 산업화의 재앙을 가져왔다고 본다. 바흐는 지구의 공기 · 물 · 토양 등의 오염, 대체 불가능한 천연자원의 고갈, 지구의 온도 변화, 매 시간마다 한 종(種)의 멸종, 새로운 무기 개발로 인한 혼란, 병리적인 문화 등이 지구를 파괴한다고 본다.

바흐는 현재의 지구적 상황을 생존의 위기로 본다. 그는 산업적 · 사회적 흐름이 황폐화된 생태계와 경제적 붕괴를 향해 돌진하고 있다고 말한다. 지속적인 경제 팽창의 목표는 이러한 지구의 한계 앞에서 얼마나 오래 그런 흐름을 늦추느냐는 것이 유일한 숙제라고 생각한다. 지구의 산업과 사회적 · 환경적 흐름 분석에 근거해서 바흐는 인구성장, 공업화 제품, 물질적 소비 등의 국면이 재앙의 궤도에 있다고 본다. 그는 1992년에 1,600여 명 이상의 과학자들이 "인류에 대한 경고(Warning to Humanity)"라는 제목으로 호소한 내용을 인용하는데, 인류와 자연의 불일치로 지구에 나타나는 중대한 변화들은 인류에 대한 거대한 재앙과 지구에 돌이킬 수 없는 손상이며 이를 피해야 한다고 주장한다. 현존하는 노벨상을 수상한 과학자들 다수는 이 다급한 변화를 지지하고 있다.

미래에 대한 불확실한 예보에도 불구하고 바흐는 인류의 현재 위기에도 칠흑 같은 새벽이 올 것이라 전망한다. 그는 문명화로 사라져간 영적인 변화를 다시 잘 발전시킬 수 있다고 본다. 그는 인류에게 남겨진 4천 년은 다음 진화적 과정에 대한 준비에 달렸다고 본다. 바흐는 진화적 발전의 초기에 생각지 못한 비관적인 지구의 위기는 인류에게 영적 변화를 요구할 것이라고 말한다. 바흐는 이 영성의 새벽을 개별화(Indviduality)와 기초적 토대(Essential Ground)에 대한 신성한 결합, 그리고 소멸의 무질서에서 벗어난 인류의 재탄생이라 본다.

임사체험(NDEs: near-death experiences)[3]은 인간 종의 미래를 직접적으로 보여주는 부분이다. 미첼 그로소(Michal Grosso, 1997)는 집단무의식에서 일어나는 큰 변화의 한 부분으로 임사체험을 지구의 비전이라고 본다. 임사체험에 대한 마리안(Marian)의 생각은 천사의 출현이나 미확인 비행물체(UFO) 목격, 그리고 외계인에 의한 납치 같은 여러 현상을 대량 살상무기의 위협과 생태계 파괴에 대한 심리적이며 영적인 반응이라고 보는 것인데, 이러한 경험들은 인간 종이 수만 년 동안 생존하면서 예상치 못했던 단계로 들어가는 데 대한 잠재적인 각성이라고 본다. 그로소는 때로 임사체험 같이 개인에게 선험적이고 정신감응(telepathy)[4]에 의한 경험을 인간성의 마지

---

3) 임사체험은 죽음에 직면한 사람 혹은 죽어가던 사람들에게서 보고된 광범위한 체험들을 가리키기 위해 초심리학자들이 사용하는 용어다. 임사상태에 있던 사람들 모두 같은 체험을 공유하고 있는 것은 아니지만 임사체험자들은 "신비 체험", "터널의 끝에서부터 보이는 빛"의 체험, "주마등처럼 보이는 인생", "유체이탈 체험" 등을 보고한다.

4) 정신감응이란 어떤 사람의 마음이나 생각이 언어나 동작 따위를 통하지 않고 멀리 있는 다른

막 불안이며, 지구의 미래에 대한 네 번째 비전으로 불릴 수 있다고 본다. 지구의 위기에 대처하는 최선의 시나리오는 인간 종의 정신적 변형(psychic transformation)을 위한 노력에 있다.

스탠 그로프(Stan Grof, 1985)는 현재의 격변하는 상황에 대한 문제요인을 다양한 방식으로 기술한다. 그것은 인간성의 지적 · 정서적 미성숙 사이의 불균형, 대뇌에서 예술적 영역을 관장하는 신피질(neocortex)의 부적절한 진화, 혹은 의식의 진행과정에서 나타나는 무의식적 본능의 출현으로 인한 장애 등이다. 그는 현대과학과 기술은 질병, 기아, 빈곤, 에너지 생산과 같은 시급한 문제를 해결할 수 있지만, 인간의 성격이 자리하고 있는 범위 내에서일 뿐이라고 말한다. 중요한 선택은 인류의 공격성과 욕심을 객관화하고 통제하는 데 있으며, 의식을 새로운 수준으로 변형시키려고 노력하는 데 있다고 본다. 이 책에서 우리는 전(前)개인에서 개인, 자아초월적 수준까지 정체성, 가치 및 세계관을 생애주기를 통한 운동으로서 개인의 종교적 그리고 영적 발달을 살펴보았다. 요점은 생애주기 과정에서 영적인 성장에 나타날 수 있는 어려움을 피하기 위해 요구되는 의식의 변화를 말하려는 것이다.

진화적 발전(Evolutionary Development)

인간 진화에 대한 다수의 연구자들은 매우 가까운 미래에 중요한 의식의 향상이 있을 것이라고 본다. 의식의 진화는 과거에서부터 느리지만 지

사람에게 전해지는 심령 현상을 말한다.

속적으로 이루어진 것으로 생각된다. 예를 들어 테야르 드 샤르댕(Teilhard de Chardin, 1964)은 인간성이 정신적으로 의식의 중심에 도달하는 데 몇만 년이 걸린다고 말한다. 윌버(Ken Wilber, 1981)는 인간성이 개인을 초월하는 초월적 의식에 도달하는 데 수천 년 혹은 수만 년이 걸린다고 본다. 그리고 토인비(Arnold Toynbee, 1948)는 인간성이 낡은 문명을 벗어나 더 높은 의식 수준으로 발전하려면 3천 년이 걸릴 것이라고 본다.

엘진(Duan Elgin, 1993)은 이러한 의견들을 진보적 변화를 저평가한 것이라 본다. 그는 인류가 더 높은 의식의 단계로 발전하는 것이 그리 놀라운 일이 아니며, 기하급수적인 성장을 진행한 전자적(electronic) 의사소통이 과거 진화적 발달의 속도에서 예상되었던 것보다 훨씬 급속했던 것처럼 지구적 규모의 의식과 지구적 위기에 따른 반성적 의식(reflective consciousness) 향상도 급속할 것이라 예상한다. 엘진은 전자 의사소통체계의 발전과 통합의 어떤 수준에 도달할 때, 지구적 문명화의 성숙이 이루어지며, 새로운 의식 수준은 반드시 인간성의 향상을 수반한다고 말한다. 엘진은 인간 진화의 8단계를 묘사하는데, 각각은 의식의 특징적 형태가 있다고 말한다. 현재의 집단의식 양상은 과학과 산업화의 토양에서 태어나 우리를 살게 한 지구의 오남용 결과로 심각하게 파편화되었다. 물론 현재 의식 수준에 도달하게 한 수만 년에 걸친 인간성의 산물이기는 하지만, 문화적 · 진화적 가속화 양상은 상대적으로 단기간 내에 좀 더 통합적이고 전체로서의 의식상태를 만들 수 있다.

피터 러셀(Peter Russell)은 『각성하는 지구: 다음 세대의 진화적 도약(The Awakening Earth: Our Next Evolutionary Leap)』에서 나타나는 위기를 진화과정에 있는 불완전한 인간성의 역할로 설명한다. 그는 중국어인 '위기(危機)'를 제시하면서 변화를 위한 어려움과 기회를 표현한다. 그는 인류에게 나타나는 기술적 · 문화적 · 심리적 압박이 자아초월적 의식을 관통하는 자아의식 상태를 더욱 확장시킨다고 본다. 이는 진화를 더욱 가속화시키는 힘이다.

러셀(1982)은 변화의 속도가 지난 200년 동안 얼마나 급속했는지 영화로 보여준다. 그는 태초의 우주로부터 현재의 흐름을 계산하면서 우주가 지나온 15억 년을 영화로 압축하여 가속화된 인류 진화의 차원이 얼마나 급속히 성취된 것인지 설명한다. 우주적 존재의 궁극적 1년이라는 "대서사시(大敍事詩)"는 광범위한 관점에서 볼 때 이 쇼는 빅뱅(Big Bang)[5) — 은하계와 별들이 3월에 형성되고 별들이 폭발한 잔해에 의해 새로운 별들이 밀집한다 — 과 함께 1월 1일에 시작된다. 영화에서는 8개월 후인 9월 초순에 태양과 태양계가 형성된다. 사물들은 상당히 성장하는데, 10월 초에 생명체가 만들어지고, 조류 · 박테리아 등이 나타난다. 산소 대기권이 11월 초까지 광합성 과정을 통해 만들어진다. 11월 말에 잘 정제된 세포핵을 지닌 복합세포가 유성생식이 가능할 정도로 진화한다. 영화는 생명체의 진화가 시작될 때 거의 끝나가는 시점으로 진화는 가속화된다. 12월 초에 다세포 생명체가 나타나는데, 즉 척추동물이 바다에서 나와 지상을 기어 다니게 된다. 공룡이 크리스마스 때쯤 나타나 영화의 마지막 주에 지구를 휘젓고 다닌다. 우리 인간의 조상은 마지막 날 정오쯤에 보이고, 밤 11시경에 직립보행을 시작한다. 이제 자정까지는 1시간 30분이 남았을 뿐인데, 인간의 언어가 등장하고 마지막 30분이 남았을 때, 농사를 짓기 시작한다.

부처가 영화 종영 5분 30초 전에 나타나고 예수가 두 번째로 나타난다. 산업혁명은 종영 30초 전에 일어나고 제2차 세계대전이 마지막 10초 전에 일어난다. 괄목할 만한 기술적 · 문화적 발전을 이룩한 현대사의 마지막 부분은 이 "대서사시"라는 10만 마일짜리 영화의 끝 부분에 있다. 영화의 최후에 우리는 가속화하고 있는 진화의 속도를 보게 된다.

---

5) 우주 생성의 시발이 된 것으로 여겨지는 100억 년 전에 일어난 대폭발을 말한다.

러셀의 우주 진화를 묘사한 영화는 드라마틱한 변화를 보여준다. 그는 속도를 내고 있는 변화는 점진적으로 나타난 것이 아니라 산소의 형성, 생명체의 변이, 의식의 발현과 같은 이전 단계의 연속적 결과라고 말한다. 자기 반성적 의식은 인간이 자신의 행동 결과를 예측하고 진화적 과정에 적극적으로 참여하려는 앞을 향한 대단한 도약이다. 인간성은 진화를 잠재적으로 전제하며 우주는 인류를 통해 만들어지지만, 동시에 지구의 진화를 위협한다.

토머스 베리(Thomas Berry, 1988)[6]는 인간의 상태를 개선하려는 우리의 노력이 '꿈의 낙원(wonderworld)'을 찾는 대신에 지구를 황폐화시키는 결과를 초래했다는 비극적인 아이러니를 강조한다. 러셀은 암이 발병하여 인간이 의존하는 신체를 파괴하는 방식과 인류가 지구상에서 무차별적으로 먹어치운 방법 사이의 유사점을 묘사하고 있으며 현재 지구의 주인인 자연환경을 파괴할 위험에 처해 있다고 설명한다. 이와 병행하여 그는 암세포의 경우, 시스템 전체와 연계하고 그 성장을 조절할 수 있는 정보가 빠져 있다고 본다. 인간 종에서 나머지 우주와 단절된 자기중심적 의식(egocentric consciousness)이 지구의 미래 진화 발전을 위협하는 인류의 주요한 요소이다.

러셀은 인간 진화에 해로운 흐름을 뒤집기 위해 인간성이 전체 체계에 연결된 의식상태에 도달해야 한다고 주장한다. 러셀은 '종교(라틴어 religare)'라는 단어는 세상과 하나로 경험되는 우리의 일상을 다시 묶는다는 의미라면서 만약 진화의 인간적 차원이 앞으로 나아갈 것이라면, 진화적 도약은 확장된 세계관과 인간 정체성의 의미를 가지고 융합되어야 할 것이라고 주장한다.

---

6) 가톨릭 신부, 신학자 · 문명사학자이며 생태계 보전과 생태문명연구자로 스스로 '지구학자'라고 호칭했으며, 저서 중에 『우주이야기』, 『지구의 꿈』, 『위대한 과업』, 『신생대를 넘어 생태대로』, 『그리스도교의 미래와 지구의 운명』 등이 한국어로 출간되었다.

이런 관점에서 러셀은 전통적으로 신비주의자들이 묘사했던 것처럼 광범위한 영적 갱신과 의식의 변화만이 현재 모든 종과 지구를 위험에 빠뜨리는 인류의 치명적인 경향을 통제할 수 있다고 믿는다. 러셀은 인류가 직면한 핵심 질문은 우리 시대의 내적 진화를 촉진시킬 수 있는가 아니면 없는가의 문제라고 본다.

역사적으로 이렇게 느린 속도로 일어나는 영적 발달에 놀랄 수 있다. 영적 변형을 위한 오랜 탐색은 수천 년 동안 인류의 종교적 고민이었지만, 급속한 사회적 · 기술적 변화에 걸맞을 정도로 포괄적인 의식상태에 도달하지 못하고 있다. 인류가 해온 노력이 영적 발달에 대해 기술적 혁신과 발맞출 정도라거나 의미가 있었다고 보기는 어렵다. 힐먼과 벤투라(Hillman & Ventura, 1992)의 『심리치료 100년, 그리고 세상의 악화(We've Had a Hundred Years of Psychotherapy, and the World's Getting Worse)』라는 책은 빨라지는 기술적 · 문화적 변화의 속도에 비교되는 느린 영적 발달에 대한 실망감을 다룬다.

행동과 기술을 이끌어가는 인간 의식의 우울한 기록에도 불구하고 러셀은 여전히 희망적인 이유가 있다고 믿는다. 그는 인류가 차원 높은 의식상태의 발달을 향한 각성의 계기를 만들 수 있다는 생물학자 셸드레이크(Rupert Sheldrake)의 형태공명이론(theory of morphic resonance)을 적용한다. 셸드레이크(1987)의 이론에 따르면, 생물체의 종(種) 가운데 하나가 새로운 행동을 배우면 일정 수준에서 전체 종의 유전적 분야가 바뀌는데, 이는 새로운 종류의 행동은 금방 배우기 쉽기 때문이다. 예를 들어 한 마리의 쥐가 한 가지 특정한 행동을 배운다면 다른 쥐들은 더 쉽고 더 빠르게 그 행동을 배운다.

러셀이 영적 발달에 이 이론을 적용하는 것은 개인이 스스로의 의식수준을 높이는 만큼 다른 사람들이 높은 의식수준에 도달하기 쉬울 것이라고 보기 때문이다. 러셀은 성장속도는 다른 사람들의 성취에 따라 달라지므로 추진력은 중요한 의식의 기준점에 도달할 때까지 형성될 것이며, 그 임계점은 사회 전반에 걸쳐 연쇄반응으로 확산될 것이라고 주장한다. 이 이론은 세계 인구의 1퍼센트만이라도 초월적 명상을 실천한다면 인간성은 중요한 변화를 갖게 될 것이라고 말한 마하리쉬(Maharshi)와 같은 견해이다.

문화사학자 톰슨(William Irwin Thompson, 1978)은 물질적 산업사회에서 지구의 문화까지의 변화는 일치적인 의식과 생태적 공생이라는 진화의 다음 단계를 특성 짓는다. 그러나 톰슨은 변화가 쉽지 않을 것이라고 본다. 그 이유는 다양한 국가의 협력이 동시에 세계화된 구조로 만들어지기가 어렵고 지구의 생태계적 사멸의 촉진과 빈부의 양극화 때문이다. 톰슨은 핵전쟁, 광범위한 기근과 기아, 생태학적 재앙의 경험이 더 높은 인류의 의식수준을 위한 통로로 본다.

이러한 과정의 출발에서 지구를 위협하는 문명화는 욕심과 권력을 갈망하면서 암울한 측면을 느끼게 할 수 있지만, 톰슨은 문명화의 이미지와 실체는 붕괴되고 있다고 말한다. 붕괴의 조짐은 산업화 사회와 물질적 소비의 확장에 대한 필요로 우리를 점점 더 좋아진다고 믿게 하는 문명화라는 자아의 실패에서 나타난다. 톰슨은 문명화라는 자아가 타격으로 고통받고 혼돈스럽지만 자연과 자아, 그리고 사회의 개조를 요구하는 것은 지구의 새로운 정체성 탄생을 위해 꼭 필요한 단계라고 생각한다.

개인의 생애주기와 인간성의 미래

톰슨은 역사적 · 문화적 · 사회적 변화라는 더 큰 맥락에서 인간성의 미래적 진화와 관련하여 다음과 같이 말한다. 우리는 역사적으로 우리의 미래를 이끌어주기 알맞은 선례가 없는 자리에 서 있다. 그리고 무의식의 저변에서 나오는 신화가 새로운 지구적 문화를 만드는 거대한 임무에 알맞다고 믿는다. 이제 연장된 수명과 가속화된 변화와 더불어 길어진 생애주기와 문화적 변화는 우리의 인식이 개인과 사회가 문화적 진화로 변화하기[7] 충분하다. 톰슨(1974)에게 인간 진화의 총체는 개인 생애의 소우주가 발현되는 것이다. 확대모형과 축도(縮圖)[8]는 이 책의 주요 논점에 더해진 개념으로 개인과 인간 종 사이의 관계에 대한 견해로 다음과 같이 공식화될 수 있다. 인간은 나이 들어가면서 자아가 변화되고 자아초월적 가치에 적응하며, 자신들의 세계관이 보편화되는 것을 배운다. 톰슨은 전체 종의 의식을 선도하려면 지구 진화의 지속과정이 있어야 한다고 본다. 이것은 종의 발달을 위한 확대모형으로서 개인 발달의 축도가 된다.

이 책에서 우리는 발달의 초개인적 수준을 향하여 진행되고 있는 흐름을 관찰하면서 종교(함축되어 있는 내용과 표현된 내용 모두)와 생애주기에서 영성의 역할을 검토했다. 톰슨은 확대모형으로서 지구적 변화의 흐름을 반영하는 축약적인 변화의 종류로 생애주기를 통한 종교적 및 영적 발달을 설명한다. 우리는 종교와 영성을 함축하는 핵심 발달의 기본이 되는 세 가지 흐름을 따라왔다. 즉 정체성(자아의 개념), 가치, 세계관으로서 처음의 무의식, 어린 시절의 전개인적 수준은 청소년기와 성인 초기를 거쳐 개인적 의식이 높아지면서 중년기와 성인 후기에는 더 높은 자아초월적 수준으로 이동한다. 이러한 논제는 유년기부터 노년기에 걸친 영성과 종교에 대한 우리의 연구에서 예시된다.

---

7) '변화하기'로 해석했으나, 원문에서는 'becoming'이라는 단어를 사용했다. 실존적 의미에서 무언가가 '되다', '만들어지다', '변화하다'라는 현재의 과정적 · 순환적 관점을 가진 의미로 생각된다.

8) 축도(縮圖): 물체나 그림 따위를 모양은 바꾸지 않고 크기만 일정한 비율로 줄여서 그린 그림

심리학자들은 우리가 부모, 보호자, 형제자매와 연습해온 유년기에 대한 이해를 인생 초기의 경험으로서 아동의 자아, 가치, 세계관의 개념에 광범위하게 작용한다고 본다. 다수의 심리적 접근은 이러한 유년기 종교와 영성의 무의식적 정서라는 뿌리를 이해하는 데 사용된다. 우리는 프로이트가 인생 초기에 형성된 자아, 가치, 세계관으로부터 내재화와 투사 과정에서 무의식적인 역동에 주의를 환기시키는 것을 보았다. 대상관계이론가들은 아동과 중요한 타인 그리고 우주와의 연결고리로서 어린 시절 종교와 영성에 부모의 사랑이라는 영향력의 중요성을 강조한다. 에릭슨은 인격의 종교적 및 영적 토대에서 신뢰의 중요한 역할을 강조했다. 결국 발달심리학자들은 성장하는 인지적 능력이 아동의 종교적 및 영적 개념과 가치, 실천에 얼마나 영향을 미치는지를 보여준다.

전개인적 단계에서 자기(Self)의 개념은 매우 유동적이다. 모방 그리고 만족을 위한 소망, 벌을 피하려는 것은 아동의 행동을 유인하는 중요한 역할을 한다. 아동의 세계관은 마법적이며 가족과 초기 경험의 영향을 크게 받는다. 예외적인 경우는 아동이 특별한 경험을 할 때 그들의 정체성, 가치, 세계관은 2장에서 보여준 다수의 사례처럼 확장될 수 있다. 아동기의 영적 경험에 대한 사례들은 아동기의 영성과 암묵적인 의미의 종교가 신비로운 인생에 놀라운 의미로 자리 잡으면서 중요한 타인과 세상을 신뢰하고 연결하는 것을 보여준다. 자기와 세계의 본성에 대한 아동기의 경험과 통찰은 생애주기의 마지막에 성취되는 의식의 어떤 국면을 기대하지만, 대개 사라지거나 개인적 정체성으로 통합되기 위해서는 여러 해가 걸린다.

발달단계에서 청소년기 개인들의 주요 과업은 정체성의 형성이다. 그들은 우선적으로 전개인적 수준의 무의식을 만들고 의식적으로 가족과는 독립적인 자신들의 정체성, 가치, 세계관을 분류한다. 이 단계의 생애에서 젊은이들이 가족이나 동료와 함께 종교를 회의(懷疑)하고 비판하며 조직화하면서 자기 정체성의 중요한 역할을 만든다. 젊은이들이 영성과 종교의 측면을 분명히 밝히지 않을지라도 그들의 삶의 이야기는 성격에 통합과 의미를 부여하는 방식으로 이러한 특징들을 표현한다. 청소년기에 성격은 더 확장되지만 아직 어설픈 영적 정체성과 세계관으로 인해 종교적 개종이 빈번하다. 그럼에도 불구하고 청소년기에 암묵적인 의미의 종교와 영성이 성인 초기에 도전을 받는다.

성인 초기에 사람들은 청소년기에 정립된 정체성, 가치, 세계관을 공고히 한다. 성인 초기의 중요한 요소인 영성과 암묵적 의미의 종교는 전형적으로 자신들의 직업, 인간관계, 가족의 생활에 표현된다. 성인 초기는 자신들이 타인들과 차별화되는 개인의 생애, 정체성의 경계와 세계관에 대한 힘을 통제하려는 경향이 있다. 생애 과업에 집중하는 것은 그들이 이러한 복합적이고 신비한 세계의 초월적 차원에 이성적인 의미를 두거나 무시함으로써 세상을 통제할 수 있다고 믿는 데서 나온다. 성인 초기에는 삶의 어떤 지점에서 고통을 당할 때, 그리고 일과 가족의 요구에 더 밀착될 때, 주로 영성과 종교의 한계를 인식하게 된다. 그 점에서 심리치료는 성인 초기의 삶의 이야기에 대해 정리하고 정체성과 가치, 자아초월적 방향의 세계관에 대한 틀을 다시 짜도록 돕는다.

무엇보다 중년기의 종교와 영적 측면은 정체성, 가치, 세계관의 자아초월적 확장인데 중년기는 전형적으로 그런 발달이 나타나는 시기라 여겨진다. 중년기는 여성/남성, 젊은/나이든, 삶/죽음 같은 인생의 중간 지점에서 자신의 삶을 돌아보고 조정하는 시기이다. 이 기간 동안 사람들은 자주 내면 세계를 탐구하고 이전에 알려지지 않은 영성과 암묵적 종교의 자아초월적 차원을 발견한다. 그들의 정체성은 전통적으로 종교와 신화에서 표현되는 신성한 꿈이나 신과의 관계에 참여하는 것을 포함하기 위해 개인적인 수준을 넘어서서 확장될 수도 있다. 그들의 가치는 자기보존, 가족의 욕구와 동정 같은 보편적 원칙을 향한 국가적 이상 · 정의 · 평화, 인생과 관련한 개인적 고민을 뛰어넘는다. 그들의 세계관은 모든 것에 대한 신성함과 상호 관련성을 관조하는 데로 확장된다.

결국 생애주기의 마지막에 도달하면서 사람들은 대개 자녀와 손자녀까지 연결된 자신의 생애의 의미에 대해 깊이 사고한다. 성인 후기에는 자아초월적 수준에서 종교적 및 영적 변화를 위한 기회뿐만 아니라 어려운 도전을 제기한다. 이전 역할에서의 후퇴란 노인에게 새로운 가치, 관계, 그리고 참여적 연결이어야 한다. 종교와 영적 신앙과의 경험은 노인들의 문제나 웰빙에 알맞아야 한다. 많은 노인들은 내적 삶과 인생, 죽음, 세대의 순환 같은 수수께끼에 대해 명상한다. 이러한 반성적 모습은 인생의 물질적이고 이성적인 견해를 더욱 초월적이고 우주적인 시각으로 변화하게 한다. 노인들이 정체성, 가치, 세계관을 재정립한다는 것은 지구의 평화, 정의, 건강문제에 대한 새로운 책임의 인식이다.

정체성, 가치, 세계관의 자아초월적 수준에 이르는 중년기와 성인 후기의 변화는 인간성에 대한 시각을 확장시키는 중요한 단계로 보이며, 우리는 지구의 미래에 직면하는 문제들과 다양한 위험에 놓인 거주자들을 본다. 어떤 연령의 개인이라도 종교와 영적 경험의 변화를 느낄 수 있고 전(前)개인부터 개인과 자아초월적 수준까지 생애주기에 따른 움직임은 모든 개인의 문제와 노력들과 이전 세대들이 축적해놓은 긍정적 노력으로 달성한 방식을 통해 우리에게 희망과 상상력을 가져다준다.

위대한 과업

사회문화, 역사 등이 개인의 의식변화에 영향을 미치기는 하지만 우리는 이 책에서 생애주기를 통한 영성과 종교의 발달에 우선적인 초점을 맞추었다. 사회적 · 경제적 · 기술적 힘이 인간의 삶에 미치는 거대한 역할이 주어짐으로써 영적이며 종교적인 발달과 연관될 필요가 있는데, 이 책에서는 생애주기에 영향을 미치는 우리 사회의 지배적인 측면을 기술했다. 우리는 사회와 세상에서 나타나는 변화와 더불어 생애주기에 걸친 영성과 종교를 연관시키면서 이론적이고 실천적인 내용을 구성하고자 한다.

『토머스 베리의 위대한 과업: 미래를 향한 길(Thomas Berry's The Great Work: Our Way into the Future)』은 산업화적인 문명화에 작동하는 힘을 이해하려는 저술이다. 베리(1999)는 사회적 힘을 생태계의 붕괴를 향한 인류의 무분별한 모험이라 본다. 그는 종교적 · 지적 · 경제적 기반의 확립으로 구축되는 기본적인 대응이 현재 위기의 핵심이라고 말한다. 문제의 이 대응이란 인간을 넘어서는 여타 세계에 대한 내재적 권리와 가치 인식에 대한 실패로 요약된다. 그는 기계화된 세계관을 지적하는데, 이는 데카르트(Descartes)가 말한 물질세계와 정신세계 간의 진보적 분리와 뉴턴(Newton)이 말한 현재 우리 문제의 주요 원인이 되는 기계화로 설명한다. 문제의 또 다른 원인은 비인간화된 세상에 대한 대가로 인간의 종교적이며 인간적 측면의 고갈이다. 베리는 위에서 말한 태도들로 인해 자연은 부주의하게 관리되고 산업적으로 약탈되어 이미 지구는 한계에 이르렀다고 본다.

이 문제들은 지구를 통제하는 경제적이며 산업화된 힘을 능가하므로 극복되기 어렵다. 베리는 오늘날의 산업적-상업적 세계에 적법한 자리를 찾지 못하고 있는 자연세계의 내재된 권리에 대해 관찰한다. 더욱이 그는 우리가 식물과 동물의 세계 그리고 지구라는 행성 자체가 가진 권리를 무시하고 개인의 권리와 의무에만 초점을 두는 전통적 윤리를 넘어설 수 있는 시각을 가져야 한다고 주장한다. 베리는 산업사회에서 생산적이 되기보다 자연에서 인간 존재의 위치를 깨닫기 위해 훈련하는 교육이 시행되어야 한다고 본다.

베리는 교육이란 우주적 이야기에 초점을 두어야 하며, 그것이 인간을 통합된 이해로 나아가게 한다고 말한다. 서사적 이야기는 우주의 성격을 기계적이고 물리적인 사건을 나열하기보다 지적(知的) 생산물, 미적(美的) 생산물 그리고 친밀성 생산물의 과정으로 만들어야 한다. 베리는 현대과학이 우주의 서사적 이야기의 기본적 요소를 갖는다고 말한다.

① 우주라는 단위, 우주의 각 구성요소는 우주의 여타 구성요소와 직접적으로 접촉한다.
② 우주가 나타내는 본성이란 지구만이 아니라 전체 우주 진화의 연속으로 무수한 시간을 거쳐 변화한다.
③ 우주의 한정된 구성요소로서 인간 지성의 의미는 태초부터 우주가 정신과 지성의 생산 과정임을 말한다.

우주의 이야기는 기본적으로 거스를 수 없는 우주 자체의 여정 안에 있는 개인의 여정이다. 베리는 위의 이야기를 우주의 근간이 되는 개인적 정체성의 심오한 의미를 제공한다고 본다. 우주와 연관된 개인적 정체성의 확장된 의미는 초개인적 방향에서 말하는 확장된 정체성, 가치, 세계관으로서 생애주기에 대한 연구와 관련한 영성과 종교적 발달이다.

베리의 분석은 산업화되고 상업적이며, 경제적 측면 등 국제적으로 적용된다. 기업은 현대과학과 기술의 발견과 사용을 조직하고 감독한다. 그는 경제적 이윤과 인간적 이익 모두를 구하려는 이중성을 지적한다. 어떤 때 기업체들은 인간의 비천함을 증가시키면서 인간 공동체를 파괴하고 지구를 심각하게 손상시킨다. 그는 지구를 황폐화시키면서 나오는 이익은 수용될 수 없다고 본다. 기업체들 사이의 경쟁과 긴장이 있더라도 동일한 시장경제에 위임되고 환경보호에 근거한 그들의 활동은 국가적이거나 국제적 통제를 받도록 해야 한다.

베리는 무한한 소비로 인간의식을 침해하고 정신적 충동을 자극하는 광고를 통한 영향력에 대해 논박한다. 그는 기업들이 대중매체에 대한 영향력을 통해 우리의 마음을 통제하고, 엄선된 정치 후보자들의 재정 지원과 제한적인 환경 법안에 반대하며, 기업에 대한 보조금을 지원하기 위한 엄청난 로비 노력을 통해 정부를 지배한다고 덧붙였다. 다국적 기업체들은 지구적 규모로 권력을 행사하고 있으며, 이제 직간접적으로 전체 지구의 천연자원을 통제한다. 베리는 미국에서의 기업은 정부의 통제 밖에서 활동하며, 자기만 믿는 주식 소유자라고 말한다.

기업 및 경제 세계화의 추세가 압도적인 것처럼 보였지만 베리는 인간 경제가 지구 경제의 하위체계로만 존재할 수 있고, 지구의 제한된 천연자원 안에서만 살아남을 수 있다는 것을 인식하기 시작하면서 기업들은 역사의 새로운 국면에 접어들고 있다고 말한다. 그러나 깨달음은 다층의 연합된 삶과 우리 사회의 정치적 · 지적 · 윤리적 제도를 관통할 것이다. 베리는 우리가 종교와 영성을 포함해서 인간과 자연세계, 지구의 통합된 관계를 형성하는 방식으로 삶의 모든 분야를 재건해야 한다고 판단한다.

베리는 이러한 재건을 진보적 용어로 이렇게 말한다. "우리 시대의 역사적 사명은 인간을 처음부터 다시 만드는 것이다. 종(種)의 수준에서, 진지한 반성과 생명 체계(life-systems)의 공동체 안에서……"(1999: 159). 그가 "인간을 처음부터 다시 만드는 것"이라고 말한 것은 인류가 생존의 세계에 대해 본능적으로 출생 시 습득되는 기본적 삶으로서 다른 종(種)과 동등하게 그들의 적응성 있고 창조적인 정도를 강조하는 의미이다. 다른 종에 비해 상대적으로 긴 어린 시절은 인간이 환경에 대한 교육과 창의적 적응을 통해 존재의 여러 측면을 배울 수 있게 해준다.

베리는 우리의 문화적 전통이 지구의 생명체계에 대한 현재의 위협에 대처하기에 적절하지 않다고 인정한다. 요구되는 새로운 문화적 형태는 인간의 역동성 내에서 행성과 다양한 생명체들을 보는 것보다 행성의 역동성 안에 인간을 배치해야 한다. 베리는 인간이 직면한 진화적 발달의 역사에 나타나는 중요한 문제에 대한 안내자로서 인간 무의식 내의 심오한 에너지에 관심을 갖는다. 그는 이것을 오랜 세월 거대한 전이를 통해 인간을 볼 수 있었던 변형의 원형으로서 영웅적 여정(Heroic Journey), 죽음-재생(Death-Rebirth), 신성한 중심(the Sacred Center), 대모신(the Great Mother)[9] 그리고 생명나무(the Tree of Life)[10]라고 말한다.

위의 원형적 주제는 각각 인간의 정신에 내재되어 있으며, 전 세계의 예술과 문학에서 다양하게 표현된다. 베리의 견해에 비추어볼 때, 이러한 모든 원형(archetypal) 유형들은 지구와 그 거주자들과의 관계에 대한 우리의 감각을 깊게 하고 새로운 계시적 경험을 제공할 수 있다. 그 경험은 산업화된 문명화가 제공하는 신화를 상쇄시켜야 하는데, 베리는 이것이 자연세

9) 대모신은 고대사회에서 신들의 어머니로 숭배되었으며 모성, 생식력, 창조성 또는 지구의 풍부함을 상징하는 여신으로 인간과 짐승에게 생명을 주는 존재이다.

10) 고대 신화에는 나무가 생명의 근원, 우주의 중심, 지혜의 원천인 신적 존재로 등장한다. 어느 민족이든 건국신화에는 흔히 신성한 나무가 등장하는데, '생명의 나무' 또는 '우주나무'라고 한다. 북유럽신화에서는 거대한 물푸레나무가 세상의 중심으로 하늘과 땅을 연결하는 통로 역할을 한다고 믿었고, 인도의 『우파니사드』에는 우주가 커다란 나무로 표현되고 있으며, 성경의 창세기에는 에덴동산 중심에 선악을 알게 하는 열매를 맺는 나무가 묘사되고 있다. 단군신화에는 신단수(神壇樹)가 환웅(桓雄)이 하늘에서 내려오는 통로 역할을 한다. 따라서 생명의 나무는 신의 세계와 인간세계를 연결하는 축이자 생명력이 흐르는 통로이기도 하다. 영화 「아바타(Avatar)」에서도 우주 생명의 신(神)인 거대한 나무가 생명체의 어머니 역할을 하고 있다.

계를 지배하면서 불가피하게 만들어지며, 모든 생명체적 공동체의 일부분으로서 지구적 조건에 대하여 서구사회의 깊은 내적 분노를 반증하는 것이라고 생각한다. 여기에 고려된 사회비평가의 견해가 정확하다면, 우리는 역사와 문화에서 전례가 없는 단계에 있다. 자아초월적 관점을 채택함으로써 우리는 심리학자와 심리치료사들이 관찰한 영적 · 종교적 변화를 이해할 수 있으며, 영성과 암묵적 종교에 필수적인 자아, 가치, 세계관의 흐름을 추적함으로써 개인적 발달을 밝힐 수 있을 것이다. 나는 개인 생애주기의 영적 발달이 어떻게 하면 우리 지구와 미래에 대한 위협을 조절하고 인간의식의 진화에 기여할 수 있는지를 밝히려고 했다. 그 관점은 이 책에서 우선적으로 다루지는 않았지만, 개인의 영성과 암묵적 의미의 종교적 발달에 미치는 사회 · 문화 · 역사의 영향에 대한 인식이다. 영성과 종교의 개인적 발달이 종(種)의 의식에 영향을 준다면, 그것은 문화적 채널을 통해 가능할 것이다.

이 책은 생애주기에 잠재된 영성을 살펴보면서 종교와 영성의 발달을 찾아보려는 시도이다. 생애주기를 통틀어 파괴적인 인간성의 차단은 의식의 성장으로 나타났는지 아닌지 충분히 알 수 있다. 종교와 영성에 대한 믿음은 증오 · 복수 · 무관용 · 욕심 때문에 쉽게 왜곡되기는 하지만, 우주의 필수불가결한 부분인 개인과 인간사회가 달성할 수 있는 더 높고 통합된 의식상태에 대한 희망에 영감을 불어넣는다.

참고문헌

Abraham, K. 1924. The influence of oral erotism on character formation. In K. Abraham, *Selected Papers*. London: Hogarth Press, pp. 393-406.

Achenbaum, W. 2001. The flow of spiritual time amid the tides of life. In *Aging and the meaning of time*, ed. S. McFadden & R. Atchley. New York: Springer Publishing, pp. 3-19.

Adler, A. 1964. *Social interest: Challenge to mankind*. New York: Capricorn Books.

Allport, G. 1960. *The individual and his religion*. New York: Macmillan.

______. 1966. The religious context of prejudice. *Journal for the Scientific Study of Religion*, 5, 447-457.

Alpert, R. 1971. *Remember be here now*. San Cristobal, NM: Lama Foundation.

Applebaum, S. 1985. The rediscovery of spirituality through psychotherapy. In *Psychotherapy of the Religious patient*, ed. M. Spero. Springfield, IL: Thomas Books, pp. 140-153.

Armstrong, T. 1984. Transpersonal experience in childhood. *Journal of Transpersonal Psychology*, 162, 207-230.

Ashley, M. 2000. Secular spirituality and implicit religion: The realization of human potential. *Implicit Religion*, 31, 31-49.

Ashmore, R., & Jussim, L. 1997. Introduction: Toward a second century of the scientific analysis of self and identity. In *Self and identity: Fundamental issues*, ed. R. Ashmore & L. Jussim. New York: Oxford University Press, pp. 3-19.

Atchley, R. 1971. Disengagement among professors. *Journal of Gerontology*, 26, 476-480.

______. 1991. *Social forces and aging: An introduction to social gerontology*. Belmont, CA: Wadsworth Publishing.

Bache, C. 1991. *Lifecycles: Reincarnation and the web of life.* New York: Paragon House.

______. 2000. *Dark night, early dawn: Steps to a deep ecology of mind.* Albany: State University of New York Press.

Bailey, E. I. 1990. Implicit religion: A bibliographical introduction. *Social Compass*, 37(4), 499-509.

______. 1997. *Implicit religion in contemporary society.* Weinheim: Deutscher Studien Verlag.

______. 1998. *Implicit religion: An introduction.* London: Middlesex University Press.

______. 2000. Introduction. *Implicit Religion*, 41, 3-4.

Barrow, G. 1992. *Aging, the individual, and society.* St. Paul, MN: West Publishing.

Bateson, M. C. 1989. *Composing a life.* New York: Atlantic Monthly Press.

Batson, C., Schoenrade, P., & Vends, W. 1993. *Religion and the individual: A social psychological perspective.* New York: Oxford University Press.

Baumeister, R., & Newman, L. 1994. How stories make sense of personal experiences: Motives that shape autobiographical narratives. *Personality and Sociology Bulletin*, 20, 676-690.

Beit-Hallahmi, B. 1989. *Prolegomena to the psychological study of religion.* Lewisburg, PA: Bucknell University Press.

Bellah, R. 1985. *Habits of the heart.* Berkeley, CA: University of California Press.

Benson, P. 1992. Patterns of religious development in adolescence and adulthood. *Psychology of Religion Newsletter*, 172, 2-9.

Berger, P. 1974. Some second thoughts on substantive versus functional definitions of religion. *Journal for the Scientific Study of Religion*, 13, 125-134.

Bergin, A. 1980. Psychotherapy and religious values. *Journal of Consulting and Clinical Psychology*, 481, 95-105.

Bergin, A., & Jensen, J. 1990. Religiosity of psychotherapists: A national survey. *Psychotherapy*, 271, 3-7.

Berry, T. 1988. *The dream of the earth.* San Francisco: Sierra Club Books.

______. 1999. *The great work: Our xvay into the future.* New York: Bell Tower.

Beutler, L. 1981. Convergence in counseling and psychotherapy: A current look. *Clinical Psychology Review*, 1, 79-101.

Bianchi, E. 1993. *Aging as a spiritual journey.* New York: Crossroad Publishing.

Bibby, R. 1987. *Fragmented gods: The poverty and potential of religion in Canada.*

Toronto: Irwin.

______. 1993. *Unknown gods: The ongoing story of religion in Canada.* Toronto: Stoddart.

______. 2002. *Restless gods: The renaissance of religion in Canada.* Toronto: Stoddart.

Biggs, D., Pul vino, C., & Beck, C. 1976. *Counseling and values.* Washington, DC: APGA Press.

Blazer, D. 1998. Religion and academia in mental health. In *Handbook of religion and mental health*, ed. H. Koenig. San Diego, CA: Academic Press, pp. 379-389.

Blos, P. 1979. *The adolescent passage: Developmental issues.* New York: International Universities Press.

Bly, J. 1990. *Iron John: A book about men.* Reading, MA: Addison-Wesley.

Bohm, D. 1980. *Wholeness and the implicate order.* London: ARK Paperbacks.

Bohr, N. 1958. *Atomic physics and human knowledge.* New York: Wiley.

Bolen, J. 1984. *Goddesses in everywoman: A new psychology of Women.* San Francisco: Harper & Row.

______. 1994. *Crossing to Avalon: A woman's midlife pilgrimage.* San Francisco: Harper Collins.

Borysenko, J. 1996. *A woman's book of life: The biology, psychology, and spirituality of the feminine life cycle.* New York: Riverhead Books.

Brinthaupt, T., & Lipka, R. 2002. *Understanding early adolescent self and identity: Applications and interventions.* Albany: State University of New York Press.

Campbell, J. 1973. *The hero with a thousand faces.* Princeton, NJ: Princeton University Press.

______. 1988. *The power of myth.* New York: Doubleday.

Campbell, R. 2001. When implicit religion becomes explicit: The case of the Boy Scouts in Canada. *Implicit Religion*, 41, 15-25.

Carp, F. 1968. Some components of disengagement. *Journal of Gerontology*, 23, 382-386.

Carstensen, L. 1992. Social and emotional patterns in adulthood: Support for socioemotional selectivity theory. *Psychology and Aging*, 7(3), 331-338.

Carstensen, L., Gottman, J., & Levenson, R. 1995. Emotional behavior in long-term marriage. *Psychology and Aging*, 10, 140-149.

Chodorow, N. 1978. *The reproduction of mothering: Psychoanalysis and the sociology of gender.* Berkeley: University of California Press.

Clark, W. H. 1958. *The psychology of religion: An introduction to religious experience and behavior*. New York: Macmillan.

Coles, R. 1990. *The spiritual life of children*. Boston: Houghton Mifflin.

Connell, J. 1996. *Meetings with Mary: Visions of the Blessed Mother*. New York: Ballantine Books.

______. 1998. *The visions of the children: The apparitions of the Blessed Mother at Medjugorje*. New York: St. Martin's Press.

Copley, T. 2000. *Spiritual development in the state school: A perspective on worship and spirituality in the educational system of England and Wales*. Exeter, UK: University of Exeter Press.

Cortright, B. 1997. *Psychotherapy and spirit: Theory and practice in transpersonal psychotherapy*. Albany: State University of New York Press.

Coupland, N., Nussbaum, J., & Grossman, A. 1993. Introduction: Discourse, selfhood and the lifespan. In *Discourse and lifespan identity*, ed. N. Coupland & J. Nussbaum. London: Sage Publications, pp. x-xxviii.

Cumming, E., & Henry, W. 1961. *Growing old: The process of disengagement*. New York: Basic Books.

Dalai Lama & Cutler, H. 1998. *The art of happiness: A handbook for living*. New York: Riverhead Books.

Dante Alighieri. 1971. *The divine comedy*. Vol. 1. *Hell*. Harmondsworth, UK: Penguin Classics.

Dayringer, R. 2000. *Life cycle: Psychological and theological perceptions*. New York: Haworth Press.

de Beauvoir, S. 1972. *Old age*. Translated by P. O'Brian. London: Cox and Wyman.

Dittes, J. 1969. Psychology of religion. In *Handbook of social psychology* (vol. 5, 2nd ed.), ed. G. Lindzey & E. Aronson. Reading, MA: Addison-Wesley. pp. 602-659.

Donaldson, M. 1992. *Human minds: An exploration*. New York: Penguin Books.

Elder, G. Jr., & Kirkpatrick Johnson, M. 2003. The life course and aging: Challenges, lessons, and new directions. In *Invitation to the life course: Toward new understandings of later life*, ed. R. Settersten Jr. Amityville. NY: Baywood Publishing, pp. 49-81.

Elgin, D. 1993. *Awakening earth: Exploring the evolution of human culture and consciousness*. New York: William Morrow.

Elkind, D. 1996. David Elkind. In *A history of developmental psychology in autobiography*, ed. D. Thompson & J. Hogan. Boulder, CO: Westview Press, pp.

71-83.

Elkins, D. 1995. Psychotherapy and spirituality: Toward a theory of the soul. *Journal of Humanistic Psychology*, 35, 78-98.

______. 1998. *Beyond religion.* Wheaton, IL: Quest Books.

Elkins, D., Hedstrom, L., Hughes, L., Leaf, J., & Saunders, C. 1988. Toward a humanistic-phenomenological spirituality: Definition, description, and measurement. *Journal of Humanistic Psychology*, 28, 5-18.

Ellis, A. 1980. Psychotherapy and atheistic values: A response to A. E. Bergin's "Psychotherapy and religious values." *Journal of Consulting and Clinical Psychology*, 48, 635-639.

______. 2000. Can rational emotive behavior therapy (REBT) be effectively used with people who have devout beliefs in God and religion? *Professional Psychology: Research and Practice*, 311, 29-33.

Emerson, R. W. 1941. *Essays, poems, addresses.* Roslyn, NY: Walter J. Black.

Emmons, R. 1986. Personal strivings: An approach to personality and subjective wellbeing. *Journal of Personality and social Psychology*, 51, 1058-1068.

______. 1998. Religion and personality. In *Handbook of religion and mental health*, ed. H. Koenig. San Diego, CA: Academic Press, pp. 63-74.

______. 1999. *The psychology of ultimate concerns: Motivation and spirituality in personality.* New York: Guilford Press.

Erikson, E. 1950/63. *Childhood and society.* New York: W. W. Norton.

______. 1968. *Identity, youth, and crisis.* New York: W. W. Norton.

______. 1977. *Toys and reasons: Stages in the nitualization of experience.* New York: W. W. Norton.

______. 1985. Life cycle. In *Life span development: Bases for preventive and interventive helping*, ed. M. Bloom. New York: Macmillan, pp. 35-44.

______. 1995. *A way of looking at things: Selected papers from 1930-1980*, Ed. S. Schlein. New York: W. W. Norton.

Erikson, E., & Erikson, J. 1997. *The life cycle completed: Extended version.* New York: W. W. Norton.

Erikson, E., Erikson, J., & Kivnick, H. 1986. *Vital involvement in old age: The experience of old age in our time.* New York: Norton.

Erricker, C., & Erricker, J., eds. 2001. *Contemporary spiritualities: Social and religious contexts.* London: Continuum.

Fairbairn, R. 1943. The repression and the return of bad objects. *British Journal of Medical Psychology*, 19, 327–341.

______. 1955. Observations in defence of the object-relations theory of personality. *British Journal of Medical Psychology*, 28, 144–156.

Fallot, R. 1998a. Spiritual and religious demensions of mental illness recovery narratives. *New Directions for Mental Health Services*, 80, 35–44.

______. 1998b. *Spirituality and religion in recovery from mental illness.* San Francisco: Jossey-Bass Publishers.

Feifel, H. 1958. Symposium on the relationship between religion and mental health. *American Psychologist*, 13, 555–556.

Feinstein, D. 1979. Personal mythology as a paradigm for a holistic public psychology. *American Journal of Orthopsychiatry*, 49, 198–217.

Feinstein, D., Krippner, S., & Granger, D. 1988. Mythmaking and human development. *Journal of Humanistic Psychology*, 28(3), 23–50.

Feldman, D. 1986. *Nature's gambit: Child prodigies and the development of human potential.* New York: Basic Books.

Ferrer, J. 2002. *Revisioning transpersonal theory; A participatory vision of human spirituality.* Albany: State University of New York Press.

Finkenauer, C., Engels, R., Meeus, W., and Oosterwegel, A. 2002. Self and identity in early adolescence: The pains and gains of knowing who and what you are. In *Understanding early adolescent self and identity: Applications and interventions*, ed. T. Brinthaupt & R. Lipka. Albany; State University of New York Press.

Fitzgerald, J. 1986. *Lifespan human development.* Belmont, CA: Wadsworth Publishing.

Flanagan, O. 1991. *The science of the mind.* Cambridge, MA: Massachusetts Institute of Technology Press.

Fowler, J. 1981. *The stages of faith: The psychology of human development and the quest for meaning.* San Francisco: Harper & Row.

Fox, M. 1988. *The coming of the cosmic Christ: The healing of Mother Earth and the birth of a global renaissance.* San Francisco: Harper & Row.

Frank, J. 1977. Nature and functions of belief systems: Humanism and transcendental religion. *American Psychologist*, 32, 555–559.

Frankl, V. 1962. *Man's search for meaning.* Boston: Beacon Press.

______. 1975. *The unconscious God.* New York: Simon & Schuster.

______. 1986. *The doctor and the soul.* New York: Vintage.

Franz, C., and Stewart, A., eds. 1994. *Women creating lives: Identities, resilience, and resistance.* Boulder, CO: Westview Press.

Freud, S. 1953-1974. *The standard edition of the complete psychological works of Sigmund Freud.* 24 vols, Translated under the general editorship of J. Strachey. London: Hogarth Press and the Institute of Psychoanalysis.

______. 1905. Three essays on the theory of sexuality. In *Standard Edition*, vol. 7, 1961, pp. 125-245.

______. 1908. Character and anal erotism. In *Standard Edition*, vol. 9, 1959, pp. 167-175.

______. 1916. *Introductory lectures on psychoanalysis.* In *Standard Edition*, vol. 15, 1961, and vol. 16, 1961.

______. 1923a. The ego and the id. In *Standard Edition*, vol. 19, 1961, pp. 1-66.

______. 1923b. A seventeenth-century demonological neurosis. In *Standard Edition*, vol. 19, 1961, pp. 67-105.

______. 1925. Some psychical consequences of the anatomical distinction between the sexes. In *Standard Edition*, vol. 19, 1961, pp. 241-258.

______. 1927. *The future of an illusion.* In *Standard Edition*, vol. 21, 1961, pp. 1-56.

______. 1930. *Civilization and its discontents.* In *Standard Edition*, vol. 21, 1961, pp. 57-145.

______. 1933. *New introductory lectures on psychoanalysis.* In *Standard Edition*, vol. 22, 1961, pp. 1-182.

Fromm, E. 1950. *Psychoanalysis and religion.* New Haven, CT: Yale University Press.

Fuller, R. 1988. *Religion and the life cycle.* Philadelphia: Fortress Press.

______. 2001. *Spiritual but not religious: Understanding unchurched America.* New York: Oxford University Press.

Gadamer, H. 1989. *Truth and method.* New York: Crossroad.

Gaeffke, P. 1987. Hindu mandalas. In *The encyclopedia of religion*, vol. 9, ed. M. Eliade. New York: Macmillan, pp. 153-155.

Gardner, H. 1983. *Frames of mind: The theory of multiple intelligences.* New York: Basic Books.

Gartner, J., Larson, D., & Allan, G. 1991. Religious commitment and mental health: A review of the empirical literature. *Journal of Psychology and Theology*, 191, 6-25.

Giddens, A. 1991. *Modernity and self-identity: Self and society in the late modern age.* Cambridge, UK: Polity Press.

Gilligan, C. 1982. *In a different voice: Psychological theory and women's development.* Cambridge, MA: Harvard University.

Goldman, R. 1965. *Readiness for religion: A basis for developmental religious education.* London: Routledge & Kegan Paul.

Goldsmith, M. 2000. Spirituality: Blowin' in the wind. www.caps.net/CAPS-West/newsletter.

Goldstein, J. 1998. Neither this way nor that way: Developmental models as skillful means. In *Ken Wilber in dialogue: Conversations with leading transpersonal thinkers*, ed. D. Rothberg & S. Kelley. Wheaton, IL: Theosophical Publishing House, pp. 147-154.

Goleman, D. 1995. *Emotional intelligence.* New York: Bantam Books.

Gollnick, J. 1987. *Dreams in the psychology of religion.* Lewiston, NY: Edwin Mellen Press.

______. 1992. *Love and the soul: Psychological interpretations of the Eros and Psyche myth.* Waterloo, ON: Wilfrid Laurier University Press.

______. 1999. *The religious dreamworld of Apuleius' Metamorphoses.* Waterloo, ON: Wilfrid Laurier University Press.

______. 2002. Implicit religion in the psychology of religion. *Implicit Religion*, 52, 81-92.

Gorsuch, R., & Miller, W. 1999. Assessing spirituality. In *Integrating spirituality into treatment*, ed. W. Miller. Washington, DC: American Psychological Association, pp. 47-64.

Gould, R. 1978. *Transformations: Growth and change in adult life.* New York: Simon & Schuster.

Gregg, G. 1991. *Self-representation: Life narrative studies in identity and ideology.* New York: Greenwood Press.

Grof, S. 1975. *Realms of the human unconscious: Observations from LSD research.* London: Souvenir Press.

______. 1985. *Beyond the brain: Birth, death, and transcendence in psychotherapy.* Albany: State University of New York Press.

______. 1988. *The Adventure of Self-Discovery.* Albany: State University of New York Press.

______. 1993. Spiritual emergency: The understanding and treatment of transpersonal crises. In *Paths beyond ego: The transpersonal vision*, ed. R. Walsh & F. Vaughn. Los Angeles: Tardier, pp. 137-144.

Gross, J., Carstensen, L., Pasupathi, M., Tsai, J., Skorpen, C., & Hsu, A. 1997. Emotion and aging: Experience, expression and control. *Psychology and Aging*, 12(4), 590-599.

Grosso, M. 1997. *Millennium myth*. New York: Quest Books.

Guntrip, H. 1969. Religion in relation to personal integration. *British Journal of Medical Psychology*, 42, 323-333.

______. 1971. *Psychoanalytic theory, therapy, and the self*. New York: Basic Books.

Hall, S. 1904. *Adolescence: Its psychology and its relations to physiology, anthropology, sociology, sex, crime, religion, and education* (2 vols.). New York: D. Appleton.

Hamilton, M. 2001. Implicit religion and related concepts: Seeking precision. *Implicit Religion*, 41, 5-13.

Hardy, A. 1979. *The spiritual nature of man: A study of contemporary religious experience*. New York: Oxford University Press.

Harter, S. 1997. The personal self in social context: Barriers to authenticity. In *Self and identity: Fundamental issues*, ed. R. Ashmore & L. Jussim. New York: Oxford University Press, pp. 81-105.

Havighurst, R., & Albrecht, R. 1980. *Older people*. New York: Arno Press.

Havighurst, R., Neugarten, B., & Tobin, S. 1996. Disengagement, personality, and life satisfaction in the later years. In *The meanings of age: Selected papers of Bernice L. Neugarten*, ed. D. Neugarten. Chicago: University of Chicago Press, pp. 281-287.

Hay, D. 1982. *Exploring inner space: Is God still possible in the twentieth century?* Harmondsworth, UK: Penguin Books.

______. 1990. *Religious experience today: Studying the facts*. London: Mowbray.

Hay, D., and Nye, R. 1996. Identifying children's spirituality: How do you start without a starting point? *British Journal of Religious Education*, 18(3), 144-154.

Hay, D., and Nye, R. 1998. *The spirit of the child*. London: Fount.

Heard, G. 1963. *The five ages of man*. New York: Julian Press.

Helfaer, P. 1972. *The psychology of religious doubt*. Boston: Beacon Press.

Helminiak, D. 1996. *The human core of spirituality: Mind as psyche and spirit*. Albany: State University of New York Press.

Hendricks, J. 2001. It's about time. In *Aging and the meaning of time*, ed. S. McFadden & R. Atchley. New York: Springer Publishing, pp. 21-50.

Hill, P., Pargament, K., Hood, R., Mccullough, M., Swyers, J., Larson, D., & Zinnbauer, J. 2000. Conceptualizing religion and spirituality: Points of commonality, points of departure. *Journal for the Theory of Social Behaviour*, 30, 51–77.

Hillman, J. 1975. *Re-visioning psychology.* New York: Harper & Row.

______. 1979. *The dream and the underworld.* New York: Harper & Row.

Hillman, J., & Ventura, M. 1992. *We've had a hundred years of psychotherapy, and the world's getting worse.* San Francisco: Harper Collins Publishers.

Hoffman, E. 1998. Peak experiences in childhood: An exploratory study. *Journal of Humanistic Psychology*, 381, 109–120.

Hood, R. 2000. The relationship between religion and spirituality. Paper presented at the Society for the Scientific Study of Religipn annual conference, Houston, Texas.

Hood, R., Spilka, B., Himsberger, B., & Gorsuch, R. 1996. *The psychology of religion: An empirical approach.* New York: Guilford Press.

Horder, D. 1973. Religious education in a pluralistic society. *Religious Education*, 68(4s), 7-20.

Horney, K. 1939. *New ways in psychoanalysis.* New York: Norton.

Horton, P. 1974. The mystical experience: Substance of an illusion. *Journal of the American Psychoanalytic Association*, 222, 364–380.

Houston, J. 1987. Psyche and Eros. In *The search for the beloved.* Los Angeles: J. P. Tarcher, pp. 151–188.

Hyde, K. 1990. *Religion in childhood and adolescence: A comprehensive review of the research.* Birmingham, AL: Religious Education Press.

James, W. 1961. *The varieties of religious experience.* New York: Collier Books. (Originally published in 1902.)

______. 1981. *The principles of psychology* (3 vols.). Cambridge, MA: Harvard University Press.

Johnson, R. 1976. *She: Understanding feminine psychology.* New York: Perennial Library.

Jones, S. 1994. A constructive relationship for religion with science and the profession of psychology: Perhaps the boldest model yet. *American Psychologist*, 49(3), 184–199.

Jung, C. G. 1953–1979. *The collected works of C. G. Jung* (20 vols.). ed. H. Read, M. Ford ham, & G. Adler, trans. R. F. C. Hull. Princeton, NJ: Princeton University Press.

______. 1912. *Symbols of transformation.* In *Collected works*, vol. 5.

______. 1921. *Psychological types.* In *Collected works*, vol. 6.

———. 1928. Child development and education. In *Collected works*, vol. 17, pp. 47–62.

———. 1930. The stages of life. In *Collected works*, vol. 8, pp. 387–403.

———. 1931. The aims of psychotherapy. In *Collected works*, vol. 16, pp. 36–52.

———. 1934. The archetypes of the collective unconscious. In *Collected works*, vol. 9i, pp. 3–41.

———. 1935a. The Tavistock lectures. In *Collected works*, vol. 18, pp. 5–182.

———. 1935b. Psychological commentary on the *Tibetan Book of the Dead.* In *Collected works*, vol. 11, pp. 509–526.

———. 1936a. The concept of the collective unconscious. In *Collected works*, vol. 9i, pp. 42–53.

———. 1936b. Individual dream symbolism in relation to alchemy. In *Collected works*, vol. 12, pp. 39–223.

———. 1938. *Psychology and religion.* New Haven, CT: Yale University Press.

———. 1944. *Psychology and alchemy.* In *Collected works*, vol. 12.

———. 1950. Concerning mandala symbolism. In *Collected works*, vol. 9i, pp. 355–384.

———. 1952. *Answer to Job.* In *Collected works.* vol. 11, pp. 355–470.

———. 1955. Mandalas. In *Collected works*, vol. 9i, pp. 387–390.

———. 1958. A psychological view of conscience. In *Collected zvorks*, vol. 10, pp. 437–455.

———. 1961. Symbols and the interpretation of dreams. In *Collected works*, vol. 18, pp. 183–264.

———. 1963. *Memories, dreams, reflections.* Recorded and edited by A. Jaffe and translated by R. and C. Winston. New York: Pantheon.

Kaufman, S. 1986. *The ageless self: Sources of meaning in late life.* Madison: University of Wisconsin Press.

Keen, S. 1978. Body/faith: Trust, dissolution, and grace. In *Life maps: Conversations on the journey of faith*, ed. J. Berryman. Oak Grove, MN: Winston Press, pp. 102–129.

Kelly, S. 1998. Revisioning the mandala of consciousness: A critical appraisal of Wilber's holarchical paradigm. In *Ken Wilber in dialogue: Conversations with leading transpersonal thinkers*, ed. D. Rothberg & S. Kelly. Wheaton, IL: Theosophical Publishing House, pp. 117–130.

Kennedy, Q., Fung, H., & Carstensen, L. 2001. Aging, time estimation, and emotion. In *Aging and the meaning of time*, ed. S. McFadden & R. Atchley. New York: Spring

Publishing, pp. 51–73.

Kimble, M. 2001. A personal journey of aging: The spiritual dimension. In *Aging and the meaning of time*, ed. S. McFadden & R. Atchley. New York: Springer Publishing, pp. 151–154.

Koenig, H. 1992. Religion and mental health in later life. In *Religion and mental health*, ed. J. Schumaker. New York: Oxford University Press, pp. 177–188.

______. 1994. *Aging and God: Spiritual pathways to mental health in midlife and later years.* Binghamton, NY: Haworth Pastoral Press.

Koenig, H., & Pritchett, J. 1998. Religion and psychotherapy. In *Handbook of religion and mental health*, ed. H. Koenig. San Diego, CA: Academic Press, pp. 323–336.

Kohlberg, L. 1984. *The psychology of moral development: The nature and validity of moral stages.* San Francisco: Harper & Row.

______. 1987. *Child psychology and childhood education: A cognitive-developmental view.* New York: Longman.

Kohut, H. 1971. *The analysis of the self.* New York: International Universities Press.

Kornfield, J. 1998. The mandala of awakening. In *Ken Wilber in dialogue: Conversations with leading transpersonal thinkers*, ed. D. Rothberg & S. Kelley. Wheaton, IL: Theosophical Publishing House, pp. 156–164.

Kris, E. 1956. The personal myth: A problem in psychoanalytic technique. *Journal of the American Psychoanalytic Association*, 4, 653–681.

Kroger, J. 1989. *Identity in adolescence: The balance between self and other.* London: Routledge.

Kuebler-Ross, E. 1986. *Death: The final stage of growth.* New York: Touchstone Books.

Kung, H. 1990. *Freud and the problem of God.* New Haven, CT: Yale University Press.

Kurtz, E. 1999. The historical context. In *Integrating spirituality into treatment*, ed. W. Miller. Washington, DC: American Psychological Association, pp. 19–46.

Langbaum, R. 1977. *The mystery of identity: A theme in modern literature.* New York: Oxford University Press.

Lannert, J. 1991. Countertransference and spirituality. *Journal of Humanistic Psychology*, 31(4), 68–76.

Levin, J. 1994. Introduction: Religion in aging and health. In *Religion in aging and health*, ed. J. Levin. Thousand Oaks, CA: Sage Publications, pp. xv–xxiv.

Levinson, D. 1996. *The seasons of a woman's life.* New York: Alfred Knopf.

Levinson, D., Darrow, C., Klein, E., Levinson, M., & McKee, B. 1978. *The seasons of a man's life*. New York: Alfred Knopf.

Lewis, C. S. 1955. *Surprised by joy: The shape of my early life*. London: G. Bles.

Loevinger, J. 1976. *Ego development: Conceptions and theories*. San Francisco: Jossey-Bass Publications.

Long, J. 1986. The death that ends death in Hinduism and Buddhism. In *Death: The final stage of growth*, ed. E. Kuebler-Ross. New York: Touchstone Books, pp. 52-57.

Loukes, H. 1965. *New ground in Christian education*. London: SCM Press.

Lukoff, D. 1985. The diagnosis of mystical experiences with psychotic features. *Journal of Transpersonal Psychology*, 17, 155-181.

Lukoff, D., Lu, F., & Turner, R. 1992a. Toward a more culturally sensitive *DSM-IV*: Psychoreligious and psychospiritual problems. *The Journal of Nervovs and Mental Disease*, 180, 673-682.

Lukoff, D., Turner, R,, & Lu, F. 1992b. Transpersonal psychology research review: Psychoreligious dimensions of healing. *Journal of Transpersonal Psychology*, 241, 41-60.

Lukoff, D., Turner, R., & Lu, F. 1993. Transpersonal psychology research review: Psycho-spiritual dimensions of healing. *Journal of Transpersonal Psychology*, 251, 11-28.

Maharishi. 1963. *The science of being and art of living*. New York: Signet Books.

Mahler, M. 1968. *On human symbiosis and the vicissitudes of individuation*. New York: International Universities Press.

Maslow, A. 1964. *Religions, values, and peak experiences*. New York: Viking Press.

______. 1969. The farther reaches of human nature. *Journal of Transpersonal Psychology*, 11, 1-10.

Masters, K., & Bergin, A. 1992. Religious orientation and mental health. In *Religion and mental health*, ed. J. Schumaker. New York: Oxford University Press, pp. 221-232.

May, R. 1991. *The cry for myth*. New York: W. W. Norton.

McAdams, D. 1995. What do we know when we know a person? *Journal of Personality*, 63, 365-396.

______. 1996. Alternative futures for the study of human individuality. *Journal of Research in Personality*, 30, 374-388.

______. 1997. The case for unity in the (post) modern self: A modest proposal. In *Self and identity: Fundamental issues*, ed. R. Ashmore & L. jussim. New York: Oxford University Press, pp. 46-78.

McFadden, S., & Levin, J. 1996. Religion, emotion, and health. In *Handbook of emotion, adult development, and aging*, ed. C. Magai & S. McFadden. San Diego, CA: Academic Press, pp. 349-365.

McNeill, J. 1951. *A history of the cure of souls*. New York: Harper & Row.

Mead, G. H. 1967. *Mind, self and society: From the standpoint of a social behaviorist*. Chicago: University of Chicago Press.

Meadows, D. H., Meadows, D., & Randers, J. 1972. *The limits to growth: A report for the Club of Rome's project on the predicament of mankind*. New York: Universe Books.

Meehl, P. 1959. Some technical and axiological problems in the therapeutic handling of religious and valuational material. *Journal of Counseling Psychology*, 6(4), 255-259.

Midgley, M. 1994. *Science as salvation: A modern myth and its meaning*. London: Routledge.

Miller, J. 1976. *Toward a new psychology of women*. Boston: Beacon Press.

Miller, W. 1999. Diversity training in spiritual and religious issues. In *Integrating spirituality into treatment*, ed. W. Miller. Washington, DC: American Psychological Association, pp. 253-263.

Miller, W., & Thorensen, C. 1999. Spirituality and health. In *Integrating spirituality into treatment*, ed. W. Miller. Washington, DC: American Psychological Association, pp. 3-18.

Moody, H. 1988. *Abundance of life: Human development policies for an aging society*. New York: Columbia University Press.

Moore, T. 1992. *Care of the soul: A guide for cultivating depth and sacredness in everyday life*. New York: HarperCollins Publishers.

Morse, M., & Perry, P. 1992. *Transformed by the light: The powerful effect of near-death experiences on people's lives*. New York: Ivy Books.

Murphy, M. 1992. *The future of the body: Explorations into the further evolution of human nature*. New York: Tarcher/Putnam.

Mussen, P., Congar, J., Kagan, J., & Geiwitz, J. 1979. *Psychological development: A life-span approach*. New York: Harper & Row.

Naisbitt, J. 1990. *Megatrends 2000*. New York: W. Morrow.

Nesti, A. 1990. Implicit religion: The issues and dynamics of a phenomenon. *Social Compass*, 37(4), 423–438.

Neugarten, B. 1985. Time, age and the life cycle. In *Life span development: Bases for preventive and interventive helping*, ed. M. Bloom. New York: Macmillan Publishing, pp. 360–369.

———. 1996a. Age groups in American society and the rise of the young-old. In *The meanings of age: Selected papers of Bernice L. Neugarten*, ed. D. Neugarten. Chicago: University of Chicago Press, pp. 34–46.

———. 1996b. Personality and the aging process. In *The meanings of age: Selected papers of Bernice L. Neugarten*, ed. D. Neugarten. Chicago: University of Chicago Press, pp. 270–280.

Neugarten, B., & Havighurst, R. 1996. Disengagement reconsidered in a cross-national context. In *The meanings of age: Selected papers of Bernice L. Neugarten*, ed. D. Neugarten. Chicago: University of Chicago Press, pp. 288–295.

Neumann, E. 1954. *The origins and history of consciousness*, trans. R. Hull. New York: Pantheon Books.

———. 1956. *Amor and Psyche: The psychic development of the feminine*. New York: Pantheon Books.

Novak, M. 1971. *Ascent of the mountain, flight of the dove*. New York: Harper & Row.

Nouwen, H., & Gaffney, W. 1974. *Aging*. New York: Doubleday.

Nuessel, F. 1982. The language of ageism. *The Gerontologist*, 22(3), 273–276.

Odell, M. 2003. Intersecting worldviews: Including vs. imposing spirituality in therapy. *Family Therapy Magazine*, 26–30.

O'Donohue, W. 1989. The (even) bolder model: The clinical psychologist as metaphysician-scientist-practitioner. *American Psychologist*, 4412, 146–168.

Oser, F. 1991. The development of religious judgment. In *Religious development in childhood and adolescence*, ed. F. Oser & W. Scarlett. San Francisco: Jossey-Bass.

Oser, F., & Gmuender, P. 1991. *Religious judgment: A developmental perspective*. Birmingham, AL: Religious Education Press.

Otto, R. 1958. *The idea of the holy. An inquiry into the non-rational factor in the idea of the divine and its relation to the rational*, trans. J. Harvey. New York: Oxford University Press.

Paffard, M. 1973. *Inglorious Wordsworths: A study of some transcendental experiences in childhood and adolescence*. London: Hodder & Stoughton.

Palmore, E. 1990. *Ageism: Negative and positive*. New York: Springer Publishing.

Paloutzian, R. 1996. *Invitation to the psychology of religion*. Needham Heights, MA: Allyn & Bacon.

Papadopoulos, I. 1999. Spirituality and holistic caring: An exploration of the literature. *Implicit Religion*, 22, 101-107.

Pargament, K. 1997. *The psychology of religion and coping*. New York: Guilford Press.

Pearce, J. 1992. *Evolution's end: Claiming the potential of our intelligence*. New York: HarperCollins.

Peck, S. 1978. *The road less traveled*. New York: Touchstone Books.

Pestel, E. 1989. *Beyond the limits to growth: A report of the Club of Rome*. New York: Universe Books.

Piaget, J. 1969. *The child's conception of the world*. Totowa, NJ: Littlefield, Adams.

Piechowski, M. 2001. Childhood spirituality. *Journal of Transpersonal Psychology*, 331, 1-15.

Porter, N., & Taylor, N. 1972. *How to assess the moral reasoning of students: A teachers' guide to the use of Lawrence Kohlberg's stage-developmental method*. Toronto: Ontario Institute for Studies in Education.

Pribram, K. 1988. The implicate brain. In *Quantum implications: Essays in honour of David Bohm*, ed. B. Hiley & D. Peat. London: Routledge & Kegan Paul, pp. 365-385.

Principe, W. 1983. Towards defining spirituality. *Studies in Religion/Sciences Religieuses*, 12(2), 127-141.

Quinnan, E. 1994. Life narrative and spiritual journey of elderly male religious. In *Aging and the religious dimension*, ed. L. Thomas & S. Einhandler. Westport, CT: Auburn House, pp. 147-165.

Rabuzzi, K. 1988. *Motherself: A mythic analysis of motherhood*. Bloomington: Indiana University Press.

Ram Dass, B. 2000. *Still here: Embracing aging, changing, and dying*. New York: Riverhead Books.

Rawlings, M. 1987. *Beyond death's door*. New York: Bantam Books.

Richards, P., Rector, J., & Tjeltveit, A. 1999. Values, spirituality, and psychotherapy. In *Integrating spirituality into treatment*, ed. W. Miller. Washington, DC: American Psychological Association, pp. 133-160.

Richards, R., & Bergin, A. 2000. Religious diversity and psychotherapy: Conclusions, recommendations, and future directions. In *Handbook of psychotherapy and religious diversity*, ed. R Richards & A. Bergin. Washington, DC: American Psychological Association, pp. 469–489.

Ricoeur, P. 1978. The hermeneutics of symbols and philosophical reflection. In *The philosophy of Paul Ricoeur*, ed. C. Reajan and D. Stewart. Boston: Beacon Press, pp. 36–58.

Rieff, P. 1966. *The triumph of the therapeutic: Uses of faith after Freud.* New York: Harper & Row.

Ring, K 1984. *Heading toward omega: In search of the meaning of the near-death experience.* New York: William & Marrow.

Rizzuto, A.-M. 1979. *The birth of the living god: A psychoanalytic study.* Chicago: University of Chicago Press.

Robinson, E. 1983. *The original vision: A study of the religious experience of childhood.* New York: Seabury Press.

Rokeach, M. 1960. *The open and closed mind.* New York: Basic Books.

Roof, W. 1993. *A generation of seekers: The spiritual journeys of the baby boom generation.* San Francisco: Harper.

______. 1999. *Spiritual marketplace: Baby boomers and the remaking of American religion.* Princeton, NJ: Princeton University Press.

Rosenthal, D. 1955. Changes in some moral values following psychotherapy. *Journal of Consulting Psychology*, 19(6), 431–436.

Rosow, I. 1974. *Socialization to old age.* Berkeley, CA: University of California Press.

Rothberg, D. 1998a. How straight is the spiritual path? Conversations with three Buddhist teachers. In *Ken Wilber in dialogue: Conversations with leading transpersonal thinkers*, ed. D. Rothberg & S. Kelly. Wheaton, IL: Theosophical Publishing House, pp. 133–147.

______. 1998b. Ken Wilber and the future of transpersonal inquiry: An introduction to the conversation. In *Ken Wilber in dialogue: Conversations with leading transpersonal thinkers*, ed. D. Rothberg & S. Kelly. Wheaton, IL: Theosophical Publishing House, pp. 1–27.

______. 1999. Transpersonal issues at the millennium. *Journal of Transpersonal Psychology*, 31, 41–67.

Rowse, A. L. 1947. *A Cornish childhood: Autobiography of a Cornishman.* New York: Macmillan.

Rubinstein, R. 1994. Generativity as pragmatic spirituality. In *Aging and the religious dimension*, ed. L. Thomas & S. Einhandler. Westport, CN: Auburn House, pp.

169–181.

Russell, P. 1982. *The awakening earth: Our next evolutionary leap.* London: Routledge & Kegan Paul.

Ryff, C. 1985. The subjective experience of life-span transitions. In *Gender and the life course*, ed. A. Rossi. New York: Aldine Publishing, pp. 97–113.

Samler, J. 1960. Change in values: A goal of coimsding. *Journal of Counseling Psychology*, 7(1), 32–39.

Sarbin, T., ed. 1986. *Narrative psychology: The storied nature of human conduct.* New York: Praeger.

Saunders, E. 1987. Buddhist mandalas. In *The encyclopedia of religion*, vol. 9, ed. M. Eliade. New York: Macmillan, pp. 155–158.

Schachter-Shalomi, Z. 1997. *From age~ing to sage-ing: A profound new vision of growing older.* New York: Warner Books.

Schafer, R. 1980. Narration in the psychoanalytic dialogue. *Critical Inquiry*, 7, 29–53.

Segal, S. 1959. The role of the counselor's religious values in counseling. *Journal of Counseling Psychology*, 6(4), 270–274.

Settersten, R. Jr. 2003. Propositions and controversies in life-course scholarship. In *Invitation to the life course: Toward new understandings of later life*, ed. R. Settersten Jr. Amityville, NY: Baywood Publishing, pp. 15–445.

Shafranske, E., & Gorsuch, R. 1984. Factors associated with the perception of spirituality in psychotherapy. *Journal of Transpersonal Psychology*, 162, 231–241.

Shafranske, E., & Malony, N. 1990. Clinical psychologists' religious and spiritual orientations and their practice of psychotherapy. *Psychotherapy*, 271, 72–78.

Shakespeare, W. 1937. *The complete works.* Rosiyn. NY: Walter J. Black.

Sheehy, G. 1978. *Passages: Predictable crises of adult life.* New York: Bantam Books.

______. 1996. *New passages: Mapping your life across time.* New York: Ballantine Books.

Sheldrake, P. 1991. *Spirituality and history.* London: SPCK Press.

Sheldrake, R. 1987. *A new science of life: The hypothesis of formative causation.* Glasgow: Paladin Books.

Shotter, J. 1993. Becoming someone: Identity and belonging. In *Discourse and lifespan identity*, ed. N. Coupland & J. Nussbaum. London: Sage Publications, pp. 5–27.

Smith, M. B. 1961. Mental health reconsidered: A special case of the problem of values in psychology. *American Psychologist*, 16, 299–306.

Smith, W. C. 1963. *The meaning and end of religion.* New York: Mentor Books.

Spence, D. 1982. *Narrative Truth and Historical Truth: Meaning and Interpretation in Psychoanalysis.* New York: W. W. Norton.

Spero, M., Ed. 1985. *Psychotherapy of the religious patient.* Springfield, IL: Thomas Books.

Spilka, B. 1993. Spirituality: Problems and directions in operationalizing a fuzzy concept. Paper presented at the American Psychological Association annual conference, Toronto, ON.

Stahl, W. 1999. *God and the chip.* Waterloo, ON: Wilfrid Laurier University Press.

Starbuck, E. 1899. *The psychology of religion.* New York: Scribner.

Stark, R. 1971. Psychopathology and religious commitment. *Review of Religious Research*, 12, 165-176.

Stevenson, I. 1974. *Twenty cases suggestive of reincarnation.* Charlottesville: University Press of Virginia.

______. 1987. *Children who remember previous lives: A question of reincarnation.* Charlottesville: University Press of Virginia.

Stoeber, M. 1994. *Theo-monistic mysticism: A Hindu-Christian comparison.* New York: St. Martin's Press.

Sutich, A. 1969. Some considerations regarding transpersonal psychology. *Journal of Transpersonal Psychology*, 11, 11-20.

Suttie, I. 1935. *The origins of love and hate.* New York: Julian Press.

Swatos, W. 1997. Implicit religion, http://www.adelphi.edu/ci/ARTICLES/SWATOS97.HTM.

______. 1999. Revisiting the sacred. *Implicit Religion*, 21, 33-38.

Tarnas, R. 2001. A new birth in freedom: A (p) review of Jorge Ferrer's *Revisioning transpersonal theory: A participatory vision of human spirituality. Journal of Transpersonal Psychology*, 33, 64-71.

Tart, C. 1975. Science, states of consciousness and spiritual experiences: The need for state-specific sciences. In *Transpersonal psychologies*, ed. C. Tart. New York: Harper & Row, pp. 9-58.

Taylor, C. 1989. *Sources of the self: The making of the modern identity.* Cambridge, MA: Harvard University Press.

Teilhard de Chardin, P. 1964. *The future of man*, trans. N. Denny. London: Collins.

Thomas, L. E. 2001. The Job hypothesis. Gerotranscendence and life satisfaction among elderly Turkish Muslims. In *Aging and the meaning of time*, ed. S. McFadden & R. Atchley. New York: Springer Publishing, pp. 207–227.

Thompson, W. I. 1974. *Passages about earth: An exploration of the new planetary culture.* New York: Harper & Row.

______. 1978. *Darkness and scattered light: Speculations on the future.* Garden City, NY: Anchor Books.

Thorne, B. 1998. *Person-centered counseling and Christian spirituality: The secular and the holy.* London: Whurr Publishers.

Tillich, P. 1957. *Dynamics of Faith.* New York: Harper & Row.

Tonigan, J., Toscova, R., & Connors, G. 1999. Spirituality and the 12-step programs: A guide for clinicians. In *Integrating spirituality into treatment*, ed. W. Miller. Washington, DC: American Psychological Association.

Tornstam, L. 1994. Gero-transcendence: A theoretical and empirical exploration. In *Aging and the religious dimension*, ed. L. Thomas & S. Einhandler. Westport, CT: Auburn House, pp. 203–225.

Tournier, P. 1972. *Learn to grow old.* New York: Harper & Row.

Toynbee, A. 1948. *Civilization on trial.* New York: Oxford University Press.

Tuckman, J., & Lorge, I. 1953. Attitudes toward old people. *Journal of Gerontology*, 32, 227–232.

Turner, R., Lukoff, D., Barnhouse, R., & Lu, F. 1995. Religious or spiritual problem: A culturally sensitive diagnostic category in the *DSM-TV. Journal of Nervous and Mental Disease*, 183, 435–444.

Ulanov, A. 1971. *The feminine in Jungian psychology and Christian theology.* Evanston, IL: Northwestern University Press.

Underhill, E. 1922. *The life of the spirit and the life of today.* London: Methuen.

Vaughan, F. 1991. Spiritual issues in psychotherapy. *Journal of Transpersonal Psychology*, 23, 105–119.

Ventis, L. 1995. The relationships between religion and mental health. *Journal of Social Issues*, 512, 33–48.

Von Franz, M. 1970. *A psychological interpretation of the Golden Ass of Apuleius.* Zurich: Spring Publications.

Walsh, R. 1993. The transpersonal movement: A history and state of the art. *Journal of Transpersonal Psychology*, 252, 123–139.

______. 1996. Toward a synthesis of Eastern and Western psychologies. In *Healing East and West: Ancient wisdom and modern psychology*, ed. A. & K. Sheikh. New

York: John Wiley & Sons, pp. 542-555.

Walsh, R., & Vaughn, F. 1993. Introduction. In *Paths beyond ego: The transpersonal vision*, ed. R. Walsh & F. Vaughn. Los Angeles: Tarcher, pp. 1-10.

Washburn, M. 1988. *The ego and the dynamic ground: Transpersonal theory of human development.* Albany: State University of New York Press.

______. 1994. *Transpersonal psychology in psychoanalytic perspective.* Albany: State University of New York Press.

______. 1998. The pre-trans fallacy reconsidered. In *Ken Wilber in dialogue: Conversations with leading transpersonal thinkers*, ed. D. Rothberg &: S. Kelly. Wheaton, IL: Theosophical Publishing House, pp. 64-83.

Watts, F., Nye, R., & Savage, S. 2002. *Psychology for Christian ministry.* London: Routledge.

Westbrooks, K. 2003. Spirituality and therapy: Insights from intimate conversations. *Family Therapy Magazine*, 20-25.

White, H. 1978. *Tropics of discourse: Essays in cultural criticism.* Baltimore: Johns Hopkins University Press.

Wicklund, R., & Gollwitzer, P. 1982. *Symbolic self-completion.* Hillsdale, NJ: L. Erlbaum Associates.

Wiebe, P. 1997. *Visions of Jesus: Direct encounters from the New Testament and today.* New York: Oxford University Press.

Wilber, K. 1977. *The spectrum of consciousness.* Wheaton, IL: Quest.

______. 1981. *Up from Eden.* New York: Doubleday.

______. 1982. *The Atman project: A transpersonal view of human development.* Wheaton, IL: Quest Books.

______. 1990. *Eye to eye: The quest for the new paradigm.* Boston: Shambhala Press.

______. 1993a. The pre/trans fallacy. In *Paths beyond ego: The transpersonal vision*, ed. R. Walsh & F. Vaughn. Los Angeles: Tarcher, pp. 124-129.

______. 1993b. Psychologia perennis: The spectrum of consciousness. In *Paths beyond ego: The transpersonal vision*, ed. R. Walsh & F. Vaughn. Los Angeles: Tarcher, pp. 21-33.

______. 1993c. The spectrum of transpersonal development. In *Paths beyond ego: The transpersonal vision*, ed. R. Walsh & F. Vaughn. Los Angeles: Tarcher, pp. 116-117.

______. 1995. *Sex, ecology, spirituality: The spirit of evolution.* Boston: Shambhala Press.

______. 1996. *A brief history of everything.* Boston: Shambhala Press.

______. 1997. *The eye of the spirit: An integral vision for a world gone slightly mad.* Boston: Shambhala Press.

______. 1998. *The marriage of sense and soul: Integrating science and religion.* New York: Random House.

______. 1999. Spiritual and developmental lines: Are there stages? *Journal of Transpersonal Psychology*, 31, 1-10.

______. 2000. *Integral Psychology.* Boston: Shambhala Press.

Winnicott, D. 1965. Morals and education. In *The Maturational Processes and the Facilitating Environment: Studies in the Theory of Emotional Development*, ed. M. Khan. New York: International Universities Press, pp. 90-107.

______. 1971. *Playing and reality.* London: Tavistock.

Woodman, M. 1985. *The pregnant virgin.* Toronto: Inner City Books.

Woolfolk, R. 1998. *The cure of souls: Science, values, and psychotherapy.* San Francisco: Jossey-Bass Publishers.

Wordsworth, W. 1963. Intimations of immortality from recollections of early childhood. In *Immortal poems of the English language*, ed. O. Williams. New York: Washington Square Press, pp. 260-266.

Worthington, E. Jr., Kurusu, T., McCullough, M., & Sandage, S. 1996. Empirical research on religion and psychotherapeutic processes and outcomes: A ten-year review and research prospectus. *Psychological Bulletin*, 119, 448-487.

Wright, P. 1998. Gender issues in Ken Wilber's transpersonal theory. In *Ken Wilber in dialogue: Conversations with leading transpersonal thinkers*, ed. D. Rothberg & S. Kelly. Wheaton, IL: Theosophical Publishing House, pp. 209-236.

Wulff, D. 1996. *Psychology of religion: Classic and contemporary.* New York: John Wiley & Sons.

Wuthnow, R. 1998. *After heaven: Spirituality in America since the 1950s.* Berkeley: University of California Press.

Yogananda, P. 1971. *Autobiography of a yogi.* Los Angeles: Self-Realization Fellowship.

Youngman, D. 1999. Introduction: An historical perspective of life span development. In *Human development across the life span: Educational and psychological applications*, ed. R. Mosher, D. Youngman, &: J. Day. Westport, CT: Praeger, pp. 1-5.

Zinnbauer, B., Pargament, K., Cole, B., Rye, M., Butter, E., Belavich, T., Hipp, K., Scott, A., & Dadar, J. 1997. Religion and spirituality: Unfuzzying the fuzzy. *Journal far the Scientific Study of Religion*, 36, 549–564.

Zinnbauer, B., Pargament, K., & Scott, A. 1999. The emerging meanings of religiousness and spirituality: Problems and prospects. *Journal of Personality* 67(6), 889–919.

찾아보기

ㅇ

ㅈ

ㅊ

ㅋ

ㅌ

ㅍ

ㅎ

옮긴이의 글

『생애주기에서의 종교와 영성, 심리치료』는 생애주기를 통한 성격발달에 있어서 종교와 영성의 역할과 암묵적 종교(implicit religion) 개념을 다룬다. '암묵적 종교'란 '명시적 종교(explicit religion)'와 짝을 이루는 개념으로, 종교로 여길 수 없어 보이더라도 종교와 같은 기능을 하는 모든 현상을 말한다. 흔히 종교라고 하면 교리와 의례(儀禮), 신자(信者) 집단을 갖춰야 한다고 보는 경향이 있다. 그러나 암묵적 종교 개념을 사용하는 학자들은 종교가 삶의 여정에 미치는 영향을 이해하기 위해 보이지 않는 종교(invisible religion) 현상을 다루면서 '비(非)종교적'인 일상의 영역에서도 성스러운 경험을 얻을 수 있다고 본다. 따라서 암묵적 종교란 인간 삶에 의미와 가치를 부여하며 세계관에 강력한 영향을 미치는 종교와 같은 기능을 하는 모든 것을 의미한다(Hamilton, 2001).

제도화된 종교들이 있지만 암묵적 종교 개념이 등장하게 된 배경을 이해하려면 종교의 세속화(世俗化) 문제를 살펴보아야 한다. 현대사회에서 과학의 발달, 정치제도 및 국가의 발달, 지식과 합리주의 사고의 발달 등이 종교의 세속화를 초래하게 되었다. 세속화 현상으로 전통 종교의 상징 · 교리 · 제도가 영향력을 잃게 되었으며 사람들이 관심을 초자연적인 것으로부터 '이 세계'로 돌리게 되어 종교적 이해로부터 이탈하게 되었고 결과적

으로 종교는 사적인 생활 영역으로 제한 받게 되었다(이원규, 1987).[1]

사회학자 버거(Peter L. Berger, 1967)는 현대사회의 특징을 종교의 사유화(privatization)와 다원화라고 본다.[2] 다원주의는 모든 세계관을 상대화하고, 이에 따라 종교적 가치관은 선택의 대상이 되었다. 이제 사람들은 개인의 취향이나 기호에 따라 종교를 선택하고 있으며, 종교의 기능이 도덕적이고 치유적인 기능에 머물게 되었다고 본다.

세속화의 또 다른 양상은 대체종교(alternative religion)의 출현이다. 대체종교란 전통적인 종교 기능을 수행하면서 종교와 경쟁하거나 혹은 기능적으로 대체하는 종교 형태를 말한다. 사회적 영역에서 나타나고 있는 대표적인 대체종교는 시민종교(civil religion)이다. 벨라(Robert N. Bellah, 1975)[3]는 미국에서 사회통합의 기능을 수행하는 시민종교를 "초월적 실재의 빛에서 그 역사적 경험을 해석하게 되는, 모든 사람들의 생활에서 발견되는 종교적 차원"이라고 정의 내리고 있다. 미국에는 역사적 경험과 전통, 청교도 정신, 독립 정신, 개척자 정신, 정의 · 평등 · 자유에 입각한 건국이념과 같은 미국적인 얼과 정신이 있는데, 그것이 다양한 인종 · 문화 · 언어 배경을 가지고 있는 미국인을 통합하는 기능을 해왔으므로 시민종교가 초월적인 용어로 국가적 목적을 규정할 수 있고 국가적 응집의 표현으로 작용할 수 있다고 본다. 이러한 시민종교는 영향력을 상실하는 그리스도교를 대체하는 세속적 종교 역할을 한다고 볼 수 있다.

대체종교는 사적인 영역에서도 생겨날 수 있는데, 루크만(Thomas

---

1) 이원규, 『종교의 세속화: 사회학적 관점』, 서울: 대한기독교출판사, 1987.

2) Berger, Peter L., The Sacred Canopy: Elements of a Sociological Theory of Religion, Garden City, N.Y.: Doubleday, 1967.

3) Bellah, Robert N., "Civil Religion in America," DAEDALUS(Winter): 1-21, 1967.
_____, The Broken Covenant: American Civil Religion in Time of Trial, New York: Seabury, 1974.

Luckmann, 1982)[4]은 종교를 모든 생활에 초월적 목적과 의미를 부여하는 '상징적 의미체계'로 보면서 개인적 정체성까지도 '한 형태의 종교성'으로 규정하고 있다. 종교성의 근거가 되는 것은 사회구성원의 일상생활에서 실질적인 중요성을 결정하는 규범으로서 개인에게 궁극적 중요성을 주는 것은 모두 대체종교가 될 수 있다는 것이다. 루크만은 이것을 '보이지 않는 종교'라고 부르며 개인적인 자율성, 자기표현, 자기실현, 성(性), 가족주의와 관계된 사적인 의미체계를 현대의 대체종교로 본다. 물론 여가산업도 대체종교가 될 수 있다(이원규, 1997). 이와 같이 제도종교의 쇠퇴와 사유화, 사회적 · 개인적 대체종교의 출현 현상이 20세기 후반 세속화 과정으로서 종교의 특징적인 양상의 하나로 이해될 수 있다.

그렇다면 암묵적 종교현상들을 종교라고 말하는 것이 타당할까? 제임스(William James, 1961)는 "종교는 그것이 무엇이든 삶에 대한 인간의 반응이기에 삶에 대한 모든 총체적인 반응을 종교라고 보아야 한다"고 주장하면서 암묵적 종교가 생애주기에서 종교와 영성을 이해하는 데 기여할 수 있다고 보았으며, 융(Carl Gustav Jung)은 초자연적 존재는 의미 상실로 고통 받는 사람들에게 필수적인 치유 요소이며, 이 연결은 전통 종교의 교리 및 제도적 차원에 국한되거나 심지어 필수적으로 연결되어 있지 않다고 주장한다. 또한 프랭클(Viktor Frankl, 1975)은 심리적 건강에서 의미의 중요한 역할을 강조하기 위해 암묵적 종교에 가까운 개념인 "무의식적 종교성"[5]이라는 용어를 사용하여 종교를 "궁극적인 의미를 찾는 것"으로 정의하고 모든 사람에게 내재된 무의식적 종교성이 있지만 불행히도 그것은 억압되어 있다고 보았다. 이 억압은 무의미함과 우울함으로 특징지어지는데 그가 말하는 "실존적 진

4) Luckmann, Thomas, 『보이지 않는 종교(The Invisible Religion)』, 1982. 이원규 역, 기독교문사, New York: The Macmillan Co., 1967.

5) 빅터 프랭클, 정태현 역, 『무의식의 신(Mans's srarch for ultimate meaning)』, 한남성서연구소, 2016.

공상태(existential vacuum)"로 귀결된다. 프랭클은 사람들이 주로 초월적인 목표에 의해 만족되는, 삶에서 "의미에 대한 소망"을 가지고 있으므로 삶의 의미에 대한 추상적인 답을 찾는 것보다는 자신의 경험에서 특정한 구체적 의미를 찾는 것이 중요하다고 강조한다. 이런 맥락에서 저자는 제도적 종교가 아니더라도 인간 삶에 의미와 목적을 주는 모든 것을 암묵적 종교와 영성의 범주로 이해한다.

이 책의 기본 틀은 첫째로, 생애주기를 다룬다. 생애주기 접근법은 인간발달 연구에서 다양한 관점을 통합할 수 있게 한다. 생애주기의 개념은 생물학 · 심리학 · 사회학, 그리고 환경적 관점들을 포함하며 사람들의 종교와 영적 발달의 더 큰 맥락을 이해하는 효과적인 방식이다. 둘째로, 암묵적 종교 개념을 통해 명시적으로 보이는 종교의 범주를 넘어서 보이지 않는 종교 현상을 다룸으로써 종교의 개념을 확장하여 제시하고 있다. 즉, 전통적인 종교가 아니더라도 인간 삶에 의미를 부여하고 세계관 형성에 영향을 미치는 모든 현상을 암묵적 종교로 포괄하여 다루고 있다. 이런 점은 상담자가 심리치료 과정에서 내담자들이 지닌 의미체계와 세계관을 이해함으로써 좀 더 효과적으로 도울 수 있도록 한다.

암묵적 종교와 영성 관점은 오랫동안 주류 심리학과 정신의학, 심리치료에서 배제되거나 공격받아왔다(Richards 외, 1999). 빛의 환상, 몸을 투과하는 신성한 에너지의 흐름을 느끼는 것, 임사체험, 우주와 일치된 느낌과 같은 영적 경험은 일부만을 제외하고는 병리적으로 여겨졌다. 그러나 황홀경(ecstasy)과 세계와의 무아(無我)적 융합과 같은 초자연적 경험을 병리가 아니라 건강한 것으로 해석한 매슬로(Abraham Maslow)의 절정 경험에 대한 연구가 주류 심리학에서 의미 있는 것으로 인정받게 되었으며, 의식의 초자연적인 특별한 상태에 초점을 둔 건강한 심리학적 기능과 자아초월 심리학에 대한 인본주의 심리학의 강조를 통하여 성격의 종교 및 영적 측면을 포함하도록 심리학의 영역이 확장되고 있다(Bergin, 1980). 특히 자아초월 심리학은 영성을 심리학 이론과 연구의 중요한 초점으로 만듦으로써 심리학 분야에서 혁명적인 발전을 보였다. 이것은 확장된 우주적 실체로 나아가도록 현대 심리학의 문을 열게 했으며, 종교와 영성을 심리적 건강과 치료의 핵심적인 기초로 인정하도록 만들었다(Tarnas, 2001). 또한 기존의 주류 심리학이 갖고 있던 실증주의 및 환원주의와는 반대로 자아초월이론가들은 영적인 현상이 인간의 존재와 세계에 대한 중요하고 타당한 지식을 제공한다고 보고 있다(Ferrer, 2002).

지난 몇 세기에 걸쳐 종교심리학은 사람들의 종교가 삶의 태도와 발달 및 중요한 인생 경험에 대한 반응에 어떤 영향을 미치는지에 관해 방대한 양의 경험적 연구를 축적해왔다. 이러한 연구 결과들의 많은 부분은 종교기관에 대한 재정적 기여도와 소속뿐 아니라 종교행사 참석률, 기도의 빈도 같은 양적 측면에 초점을 두고 있었다. 그러나 최근에는 종교의 측정 가능한 요소들에 대한 한계와 내면적 영성에 관한 연구가 중요하게 인식되고 있다. 그러나 영적 개념은 정의하거나 측정 · 평가하기 어렵다. 그렇다고 하더라도 영성에 대한 초점은 종교심리학이 종교에 대한 관점을 확장하도록 했으며 연구의 영역이 확대되고 있다.

심리 문제를 다루는 사람들은 영성이 중요한 문제이므로 명확한 정의나 측정이 어려워도 다루지 않을 수 없다. 『정신장애진단통계편람(DSM-5)』에서는 처음으로 종교와 영적 문제를 병리가 아니라 인생의 과정에서 일반적인 사람들이 경험하는 어려움들 중 하나로 인식하고 있는데, 이러한 문제는 가치 갈등, 죄책감, 자기수용, 용서와 같은 것들이다.

내담자가 삶의 의미를 탐색하고 그 의미에 충실하게 살도록 돕는 것이 상담 및 심리치료의 목표라면 이것은 삶에서 영성이 차지하는 의미와 매우 흡사하다고 볼 수 있다. 하지만 우리는 '영성'이라고 하면 종교적 의미를 떠올려 상담 및 심리치료에서 '영성' 측면의 중요성을 상대적으로 간과해 왔으며 종교와 영성은 객관적으로 증명하거나 측정할 수 없다는 이유로 과학적 방법론을 중요시하는 사회과학 분야에서 오랫동안 기피되어왔다. 그러나 1970년대 이후부터 상담심리학, 의학과 간호학, 사회복지학, 철학 상담, 교육학 분야에서 종교와 영성이 건강증진 및 치유, 인성 함양과 사회통합에 효과가 있다는 연구 논문들이 쏟아져나오고 있다.

특별히 상담 및 심리학에서 종교와 영적 측면이 주목을 받고 있는 것은 '미국심리학회(American Psychological Association)' 및 '미국상담학회(American Conseravtion Association)'의 최근 변화에서도 잘 드러난다. '미국심리학회' 산하에는 55개의 분과가 있는데, 그중 36분과인 '종교심리학(Psychology of Religion)'이 2004년부터 '종교 및 영성 심리학(Psychology of Religion and Spirituality)'으로 명칭을 바꾸었다. '미국상담학회'는 그보다 이른 1993년 '상담 영역의 종교성 및 가치관 문제 상담협회(ARVIC: Association for Religious and Value Issues in Counseling)'라는 명칭을 '상담과 영적 · 윤리적 · 종교적 가치관학회(ASERVIC: Association for Spiritual, Ethics, and Religious Values in Counseling)'로 바꾸었다. 우리나라에서는 2000년 출범한 '한국상담학회'의 8개 분과 중 '초월, 영성상담학회'가 있으며, 2012년 '영성과 사회복지학회'가 창립되었고 2018년 '영성과 보건복지학회'로 명칭을 변경하여 활동하고 있다.

그러나 상담심리학, 사회복지학, 교육학, 의학 및 간호학 분야의 전문인력 교육과 훈련과정을 살펴보면 종교와 영성 관련 교과목 개설이 매우 적고 교재의 찾아보기(index)에서 '종교와 영성'이라는 용어를 거의 찾아볼 수 없다. 그럼에도 불구하고 휴먼서비스 제공자들은 개인의 종교와 영성이 성격 기능에 어떤 영향을 미치는지 인식하기 위해 내담자 영성의 일부분인 특정한 세계관이나 가치관을 알고 있어야 하며 문제 사정과 치료계획 수립, 치유를 돕기 위해서는 종교와 영성을 중요하게 다루어야 한다.

저자의 입장

저자 제임스 골닉(James Gollnick)은 그리스도교인이며 융학파 분석가 훈련 및 게슈탈트연구소에서 심리치료 훈련과정을 마친 후 34년 동안 심리치료 활동을 했고, 꿈 분석을 통해 꿈이 종교 및 영적 개념을 어떻게 표현하고 있는지를 관찰하면서 생애주기에서 영성의 중요성을 확신하게 되었으며, 이러한 경험이 이 책에서 다루고 있는 논의의 지침이 되었다. 저자는 임상 훈련뿐 아니라 기도 · 요가 · 명상과 같은 영적 실천이 생애주기에서 종교와 영성의 중요성을 인식하는 데 도움이 되었다고 말한다. 이 책을 통해 독자들은 생애주기와 관련된 종교, 암묵적 종교, 그리고 영성이라는 용어의 의미를 이해하게 될 것이며 상담 국면에서 내담자들의 암묵적 종교와 영성을 주의 깊게 탐색하는 과정에서 어떻게 치유가 이루어지는지 깨닫게 될 것이다.

각 장의 주요 내용

1장은 암묵적 종교와 영성 개념을 정의하고 심리학자들의 종교관과 생애주기에 따른 영적 발달단계를 이해하기 위해 윌버(Ken Wilber)의 단계이론과 자아초월 심리학 관점을 다룬다. 저자는 영적 탐구가 종교적 소속에 부합할 필요가 없으며 영성은 일상 세계에 의미와 도덕적 방향을 부여하는 더 큰 영적 우주의 일부라고 주장한다.

2장은 아동기 종교와 영성의 영향을 연구한 심리학자들의 이론을 다루고 있다. 프로이트는 아동기 종교의 기원을 가부장적 신의 이미지에 대한 심리적 투사로 보며, 자연의 거대한 힘과 불의에 직면하여 불안을 감소시키는 종교의 역할을 강조한다. 대상관계이론가들은 종교를 어머니의 사랑에 대한 경험에 뿌리를 두고 타인과 우주와 연결시켜주는 것으로 보며, 자아심리학은 종교를 자아 감각을 키우고 성숙한 자아를 통합하기 위한 기반으로 신뢰 구축에 기여할 수 있다고 평가한다. 인지발달심리학은 성장하는 인지능력이 아동의 종교에 대한 생각에 미치는 영향을 강조한다. 종교심리학자들은 진정한 종교와 영성이 아동기에 극도로 제한되거나 나타나지 않는다고 보지만, 저자는 이러한 견해에 도전하여 아동기에도 영성이 존재한다는 증명을 시도한다.

3장은 종교와 영성이 청소년기의 정체성 확립에 기여할 수 있는데, 청소년들은 암묵적 종교나 영성의 주요 특성을 삶에 반영하거나 명시적으로 밝힐 수는 없지만 개성과 의미를 부여하는 방식으로 표현되는 삶의 이야기(life story)를 살펴보면 젊은이들의 영성과 종교에서 무슨 일이 일어나고 있는지를 관찰할 수 있다. 청소년기에는 부모와 양육자에 의해 내면화된 초기의 태도와 가치에 의문을 갖게 되고, 정체성과 삶의 이야기에 어울리는 가치를 분류하기 시작하며, 종교적 전통은 현실과 삶의 의미에 대한 관점을 형성하는 데 도움이 된다고 본다.

4장은 초기 성인들이 직면하는 주요 과제에 대한 레빈슨(Danial Levinson)과 쉬히(Gail Sheehy)의 이론을 다룬다. 젊은이들이 성인의 세계에서 자리를 찾기 위해 애쓰는 동안 종교와 영성은 성인들이 책임감 있게 행동하기 시작하고 청소년기에 만들어진 정체성에 기초하여 헌신하는 것과 관련이 있는데, 이때 심리치료는 세계관과 가치, 정체성을 재평가할 기회를 제공한다. 올포트(Gordon Allport)의 성숙한 종교에 대한 견해는 종교가 어떻게 성인의 성격 통합에 도움이 되는지를 보여준다. 저자는 초기 성인들이 심리적 삶, 관계, 일의 문제에 직면했을 때 종교와 영성의 가장 중요한 측면을 인식하게 되며, 모든 심리치료의 사례에는 영적 위기가 포함되어 있다고 본다. 영적 위기는 세상에서 보고 존재하는 내담자의 삶의 방식이 실패한 것이다(Westbrooks, 2003). 이때 심리치료사는 내담자의 세계관과 영성, 암묵적 종교에 유의해야 한다. 인간은 스스로를 방향지우고 "존재론적 불안"에 대응하기 위해 세계에 대한 도덕적 및 인지적 지도가 필요한데(Frank, 1977), 심리치료사는 내담자가 개인적 이야기(story)를 현실에 맞게 개정하고 현실 지도를 다시 그리도록 돕는 역할을 할 수 있다.

5장은 중년기의 종교와 영성의 역할을 다룬다. 이 시기의 주요 과업은 첫째, 성인기에 생각했던 초기의 꿈과 비교하여 현재의 모습이 어떠한지 차이를 살펴보는 것이다. 둘째, 이러한 평가는 정서 및 영적 욕구와 연결되는 현재의 삶에 맞춰서 다양한 행동과 새로운 선택을 해보려고 노력하게 만든다. 셋째, 한 사람의 생애에 내면적 긴장과 분열을 유발할 수 있는 양극단인 젊음/나이듦, 파괴/창조, 남성성/여성성, 집착/분리 등의 문제로 중년기를 고뇌하게 만든다.

에릭슨은 중년기의 덕목(德目)을 돌봄으로 보고, 가족 돌봄에서 시작하여 삶의 터전인 지구에 대한 생태계 돌봄까지 포괄하여 정체성, 가치 그리고 전체적 종(種)을 아우르는 세계관과 관련된 지평을 넓혀보라고 제안하며 의식적 인격을 가족을 넘어 외부 세계로 확장해야 한다고 본다. 융은 생애 초기에 내면적 삶을 무시하고 가족과 직업에만 심리적 에너지를 쏟은 결과로 인격이 축소되므로 권태와 허무함, 자기 파괴적인 생각, 우울증, 불안, 충동적 행동과 같은 증상이 나타나 정상 기능을 방해받을 수 있다고 한다. 이런 증상은 주의가 필요하다는 의식적 인격의 심리적 신호인데, 중년기 위기라는 병을 치유하기 위해서는 내면세계의 정서 · 직관 · 꿈들에 다시 관심을 기울이고 재점검해야 한다고 말한다.

윌버는 중년기에 자아초월의 첫 단계인 심리적 수준에서 자아(ego)보다 더 확장된 의미의 자기(Self)라는 '영혼'의 경험이 나타난다고 보며, 건강한 심리적 발달이란 자아초월 심리구조와 경험의 수준을 향해 전진하여 전개인적 및 개인적 수준을 뛰어넘는 것이라고 말한다. 따라서 중년기의 변화는 사람들이 자신의 생애를 돌아보고 젊음/늙음, 여성/남성, 삶/죽음과 같은 인간 존재의 주요한 극단을 설명하는 용어가 와 닿는, 점차 종교적 · 영적 변화가 일어나는 중요한 시기로 인식된다. 이러한 변화를 겪는 동안 사람들은 방향감각과 인내심을 잃게 된다. 이때 "중년 사춘기"를 경험하게 되는데, 심리적 · 영적 주요 증상은 우울증, 불안, 싫증, 무의미함, 충동적 행동들이다. 이러한 불안감은 때로 사람들이 자신의 정체성과 가치, 세계관의 알려지지 않은 차원을 발견하기 위해 내면세계를 탐구하도록 밀어붙이게 되는데, 이때 심리치료사의 역할이 매우 중요해진다.

6장은 성인 후기를 영적 · 종교적 성장을 위한 중요한 기회로 본다. 저자는 비안치(Eugene Bianchi)의 '영적 여정으로서의 노령화', 샤흐터 샬로미(Zalmon Schachter-Shalomi)의 '현자(賢者) 되기' 개념과 라스 톤스탐(Lars Tornstam)의 '노년초월이론(gerotranscendence)'을 통해 영성의 성장하는 가장자리와 노년기의 영성과 암묵적 종교를 보도록 도와준다. 나우웬과 개프니(Nouwen & Gaffney)는 사람들이 내면의 자신과 접촉하고 초기와 중년기에 외부적 기준에 의해 측정된 성공에 좌우되지 않는 법을 배운다면 영적 발달을 유지할 수 있으며, 노년의 독특한 조건을 극대화하고 인간 실존의 궁극적 차원을 향해 주의를 돌릴 수 있다고 본다.

에릭(Erik Erikson)과 조앤(Joan Erikson)은 생애주기를 확장하여 8단계와 9단계를 언급하면서 최고령 시기는 점진적이며 비통합적 상태가 되지만, 우주적이며 초월적 시각이 나타날 수 있다고 본다. 우주적인 시각은 초월적 노인에게 물질주의를 넘어서는 마음의 평화와 인생의 이성적 시각을 제공한다. 이렇게 넓어진 시각은 노인의 영성과 암묵적 종교를 위한 주요 토대를 제공한다. 조앤은 이러한 영적 상태를 "노년 초월(gerotranscendance)"이라

부르고 놀이, 기쁨, 음악이 노년에 만나는 자기(Self)의 한 부분이 될 수 있음을 강조한다. 비안치는 나이 드는 것의 영적 차원을 강조하는데, 성인 후기를 사람들이 가족과 일에서 벗어나 성찰하고 성장하는 최고의 시간으로 본다. 비안치는 이 시기를 영혼의 깨닫지 못했던 소망 회복의 시기인 동시에 성인 후기에 정체성과 가치, 세계관이라는 방향의 재설정을 통해 평화, 정의, 생태학과 같은 사회적 이슈에 연결될 수 있다고 본다. 사회적 웰빙을 위한 이 같은 노력은 개인적 구제에만 몰두하는 행위에 균형을 잡아준다.

샤흐터 샬로미는 노인의 사회적 책임감을 '영적 노인화(spiritual eldering)'라고 개념화하는데, 영적 노인을 과거 지혜의 보고(寶庫) 그리고 미래 진화를 위한 중개인으로 본다. 그는 증가하는 노인 인구가 인간의 세계관을 확장하는 중요한 역할을 할 것이며 이로 인해 세계는 하나의 생활단위로 보이는 지구의 다양한 종들이 존중될 수 있다고 본다. 그렇게 확장된 세계관은 성인 후기에 영성과 암묵적 종교의 핵심이다.

저자는 생애주기가 개인의 생애를 뛰어넘어 확장된다고 보면서 초심리학 현상인 꿈이나 임사체험, 전생(前生)과 환생(還生)에 대한 연구 결과를 폭넓게 제시하고 있다. 죽음이 인간 생애주기의 절대적 종말이라는 서구의 철학적 세계관이 제시하는 핵심적 명제에 도전하는 것으로서 임사체험은 일종의 죽음 이후의 개인적 존재를 암시하는 것으로 인류 전체의 의식 향상을 위한 진화적 발전을 의미할 수도 있다고 주장한다. 그리고 개인의 생애주기의 마지막 단계에서도 영성과 암묵적 종교의 성장 가능성은 계속된다고 본다.

'결론' 부분은 산업화로 인한 인류의 심각한 위기상황을 극복하기 위해 영적 각성을 촉구하는 내용을 다루고 있다. 바흐(Christopher Bache, 2000)는 인간 종의 생존을 위협하는 산업화된 문화가 직면한 문제를 해결하기 위한 과학기술의 힘에 대한 맹신이 오히려 환경을 파괴하고 재앙을 가져왔으며 현재의 상황을 생존의 위기로 본다. 그러나 미래에 대한 불확실한 예보에도 불구하고 문명화로 사라져간 영적 변화를 다시 잘 발전시킬 수 있으며 진화적 발전의 초기에 생각하지 못한 비관적인 지구의 위기는 인류에게 영적 변화를 요구할 것이라고 말하면서 지구의 위기 극복은 인간 종의 정신적 변형을 위해 공격성과 욕심을 객관화하고 통제하기 위한 노력이 필요하다고 주장한다.

지구문명 비평가인 베리(Thomas Berry, 1988)는 산업사회에서의 생산성보다는 자연에서 인간 존재의 위치를 깨닫기 위해 훈련하는 교육이 중요한데 교육 내용은 '우주적 이야기'에 초점을 맞춰야 하며 종교와 영성을 포함해서 인간과 자연세계, 지구의 통합된 관계를 형성하는 방식으로 삶의 모든 분야를 재건해야 한다고 강조한다. 베리는 인간이 직면한 진화적 발전의 역사에 나타나는 중요한 문제에 대한 안내자로서 인간 무의식 내의 심오한 에너지에 관심을 갖는다. 그는 인간 변형의 원형으로서 영웅적 여정(Heroic Journey), 죽음-재생(Death-Rebirth), 신성한 중심(the Sacred Center), 대모신(the Great Mother), 생명나무(the Tree of Life)라는 은유를 사용한다. 이러한 원형적 주제는 인간의 정신에 내재되어 있으며 전 세계의 예술과 문학에서 다양하게 표현되는데, 모든 원형(archetypal) 유형들은 지구와 그 거주자들과의 관계에 대한 우리의 감각을 깊게 하고 새로운 계시적 경험을 제공할 수 있다고 본다.

이 책은 생애주기에 잠재된 암묵적 종교와 영성의 발달을 찾아보려는 시도이다. 우리는 생애주기를 통틀어 의식의 성장을 통해 인류가 직면한 파괴적인 인간성을 차단할 수 있다. 종교와 영성에 대한 믿음은 증오, 복수, 무관용, 욕심 때문에 쉽게 왜곡되기는 하지만 우주의 필수불가결한 부분인 개인과 인간 사회가 달성할 수 있는 더 높고 통합된 의식상태를 이루고자 하는 희망에 영감을 불어넣을 수 있을 것이다.

우리 말로 옮기는 과정에 대하여

최근 들어 종교와 영성에 대한 관심이 증가하고 있는데 영성 이론을 다룬 한글 문헌을 찾아보기가 쉽지 않다. 이를 안타깝게 생각하여 뜻을 같이하는 동료들과 공동작업으로 영성 이론서를 세 권 출판했고,[6] 이번이 네 번째 책이다. 평소 영성에 관심을 가지고 공부하던 중에 제임스 골닉의 『Religion and Spirituality in the Life Cycle』이라는 책을 접하게 되었고 내용이 좋아 동료들에게 함께 번역하자고 제안했다. 신학(神學)과 심리학을 전공했다는 이유로 문장을 다듬는 일과 출판과 관련된 책임을 제안자가 맡게 되었다.

2017년 1월부터 2019년 3월까지 긴 시간 동안 번역 작업이 이루어졌다. 동료들이 번역한 내용을 보내오면 원문과 대조하여 오역(誤譯)이나 난해한 문장을 바로잡았고, 독자들이 수월하게 읽을 수 있도록 개념어와 인명(人名)은 역주(譯註)를 달았다. 가능한 한 원문에 충실하려고 애썼지만 부족한 부분이 있을 것이라고 생각한다. 독자들이 책을 읽어나가면서 발견하게 될 흠결이 적지 않겠지만 휴먼서비스 분야에서 종교와 영성이라는 주제가 중요하다고 여겨 용기를 내서 출판하게 되었으므로 널리 이해해주기 바란다.

이 책이 종교와 영적인 내용을 자신의 실천업무에 적용하기 원하는 심리상담자, 사회복지사, 종교인들, 교육자들, 의료인들에게 도움이 되기를 바란다. 번역에 참여한 김승돈, 김희년, 문다현, 오봉희, 이순비님과 여러모로 조언을 해주신 대구가톨릭대학교의 천정웅 교수님께 고마운 마음을

---

6) Edward R. Canda, 『영성과 사회복지실천(Spirituality in Social Work)』, 양서원, 2007.
David S. Derezotes, 『영성과 사회복지실천: 영성이론과 사례중심(Spirituality Oriented Social Work Practice)』, 나눔출판사, 2011.
Margaret Holloway, Bernard Moss, 『영성과 사회복지(Spirituality and Social Work)』, 북코리아, 2014.

전한다. 시장성이 크지 않은 책이지만 영성과 종교에 관심을 지닌 익명의 독자들을 위해 흔쾌히 출판을 허락해주신 북코리아 이찬규 대표님과 편집을 맡아 수고하신 김수진 과장님께 감사드린다.

2019년 7월

옮긴이들을 대표하여 김용환